Niko Frey

Betriebswirtschaftliche Kunstbewertung

Finanzwirtschaft, Unternehmensbewertung & Revisionswesen

In dieser Schriftenreihe werden betriebswirtschaftliche Forschungsergebnisse zu aktuellen Fragestellungen der betrieblichen Finanzwirtschaft und des Revisionswesens im allgemeinen sowie der Unternehmensbewertung im besonderen präsentiert. Die Reihe richtet sich an Leser in Wissenschaft und Praxis. Sie ist als Veröffentlichungsplattform für alle herausragenden Arbeiten auf den genannten Gebieten offen, unabhängig davon, wo sie entstanden sind.

Niko Frey

Betriebswirtschaftliche Kunstbewertung

Mit einem Geleitwort von Prof. Dr. Michael Olbrich

GABLER

RESEARCH

Bibliografische Information der Deutschen Nationalbibliothek
Die Deutsche Nationalbibliothek verzeichnet diese Publikation in der Deutschen Nationalbibliografie; detaillierte bibliografische Daten sind im Internet über <http://dnb.d-nb.de> abrufbar.

Dissertation Universität Trier, Fachbereich IV, 2011

1. Auflage 2011

Lektorat: Stefanie Brich | Stefanie Loyal

Gabler Verlag ist eine Marke von Springer Fachmedien.
Springer Fachmedien ist Teil der Fachverlagsgruppe Springer Science+Business Media.
www.gabler.de

Umschlaggestaltung: KünkelLopka Medienentwicklung, Heidelberg
Gedruckt auf säurefreiem und chlorfrei gebleichtem Papier
Printed in Germany

ISBN 978-3-8349-3109-2

Geleitwort

Die vorliegende Arbeit wurde 2011 vom Fachbereich IV der Universität Trier als Dissertationsschrift angenommen. Sie befaßt sich mit der betriebswirtschaftlichen Bewertung von Kunstwerken. Die Entscheidung über den Erwerb oder Verkauf eines Kunstwerks ist eine betriebswirtschaftliche Fragestellung, denn es geht um die einzelwirtschaftliche Beurteilung der Vorteilhaftigkeit einer Verwendung knapper monetärer Ressourcen. Die praktische Relevanz einer derartigen wirtschaftlichen Evaluierung wird vor dem Hintergrund der tiefgreifenden Umwälzungen deutlich, denen der Markt für bildende Kunst in den Jahrzehnten seit dem Zweiten Weltkrieg unterlag und die insb. zur Entdeckung der bildenden Kunst als Kapitalanlage führten. Neben privaten Kunstsammlern, die durch ihre Tätigkeit (auch) ihren Wohlstand mehren wollen, treten nunmehr institutionelle Sammler am Markt auf. Letztere sind beispielsweise Fonds, deren Geschäftsmodell in der lukrativen Anlage finanzieller Mittel in Kunstwerken besteht, oder Banken, die neben ihrer übrigen Wertschöpfungstätigkeit auch Kunstinvestitionen vollziehen. Nicht zuletzt gilt es in diesem Kontext zu erwähnen, daß die Entwicklung innovativer absatzwirtschaftlicher Instrumente auf seiten der Auktionshäuser als Mittler zwischen Angebot und Nachfrage ein finanzielles Engagement im Kunstmarkt zunehmend attraktiv machen.

Es überrascht, daß die in den letzten Jahrzehnten zu beobachtende Entwicklung der bildenden Kunst zur Kapitalanlage von der betriebswirtschaftlichen Forschung ignoriert wurde. Schaut man sich das ökonomische Schrifttum an, so findet sich zwar eine Vielzahl von empirischen Publikationen volkswirtschaftlicher Natur; da für betriebswirtschaftliche Entscheidungen jedoch eine einzelwirtschaftliche, auf die Zukunft bezogene Sichtweise eingenommen werden muß, sind derartige gesamtwirtschaftliche, aus der Ex-post-Perspektive vollzogene Untersuchungen für Überlegungen zur Tätigung von Kunstinvestitionen weitgehend bedeutungslos.

Die von Herrn Dr. Frey in seiner Schrift behandelten Problemstellungen sind daher sowohl durch eine große praktische Relevanz als auch erheblichen Forschungsbedarf gekennzeichnet. Seine Zielsetzung ist es, die Kapitalanlage eines Kunstsammlers in ein Kunstwerk investitionstheoretisch zu modellieren, um auf diese Weise einen betriebswirtschaftlich schlüssigen Handlungsrahmen zu generieren, der die einzelwirtschaftliche Sammlungsentscheidung ökonomisch fundiert. Nukleus dieser Vorgehensweise ist die betriebswirtschaftliche Bewertung der Kunst, denn nur durch den Vergleich zwischen dem Wert und dem schlußendlich ausgehandelten Preis für das Kunstwerk läßt sich eruieren, ob die avisierte Kunstinvestition oder -devestition wirtschaftlich vorteilhaft ist. Seine auf diese Weise gewonnenen allgemeinen Ergebnisse entwickelt der Verfasser für mehrere Spezialfälle weiter, indem er Bewertungsalgorithmen auch für solche Bewertungsanlässe generiert, die sich durch einen erhöhten Grad an Komplexität auszeichnen, nämlich den Konstellationen der Existenz einer

Rückkaufvereinbarung, des unwiderruflichen Gebots, der jungierten Konfliktsituation und der derivativen Kunstinvestition. Darüber hinaus widmet er sich eingehend den rechtlichen Bewertungsanlässen, mit welchen sich der Kunstsammler regelmäßig konfrontiert sieht. Es gelingt ihm hierbei, den traditionellen juristischen Begriff des „gemeinen Wertes" kritisch zu hinterfragen und ihn bewertungstheoretisch neu zu interpretieren.

Herr Dr. Frey leistet mit seiner Arbeit insgesamt einen wertvollen Beitrag zur finanzwirtschaftlichen Bewertung bildender Kunst, der nicht nur erstmals eine investitionstheoretische Beurteilung des Kunstwerks vornimmt, sondern auch als wissenschaftliches Pionierwerk zur betriebswirtschaftlichen Betrachtung bildender Kunst angesehen werden kann. Es handelt sich um Grundlagenforschung, mit der Herr Dr. Frey dem von ihm untersuchten, bislang nur unzureichend im Schrifttum durchdrungenen Bereich deutliche und für jede künftige Auseinandersetzung mit diesem Thema prägende Konturen verliehen hat.

PROF. DR. MICHAEL OLBRICH

Vorwort

Der (private) Kunstsammler repräsentiert als Marktteilnehmer den „Motor“ der Warenzirkulation auf dem Kunstmarkt, denn er ist zum einen Kunde von Galerien, Kunsthändlern, Auktionshäusern und Kunstfonds, zum anderen kooperiert er mit Museen, denen er seine Sammlungsobjekte häufig für einen gewissen Zeitraum als Leihgabe zur Verfügung stellt. Während seines Wirkens sieht er sich mit einer Vielzahl komplexer Eigentumsübertragungen an Kunstwerken konfrontiert, im Zuge derer er (auch) einen betriebswirtschaftlichen Kalkül bemüht, um eine unter Berücksichtigung seiner finanziellen Ressourcen möglichst rationale Erwerbs- oder Veräußerungsentscheidung treffen zu können. Die vorliegende Arbeit macht es sich zur Aufgabe, die typischen Bewertungsanlässe des Kunstsammlers zu identifizieren, um darauf aufbauend einen bewertungstheoretischen Handlungsrahmen zu entwickeln. Auch die sich typischerweise im Kontext von rechtlichen Bewertungen ergebenden Fragestellungen sollen dabei angegangen und einer betriebswirtschaftlichen Lösung zugeführt werden.

Die Dissertationsschrift „Betriebswirtschaftliche Kunstbewertung“ entstand während meiner Tätigkeit als Mitarbeiter am Lehrstuhl für Betriebswirtschaftslehre, insbesondere Wirtschaftsprüfung und Controlling der Universität Trier sowie am Institut für Wirtschaftsprüfung der Universität des Saarlandes. Sie wurde 2011 vom Fachbereich IV der Universität Trier angenommen.

An erster Stelle möchte ich meinem verehrten akademischen Lehrer und Doktorvater, Herrn PROF. DR. MICHAEL OLBRICH, dafür danken, daß er mein Dissertationsprojekt – und damit zugleich auch meine intellektuelle und persönliche Entwicklung – stets intensiv förderte, von der Themensuche bis hin zur Veröffentlichung. Mein aufrichtiger Dank gilt auch Herrn PROF. DR. LUTZ RICHTER für die Übernahme und zügige Erstellung des Zweitgutachtens sowie Frau PROF. DR. XENIA MATSCHKE in der Funktion der Prüfungsvorsitzenden. Nicht zuletzt möchte ich mich bei meinen Kollegen am Lehrstuhl für die fruchtbare Zeit der Zusammenarbeit bedanken.

Meine Verlobte, STR' CHRISTIANE KUHN, und meine lieben Eltern, HERMANN JOSEF FREY und ROSEMARIE FREY, haben meinen akademischen und beruflichen Werdegang immer ausnahmslos unterstützt. Besonders ihnen gilt mein ganz persönlicher Dank.

DR. NIKO MARK ANDRÉ FREY

Inhaltsverzeichnis

Abkürzungsverzeichnis

abzgl.	abzüglich
A.	Auflage
Abs.	Absatz
AO	Abgabenordnung
BB	Betriebs-Berater
Bd.	Band
BewG	Bewertungsgesetz
BFH	Bundesfinanzhof
BGB	Bürgerliches Gesetzbuch
BGH	Bundesgerichtshof
BStBl.	Bundessteuerblatt
BVerfG	Bundesverfassungsgericht
c.p.	ceteris paribus
CAPM	„capital asset pricing model“
d.h.	das heißt
d.V.	der Verfasser
Diss.	Dissertation
DNotZ	Deutsche Notar-Zeitschrift
DStR	Deutsches Steuerrecht
et al.	et alii
EADC	„emerging artist derivative contract“
EFG	Entscheidungen der Finanzgerichte
ErbStG	Erbschaftsteuer- und Schenkungsteuergesetz
EStG	Einkommensteuergesetz
f.	folgende
ff.	fortfolgende
FG	Finanzgericht
FR	Finanz-Rundschau
GE	Geldeinheiten
hrsgg.	herausgegeben
Halbbd.	Halbband
Hrsg.	Herausgeber
inkl.	inklusive
KultgSchG	Gesetz zum Schutz deutschen Kulturgutes gegen Abwanderung
max	Maximum
min	Minimum
Mio.	Million
NJW	Neue Juristische Wochenschrift
NJW-RR	Neue Juristische Wochenschrift Rechtsprechungs-Report

Nr.	Nummer
OFD	Oberfinanzdirektion
OLG	Oberlandesgericht
p.a.	per annum
RFH	Reichsfinanzhof
RSR	„repeat-sales regression“
RStBl.	Reichssteuerblatt
Rz.	Randziffer
S.	Seite
Sp.	Spalte
UrhG	Urhebergesetz
UStG	Umsatzsteuergesetz
Vgl.	vergleiche
ZGPM	Zustands-Grenzpreismodell
zzgl.	zuzüglich

Symbolverzeichnis

a_j	Handlungsmöglichkeit j bei Nichteinigung auf eine Konfliktlösung
a_{opt}	optimale Handlungsmöglichkeit bei Nichteinigung auf eine Konfliktlösung
α	prozentualer Anteil an der Differenz zwischen G und UG
A	Menge der Handlungsmöglichkeiten bei Nichteinigung auf eine Konfliktlösung
AB	Abgeld in Prozent des Zuschlagspreises
AP	Abzugspositionen vom Veräußerungspreis
AU	Aufgeld in Prozent des Zuschlagspreises
b_j	Handlungsmöglichkeit j bei Einigung auf eine Konfliktlösung
b_{opt}	optimale Handlungsmöglichkeit bei Einigung auf eine Konfliktlösung
ß	Koeffizient
B	Menge der Handlungsmöglichkeiten bei Einigung auf eine Konfliktlösung
B*	Bewertungsprogramm
BW	Barwert
c_t	fester Zahlungssaldo im Zustand t
δ	Dualvariable der Mindestzielwertrestriktion
ε_z	von P_t unabhängige Störgröße für zufällige unsystematische Einflußfaktoren in bezug auf P_z
ε_{zt}	Störgröße für zufällige unsystematische Einflußfaktoren in bezug auf den historischen Preis P_{zt} des Kunstwerks z im Zeitpunkt t
$E(a_j)$	Erfolg der Handlungsmöglichkeit j bei Nichteinigung auf eine Konfliktlösung
$E(a_{opt})$	Erfolg der optimalen Handlungsmöglichkeit bei Nichteinigung auf eine Konfliktlösung
$E(b_j)$	Erfolg der Handlungsmöglichkeit j bei Einigung auf eine Konfliktlösung
EW	Endvermögen (investitionstheoretischer Endwert)
f	Funktion
F	Kunstwerk
g_j	zustandsabhängige Zahlungsreihe des Objektes j
g_{jt}	Zahlungsüberschuß des Objektes j im Zustand t
g_K	Zahlungsstrom des Bewertungsobjektes im Erwerbsfall
g_V	Zahlungsstrom des Bewertungsobjektes im Veräußerungsfall
g_{Ft}	steuerkorrigierte Zahlungsüberschüsse des Kunstwerks F in Periode t

g_t	steuerkorrigierte Zahlungsüberschüsse in Periode t
γ	prozentualer Anteil an AB
G	aktuelles Gebot
G*	Ausstiegsgebot
G_t	Entnahme im Zustand t
G_A	Geldanlagen zu 8 %
G_B	Geldanlagen zu 5 %
GB_A	Gewinnbeteiligung, bei der der Bieter einen Anteil der Differenz zwischen G und UG erhält
GB_B	Gewinnbeteiligung, bei der der Bieter einen Anteil der Differenz zwischen G und UG erhält sowie einen Anteil von AB
GW	Summe gewichteter Konsumentnahmen
GW*	maximaler Zielfunktionswert
H	Kunstwerk
i	Kalkulationszinsfuß des vollkommenen Markts (Marktzins i)
i_τ^{Ba}	(periodenspezifischer) endogener Grenzzinsfuß des Basisprogramms
i_τ^{Be}	(periodenspezifischer) endogener Grenzzinsfuß des Bewertungsprogramms
j	Objekt
k	Anzahl der Handlungsmöglichkeiten bei Nichteinigung auf eine Konfliktlösung
K_q	zu bewertendes Kunstwerk q
KW_j	Kapitalwert des Objektes j
m	Anzahl der Investitions- und Finanzierungsobjekte
M	eigene Mittel
MG	maximales Gebot
n	Anzahl der Zustände
p	Preis des Bewertungsobjektes
p_F	Preis des Kunstwerks F
p_H	Preis des Kunstwerks H
p*	Grenzpreis
p^*_{opt}	Grenzpreis im optimistischen Datenszenario
p^*_{pes}	Grenzpreis im pessimistischen Datenszenario
p^*_{real}	Grenzpreis im realistischen Datenszenario
P_t	Ausprägung des Kunstpreisindex im Zeitpunkt t
P_z	Preisbestandteile des Kunstwerks z, das Gegenstand einer historischen Preisuntersuchung ist, die auf objektindividuelle Faktoren zurückzuführen sind
P_{zt}	Preis eines Kunstwerks z, das Gegenstand einer historischen Preisuntersuchung ist, im Zeitpunkt t
q_z	objektindividuelle Faktoren des Kunstwerks z, das Gegenstand einer historischen Preisuntersuchung ist

ρ_t	Zustandspreis des Zustands t, d.h. bei sicheren Erwartungen Abzinsungsfaktor vom Zeitpunkt t auf den Zeitpunkt 0
RP	Reservationspreis
RP_F	Reservationspreis von Kunstwerk F
RP_H	Reservationspreis von Kunstwerk H
s_j	Extension des konfliktlösungsrelevanten Sachverhaltes j
$(s_1, ..., s_j, ..., s_u)^*$	Kombination der Extensionen der konfliktlösungsrelevanten Sachverhalte, bei der der Erfolg des Bewertungsprogramms dem Erfolg des Basisprogramms entspricht oder ihn minimal übersteigt
s_{VG}	für die Besteuerung des Veräußerungsgewinns maßgeblicher Steuersatz
S	Menge aller potentiellen Einigungslösungen
S_j	konfliktlösungsrelevanter Sachverhalt j
t	Periode, Zustand
T	Anzahl der Perioden der Haltedauer eines Kunstwerks
u	Anzahl der konfliktlösungsrelevanten Sachverhalte
UG	unwiderrufliches Gebot
UG*	unwiderrufliches Gebot im Sinne eines maximal zahlbaren Kaufpreises
w_t	Gewicht der Entnahme G_t in der Zielfunktion
W	Entscheidungswert
W_F	(bedingter) Entscheidungswert für Kunstwerk F
W_H	(bedingter) Entscheidungswert für Kunstwerk H
x_j	Häufigkeit, mit der Objekt j verwirklicht wird
x_j^{max}	maximale Häufigkeit, mit der Objekt j verwirklicht werden kann
y	Anzahl der Handlungsmöglichkeiten bei Einigung auf eine Konfliktlösung
z	Kunstwerk, das Gegenstand einer historischen Preisuntersuchung ist
ZEW	Zukunftserfolgswert
ZEW^{Ba}	Zukunftserfolgswert unter Berücksichtigung der endogenen Grenzzinsfüße des Basisprogramms
ZEW_F^{Ba}	Zukunftserfolgswert des Kunstwerks F unter Berücksichtigung der endogenen Grenzzinsfüße des Basisprogramms
ZEW^{Be}	Zukunftserfolgswert unter Berücksichtigung der endogenen Grenzzinsfüße des Bewertungsprogramms
ZEW_F^{Be}	Zukunftserfolgswert des Kunstwerks F unter Berücksichtigung der endogenen Grenzzinsfüße des Bewertungsprogramms
ZEW_K	Zukunftserfolgswert des Käufers
ZEW_{kor}	korrigierter Zukunftserfolgswert
ZEW_V	Zukunftserfolgswert des Verkäufers

Abbildungsverzeichnis

Tabellenverzeichnis

I. Kunst und betriebswirtschaftlicher Kalkül

Kunst differenziert sich in die Gattungen bildende Kunst, Musik, Literatur und darstellende Kunst (ephemere Kunst).[1] Zur Gattung der *bildenden Kunst* gehören insbesondere die Malerei, die verschiedenen Formen der Grafik, die Bildhauerei und das Kunsthandwerk, darüber hinaus die künstlerische Fotografie, die Serienkunst und die Architektur. Die vorliegende Untersuchung konzentriert sich auf die zweidimensionalen Techniken der bildenden Kunst. Diese Eingrenzung erfolgt einerseits, um den Rahmen der Untersuchung nicht zu sprengen. Andererseits zeigt die Praxis, daß sich der (private) Kunstsammler vor allem diesen Techniken zuwendet.[2] Im folgenden wird in diesem Zusammenhang von einem „Kunstwerk", „Artefakt", „Exponat", „Akquisitionsobjekt", „Werk" oder „Objekt" gesprochen. Einen Überblick über die verschiedenen Techniken der zweidimensionalen bildenden Kunst gibt Abbildung 1.

Je nachdem, welchen Zweck man mit dem Besitz eines Kunstwerks verfolgt, stellt es entweder eine *Kapitalanlage*[3], ein *Konsumgut* oder beides gleichzeitig dar. Als Konsumgut befriedigt es stets nichtfinanzielle Ziele, zu denen insbesondere die Dekoration, die Außendarstellung und die Befriedigung eines kunstwissenschaftlichen Interesses zählen.[4] Besitzt man ein Kunstwerk als Kapitalanlage, betrachtet man es also als Vermögensgegenstand, so ist dieser Besitz auf die Erfüllung eines finanziellen Ziels ausgerichtet. Das finanzielle Ziel kann durch das Kunstwerk insoweit erfüllt werden, als es eine Zahlungsgröße – im folgenden *Einzahlungsüberschuß*[5] genannt –

---

1 Vgl. JAHN, Wörterbuch der Kunst (1983), S. 86, STRAUSS et al., Lexikon der Kunst, Bd. I (1987), S. 540.

2 Vgl. HOLTMANN, Keine Angst vor Kunst (1997), S. 153.

3 Vgl. zum Begriff der Kapitalanlage im allgemeinen BÜSCHGEN, Börsen-Lexikon (2001), S. 838 f., GERKE, Börsenlexikon (2002), S. 349 und 455, DER BROCKHAUS, Bd. 14 (2006), S. 426 f. Im weiteren wird der Begriff Kapitalanlage synonym mit dem Begriff Investitionsobjekt verwendet.

4 Vgl. zum Beispiel DONATH, Psychologie des Kunstsammelns (1917), S. 12 f., LESLEY/HODGINS, Der internationale Kunsthandel I (1956), S. 38-43, JAQUET, Werte und Preise (1962), S. 35-43, WAGENFÜHR, Kunst als Kapitalanlage (1965), S. 36 ff., BONGARD, Kunst & Kommerz (1967), S. 147 f. und 158 f., ANDRAE/KEUSCHNIGG, Kunst und Wirtschaft (1983), S. 33, FRANGEN, Deutscher Markt für Malerei (1983), S. 159-173, STOLLER, Economics of Collectible Goods (1984), S. 96 f., TALKENBERG, Ökonomie des Bildermarktes (1992), S. 33-41, THROSBY, Consumption of Arts (1994), S. 4 und 6, FREY/EICHENBERGER, Art Investment Analysis (1995), S. 214 f., LINDENBAUER, Kunstmarketing (1996), S. 68 f., HOLTMANN, Keine Angst vor Kunst (1997), S. 196-199, SCHIEFER, Kunstintermediäre (1998), S. 22-28; LEHMANN, Zeitgenössische Kunstwerke (2002), S. 105 f., GOODWIN, Introduction (2008), S. 17 f.

5 Ein Einzahlungsüberschuß ergibt sich aus der Differenz von Ein- und Auszahlungen. Betrachtet werden folglich *Geldzuflüsse* und *-abflüsse* des Bewertungssubjekts. Neben Einzahlungsüberschüssen sind auch Auszahlungsersparnisse als Zahlungsgrößen zu berücksichtigen, wenn diese durch das Bewertungsobjekt hervorgerufen werden. Für das weitere sei angenommen, daß die

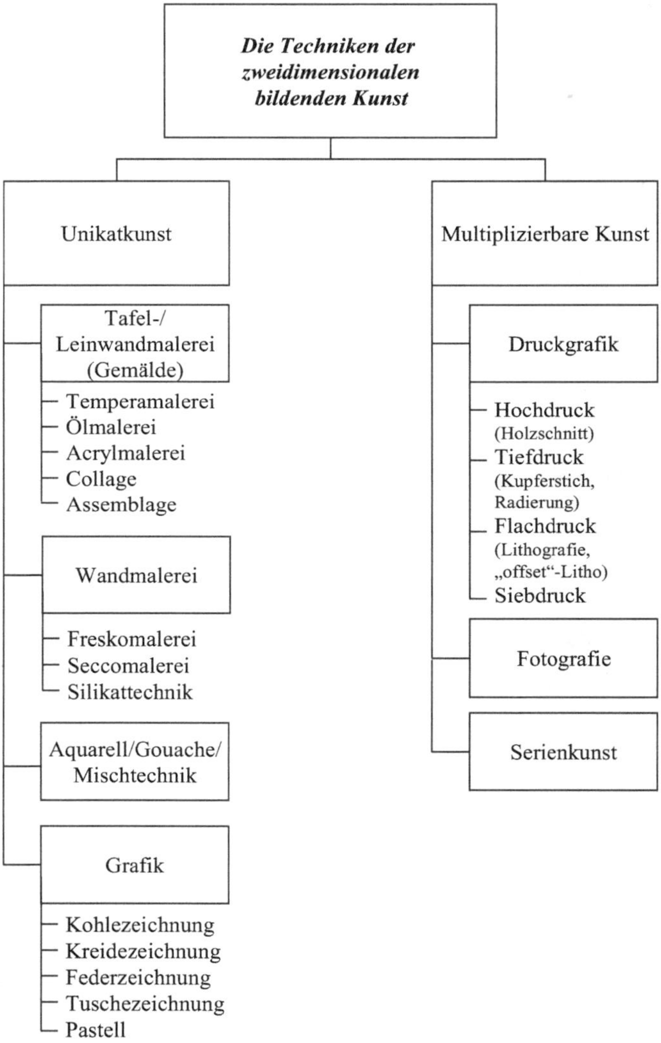

Abbildung 1: Die Techniken der zweidimensionalen Kunst

Zahlungsüberschüsse immer kumuliert zum Ende einer Periode fließen. Vgl. HERING, Investition (2000), S. 446, BRÖSEL, Medienrechtsbewertung (2002), S. 75 f., HERING, Unternehmensbewertung (2006), S. 30, HERING, Investitionstheorie (2008), S. 18 f.

generiert. Der von einem Kunstwerk gezeitigte *Zahlungsstrom*[1] weist je nach Kunstwerk eine bestimmte Struktur auf, die charakterisiert wird durch die Höhe und den zeitlichen Anfall der den Zahlungsstrom konstituierenden Einzahlungsüberschüsse in alternativen Umweltzuständen. Das Vermögen eines Kunstwerks, ein finanzielles Ziel zu befriedigen, kann in Form einer wirtschaftlichen Bewertung beurteilt werden, der eben dieser Zahlungsstrom zugrunde liegt. Insofern ist das Kunstwerk im weiteren als *Bewertungsobjekt* zu interpretieren. Unter der *Bewertung* selbst ist die Zuordnung eines Wertes in Form einer Geldgröße zu einem Gegenstand – dem Bewertungsobjekt – zu verstehen.[2]

Die Relevanz einer Untersuchung, die sich mit der wirtschaftlichen Bewertung des unsicheren Zahlungsstroms eines Kunstwerks befaßt, ergibt sich zugleich aus der praktischen und der theoretischen Perspektive. So ist seit dem Ende des Zweiten Weltkriegs eine Reihe von Entwicklungen auf dem Kunstmarkt auszumachen, die auf eine zunehmende Akzeptanz der Verfolgung eines finanziellen Ziels durch Kunstbesitz hindeuten und gleichzeitig dazu beitragen, die Rahmenbedingungen für ein derartiges Vorhaben zu verbessern (Tabelle 1). Die Veränderungen des Kunstmarkts, insbesondere die deutlichen Preissteigerungen in den Jahrzehnten nach dem Krieg und ihre Kommunikation durch die Medien, haben schließlich die wirtschaftswissenschaftliche Forschung seit den 1960er Jahren dazu veranlaßt, sich mit dem Kunstwerk als Kapitalanlage auseinanderzusetzen. Sie tut dies zumeist in Form einer empirischen Herangehensweise, indem sie zunächst einen Datensatz, häufig unter Rückgriff auf bestehende Preisverzeichnisse, zusammenstellt, um diesen dann zum Zwekke der Generierung eines Kunstpreisindex zu verwenden.[3] Der Kunstpreisindex wird schließlich unter bestimmten Gesichtspunkten analysiert.

---

[1] Die Begriffe Zahlungsstrom und Zahlungsreihe werden im folgenden synonym verwendet.

[2] Vgl. SIEBEN/LÖCHERBACH/MATSCHKE, Bewertungstheorie (1974), Sp. 840.

[3] Vgl. etwa ANDERSON, Paintings as an Investment (1974), STEIN, Monetary Appreciation of Paintings (1977), BRYAN, Beauty and the Bulls (1985), BAUMOL, Unnatural Value (1986), FREY/POMMEREHNE, Is Art Such a Good Investment? (1988), FREY/POMMEREHNE, An Empirical Inquiry (1989), BUELENS/GINSBURGH, Revisiting Baumol (1993), GOETZMANN, Accounting for Taste (1993), HOLUB/HUTTER/TAPPEINER, Light and Shadow (1993), PESANDO, The Market for Modern Prints (1993), POMMEREHNE/FREY, Musen und Märkte (1993), CHANEL/GERARD-VARET/GINSBURGH, Prices and Returns on Paintings (1994), DE LA BARRE/DOCCLO/GINSBURGH, Returns of European Paintings (1994), CHANEL, Market Behaviour (1995), GÉRARD-VARET, On Pricing the Priceless (1995), GINSBURGH/JEANFILS, International Markets for Paintings (1995), GOETZMANN/SPIEGEL, Art Index (1995), AGNELLO/PIERCE, Financial Returns (1996), CHANEL/GERARD-VARET/GINSBURGH, Hedonic Price Indices (1996), GOETZMANN, Fall from Fashion (1996), PESANDO/SHUM, Price Anomalies at Auction (1996), CANDELA/SCORCU, Index for Art Market Auctions (1997), CZUJACK, Picasso Paintings (1997), SINGER/LYNCH, Are Multiple Art Markets Rational? (1997), PESANDO/SHUM, Returns to Picasso's Prints (1999), FLÔRES/GINSBURGH/JEANFILS, Choices of Paintings (1999), LANDES, Art Lottery (2000), AGNELLO, Investment Returns (2002), AGNELLO, Returns for Art (2002), MOSES/MEI, Art as an Investment (2002), MEI/MOSES, Rembrandt and Recession (2002), ASHENFELTER/GRADDY, Auctions and the Price of Art (2003), HIGGS/WORTHINGTON, Financial Returns (2004),

Langfristige Entwicklungen des Kunstmarkts	***Kurzfristige Entwicklungen des Kunstmarkts***
• signifikante Zunahme des Kunstmarktumsatzes • deutlich positive Preisentwicklungen in einzelnen Segmenten (Impressionismus, klassische Moderne) • fortschreitende Globalisierung des Kunstgeschmacks • rege Berichterstattung über Auktionsergebnisse • Verkürzung der Haltedauer und damit Erhöhung der Zirkulationsgeschwindigkeit • Etablierung von institutionellen Investoren („British Rail Pension Fund", „The Fine Art Fund") • Bankenberatung an der Schnittstelle von Kunst- und Vermögensverwaltung (Deutsche Bank, UBS, Citigroup) • Etablierung elektronischer Preisdatenbanken	• Sotheby's verzeichnet 2007 das finanziell erfolgreichste Geschäftsjahr seiner Unternehmensgeschichte • Besicherung von Krediten durch Kunstwerke in der Finanzkrise • Entwicklung neuer Instrumente der Absatzwirtschaft und Risikoabsicherung durch Auktionshäuser (Garantie, unwiderrufliches Gebot)

Tabelle 1: Die Entwicklungen des Kunstmarkts seit dem Zweiten Weltkrieg

Das so entstandene Schrifttum zeichnet sich dadurch aus, daß es sich ausschließlich mit Ex-post-Betrachtungen, entweder für den gesamten Kunstmarkt oder aber für bestimmte Segmente dieses Markts, auseinandersetzt. Hieraus folgt ein erheblicher For-

HODGSON/VORKINK, Valuation of Canadian Paintings (2004), HIGGS/WORTHINGTON, Australian Art Market (2005), MEI/MOSES, Biased Price Estimates (2005), AGNELLO, Do Paintings Follow the CAPM? (2006), ATUKEREN/SEÇKIN, Art Market Investments (2007), URSPRUNG/WIERMANN, Reputation, Price, and Death (2008).

schungsbedarf an Ex-ante-Betrachtungen zur zweckmäßigen Bewertung einzelner Kunstinvestitionsvorhaben aus der einzelwirtschaftlichen Perspektive. Die Einnahme einer einzelwirtschaftlichen Perspektive erweist sich für den Kunstmarkt als fruchtbar, da sich seine Teilnehmer durch deutlich voneinander abweichende Zielsetzungen und Entscheidungsfelder auszeichnen (man stelle etwa einen Kunstsammler und ein Museum einander gegenüber). Folgerichtig betonen bereits FREY/EICHENBERGER die Heterogenität der Kunstmarktteilnehmer sowie die sich daraus ergebende Notwendigkeit ihrer Berücksichtigung in einer ökonomischen Annäherung.[1] Das Problem der Beurteilung einer Kunstinvestition aus der einzelwirtschaftlichen Perspektive eines Kunstsammlers erweist sich somit als ein klassisches Problem der entscheidungsorientierten Betriebswirtschaftslehre.[2]

„Als *Bewertungssubjekt* wird derjenige bezeichnet, aus dessen Sicht die Bewertung durchgeführt wird. Das Bewertungssubjekt kann eine einzelne natürliche oder juristische Person oder eine Gruppe von Personen sein, es kann real-konkret oder ideal-abstrakt existent sein."[3] Auf dem Kunstmarkt kommt grundsätzlich eine Vielzahl von Marktteilnehmern als Bewertungssubjekt in Frage. Dazu gehören (private) Kunstsammler, Auktionshäuser, Kunsthändler, Kunstfonds, kunstsammelnde Unternehmungen, Stiftungen[4] sowie (staatliche und private) Museen. Im Rahmen der vorliegenden Untersuchung wird die Perspektive des (privaten)[5] Kunstsammlers eingenommen. Auch diese Eingrenzung erfolgt einerseits, damit der Umfang der Untersuchung nicht gesprengt wird. Andererseits ist der Kunstsammler als Bewertungssubjekt attraktiv, da er sich mit einer Vielzahl von Bewertungsanlässen konfrontiert sieht, sowohl im Rahmen seiner Sammlungstätigkeit, der Vermögensrestrukturierung als auch im zivil- und steuerrechtlichen Kontext. Darüber hinaus stellt der Kunst-

---

1 Vgl. FREY/EICHENBERGER, Art Investment Analysis (1995), S. 212 ff.

2 Vgl. zu Zielsetzung und Entscheidungsfeld als Grundlagen betriebswirtschaftlicher Entscheidungen eingehend ENGELS, Betriebswirtschaftliche Bewertungslehre (1962), S. 17 f. und 45 f., MATSCHKE, Entscheidungswert (1975), S. 11-27, BITZ, Ökonomische Entscheidungsmodelle (1977), S. 65-81, BITZ, Entscheidungstheorie (1981), S. 18 ff. und 25-30, HERING, Unternehmensbewertung (2006), S. 23-30. Während die Zielsetzung einen „Ausdruck des Wollens" darstellt, ist das Entscheidungsfeld ein „Ausdruck des Könnens". Vgl. dazu SIEBEN, Bewertung von Erfolgseinheiten (1968), S. 14, SIEBEN, Kaufpreisbestimmung (1988), S. 86, SIEBEN/SCHILDBACH, Entscheidungstheorie (1994), S. 15, MATSCHKE/BRÖSEL, Unternehmensbewertung (2007), S. 8.

3 MATSCHKE/BRÖSEL, Unternehmensbewertung (2007), S. 3. Mit Blick auf eine Eigentumsübertragung an einem Kunstwerk kann im folgenden auch von einem „präsumtiven Käufer" oder einem „präsumtiven Verkäufer" gesprochen werden, in bezug auf die der Eigentumsübertragung vorangehende Verhandlung von „Konfliktpartei" oder „Verhandlungspartei". Ebenfalls synonym verwendet werden die Begriffe Kauf, Erwerb und Akquisition sowie Verkauf, Veräußerung und Liquidation.

4 Vgl. zur Stiftung grundlegend OLBRICH, Unternehmungsnachfolge (2005), S. 42 ff. und die dort angeführte Literatur.

5 Im folgenden wird nur noch von „Kunstsammler" gesprochen.

sammler historisch und statistisch gesehen die Triebfeder des Kunstmarkts dar, indem er als Kunde von Kunsthändlern und Auktionshäusern die Warenzirkulation antreibt und zugleich als wichtiger Kooperationspartner von Museen fungiert, denen er Kunstwerke seiner Sammlung als Leihgaben zur Verfügung stellt und ihnen diese nach Beendigung seiner sammelnden Tätigkeit entgeltlich oder unentgeltlich überträgt.[1]

Den adäquaten Ansatz zur Bewältigung realitätsnaher Bewertungsprobleme, unter Berücksichtigung von Zielsetzung und subjektivem Entscheidungsfeld eines Bewertungssubjekts, leistet die funktionale Schule der betriebswirtschaftlichen Bewertungstheorie. In der Konsequenz ihrer Kernaussage, der Zweckabhängigkeit einer Bewertung,[2] differenziert sie drei Hauptfunktionen: die Entscheidungsfunktion, die Vermittlungsfunktion und die Argumentationsfunktion.[3] Das Konzept der funktionalen Bewertung ruht auf den Fundamenten der subjektiven Wertlehre nach HERMANN HEINRICH GOSSEN[4] und CARL MENGER[5]. Jede Eigentumsänderung wirft die Frage der „Preiswertigkeit" auf. Dieser Formulierung innewohnend ist der Vergleich von *Preis* und *Wert*, wodurch deutlich wird, daß beides nicht dasselbe ist und auch nicht notwendigerweise zusammenfällt.[6] Dem Preis eines Kunstwerks, oder auch eines jeden anderen Guts, ist stets sein subjektiver Grenznutzen gegenüberzustellen. Subjektiv ist dieser Grenznutzen, weil das Bewertungssubjekt bei der Bewertung seine individuelle Zielsetzung und sein subjektives Entscheidungsfeld berücksichtigt. Er ergibt sich durch einen Vergleich mit alternativ zur Verfügung stehenden Handlungsmöglichkeiten, den *Vergleichsobjekten*. Hier wird ein Bewertungsobjekt auf die Frage hin untersucht, inwiefern es einem Bewertungssubjekt, bei gegebenem oder noch zu verhandelndem Preis, einen zusätzlichen Nutzen im Sinne der definierten Zielsetzung mit

---

1 Kunstsammler generieren 60 % des Umsatzes von Kunsthändlern, während Unternehmen und Museen jeweils nur 20 % des Umsatzes ausmachen. Vgl. SCHMID, Sekundärmarkt (2002).

2 Vgl. dazu schon RICHTER, Bewertung (1942), S. 106.

3 Vgl. überblicksartig SIEBEN/SCHILDBACH, Bewertung ganzer Unternehmungen (1979), S. 455-458, SIEBEN, Funktionen der Bewertung (1983), MATSCHKE/BRÖSEL, Unternehmensbewertung (2007), S. 50 ff.

4 Vgl. GOSSEN, Gesetze des Verkehrs (1854).

5 Vgl. MENGER, Volkswirtschaftslehre (1871).

6 Vgl. zum Verhältnis von Wert und Preis NIKLISCH, Der gemeine Wert (1933), S. 819-822, ENGELS, Betriebswirtschaftliche Bewertungslehre (1962), S. 37 ff., MÜNSTERMANN, Wert und Bewertung (1970), S. 11 ff. und 151, OLBRICH, Unternehmensbewertung (1981), S. 12 ff., HERING, Konzeptionen der Unternehmensbewertung (2000), S. 442, OLBRICH, Bewertung von Unternehmungsanteilen (2000), S. 459, HERING/OLBRICH, Bemessung der Abfindung (2001), S. 815, HERING, Investition und Unternehmensbewertung (2002), S. 61 und 72 ff., HERING/OLBRICH, Unsicherheitsproblem bei der Entschädigung (2003), S. 1579 f. und 1582, HERING/OLBRICH, Preis und Entschädigung (2003), S. 1519, OLBRICH, Bilanzierung von Immobilien (2003), S. 347, HERING, Quo vadis (2004), S. 113 f., OLBRICH, Unternehmungsnachfolge (2005), S. 150 f., HERING, Unternehmensbewertung (2006), S. 153-159.

Blick auf ein Vergleichsobjekt stiften kann.[1] Aufgrund dieser relativen Herangehensweise kann von einer *Objekt-Subjekt-Objekt-Beziehung* gesprochen werden. Es geht damit nicht um eine Problematik der Suche nach einem grundsätzlich vergleichbaren Objekt[2], also einem Objekt, welches hinsichtlich seiner Charakteristika einem Kunstwerk ähnlich ist, sondern um die Heranziehung eines wie auch immer gearteten Vergleichsobjekts aus dem subjektiven Entscheidungsfeld des Kunstsammlers als beste Alternative zur Zielerreichung. Verfolgt der Kunstsammler eine finanzielle Zielsetzung, so ergibt sich der subjektive Nutzen eines Kunstwerks aus dessen Fähigkeit, diese Zielsetzung zu befriedigen. Die *Entscheidungsfunktion* stellt die Basisfunktion der funktionalen Bewertungstheorie dar, ihr Ergebnis, der Entscheidungswert, folglich den Basiswert.[3] Der Entscheidungswert ist Ausfluß der subjektiven Wertlehre und stellt in Gestalt eines Grenzpreises eine kritische Schwelle dar, die aus Sicht des präsumtiven Käufers durch den zu zahlenden Preis nicht überschritten werden darf, da der mit einem Kunstwerk einhergehende Grenznutzen durch den dafür gezahlten Preis überkompensiert würde.[4] Analog dazu darf ein präsumtiver Verkäufer nur solche Preisangebote akzeptieren, die seinen Grenzpreis nicht unterschreiten.

Das Ergebnis der *Vermittlungsfunktion* ist ein Kompromiß der gegenläufigen Interessen der an einer Eigentumsübertragung beteiligten Verhandlungsparteien und wird als Arbitrium- oder Schiedswert bezeichnet.[5] Zu dessen Ermittlung nimmt ein Gutachter

---

[1] Vgl. BUSSE VON COLBE, Zukunftserfolg (1957), S. 17 f., ENGELS, Betriebswirtschaftliche Bewertungslehre (1962), S. 17 f., MATSCHKE, Gesamtwert der Unternehmung (1972), S. 147, SIEBEN, Entscheidungswert in der Funktionenlehre (1976), S. 497 f., MOXTER, Grundsätze (1983), S. 9-13 in Verbindung mit S. 23 f., SIEBEN, Kaufpreisbestimmung (1988), S. 87, MATSCHKE, Ermittlung mehrdimensionaler Entscheidungswerte (1993), S. 3 f.

[2] In diesem Zusammenhang wird von FREY/EICHENBERGER angemerkt, daß sich die beispielsweise durch Immobilien historisch erzielten Renditen für den Vergleich mit historischen Kunstmarktrenditen besser eignen als die häufig herangezogenen Aktienrenditen. In ihrem grundsätzlich zu befürwortenden Individualisierungsbestreben unterläuft ihnen aber der Fehler, nach einem vergleichbaren Objekt statt nach einem Vergleichsobjekt zu suchen. Vgl. FREY/EICHENBERGER, Art Investment Analysis (1995), S. 211.

[3] Vgl. MATSCHKE, Gesamtwert der Unternehmung (1972), MATSCHKE, Entscheidungswert (1975), SIEBEN, Entscheidungswert in der Funktionenlehre (1976), S. 492, OLBRICH, Unternehmungswert (1999), S. 7 f., HERING, Unternehmensbewertung (2006), S. 5, MATSCHKE, Wertarten nach ihrer Aufgabenstellung (2008), S. 861.

[4] Zur Grenzpreiseigenschaft des Werts bereits VON OEYNHAUSEN, Kapitalwert von märkischen Steinkohlenzechen (1822), S. 306, MIRRE, Ertragswert (1913), S. 157 f., LIEBERMANN, Ertragswert (1923), S. 55, MATSCHKE, Gesamtwert der Unternehmung (1972), S. 149, MATSCHKE, Ermittlung mehrdimensionaler Entscheidungswerte (1993), S. 4, HERING, Quo vadis? (2004), S. 105, HERING/OLBRICH, Bilanzierung von Beteiligungen (2004), S. 713.

[5] Vgl. MATSCHKE, Schiedsspruchwert der Unternehmung (1971), S. 508 ff., SIEBEN, Entscheidungswert in der Funktionenlehre (1976), S. 493, MATSCHKE, Arbitriumwert (1979), S. 18 f., SIEBEN/SCHILDBACH, Bewertung ganzer Unternehmungen (1979), S. 456 f., SIEBEN, Funktionen der Bewertung (1983), S. 541, MATSCHKE/BRÖSEL, Unternehmensbewertung (2007), S. 467. Treten ein präsumtiver Käufer und ein präsumtiver Verkäufer in Verhandlung, werden sie zu „Ver-

– es handelt sich regelmäßig um einen Kunstsachverständigen – eine Bewertung vor. Der durch den Gutachter vorgeschlagene Kompromiß muß die Entscheidungswerte beider Parteien wahren und darüber hinaus eine für beide Seiten akzeptable (gerechte) Aufteilung des wirtschaftlichen Vorteils der Transaktion darstellen.[1] Erfolgt die Eigentumsübertragung aus freien Stücken, dann kann der Gutachter einen Kompromiß folglich nur dann ermitteln, wenn ein Einigungsbereich[2] zwischen den Konfliktparteien besteht.[3] Ist allein die Höhe des Preises für eine Änderung der Eigentumsverhältnisse relevant, dann existiert ein Einigungsbereich, wenn der Entscheidungswert des Käufers über jenem des Verkäufers liegt. Für die Findung eines Schiedswerts ist ein Gutachter nicht zwingend erforderlich, denn jeder Preis, auf den sich die Verhandlungsparteien frei einigen, stellt gleichermaßen einen Schiedswert dar.[4] Die Versteigerung eines Kunstwerks ist ein typisches Beispiel für einen derartigen freien Einigungsprozeß auf dem Kunstmarkt. Stellvertretend für einen präsumtiven Verkäufer bietet der Auktionator als Kommissionär mehreren präsumtiven Käufern ein Kunstwerk an, wobei er den Preis des zu versteigernden Guts schrittweise erhöht. Voraussetzung für einen Verkauf ist, daß es einen präsumtiven Käufer gibt, dessen Grenzpreis über jenem des Verkäufers liegt. Gibt es mehrere Käufer, für die dies zutrifft, erhält der mit dem höchsten Grenzpreis den Zuschlag, denn er kann als letzter im Bietgefecht verbleiben. Der Zuschlagspreis stellt den Arbitriumwert dar, er liegt zwischen dem Grenzpreis des Verkäufers (Untergrenze des Einigungsbereichs) und dem Grenzpreis des Käufers (Obergrenze des Einigungsbereichs). Im Gegensatz zu einer solchen freien Verhandlung kann der Schiedswert eines Kunstwerks insbesondere im Rahmen steuer- und zivilrechtlicher Auseinandersetzungen, beispielsweise im Kontext des Zugewinnausgleichs, gerichtlich bestimmt werden müssen. Kunstwerke sind regelmäßig Gegenstand derartiger Auseinandersetzungen, bei denen auch dann eine Einigung stattfinden muß, wenn kein Einigungsbereich existiert und ein gerichtlich bestellter Gutachter einen Schiedswert ermitteln muß.[5] In einer solchen Situation stellt sich die Frage der Art und Weise der Ermittlung des Schiedswerts in erhöhtem Maße.[6]

handlungsparteien“ beziehungsweise „Konfliktparteien“. Sie befinden sich dann in einer „Verhandlungssituation“ beziehungsweise „Konfliktsituation“.

1 Vgl. MATSCHKE, Schiedsspruchwert der Unternehmung (1971), S. 519, MATSCHKE, Arbitriumwert (1979), S. 48 f. und 112.

2 HERING/OLBRICH, Börsengang junger Unternehmen (2002), S. 153, sprechen alternativ von „Einigungsintervall“.

3 Vgl. MATSCHKE/BRÖSEL, Unternehmensbewertung (2007), S. 467 f.

4 Vgl. HERING/OLBRICH, Börsengang junger Unternehmen (2002), S. 153-155, HERING/OLBRICH, Preis und Entschädigung (2003), S. 1519.

5 Todesfälle und Scheidungen gehören zu den häufigsten Einlieferungsgründen bei Auktionshäusern. Vgl. SELIGMAN, Merchants of Art (1961), S. 214-217, WOOLEY, Going Once (1995), S. 78, GOODWIN, Introduction (2008), S. 11, SOTHEBY’S, Investor (2010), S. 7.

6 Vgl. MATSCHKE, Arbitriumwert (1979), S. 33 f., 49 und 309, MATSCHKE/BRÖSEL, Unternehmensbewertung (2007), S. 469 f.

Die Ergebnisse der *Argumentationsfunktion* sind die Argumentationswerte.[1] Ein Argumentationswert ist die Gesamtheit aller Begründungen, die eine Verhandlungspartei zur Verbesserung der eigenen Verhandlungsposition oder zur Schwächung der Position des Verhandlungspartners anführt, mit steter Ausrichtung auf eine aus der Perspektive der argumentierenden Partei günstige Aufteilung des Einigungsbereichs. Der Argumentationswert ist somit parteiisch und dient der Verhandlungstaktik. Der von Auktionshäusern im Vorfeld einer Auktion veröffentlichte Schätzpreis – verstanden als obere und untere Taxe – stellt zusammen mit den Darstellungen und Beschreibungen des Auktionskatalogs einen solchen Argumentationswert dar, wenngleich er sich freilich nicht als solcher zu erkennen gibt, sondern unter dem Deckmantel des „objektiven Marktwerts" präsentiert wird. Das den Kunstsammler beratende und im Sinne der eigenen finanziellen Zielsetzung handelnde Auktionshaus steht bei der Eruierung der Schätzpreisbandbreite vor der Aufgabe, die Konzessionsgrenzen der Auktionsteilnehmer und die sich daraus entwickelnde Bietdynamik zu evaluieren, um einen Zuschlagspreis zu erreichen, der möglichst hoch ist. Dabei kann es sein, daß der Schätzpreis bewußt konservativ gewählt wird, um möglichst viele präsumtive Käufer in den Versteigerungsprozeß zu involvieren (Bietgefecht) beziehungsweise möglichst wenige auszuschließen.[2] Eine niedrige Schätzpreisbandbreite kann somit sinnvoll sein, wenn das Auktionshaus davon ausgeht, daß sich ein Bietgefecht entwickeln wird, das dazu führt, daß sich die Auktionsteilnehmer gewissermaßen gegenseitig an ihre Konzessionsgrenzen heranführen. Erwartet das Auktionshaus hingegen eine eher verhaltene Bietdynamik, mag es erfolgversprechender sein, eine hohe Schätzpreisbandbreite anzusetzen, die den Konzessionsgrenzen der Auktionsteilnehmer recht nahe kommt. Die gewählte Schätzpreisbandbreite hängt damit letztlich insbesondere davon ab, welches Publikum das Auktionshaus für die Versteigerung erwartet. Alle Gebote, die während einer Versteigerung abgegeben werden, stellen zunächst Argumentationswerte der Bieter dar. Sofern eines dieser Gebote als Höchstgebot den Zuschlag erhält, wird der Argumentationswert zum Arbitriumwert.

Erfolgt die Bewertung eines Kunstwerks nicht aufgrund der Absicht einer Eigentumsänderung, dann handelt es sich regelmäßig um eine Wertermittlung im Kontext der Nebenfunktionen der Bewertungstheorie.[3] In bezug auf Kunstwerke ist beispielsweise die *Kreditierungsunterstützungsfunktion* relevant, wenn der Kreditnehmer ein

---

1 Vgl., auch im folgenden, MATSCHKE, Argumentationswert (1976), S. 518-521, BRÖSEL, Argumentationsfunktion (2004), S. 517 ff., HERING/BRÖSEL, Blinder Passagier (2004), S. 940-942.

2 Vgl., auch für das Folgende, HILDESLEY, Buying and Selling at Auction (1997), S. 141 f., HOLTMANN, Keine Angst vor Kunst (1997), S. 86, DRINKUTH, Der moderne Auktionshandel (2003), S. 86, THOMPSON, Economics of Contemporary Art (2008), S. 147-151, BOLL, Kunst ist käuflich (2009), S. 237 f.

3 Zu den Nebenfunktionen vgl. umfassend MATSCHKE/BRÖSEL, Unternehmensbewertung (2007), S. 59-77.

Kunstwerk als Sicherheit gibt und eine Beleihungsgrenzenermittlung durch den Kreditgeber vorgenommen wird.[1]

Die vorliegende Schrift macht es sich zur Aufgabe, die oben aufgezeigte betriebswirtschaftliche Forschungslücke zu schließen, indem sie sich der einzelwirtschaftlichen Perspektive des Kunstsammlers annimmt und sich dessen Bewertungssituationen auf investitionstheoretischem Wege mit dem Ziel der Ermittlung von Entscheidungs- und Schiedswerten nähert. Zu diesem Zweck erfolgt im nachfolgenden Kapitel II eine Analyse des Bewertungsobjekts (Abschnitt 1.1). Ziel dieser Analyse ist es, die Wesensmerkmale des Kunstwerks als Kapitalanlage herauszuarbeiten. Abschnitt 1.2 beinhaltet eine Zusammenfassung der historischen Entwicklung des Kunstmarkts, die in seiner gegenwärtigen Differenzierung in zwei Marktsektoren mündet. Abschnitt 1.3 widmet sich dem Kunstsammler als Bewertungssubjekt, zunächst erfolgt die Strukturierung seines Zielsystems. Im Mittelpunkt stehen dabei das Verhältnis der finanziellen und der nichtfinanziellen Zielsetzungen zueinander und die daraus resultierenden Konsequenzen für die Bewertung. Im Anschluß an die Zielstrukturierung findet eine Darstellung des subjektiven Entscheidungsfelds des Kunstsammlers statt. Unter Beachtung der ausgearbeiteten Zusammenhänge dient Abschnitt 2 einer kritischen Untersuchung der bereits existierenden finanzwirtschaftlichen Forschung zur Beurteilung von Kunstinvestitionen. Auf Basis der dabei festgestellten Schwachpunkte in bezug auf die einzelwirtschaftliche Perspektive wird die Adäquanz investitionstheoretischer Verfahren aufgezeigt. Abschnitt 3 stellt dann das investitionstheoretische Instrumentarium für die Ermittlung von Entscheidungswerten unter Sicherheit (Abschnitt 3.1) und Unsicherheit (Abschnitt 3.2) zur Verfügung. Es schließt sich im ersten Abschnitt des Kapitels III die Entwicklung einer Heuristik zur Durchführung einer Entscheidungswertermittlung für Kunstwerke an. Dabei bedarf es in einem ersten Schritt der Entlarvung der Strukturdefekte, mit denen die investitionstheoretische Bewertung für diese Bewertungsobjekte behaftet ist, sodann wird das Gesamtproblem der Bewertung in sechs Transformationsschritte untergliedert, die auf dem Weg zum Entscheidungswert durch- und zusammengeführt werden müssen. Abschnitt 2 gliedert die typischen Bewertungsanlässe eines Kunstsammlers nach Ursprungsbereichen mit dem Ziel, diese im Anschluß in den bekannten Konfliktsituationsdimensionen der betriebswirtschaftlichen Bewertungstheorie zu systematisieren. Abschnitt 3 setzt sich mit der Genese und Verdichtung des Zahlungsstroms auseinander. Es bedarf dabei zunächst der unter Unsicherheit nur willkürlich möglichen und deshalb möglichst pragmatisch zu vollziehenden Abgrenzung des Planungshorizonts (Abschnitt 3.1). Dann fügt sich die Eruierung des mit einem Kunstwerk erzielbaren Veräußerungserlöses an, der den bedeutendsten Zahlungsüberschuß darstellt (Abschnitt 3.2). Schließlich erfolgt eine Diskussion der Rahmenbedingungen, unter welchen die Anwendung eines Totalmodells aus der Sicht des Kunstsammlers notwendig wird oder aber die eines Partialmodells zum Zwecke der Verdichtung des ermittelten Zahlungsstroms

---

1 Vgl. hierzu auch MCANDREW/THOMPSON, Collateral Value of Fine Art (2007).

ausreichend ist (Abschnitt 3.3). Zum Abschluß des dritten Kapitels wendet sich die Untersuchung in Abschnitt 4 der Schiedswertermittlung im Zuge des Erbschaft- und Schenkungsteuerrechts, des Pflichtteilsrechts sowie des Zugewinnausgleichs zu, um die dort vorherrschenden Wertansätze einer Prüfung zu unterziehen. Die Ergebnisse dieses Abschnitts gründen auf den Erkenntnissen des zweiten Abschnitts des dritten Kapitels, zumal dort die rechtlichen Grundlagen, die zu den betrachteten zivilrechtlichen Bewertungsanlässen führen, vermittelt wurden und eine Aufbereitung der Konfliktsituationen stattfand. Im ersten Abschnitt des vierten Kapitels erfolgt die investitionstheoretische Modellierung einer Auswahl der ebenfalls zuvor im zweiten Abschnitt des dritten Kapitels herausgearbeiteten Bewertungsanlässe. Die Auswahl konzentriert sich auf solche Bewertungsanlässe, die sich durch einen erhöhten Grad an Komplexität auszeichnen. Abschnitt 2 nimmt sich der Entwicklung neuer Formen der Kunstinvestition und -finanzierung an, indem das künstlerisch und juristisch von dem Künstler TOM SAUNDERS ausgearbeitete Konzept eines Kunstderivats einer betriebswirtschaftlichen Evaluierung unterzogen wird. Die Arbeit schließt in Kapitel V mit der Zusammenfassung der gewonnenen Ergebnisse.

II. Bewertung der Kunst im ökonomischen Kontext

1. Charakteristika von Kunstwerk und -markt

1.1 Das Kunstwerk als Bewertungsobjekt

1.1.1 Der Facettenreichtum der Veräußerung eines Kunstwerks: ein Beispiel

Ein verwitweter Erblasser hinterläßt seinem einzigen Sohn ein Kunstwerk, das seit mehr als 25 Jahren in Familienbesitz ist. Da es sich bei dem in Rede stehenden Objekt um ein Altmeistergemälde handelt, stellt der Erhaltungszustand einen kritischen Faktor dar. Aus dem Gutachten eines Sachverständigen, das das Finanzamt zum Zweck der Verständigung mit dem Erben über den Wert der Bemessungsgrundlage der Erbschaftsteuerbelastung hat erstellen lassen, ergibt sich aufgrund der Beurteilung des Erhaltungszustands, daß für das Gemälde in der Tat ein Restaurierungsbedarf besteht. Der Erbe möchte das Kunstwerk alsbald veräußern und überlegt nun, an welcher Konzessionsgrenze er sich in den Preisverhandlungen mit einem Kunsthändler und einem Auktionshaus orientieren muß, damit es nicht zu einem aus seiner Sicht nachteiligen Veräußerungsergebnis kommt. Aus diesem Grund ermittelt er zunächst die Zahlungsreihe des Kunstwerks, wenn er es in seinem Portefeuille belassen und also nicht veräußern würde. Er legt seinem Kalkül einen Planungshorizont von zehn Jahren zugrunde. Dies tut er nicht ohne Grund, denn wegen der kunsthistorischen Bedeutung des Gemäldes kann er auf diese Weise eine Reduktion der Bemessungsgrundlage der Erbschaftsteuer um 40 % erzielen, wenn er das Kunstwerk darüber hinaus für diesen Zeitraum der Öffentlichkeit zugänglich macht.[1] Der Zugang der Öffentlichkeit zum Kunstwerk könnte durch eine unentgeltliche Leihgabe an ein Museum[2] gewährleistet werden. Ein Museum hat bereits Interesse bekundet und bietet dem Erben im Gegenzug für die Leihgabe an, Instandhaltungsmaßnahmen durchzuführen und das Kunstwerk zu versichern. Darüber hinaus möchte das Museum sich ein Vorkaufsrecht vorbehalten, sobald der Erbe das Gemälde veräußern möchte. Durch die Leihgabe entstünden dem Erben mehrere Vorteile: Das Museum verbesserte den Zustand des Gemäldes unentgeltlich, es übernähme die Versicherungsprämien, ermöglichte eine Aufwertung der Provenienz des Kunstwerks durch die Aufnahme in die Ausstellung, die auf den Bekanntheitsgrad des Museums zurückzuführen ist, und erweiterte die Veräußerungsmöglichkeiten durch das Vorkaufsrecht.

---

1 Zur Reduktion des Werts der Bemessungsgrundlage der Erbschaftsteuer vgl. Abschnitt II.1.1.3.2.

2 Vgl. zum Aspekt der Leihgabe KIRCHMAIER, Leihverkehr (2007), S. 221 und 224 f.

Auf der Grundlage aller Informationen entwickelt der Erbe die Zahlungsreihe des Kunstwerks. Dazu berechnet er die voraussichtliche Erbschaftsteuerbelastung unter der Annahme einer wertmäßig um 40 % reduzierten Bemessungsgrundlage und schätzt den in zehn Jahren erzielbaren Veräußerungserlös unter Berücksichtigung der von seiten des Museums offerierten Instandhaltungsmaßnahmen, des Provenienzeffekts und des Vorkaufsrechts. Freilich kann der Erbe den Veräußerungserlös, der in zehn Jahren zu erzielen wäre, nicht mit Sicherheit vorhersagen. Infolgedessen legt er einen Bereich fest, in dem dieser mit einer bestimmten Wahrscheinlichkeit liegen wird. Die auf dieser Datengrundlage ermittelten Zahlungsreihen vergleicht er mit der Rendite seiner günstigsten Alternativinvestition und gelangt zu einer Bandbreite von Entscheidungswerten. Im Zuge einer unternehmerischen Entscheidung, die sich auf die subjektive Risikoneigung des Erben gründet, wählt dieser einen Wert aus der Bandbreite aus, an dem er sich in den Verhandlungen mit einem Auktionshaus und einem Kunsthändler orientiert. Der gewählte Entscheidungswert ist noch um die in naher Zukunft fällige Steuerzahlung zu erhöhen. Letztere wird höher ausfallen als in dem Fall, in dem das Kunstwerk im Portefeuille des Erben verbleibt, denn unabhängig davon, für welchen Weg der Veräußerung der Erbe sich letztendlich entscheidet (Auktionshaus, Kunsthändler), kann er bei einer sofortigen Veräußerung keine Reduktion des Werts der Bemessungsgrundlage mehr erwarten.

Die sich der Bewertung anschließenden Verhandlungen mit einem Kunsthändler und einem Auktionshaus sind von unterschiedlicher Natur. Veräußert man direkt an den Kunsthändler, dann stellt dieser auch den präsumtiven Käufer dar, während das Auktionshaus lediglich als Kommissionär auftritt und das Kunstwerk in eigenem Namen an den Höchstbietenden versteigert. Der Erbe kann nur indirekt an der Verhandlung teilnehmen, indem er einen Reservationspreis, unter dem nicht veräußert werden darf, festlegt. Von dem auf der Versteigerung erzielten Zuschlagspreis sind die Transaktionskosten zzgl. der darauf zu entrichtenden Umsatzsteuer in Abzug zu bringen. Um den Kapitalwert der Transaktion zu bestimmen, ist der Entscheidungswert vom so ermittelten Nettoverkaufspreis zu subtrahieren.

1.1.2 Das Naturell des Kunstwerks als Kapitalanlage

Bereits in Kapitel I wurde konstatiert, daß ein Kunstwerk sowohl als Kapitalanlage als auch als Konsumgut fungieren kann. Ob ein Kunstwerk eine Kapitalanlage darstellt, hängt von dem ihm beigemessenen Renommee ab. Renommiert ist ein Kunstwerk grundsätzlich dann, wenn es dem Gesamtwerk eines „anerkannten Meisters“[1] angehört. Aus der Steuerrechtsprechung läßt sich ein Indizienkatalog ableiten, der als

[1] Vgl. BFH-Urteil vom 23.04.1965, BStBl. 1965 III, S. 382, BFH-Urteil vom 02.12.1977, BStBl. 1978 II, S. 164.

ein möglicher Ansatz zur Differenzierung anerkannter und nichtanerkannter Künstler zugrunde gelegt werden kann. Danach handelt es sich um einen anerkannten Meister dann, wenn folgende Indizien vorliegen:[1]

- (dauerhafte) Anerkennung der künstlerischen Bedeutung des Gesamtwerks des Künstlers in Fachkreisen (beispielsweise durch entsprechende Würdigungen in der Fachliteratur);
- Aufnahme der Kunstwerke in die „Schauausstellungen" wichtiger, überregionaler Museen;
- Auszeichnungen des Künstlers (beispielsweise in Form von Kunstpreisen);
- Beteiligungen an bedeutenden Ausstellungen und künstlerischen Projekten (beispielsweise documenta in Kassel, Biennale in Venedig).

Auch historisch erzielte Preise können einen Anhaltspunkt darstellen.[2] Bei Werken anerkannter Meister geht die Rechtsprechung davon aus, daß für diese ein Wertverlust nicht zu erwarten ist, sondern vielmehr ein Wertzuwachs, da nicht anzunehmen ist, daß sie dem Geschmackswandel unterliegen und sich deshalb nur durch ein kurzfristiges Renommee auszeichnen.[3]

Grundsätzlich erweisen sich die durch die Steuerrechtsprechung entwickelten Kriterien auch für die Qualifizierung oder Nichtqualifizierung eines Kunstwerks als Kapitalanlage im hiesigen Sinne als zweckmäßig, wenn das Folgende beachtet wird: Zum einen erlaubt ein derartiger Indizienkatalog freilich nur eine allgemeine Einordnung; und das Bewertungssubjekt muß im Einzelfall entscheiden, ob ein Kunstwerk auch dann als Kapitalanlage einzustufen ist, wenn es nicht sämtliche Kriterien erfüllt, beziehungsweise ob es, obwohl es die oben genannten Kriterien erfüllt, doch nicht als Kapitalanlage taugt. Zum anderen sollen im folgenden nicht ausschließlich Kunstwerke betrachtet werden, die bereits ein Renommee genießen, sondern auch solche, von denen das Bewertungssubjekt glaubt, daß sie zukünftig ein entsprechendes Maß an Anerkennung erlangen werden. Schließlich gilt es noch zu berücksichtigen, daß ein dauerhaftes Renommee für die Zwecke der Kapitalanlage nicht zwingend erfor-

---

[1] Vgl. Urteil des FG Berlin vom 31.05.1979, EFG 1979, S. 480, Urteil des FG Berlin vom 17.05.1991, Juris, BOOCHS/GANTEFÜHRER, Kunstbesitz im Zivil- und Steuerrecht (1992), S. 84, GANTEFÜHRER/WACKER, Recht und Steuern (2006), S. 10. Vgl. GONZÁLEZ, Kunstinvestment (2002), S. 93-103, LEHMANN, Zeitgenössische Kunstwerke (2002), S. 107 und 109, LEYER-PRITZKOW/SEBASTIAN, Das Kunstkaufbuch (2005), S. 46 f. für ähnliche Indizienkataloge.

[2] Vgl. dazu MÜLLER-KATZENBURG/HOFMANN, Abschreibungsmöglichkeiten bei Kunstgegenständen (2000), S. 2565.

[3] Vgl. BFH-Urteil vom 23.04.1965, BStBl. 1965 III, S. 382, BFH-Urteil vom 02.12.1977, BStBl. 1978 II, S. 164.

derlich ist, wenn das Bewertungssubjekt (nicht notwendigerweise ein Kunstsammler) von kurzfristigen Preisentwicklungen, die zum Beispiel auf Modewellen zurückzuführen sind, profitieren möchte.[1] Erfüllt ein Kunstwerk aufgrund seiner Eigenschaften ausschließlich die Funktion des Konsumguts, ist von *Gebrauchskunst* zu sprechen.[2]

Kunstwerke stellen *Sachwertanlagen*[3] dar, die das Kapital des Kunstsammlers für einen bestimmten Zeitraum und mit dem Ziel einer lukrativen Veräußerung binden. Dabei zeichnen sie sich insbesondere durch ihren *Einzelstückcharakter*[4] aus, der einen vergleichsweise hohen *Such-* und *Informationsbedarf* im Vorfeld einer Eigentumsänderung verursacht und die wirtschaftswissenschaftliche Forschung bei der Ermittlung von Preisindizes mit großen Schwierigkeiten konfrontiert (Abschnitt II.2.1). Im Zuge des Erwerbs eines Kunstwerks stellt sich dem Kunstsammler zunächst die Aufgabe, potentielle Akquisitionsobjekte ausfindig zu machen. Infolgedessen bezieht sich der Informationsbedarf auf deren Lokalisierung. An dieser Stelle tritt die erste Ausprägung *asymmetrischer Informationsverteilung* auf dem Kunstmarkt auf. Ursache hierfür ist dessen Opazität, die unter anderem der Diskretion der Intermediäre im Interesse ihrer Kunden geschuldet ist.[5] Die Aufmerksamkeit des Kunstsammlers richtet sich dann, nachdem das Bewertungsobjekt ausgemacht ist, auf dessen Evaluierung. Typischerweise sind die Authentizität und die Provenienz im Zuge einer Verifizierung zu überprüfen, sodann gilt es, das wirtschaftliche Potential einzuschätzen. Während die Überprüfung der Authentizität der Aufdeckung von Fälschungen dient,[6] zielt die Überprüfung der Provenienz in diesem Stadium der Transaktion darauf ab, den Ankauf eines gestohlenen aber auch gefälschten Objekts zu vermeiden.[7] Können Fälschung und Diebstahl ausgeschlossen werden, erfolgt die Evaluie-

[1] Ist die Frage, ob ein Kunstwerk eine Kapitalanlagefunktion erfüllen kann oder nicht, im Kontext eines steuer- oder zivilrechtlichen Sachverhalts zu klären (beispielsweise Zuordnung eines Kunstwerks zum Hausrat, Abschreibungsfähigkeit), dann ist Dauerhaftigkeit allerdings ein Kriterium.

[2] Vgl. zum Begriff der Gebrauchskunst in der Rechtsprechung BFH-Urteil vom 23.04.1965, BStBl. 1965 III, S. 382, BFH-Urteil vom 02.12.1977, BStBl. 1978 II, S. 164. Vgl. auch MÜLLER-KATZENBURG/HOFMANN, Abschreibungsmöglichkeiten bei Kunstgegenständen (2000), S. 2565.

[3] Zur Differenzierung von Geld- und Sachwerten vgl. WECHSLER, Vermögensanlage (1970), S. 109 f.

[4] Auch multiplizierbare Kunstwerke wie etwa Druckgrafiken sind aufgrund ihres Erhaltungszustands regelmäßig Einzelstücke.

[5] Spiegelbildlich stellt sich dem veräußernden Kunstsammler das Problem der Lokalisierung von Verhandlungspartnern. Vgl. zur Informationsasymmetrie auf dem Kunstmarkt auch COFFMAN, Asymmetrical Information (1991).

[6] Sowohl die Objekte lebender als auch verstorbener Künstler sind Gegenstand der Fälschungskriminalität, die sich insbesondere auf Kunstwerke des mittleren und unteren Preissegments konzentriert. Vgl. hierzu THOMPSON, Economics of Contemporary Art (2008), S. 219-232, BOLL, Kunst ist käuflich (2009), S. 171-179.

[7] Vgl. SEEGERS, Provenienzüberprüfung von Kunstwerken (2002).

rung des wirtschaftlichen Potentials zum Zwecke der Ermittlung des Entscheidungswerts. In dieser Phase des Akquisitionsprozesses tritt somit die zweite Ausprägung der asymmetrischen Informationsverteilung zutage.[1] Der Kunstsammler begibt sich mit seinem Entscheidungswert dann in die Verhandlung. Der Erwerb eines Kunstwerks kann von Privat, einem Kunsthändler, dem Künstler selbst oder unter Inanspruchnahme der Handelsplattform eines Auktionshauses (physisch oder elektronisch) erfolgen. Bei der Verhandlung zeigt sich dann die dritte Ausprägung der asymmetrischen Informationsverteilung, denn speziell bei Versteigerungen ist selten umfassend bekannt, wer die Teilnehmer im einzelnen sind, so daß sich dem erwerbenden Kunstsammler nicht erschließt, wer aus welchen Gründen eingeliefert hat, wer die Telefonbieter sind, wen ein Kunsthändler im Bietgefecht vertritt oder ob es Absprachen unter Auktionsteilnehmern gibt. Die Ableitung einer adäquaten Verhandlungsstrategie ist unter diesen Umständen schwierig.

Die Intermediäre des Kunstmarkts (Kunsthändler, Auktionshäuser) sind die Nutznießer des Informationsbedarfs der Kunstsammler. Ein Großteil der *Transaktionskosten*[2], mit denen sich präsumtive Käufer und Verkäufer konfrontiert sehen, materialisiert sich in den Auf- oder Abgeldern, die von Auktionshäusern berechnet werden, sowie in den an die Kunsthändler zu entrichtenden Vermittlungsprovisionen. Gleichermaßen fließen sie in die Kalkulation der Ein- und Verkaufspreise des Handels ein. Diese Entgeltbestandteile erhalten die Intermediäre für erbrachte Dienstleistungen, insbesondere die mittelbare und unmittelbare Zusammenführung von Verhandlungspartnern sowie die Vorauswahl oder die Unterstützung bei der Auswahl von Kunstwerken unter bestimmten Gesichtspunkten.

Die *Liquidität* eines Vermögensgegenstands beschreibt dessen Eigenschaft, in Geld umgewandelt (verflüssigt) werden zu können.[3] Eine hohe Liquidität stellt sich im Grundsatz dort ein, wo ein Anbieter auf eine ausreichende Zahl von Nachfragern trifft.[4] Das ist beispielsweise beim Börsenhandel von Optionen der Fall, bei dem sich eine große Zahl von Marktteilnehmern mit unterschiedlichen Interessen auf eine überschaubare Bandbreite von standardisierten Handelsobjekten konzentriert. Da Kunstwerke in der Regel Einzelstücke sind, mißlingt die Definition von Standardqua-

---

1 Um den kontrollierten Abbau der Informationsasymmetrie zwischen den Verhandlungspartnern zu fördern, kann der präsumtive Verkäufer eines Kunstwerks dem präsumtiven Erwerber gezielt Informationen über das Akquisitionsobjekt zur Verfügung stellen, beispielsweise in Form einer Beschreibung im Auktionskatalog oder in Form einer Präsentation. Diese Maßnahmen verfolgen das Ziel der Verkaufsförderung, sie stellen Argumentationswerte dar.

2 Vgl. für kunstspezifische Transaktionskosten PESANDO, The Market for Modern Prints (1993), S. 1080, CHANEL, Market Behaviour (1995), S. 520, FREY/EICHENBERGER, Art Investment Analysis (1995), S. 207 ff. und 217, FREY/EICHENBERGER, Survey and Evaluation (1995), S. 529. Ferner MEYER, Markt für Bildende Kunst (1976), S. 42.

3 Vgl. WITTE, Liquidität (1995), Sp. 1382.

4 Vgl. PERRIDON/STEINER/RATHGEBER, Finanzwirtschaft (2009), S. 169 f.

litäten und -größen. Kunstwerke sind mithin nicht fungibel[1] und ein anonymer, transaktionskostenarmer Börsenhandel wie der von Optionen ist dadurch ausgeschlossen. Als Konsequenz der mangelnden Fähigkeit zur Konzentration zerfällt der Kunstmarkt in eine Vielzahl von Teilmärkten, auf denen meist eine überschaubare Anzahl von Marktteilnehmern mit einander entsprechenden Sammlungsinteressen agiert. Als insbesondere problembehaftet hinsichtlich einer Liquidation erweisen sich regelmäßig solche Kunstwerke, die ein ausgefallenes Sujét behandeln oder großformatig sind. Sehr zeitaufwendig kann sich auch die Veräußerung einer ganzen Sammlung gestalten,[2] denn es ist regelmäßig erforderlich, diese in Tranchen zu zerlegen, welche dann über einen gestreckten Zeitraum hinweg veräußert werden müssen. Darüber hinaus finden Auktionen nicht dauernd, sondern lediglich saisonal statt.[3] Schließlich kann die Liquidation eines Kunstwerks auch von öffentlicher Seite her beeinträchtigt werden, wenn das zu liquidierende Objekt entsprechend dem Gesetz zum Schutz deutschen Kulturgutes gegen Abwanderung (KultgSchG) ein für die Kultur des Landes schutzwürdiges Gut darstellt. Ist das betreffende Kunstwerk in das „Verzeichnis national wertvollen Kulturgutes" eingetragen, so besteht die Möglichkeit einer Ausfuhr nach § 1 Abs. 4 KultgSchG nur nach Genehmigung, welche versagt werden kann, wenn „wesentliche Belange des deutschen Kulturbesitzes überwiegen". Die Beantragung der Eintragung in das Verzeichnis kann vom Eigentümer des Kunstwerks selbst initiiert werden oder von Amts wegen erfolgen. Liegt ersteres vor, so muß der Eigen-

---

1 Fungibilität bezeichnet „die Austauschbarkeit beziehungsweise Vertretbarkeit von Handelsobjekten auf Basis einzelner Stücke oder bestimmter Mengen. Bei Wertpapieren besteht Fungibilität zwischen solchen desselben Emittenten über denselben Nennbetrag." Vgl. GERKE, Börsenlexikon (2002), S. 343. Im Zusammenhang mit Kunstwerken erscheint der Begriff der „Semifungibilität" mitunter verwendbar. Darunter ist die Möglichkeit des Vergleichs von Werken innerhalb der Werkphase oder des Œuvre eines Künstlers sowie auch innerhalb einer Schule von Künstlern zu verstehen. SCHÜTTE spricht in diesem Zusammenhang vom „Surrogatcharakter" bestimmter Kunstwerke. Exemplarisch können die Kunstwerke von GAUGUIN genannt werden, die während seiner Zeit auf Tahiti entstanden sind. Die Verwendung heller, tropischer Farben und die Darstellung eingeborener Frauen kennzeichnen die Werke dieser Schaffensperiode. In diesem Fall erscheint es vertretbar, von unvollkommenen Substituten zu sprechen. Der Grad der Vergleichbarkeit der Werke eines Künstlers nimmt normalerweise ab, wenn man sich von einer bestimmten Schaffensperiode entfernt. Vgl. hierzu SCHÜTTE, Kunst- und Antiquitätenhandel (1974), Sp. 1167, BAUMOL, Unnatural Value (1986), S. 10 f., LOUARGAND/MCDANIEL, Price Efficiency (1991), S. 58, GÉRARD-VARET, On Pricing the Priceless (1995), S. 510, SINGER/LYNCH, Are Multiple Art Markets Rational? (1997), S. 199, HIGGS/WORTHINGTON, Financial Returns (2004), S. 3.

2 Vgl. WOLFF-DIEPENBROCK, Sammeln, Sammlung und Steuern (1987), S. 3 und 5, HEUER, Bewertung von Kunstgegenständen (2008), S. 695.

3 Vgl. BAILLOU, Passion oder Investition? (2005), S. 18. Auf einer Auktion nutzt der Kunstsammler den vom Auktionshaus gestalteten Marktplatz. Die Auktionen sind thematisch organisiert und ermöglichen die Zusammenkunft von Käufern und Verkäufern mit ähnlichen Interessen. Darüber hinaus bieten insbesondere Kunsthändler, aber auch Auktionshäuser die private Vermittlung an, mit der sie dem Kunstsammler die Suche nach Akquisitionsobjekten oder Verhandlungspartnern erleichtern, indem sie ihr Fachwissen und ihr Netzwerk zur Verfügung stellen.

tümer zwischen den steuerlichen Vergünstigungen nach § 1 Abs. 3 KultgSchG und den Liquidierungsnachteilen durch ein Ausfuhrverbot abwägen.

Eine Kunstinvestition ist mit verschiedenartigen *Risiken* verbunden: Die *Authentizität* und die *Provenienz* eines Kunstwerks stellen die ersten Unsicherheitsmomente dar, die ungewisse *zukünftige Entwicklung des Marktpreises* das zweite Unsicherheitsmoment. Aus Portefeuillesicht besteht insbesondere die Gefahr des *Klumpenrisikos,* und vor allem Investitionen in Kunstwerke des oberen Preissegments können dazu führen, daß ein umfangreicher Anteil des Portefeuilles von nur einem Kunstwerk gebunden wird. Eine ausreichende Diversifikation mag unter diesen Umständen nicht mehr möglich sein. Grundsätzlich bestehen darüber hinaus noch die Risiken des Diebstahls und der Zerstörung. Diese können jedoch, was den monetären Wert angeht, durch eine Versicherung aufgefangen werden.

1.1.3 Der Zahlungsstrom eines Kunstwerks

1.1.3.1 Der Kaufpreis

1.1.3.1.1 Die Umsatzsteuer

Der Zahlungsstrom eines Kunstwerks wird insbesondere durch den Kaufpreis und den Veräußerungserlös beschrieben. Diese beiden Elemente determinieren im wesentlichen die erzielbare Rendite. Laufende Einzahlungen werden regelmäßig nicht erzielt, sie können lediglich durch Vermietung vereinnahmt werden, die in Deutschland aber unüblich ist.[1] Laufende Auszahlungen entstehen durch Instandhaltungsmaßnahmen und Versicherungsprämien sowie durch Steuerzahlungen im Zuge der Vererbung oder Schenkung eines Kunstwerks, sprich der unentgeltlichen Übertragung. Die Auszahlungen für Instandhaltungsmaßnahmen und Versicherungsprämien können vermieden werden, wenn das Kunstwerk als Leihgabe überlassen wird, da sich der Leihnehmer – in der Regel ein Museum – dieser im Gegenzug für die Leihgabe annehmen und dem Kunstsammler auf diese Weise Auszahlungsersparnisse ermöglichen kann.[2]

Der Bruttokaufpreis kann sich, in Abhängigkeit von der Form des Erwerbs und der Art des Bewertungsobjekts, aus mehreren Komponenten zusammensetzen. Der einfachste Fall ist der Kauf von privater Seite, bei dem, unabhängig von der Art des

[1] Vgl. STEIN, Monetary Appreciation of Paintings (1977), S. 1029, GANTEFÜHRER/WACKER, Recht und Steuern (2006), S. 10-13.

[2] Vgl. BOOCHS/GANTEFÜHRER, Kunstbesitz im Zivil- und Steuerrecht (1992), S. 115-118, GANTEFÜHRER/WACKER, Recht und Steuern (2006), S. 27-33, KIRCHMAIER, Leihverkehr (2007), S. 213 ff., SCHACK, Kunst und Recht (2009), S. 336.

Kunstwerks, keinerlei Steuern anfallen. Der Sachverhalt ändert sich, sobald von einem Kunsthändler, einem Auktionshaus oder dem Künstler selbst erworben wird, denn neben etwaigen Transaktionskosten ist dann noch die *Umsatzsteuer* zu berücksichtigen.[1] Die Umsatzsteuer beträgt in Abhängigkeit vom erworbenen Objekt 7 % oder 19 % der Bemessungsgrundlage.[2] Bemessungsgrundlage ist das „Entgelt" (§ 10 Abs. 1 Satz 1 UStG). Das Entgelt umfaßt dabei alles, was der Leistungsempfänger aufwendet, jedoch ohne die darin enthaltene Umsatzsteuer (§ 10 Abs. 1 Satz 2 UStG).

Erwirbt der Kunstsammler im Auktionshaus, dann setzt sich der zu entrichtende Bruttokaufpreis entweder aus dem Zuschlagspreis, dem zu entrichtenden Aufgeld und der auf diese Komponenten berechneten Umsatzsteuer zusammen (Regelbesteuerung), oder aber die Umsatzsteuer bezieht sich, entsprechend einer Differenzbesteuerung gemäß § 25a UStG, nur auf das Aufgeld. Die Differenzbesteuerung ist anwendbar, wenn die Eigentumsänderung an einem gebrauchten Objekt erfolgt und wenn der veräußernde Unternehmer ein Wiederverkäufer ist (§ 25a UStG).[3] Beides trifft für Auktionshäuser regelmäßig zu. Im Zuge der Differenzbesteuerung ist allerdings immer der allgemeine Steuersatz nach § 12 Abs. 1 UStG in Höhe von 19 % anzuwenden. Agiert ein Auktionshaus als Vermittler und handelt infolgedessen in fremdem Namen und auf fremde Rechnung, ist die Vermittlungsprovision Gegenstand der Besteuerung.[4]

---

1 Zwischen einem gewerblichen Kunsthändler und einem privaten Kunstsammler existiert häufig nur ein schmaler Grat, denn häufiges An- und Verkaufen von Kunstwerken kann für beide charakteristisch sein. So wird der Kunstsammler immer wieder neue Exponate kaufen, um seine Sammlung zu erweitern und zu entwickeln. Er wird aber auch regelmäßig verkaufen, zwecks Umschichtung oder Liquidation seiner Sammlung. Diese Form der Vermögensumschichtung wird dem Kunstsammler von juristischer Seite zugestanden, die gewerbliche Tätigkeit also noch nicht unterstellt. Letztere setzt aus rechtlicher Perspektive eine Tätigkeit voraus, die sich durch Selbstständigkeit, Nachhaltigkeit, Gewinnorientierung und Teilnahme am wirtschaftlichen Verkehr auszeichnet. Wann diese Art der Tätigkeit gegeben ist, ist im Einzelfall zu prüfen. In der Praxis verläuft der Übergang vom Kunstsammler zum Kunsthändler jedoch fließend. Ein Kunstsammler kann durchaus zum Kunsthändler werden, auch ohne einen erkennbaren Geschäftsbetrieb einzurichten. So gibt es Kunsthändler, die ihr Geschäft ohne Repräsentanz betreiben und als „marchand amateur" bezeichnet werden. Vgl. hierzu ausführlich SCHÜTTE, Kunst- und Antiquitätenhandel (1974), Sp. 1974, MÜLLERSCHÖN, Gemälde als erfolgreiche Kapitalanlage (1991), HEUER, Kunst im Steuerrecht (1994), S. 117 ff. und 157, SCHIEFER, Kunstintermediäre (1998), S. 39, ROTHENBUCHER, Kunst und Steuern (2000), S. 261-264, PUES, Kunst und Steuern (2002), S. 485 f., WAGNER, Privat gesammelt, privat veräußert (2002), GANTEFÜHRER/WACKER, Recht und Steuern (2006), S. 14, EBLING, Steuerrecht (2007), S. 475 f.

2 Vgl. zum anwendbaren Steuersatz § 12 Abs. 1 in Verbindung mit § 12 Abs. 2 Nr. 1 UStG sowie Nr. 53 der Anlage 2 zu § 12 Abs. 2 Nr. 1 UStG.

3 Vgl. KUßMAUL, Betriebswirtschaftliche Steuerlehre (2010), S. 402.

4 Vgl. SCHLOSSER-ZEUNER, § 1 Steuerbare Umsätze (2009), S. 50, BOOCHS/GANTEFÜHRER, Kunstbesitz im Zivil- und Steuerrecht (1992), S. 61 f.

Wird der Erwerb über einen Kunsthändler abgewickelt, dann umfaßt das Entgelt den Nettokaufpreis zzgl. Umsatzsteuer oder aber, wenn der Kunsthändler als Vermittler agiert, die Vermittlungsprovision zzgl. Umsatzsteuer. Die Differenzbesteuerung ist unter den oben beschriebenen Voraussetzungen anwendbar. Auch beim Erwerb vom Künstler selbst wird der Nettokaufpreis zzgl. Umsatzsteuer fällig.[1]

Soweit die Regelungen zur Umsatzsteuer bei innerdeutschem Erwerb. Da der Kunstmarkt international ist, erscheint es zweckmäßig, die in der Literatur stiefmütterlich behandelte Thematik des innergemeinschaftlichen Erwerbs und der Einfuhr aus Drittstaaten kurz darzulegen. Für den *innergemeinschaftlichen Erwerb* lassen sich die Fälle des Erwerbs vor Ort und des Erwerbs, bei dem ein Kunsthändler oder Auktionshaus das Kunstwerk entweder selbst befördert oder die Versendung beauftragt, unterscheiden.[2] Im ersten Fall beinhaltet der vom Kunstsammler entrichtete Bruttokaufpreis entsprechend dem Ursprungslandprinzip die im Erwerbsland geltende Umsatzsteuer. Im zweiten Fall kommt eine Umsatzbesteuerung entweder im Sinne des deutschen UStG oder nach den entsprechenden Gesetzen des Erwerbslandes in Frage. Abhängig ist das davon, ob der das Kunstwerk liefernde Unternehmer die in Deutschland vorherrschende Lieferschwelle berücksichtigen möchte und inwiefern er diese über- oder unterschreitet.[3]

Spezielle Regelungen gelten wiederum für die *Einfuhr von Kunstwerken aus Drittländern.*[4] Wird ein Kunstwerk aus einem Drittland verbracht, so unterliegt es nach § 1 Abs. 1 Nr. 4 UStG der Einfuhrumsatzsteuer (EUSt). Zwecks Gleichstellung von Importwaren mit inländischen Erzeugnissen stimmen die Steuersätze der EUSt mit denen der inländischen Umsätze überein. Bemessungsgrundlage ist grundsätzlich der Zollwert gemäß § 11 UStG. Darüber hinaus ist ein eingeführtes Kunstwerk gegebenenfalls noch zu verzollen.[5]

---

1 Vgl. zur Umsatzsteuerpflicht des Künstlers BOOCHS/GANTEFÜHRER, Kunstbesitz im Zivil- und Steuerrecht (1992), S. 79, SCHMICKLER, Kunstmarketing (2005), S. 18 f., EBLING, Steuerrecht (2007), S. 408 f. Vgl. auch § 19 Abs. 1 Satz 1 UStG.

2 Vgl., auch im folgenden, BEECK, Grundlagen der Steuerlehre (2007), S. 92 f., LEONARD, § 3c Ort der Lieferung in besonderen Fällen (2009), MINISTERIUM DER FINANZEN RHEINLAND-PFALZ, Umsatzsteuer im Binnenmarkt (2009), S. 6 f., 11 und 20 f., HAHN/KORTSCHAK, Umsatzsteuer (2010), S. 76 und 82 f., KUßMAUL, Betriebswirtschaftliche Steuerlehre (2010), S. 399 f.

3 Liegt der Gesamtbetrag aller Lieferungen eines Kunsthändlers, der in einem EG-Mitgliedsstaat ansässig ist, nach Deutschland über der derzeitigen Lieferschwelle von 100.000 Euro (§ 3c Abs. 3 Satz 2 UStG), so kommt es zur Besteuerung in Deutschland im Sinne des UStG. Der Lieferant kann auf die Anwendung der Lieferschwelle verzichten, so daß trotz Unterschreitens der Lieferschwelle die Besteuerung im Bestimmungsland erfolgt. KUßMAUL, Betriebswirtschaftliche Steuerlehre (2010), S. 399.

4 Vgl. BEECK, Grundlagen der Steuerlehre (2007), S. 80 f., RÜSKEN, Zollrecht (2007), S. 513 ff., HAHN/KORTSCHAK, Umsatzsteuer (2007), S. 71 f., KUßMAUL, Betriebswirtschaftliche Steuerlehre (2010), S. 382.

5 Vgl. RÜSKEN, Zollrecht (2007), SCHACK, Kunst und Recht (2009), S. 377.

1.1.3.1.2 Das Folgerecht

Das *Folgerecht* ist in § 26 des Urheberrechtsgesetzes (UrhG) verankert. Es spricht gemäß § 26 Abs. 1 UrhG dem Urheber des „Originals eines Werkes der bildenden Künste oder eines Lichtbildwerkes“ und seinen Rechtsnachfolgern einen Anteil am Veräußerungserlös[1] eines Wiederverkaufs[2] zu.[3] Voraussetzung ist, § 26 Abs. 1 UrhG weiter folgend, daß die Eigentumsübertragung unter Beteiligung eines Kunsthändlers oder Auktionators in der Funktion als Erwerber, Veräußernder oder Vermittler stattfindet. Entrichten muß der Veräußernde, wobei, sofern der Veräußernde eine Privatperson ist, der erwerbende oder vermittelnde Händler oder Versteigerer ebenso als Gesamtschuldner haftet. Ein Wiederverkauf von Privat an Privat wird folglich nicht vom Folgerecht erfaßt.[4] Ebenfalls nicht zu berücksichtigen sind Veräußerungserlöse bis 400 Euro (§ 26 Abs. 1 UrhG). Der Umfang der Beteiligung des Künstlers am Veräußerungserlös ergibt sich aus § 26 Abs. 2 UrhG, eine absolute Höhe von 12.500 Euro darf jedoch nicht überschritten werden.[5] Das Folgerecht erlischt 70 Jahre nach dem Tod des Künstlers.[6] In der deutschen Handels- und Versteigerungspraxis darf das Folgerecht durch eine Verwertungsgesellschaft wahrgenommen werden.[7] Dies geschieht auch regelmäßig so durch die Verwertungsgesellschaft Bild-Kunst beziehungsweise die aus einer Vereinbarung mit den Verbänden von Kunsthändlern und Auktionshäusern entstandene Ausgleichsvereinigung Kunst. Kunsthändler und Auktionshäuser können der Ausgleichsvereinigung Kunst beitreten und die durch das Folgerecht anfallenden Zahlungen durch eine Pauschale abgelten, die sich nach einem festgelegten Anteil ihres Nettojahresumsatzes bemißt, der mit Kunstwerken und

---

[1] Der Veräußerungserlös nach § 26 Abs. 1 UrhG ist der Verkaufspreis ohne Steuern. Darunter ist der zu zahlende Endpreis zu verstehen, alle Kosten und Provisionen inbegriffen. Nicht im Verkaufspreis enthalten ist das Aufgeld. Vgl. KATZENBERGER, § 26 Folgerecht (2006), S. 550, MÜLLER-KATZENBURG, § 26 UhrhG Folgerecht (2010), S. 14.

[2] Betroffen sind damit alle Verkäufe nach dem ersten. Vgl. KATZENBERGER, § 26 Folgerecht (2006), S. 550, BULLINGER, § 26 Folgerecht (2009), Rz. 1.

[3] Vgl. KATZENBERGER, § 26 Folgerecht (2006), S. 543 f., BULLINGER, § 26 Folgerecht (2009), Rz. 1 und 5, MÜLLER-KATZENBURG, § 26 UhrhG Folgerecht (2010), S. 4.

[4] Vgl. HEYN, Urheberrecht und Sammeln von Kunst (2002), S. 421 f., KATZENBERGER, § 26 Folgerecht (2006), S. 551, SCHACK, Urhebervertragsrecht (2010), S. 242.

[5] Wird ein Kunstwerk für einen Nettoverkaufspreis von 1.000.000 Euro weiterveräußert, so beträgt die Folgerechtsabgabe nach § 26 Abs. 2 UrhG 10.000 Euro.

[6] Vgl. KATZENBERGER, § 26 Folgerecht (2006), S. 554, MÜLLER-KATZENBURG, § 26 UhrhG Folgerecht (2010), S. 4.

[7] Vgl. PFENNIG, Folgerecht in der europäischen Union (1994), S. 491, NORDEMANN, Urheberrecht (2007), S. 78, SCHULZE, Kunstvermarktung (2007), S. 158. Die Wahrnehmung des Folgerechts mittels Verwertungsgesellschaft ist in Deutschland fakultativ, während sie zum Beispiel in Großbritannien obligatorisch ist. Vgl. dazu WELLER, Umsetzung der Folgerechtsrichtlinie (2008), S. 259 und Regulierung 14 (1) der Artist's Resale Right Regulations.

Fotografien gemacht wurde, die nach dem 1. Januar 1900 entstanden sind.[1] Die Pauschale wird in der Praxis von Auktionshäusern in der Regel auf den Verkäufer und/oder Erwerber eines Kunstwerks mittels einer sogenannten „Folgerechtspauschale“ umgelegt und mit Umsatzsteuer belastet. Ist der involvierte Intermediär keiner Verwertungsgesellschaft beigetreten, so muß die Folgerechtszahlung in der gesetzlich geforderten Höhe über die Verwertungsgesellschaft an den Urheber abgeführt werden.

Das Folgerecht greift über die Landesgrenzen hinaus. Mit dem Ziel einer Harmonisierung des Folgerechts für die EU-Mitgliedsstaaten erfolgte der Erlaß der EG-Richtlinie 2001/84/EG, aufgrund welcher alle Mitgliedstaaten das Folgerecht bis zum 1. Januar 2006, wenn auch mit gewissen Umsetzungsspielräumen, in nationales Recht umzusetzen hatten.[2] Der Kunstsammler kann also von den durch das Folgerecht bedingten Auszahlungskonsequenzen in allen EU-Mitgliedsstaaten betroffen sein. In für den Kunstmarkt bedeutenden Drittstaaten wie der Schweiz oder den Vereinigten Staaten von Amerika kennt man, mit der Ausnahme des Staates Kalifornien, kein Folgerecht.[3]

1.1.3.2 Die Portefeuillephase

Sieht man von den bereits im vorangehenden Abschnitt dargelegten Auszahlungen für Instandhaltungsmaßnahmen und Versicherungsprämien einmal ab, sind für die Zeit, in der sich ein Kunstwerk in einem privaten Portefeuille befindet, gegebenenfalls noch Steuerzahlungen zu berücksichtigen, die sich insbesondere durch eine *Vererbung* ergeben können. Nicht selten verbleiben Kunstwerke für lange Zeit im Besitz einer Familie und werden von der einen auf die nächste Generation (unentgeltlich) übertragen. Ein derartiger Erwerb kann für die Erben mit der Zahlung von *Erbschaftsteuer* verbunden sein. Von Bedeutung für den Kunstsammler ist eine Erbschaftsteuerzahlung aus zwei Gründen: Zum einen erfordert die regelmäßige Langfristigkeit des Anlagehorizonts[4] für das im Familienverbund bewertende Bewertungs-

---

1 In den festgelegten Zeitraum fallen somit auch Kunstwerke, für die grundsätzlich keine Abgabepflicht besteht, die Ausgleichsvereinigung Kunst erfaßt diese Verkäufe jedoch, um das Abgabeverfahren weitgehend zu vereinfachen. Vgl. MÜLLER-KATZENBURG, § 26 UhrhG Folgerecht (2010), S. 18.

2 Vgl. PFENNIG, Harmonisierung des Folgerechts (2002), KATZENBERGER, Richtlinie über das Folgerecht (2004), WELLER, Umsetzung der Folgerechtsrichtlinie (2008), zur Harmonisierung des Folgerechts in der EU.

3 Vgl. WELLER, Umsetzung der Folgerechtsrichtlinie (2008), S. 264 f.

4 Vgl. etwa MEI/MOSES, Art as an Investment (2002), S. 1657, die eine durchschnittliche Haltedauer von 28 Jahren ermitteln. Bei dieser Angabe ist aber zu berücksichtigen, daß ausschließlich Daten von Auktionshäusern herangezogen wurden. Wurde beispielsweise ein Kunstwerk mit einem zeitlichen Abstand von 30 Jahren zweimal bei einer Auktion verkauft, geben MEI/MOSES eine Haltedauer von 30 Jahren an. Diese Angabe ist freilich falsch, wenn das betroffene Objekt inner-

subjekt (Erblasser) die Prognose der Steuerzahlungen.[1] Zum anderen stellt die Steuer, aus der Sicht des Erben betrachtet, eine Auszahlung dar, die als „Preis für die Übertragung [des Kunstwerks] gedeutet werden [kann], wenngleich dieses Entgelt freilich nicht dem bisherigen Eigentümer als Gegenleistung für sein [Objekt], sondern statt dessen dem Staat entrichtet wird.“[2]

Die Berechnung der erbschaftsteuerlichen Belastung beginnt mit der Ermittlung der Bemessungsgrundlage, welche dem steuerpflichtigen Erwerb und damit der Bereicherung des Erben gemäß § 10 Abs. 1 Satz 1 Erbschaftsteuergesetz (ErbStG) entspricht. Bewertungszeitpunkt ist der Stichtag der Entstehung der Steuer, d.h. der Todestag des Erblassers. Die Entwicklung der Bemessungsgrundlage verlangt zunächst die Saldierung des Werts des auf den Erben übergegangenen Vermögens und der mit dem Vermögen zusammenhängenden Belastungen.[3] Alsdann sind etwaige Steuerbefreiungen zu beachten. Der Fiskus würdigt den kulturellen Stellenwert von Kunstwerken und begünstigt die Übertragung auf die nächste Generation durch Steuerbefreiungen, welche insbesondere auf § 13 Abs. 1 Nr. 2 ErbStG zurückgehen. Nach dieser Vorschrift ist – bei Erfüllung bestimmter Bedingungen – eine Reduktion der Bemessungsgrundlage um 60 % oder sogar 100 % möglich. Eine *Teilbefreiung* (Reduktion um 60 %) setzt gemäß dem Wortlaut von § 13 Abs. 1 Nr. 2a ErbStG voraus, daß die Erhaltung der betroffenen Artefakte „wegen ihrer Bedeutung für Kunst, Geschichte oder Wissenschaft im öffentlichen Interesse liegt, die jährlichen Kosten in der Regel die erzielten Einnahmen übersteigen und die Gegenstände in einem den Verhältnissen entsprechenden Umfang den Zwecken der Forschung oder der Volksbildung nutzbar gemacht sind oder werden“. Eine *Vollbefreiung* (Reduktion um 100 %) ist § 13 Abs. 1 Nr. 2b ErbStG zufolge dann möglich, wenn alle Bedingungen einer Teilbefreiung erfüllt sind und darüber hinaus „der Steuerpflichtige bereit ist, die Gegenstände den geltenden Bestimmungen der Denkmalspflege zu unterstellen“. Ferner müssen sich die Kunstwerke – dem Wortlaut der Norm weiter folgend – „seit mindestens 20 Jahren im Besitz der Familie befinden oder im Verzeichnis national wertvollen Kulturguts“ eingetragen sein. Teil- und Vollbefreiung entfallen, sobald die Kunstwerke innerhalb einer Frist von zehn Jahren nach dem Erwerb veräußert werden oder die zuvor genannten Bedingungen nicht mehr erfüllen (§ 13 Abs. 1 Nr. 2 Satz 2 ErbStG). In

halb des angegebenen Zeitraums über andere Veräußerungskanäle weitergegeben wurde. Vgl. dazu ausführlich Abschnitt II.2.1. Vgl. ferner auch DAWSON, The Art of Investment (1987), S. 105, die eine von dem Auktionshaus Sotheby's empfohlene Mindesthaltedauer von sieben bis zehn Jahren nennt.

[1] Vgl. SCHILDBACH, Verkäufer und Unternehmen (1995), S. 627.

[2] OLBRICH, Unternehmungsnachfolge (2005), S. 36.

[3] Für eingängige schematische Darstellungen zur Ermittlung des steuerpflichtigen Erwerbs des Erben vgl. VON SOTHEN, Steuerrecht (2005), S. 823, EBLING, Steuerrecht (2007), S. 424, MOENCH/ALBRECHT, Erbschaftsteuer (2009), Rz. 217. Vgl. weiterhin auch SCHNEELOCH, Besteuerung (2008), S. 388. Vgl. MOENCH/ALBRECHT, Erbschaftsteuer (2009), Rz. 210-219, sowohl für die Ermittlung der Bemessungsgrundlage als auch der Steuerschuld.

diesen Fällen ist die Steuer unter Berücksichtigung des seinerzeitigen Erwerbs nachträglich zu entrichten, weshalb auch diese Auszahlung gegebenenfalls bei einer betriebswirtschaftlichen Bewertung mit einzubeziehen ist.[1] Kommt eine Befreiung nicht in Frage oder wird nur eine Teilbefreiung erreicht, verbleibt die Möglichkeit der Inanspruchnahme der Steuerbefreiungen nach § 13 Abs. 1 Nr. 1b oder 1c bis zu einem Wert von 12.000 Euro. Dabei spricht nichts dagegen, daß die Befreiungen nach Nr. 1a beziehungsweise 1b und Nr. 2 zusammen genutzt werden, denn diese dürfen nebeneinander bestehen, was dazu führen kann, daß man eine Teilbefreiung unter Umständen bis zu einer Vollbefreiung ausbauen kann, denn gemäß § 13 Abs. 3 Satz 1 ist jede Befreiungsvorschrift für sich anzuwenden.[2] Umstritten ist, inwieweit ein Kunstwerk im eigentlichen Sinne, also ein Objekt mit entsprechendem Renommee, dem Hausrat zugehörig sein kann und folglich eine Befreiung nach § 13 Abs. 1 Nr. 1a anwendbar ist.[3] Eindeutig ist die Sachlage hinsichtlich solcher Objekte, die in die Kategorie der Gebrauchskunst fallen oder unzweifelhaft dem privaten Wohnumfeld zuzuordnen sind. Nach Erwägung der sachlichen Steuerbefreiungen sind die personenbezogenen Freibeträge zu prüfen (§§ 5, 16 und 17 ErbStG) und gegebenenfalls in Ansatz zu bringen.

Wert des steuerpflichtigen Erwerbs in Euro	*Steuersätze in Prozent*		
	Steuerklasse I	Steuerklasse II	Steuerklasse III
bis 75.000	7	15	30
bis 300.000	11	20	30
bis 600.000	15	25	30
bis 6.000.000	19	30	30
bis 13.000.000	23	35	50
bis 26.000.000	27	40	50
über 26.000.000	30	43	50

Tabelle 2: Die Steuersätze nach § 19 Abs. 1 ErbStG

---

1 Die rechtliche Grundlage bildet § 175 Abs. 1 Nr. 2 Abgabenordnung (AO). Vgl. dazu auch KIEBELE, § 13 Steuerbefreiungen (2009), S. 763, MEINCKE, Erbschaftsteuergesetz (2009), S. 454 f.

2 Vgl. KIEBELE, § 13 Steuerbefreiungen (2009), S. 757 und 763, MEINCKE, Erbschaftsteuergesetz (2009), S. 450.

3 Vgl. grundsätzlich EBLING, Steuerrecht (2007), S. 428. Zu einer ablehnenden Haltung vgl. MEINCKE, Erbschaftsteuergesetz (2009), S. 450. Zu einer zustimmenden Haltung vgl. VISKORF, Kunstgegenstände und Sammlungen (2002), S. 883 f., VÖLKERS/WEINMANN/JORDAN, Erbschaft- und Schenkungsteuerrecht (2009), S. 181 f., JÜLICHER, § 13 Steuerbefreiungen (2010), Rz. 9. Vgl. in diesem Zusammenhang auch die Ausführungen des Abschnitts III.4.3.

Steht die Bemessungsgrundlage fest, bedarf es noch der Einordnung des Erben in die sich nach der verwandtschaftlichen Nähe zum Erblasser bestimmenden Steuerklasse (§ 15 Abs. 1 ErbStG), um sodann den individuellen Steuersatz gemäß § 19 Abs. 1 ErbStG zu ermitteln, der mit abnehmender verwandtschaftlicher Nähe und zunehmendem Wert des steuerpflichtigen Erwerbs ansteigt (Tabelle 2).[1] Schließlich ist die Bemessungsgrundlage mit dem Steuersatz zu multiplizieren, um die Steuerschuld zu berechnen.

Im Rahmen des ErbStG werden Schenkung und Vererbung als strukturgleiche Eigentumsübertragungen behandelt, und gemäß § 1 Abs. 2 ErbStG wird die steuerliche Belastung von Schenkungen insofern grundsätzlich wie die von Vererbungen ermittelt.[2] Trotz dieser weitgehenden Deckungsgleichheit ergeben sich im Hinblick auf die Ermittlung beider Steuerarten einige wenige, im folgenden genannte Unterschiede:[3] Die im Falle der Vererbung der Steuerklasse I subsumierten Eltern oder Voreltern des sein Vermögen übertragenden Kunstsammlers werden bei der Schenkung Steuerklasse II zugeordnet. Das führt zum einen dazu, daß für sie die höheren Steuersätze der Steuerklasse II gelten, und zum anderen bedeutet das eine Reduktion ihres persönlichen Freibetrags von 100.000 Euro auf 20.000 Euro. Im Gegensatz zur Vererbung, bei der ein Vermögensübergang nur einmal – im Todesfalle des Eigentümers – stattfindet, ist im Falle der Schenkung ein zeitlich gestreckter Vermögensübergang möglich. Erfolgen die einzelnen Schenkungen in einem zeitlichen Abstand von mehr als zehn Jahren, dann können auch die persönlichen Freibeträge gemäß § 16 ErbStG mehrmals in Anspruch genommen werden (§ 14 Abs. 1 ErbStG).[4] Die Einhaltung des Zehn-Jahres-Zeitraums hat den weiteren positiven Effekt, daß gemäß § 14 Abs. 1 ErbStG keine Zusammenrechnung der mit den einzelnen Schenkungsvorgängen einhergehenden Werte des steuerpflichtigen Erwerbs bei der Bestimmung der Steuerlast des Beschenkten erfolgt. Durch diese Regelung kann der Beschenkte in den Genuß eines niedrigeren Steuertarifs kommen, denn dieser steigt gemäß § 19 Abs. 1 ErbStG progressiv in Abhängigkeit vom Wert des steuerpflichtigen Erwerbs.

---

1 Ausführlich zu Steuerklasse und Steuertarif beispielsweise MOENCH/ALBRECHT, Erbschaftsteuer (2009), Rz. 246-265, ROSE/WATRIN, Erbschaftsteuer (2009), S. 45 f. und 72-80.

2 Vgl. dazu ausführlich MOENCH/ALBRECHT, Erbschaftsteuer (2009), Rz. 150 f.

3 Vgl., auch im folgenden, OLBRICH, Unternehmungsnachfolge (2005), S. 41 f., und die dort zitierte Literatur.

4 Vgl. zu diesen Gestaltungsmöglichkeiten auch GANTEFÜHRER/WACKER, Recht und Steuern (2006), S. 19 ff.

1.1.3.3 Der Veräußerungserlös

1.1.3.3.1 Brutto- und Nettoveräußerungserlös

Von Interesse für den veräußernden Kunstsammler ist ausschließlich der Geldbetrag, der ihm letztlich zufließt und auf seinem Konto wertgestellt wird, mithin der Nettoveräußerungserlös. Die Höhe des Bruttoveräußerungserlöses richtet sich nach der dem Kunstwerk entgegengebrachten Nachfrage, die durch bestimmte Faktoren – im folgenden Erlösdeterminanten genannt – beeinflußt wird. Sie sollen in den Abschnitten III.3.2.1 und III.3.2.2 eine ausführliche Darstellung erfahren.[1] Die Differenz zwischen dem Brutto- und Nettoveräußerungserlös kann, insbesondere wenn ein Kunstwerk versteigert wird, wegen der Transaktionskosten beachtlich sein. Demgegenüber kann sie aber auch nur sehr gering ausfallen, wenn an Privat veräußert wird. Wählt der Kunstsammler den Weg der Versteigerung, sind vom *Zuschlagspreis*, der den zwischen den Verhandlungsparteien nach erfolgreicher Versteigerung vereinbarten Preis darstellt, das Abgeld, gegebenenfalls die Folgerechtspauschale und die auf beide Komponenten berechnete Umsatzsteuer in Abzug zu bringen. In Abhängigkeit davon, welcher Art das Kunstwerk ist, variieren die von den Auktionshäusern in Rechnung gestellten Aufgelder.

Abbildung 2 illustriert die Zahlungskonsequenzen der Veräußerung eines zeitgenössischen Kunstwerks sowohl an Privat als auch im Wege der Versteigerung unter der Annahme eines gleich hohen Bruttoveräußerungserlöses. Die Berechnung gründet sich auf der Annahme eines Abgelds in Höhe von 13 % des Zuschlagspreises und einer Folgerechtspauschale von 1,9 % des Zuschlagspreises. Für die Illustration im Auktionskatalog, den Transport und die Transportversicherung wurde eine pauschale Summe in Höhe von 600 Euro zugrunde gelegt (Illustration 300 Euro, Transport und Transportversicherung 300 Euro). Gelingt es dem Kunstsammler, das zeitgenössische Kunstwerk privat zu plazieren, zeitigt er einen monetären Vorteil in Höhe von 5.619,30 Euro (29.700 Euro – 24.080,70 Euro).

---

[1] Zusammenstellungen von derartigen Faktoren finden sich beispielsweise bei RUSH, Art as an Investment (1961), S. 281-290, JAQUET, Werte und Preise (1962), S. 67-88, WRAIGHT, Das Geschäft mit der Kunst (1966), S. 63-108 und 177-192, ANDERSON, Paintings as an Investment (1974), S. 14 f., SCHÜTTE, Kunst- und Antiquitätenhandel (1974), Sp. 1167, HARENBERG, Sammeln mit Gewinn (1976), S. 125 und 199-202, DONSON, Prints and the Print Market (1977), S. 149-169, MÜLLERSCHÖN, Gemälde als erfolgreiche Kapitalanlage (1991), S. 161-193, SAGOT-DUVAROUX/PFLIEGER/ROUGET, Factors Affecting Price (1992), WEIHE, Künstlerische Qualität (1992), S. 160, HILDESLEY, Buying and Selling at Auction (1997), S. 36-94, SCHWARZL, Sicht eines Kunstversicherers (2002), S. 242 ff., BAILLOU, Passion oder Investition? (2005), S. 13-18, HEUER, Bewertung von Kunstgegenständen (2008), S. 693-696, BOLL, Kunst ist käuflich (2009), S. 120-127 und 136 f.

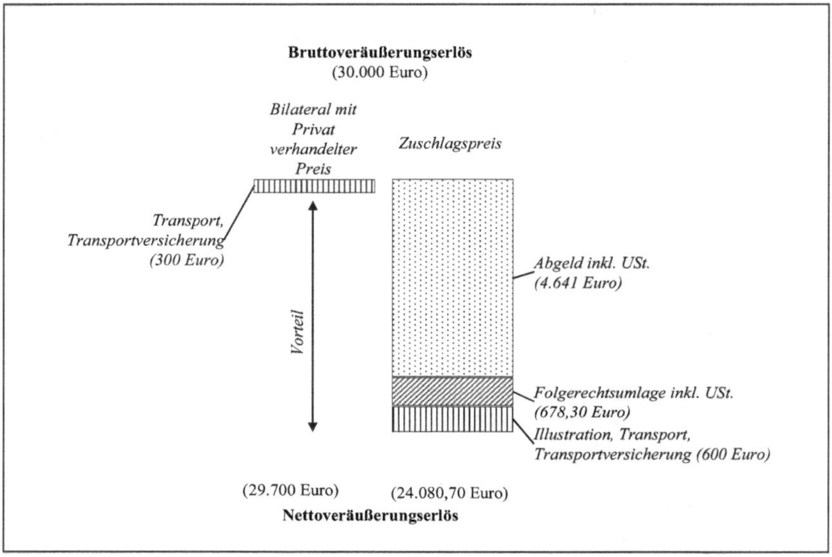

Abbildung 2: Veräußerungserlöse im Vergleich

1.1.3.3.2 Das private Veräußerungsgeschäft

Eine entgeltliche Veräußerung kann einkommensteuerrechtlich relevant sein, wenn sie innerhalb der Spekulationsfrist erfolgt. Es liegt dann ein *privates Veräußerungsgeschäft* im Sinne des § 23 Abs. 1 Satz 1 Nr. 2 des Einkommensteuergesetzes (EStG) vor, denn Kunstwerke fallen als Mobilien in die Kategorie „andere Wirtschaftsgüter" und damit in den Anwendungsbereich dieser Vorschrift.[1] Die daraus erzielten Gewinne sind als „sonstige Einkünfte" im Sinne des § 22 Nr. 2 EStG steuerbar.[2] Die Spekulationsfrist beträgt grundsätzlich ein Jahr, sie verlängert sich jedoch auf zehn Jahre, sofern das Kunstwerk zumindest in einem Kalenderjahr als Einkunftsquelle genutzt wurde (§ 23 Abs. 1 Satz 1 Nr. 2 EStG).

Mit § 23 EStG wird das „Durchhandeln" von Kunstwerken belastet, ein Handelsvorgang im dortigen Sinne setzt zunächst den (teil-)entgeltlichen Erwerb voraus, auf den

---

1 Vgl. EBLING, Steuerrecht (2007), S. 475, JAKOB, Einkommensteuer (2008), S. 227.

2 Vgl., auch im folgenden, PUES, Kunst und Steuern (2002), S. 485 f. und EBLING, Steuerrecht (2007), S. 475.

eine (teil-)entgeltliche Veräußerung folgt.[1] Der Erbfall oder die Schenkung sind per se keine Veräußerungen durch den Erblasser beziehungsweise Anschaffungen durch den Erben (Beschenkten),[2] es wird ihm aber die Anschaffung des Erblassers zugerechnet und er tritt damit in die Veräußerungsfrist des Erblassers ein.[3] Zumindest teilentgeltlicher Erwerb kann sich bei Erbauseinandersetzungen ergeben, wenn Ausgleichszahlungen getätigt werden.[4] Als Anschaffungen gelten darüber hinaus Gleichstellungszahlungen im Rahmen von vorweggenommenen Erbfolgen.[5] Des weiteren gelten im Rahmen des Zugewinnausgleichs stattfindende Übertragungen von Wirtschaftsgütern zwecks Kompensation von Ausgleichsansprüchen als Veräußerungen.[6] Einkünfte (Gewinn oder Verlust) aus einem privaten Veräußerungsgeschäft ergeben sich gemäß § 23 Abs. 3 Satz 1 EStG als Differenz zwischen dem Veräußerungserlös und den ursprünglichen Anschaffungskosten.[7] Diese sind Bestandteil des zu versteuernden Einkommens, nach welchem sich dann die individuelle Einkommenssteuer entsprechend § 32a EStG berechnet. Gesamtgewinne eines Kalenderjahres unterhalb von 600 Euro bleiben nach § 23 Abs. 3 Satz 5 EStG steuerfrei, wobei dies als Freigrenze und nicht als Freibetrag zu verstehen ist.[8]

Im vorliegenden Abschnitt II.1.1 wurde das Kunstwerk als Vermögenswert charakterisiert. Tabelle 3 zeigt einen Vergleich zwischen einer Aktie und einem Kunstwerk, der die besonderen Merkmale einer Kunstinvestition zusammenfassend verdeutlichen soll.

---

[1] Vgl. EBLING, Steuerrecht (2007), S. 475 f., JAKOB, Einkommensteuer (2008), S. 224 und 227-231.

[2] Vgl. EBLING, Steuerrecht (2007), S. 476, JAKOB, Einkommensteuer (2008), S. 229, GLENK, § 23 Private Veräußerungsgeschäfte (2010), Rz. 97.

[3] Vgl. BFH-Urteil vom 18.09.1964, BStBl. 1964 III, S. 647. Vgl. auch § 45 AO und JAKOB, Einkommensteuer (2008), S. 229.

[4] Vgl. etwa BFH-Urteil vom 20.04.2004, BStBl. 2004 II, S. 987, EBLING, Steuerrecht (2007), S. 476, GLENK, § 23 Private Veräußerungsgeschäfte (2010), Rz. 98-102.

[5] Vgl. GLENK, § 23 Private Veräußerungsgeschäfte (2010), Rz. 103.

[6] Vgl. Verfügung der OFD Frankfurt am Main vom 05.02.2001, FR 2001, S. 322, Verfügung der OFD München vom 26.06.2001, DB 2001, S. 1533, GLENK, § 23 Private Veräußerungsgeschäfte (2009), Rz. 97.

[7] Vgl. GLENK, § 23 Private Veräußerungsgeschäfte (2010), Rz. 181.

[8] Vgl. JAKOB, Einkommensteuer (2008), S. 232, GLENK, § 23 Private Veräußerungsgeschäfte (2010), Rz. 226.

Merkmale	*Aktie*	*Kunstwerk*
Güterart	homogen (fungibel)	heterogen (Einzelstückcharakter)
Ein-/Auszahlungen	Dividende, Veräußerungserlös	Veräußerungs-, Mieterlös, laufende Auszahlungen
Unsicherheit	Marktpreisrisiko	Authentizität, Diebstahl, Beschädigung, Vernichtung, Marktpreisrisiko
Steuern	Abgeltungsteuer	Spekulationsfrist beträgt ein Jahr
Transaktionskosten	gering	hoch
Anlagehorizont	oft kurz- bis mittelfristig	oft langfristig
Teilbarkeit	gegeben	eingeschränkt
Liquidität	oft hoch	gering
Informationssituation	geringe Beschaffungskosten, geringe Asymmetrie	hohe Beschaffungskosten, hohe Asymmetrie

Tabelle 3: Aktie und Kunstwerk im Vergleich

1.2 Der Kunstmarkt

1.2.1 Die historische Entwicklung

Die Ursprünge des Kunsthandels gehen bis in die griechische und römische Antike zurück.[1] Schon die Griechen unterhielten einen Handel mit Gebrauchskunst, vor allem mit Vasen und Metallgerät, während die privilegierten Kreise der Gesellschaft für ihre Privathäuser sammelten. Bei den Römern weitete sich das Handelsvolumen der Gebrauchskunst infolge einer Massenproduktion aus, worunter jedoch die Qualität litt.[2] Besonders begehrt waren griechische Plastiken, die – „rar und teuer" – der

[1] Vgl., auch im folgenden, DONATH, Psychologie des Kunstsammelns (1917), S. 24, STRAUSS et al., Lexikon der Kunst, Bd. IV (1992), S. 134, THURN, Der Kunsthändler (1994), S. 13.

[2] Vgl. THURN, Der Kunsthändler (1994), S. 13.

Steigerung des Prestiges des Bürgertums dienten.[1] Sammeln war Luxus, und die Kunstwerke dienten der Außendarstellung und Dekoration. Der Handel wies noch nicht die gegenwärtigen Strukturen auf, insbesondere gab es mehrheitlich noch keine spezialisierten Kunsthändler. Kunst wurde vielmehr neben anderen Dingen vertrieben, wenn auch durchaus schon im Wege der Versteigerung.

Mit dem Feudalismus des Mittelalters wurden diese ersten Erscheinungen des Handels wieder verdrängt und das künstlerische Schaffen zunächst von Kirche und Hof im Sinne einer reinen Auftragskunst bestimmt.[2] Letztere fand ihr Zentrum in der mittelalterlichen Bauhütte.[3] Einen Wendepunkt markierten das Spätmittelalter und der Übergang zur Neuzeit, da Kunstwerke wieder für den kommerziellen Verkauf hergestellt wurden.[4] Infolge der Zunahme der Warenproduktion und des Fernhandels[5] sowie der parallelen Entwicklung des städtischen Bürgertums ergab sich eine neue Nachfrage nach Kunstwerken, gewissermaßen eine „Renaissance des Kunstsammelns“[6]. Auch weiterhin entstanden neue Kunstwerke fast ausschließlich im Auftragsverhältnis,[7] die zunehmende Nachfrage verursachte aber gleichzeitig den wichtigen Schritt der Kunst in Richtung Ware und, mit der Beauftragung von Einzelwerken, die Mobilisierung von Kunstwerken im Sinne einer allmählichen Lösung des sakralen Kunstwerks aus der Gesamtkomposition Kirche.[8] Das Sammeln antiker Kunst wurde ebenfalls wieder aufgenommen.[9] Noch wurden Künstler zwar hauptsächlich als Handwerker angesehen, ihre Metamorphose begann aber ebenfalls in der Renaissance.[10] Die Künstler gewannen an Ansehen, erhielten Anerkennung für ihr schöpferisches Wirken und wurden mithin nicht mehr nur als Werkzeuge zur Illustra-

---

[1] Vgl., auch im folgenden, DONATH, Psychologie des Kunstsammelns (1917), S. 26 f., THURN, Der Kunsthändler (1994), S. 18-21.

[2] Von einem Kunstmarkt im heutigen Sinne ist in dieser Zeit freilich nicht zu sprechen, da insbesondere wegen der direkten Beziehung von Künstler und Auftraggeber ein Handel nicht existierte. Vgl. dazu THURN, Der Kunsthändler (1994), S. 24.

[3] Zum Begriff der Bauhütte vgl. beispielsweise DER BROCKHAUS, Der Brockhaus Kunst (2006), S. 81.

[4] Vgl., auch im folgenden, DONATH, Psychologie des Kunstsammelns (1917), S. 30, STRAUSS et al., Lexikon der Kunst, Bd. IV (1992), S. 134, THURN, Der Kunsthändler (1994), S. 25 f.

[5] Auch die Künstler selbst sind grenzüberschreitend aktiv. So geht beispielsweise ALBRECHT DÜRER 1505 nach Venedig. Vgl. DONATH, Psychologie des Kunstsammelns (1917), S. 30 f.

[6] DONATH, Psychologie des Kunstsammelns (1917), S. 32.

[7] Vgl. JAQUET, Werte und Preise (1962), S. 19, STRAUSS et al., Lexikon der Kunst, Bd. I (1987), S. 340, GOMBRICH, Geschichte der Kunst (1996), S. 475 f.

[8] Vgl. JAQUET, Werte und Preise (1962), S. 14 ff., HOLZ, Vom Kunstwerk zur Ware (1972), S. 15 f.

[9] Vgl. DONATH, Psychologie des Kunstsammelns (1917), S. 32 ff.

[10] Vgl., auch im folgenden, HAUSER, Sozialgeschichte der Kunst (1990), S. 331-347, THURN, Der Kunsthändler (1994), S. 26 ff. und auch GOMBRICH, Geschichte der Kunst (1996), S. 287 f. und 294 f.

tion religiöser Inhalte verstanden. Wie das Kunstwerk selbst, versuchten auch die Künstler autonom zu werden und begannen sich aus dem Zunftsystem zu lösen; dieser Prozeß dauerte jedoch noch bis zum Ende des 18. Jahrhunderts an.[1] Die sich ankündigende Autonomie von Kunstwerk und Künstler stellte den ersten wichtigen Markstein für die Entwicklung eines Kunstmarkts heutiger Struktur dar, zumal die Bereitschaft einer Gesellschaft zur Würdigung des schöpferischen Akts (Originalität) die Grundvoraussetzung dafür ist, der künstlerischen Qualität eines Objekts Wert beizumessen, während die erfolgte Mobilisierung des Kunstwerks wiederum den Handel, wie er sich heute darstellt, erst ermöglichte.

Die Umwälzungen der Zeit der Aufklärung und der Französischen Revolution stellen den zweiten Markstein für die Fortentwicklung des Kunstmarkts dar und schlossen die in der Renaissance begonnenen Veränderungen ab, indem es zur endgültigen Trennung der „schönen Künste“ vom Handwerk kam. Dazu trugen auch die neu entstandenen Akademien bei, die zunehmend die Ausbildung der Künstler übernahmen und das künstlerische Schaffen zum Gegenstand eines „historisch-wissenschaftlichen Interesses“ machten, wodurch sie einen weiteren Grundstein für die „Umwertung“ des Kunstwerks legten.[2] Als Folge des Bruchs mit dem Handwerk wurden die Fertigkeiten der Malerei nun nicht mehr vom Meister auf seinen Lehrling übertragen, wodurch sich auch der einheitliche Stil einer Epoche verlief, den zuvor weder das Angebot – aus Gründen handwerklicher Tradition – noch die Nachfrage in Frage stellten.[3] Der Markt verlor durch diese Freiheit der Künstler in der Wahl des Stils an Stabilität, denn die Wahrscheinlichkeit, daß die Produktion eines Künstlers mit dem übereinstimmte, was ein Käufer sich vorstellte, wurde geringer und bot Raum für Spannungen und Inkompatibilität. Begleitet wurden diese Entwicklungen von einem allmählichen Verschwinden der Auftragskunst, die dem Künstler das Sujét vorgab.[4] Die Fotografie, welche die Porträtmalerei gegen Ende des 19. Jahrhunderts zunehmend ersetzte, trug hierzu einen erheblichen Teil bei und begünstigte zudem die Entwicklung abstrakter Stile.[5] Mit dieser Absatzunsicherheit „erkauften“ sich die Künstler eine

---

1 Vgl. GOMBRICH, Geschichte der Kunst (1996), S. 475 f. Exemplarisch sei hier das Gerichtverfahren der Genueser Malerzunft gegen den Maler Giovanni BATTISTA POGGI genannt. Die Zunft klagte mit dem Ziel, die Ateliertätigkeit des Künstlers zu unterbinden, da dieser nicht die vorgeschriebene Lehrzeit in Genua absolviert hatte. Das Verfahren brachte aber die Entscheidung, daß Künstler ohne ein öffentlich zugängliches Ladenlokal nicht an Zunftregeln gebunden seien. Die ökonomische Unabhängigkeit bedeutete für die Künstler den Verzicht auf die schützende Regulierung durch die Zunft und den Eintritt in den ungeschützten Wettbewerb. Vgl. dazu HAUSER, Sozialgeschichte der Kunst (1990), S. 335, THURN, Der Kunsthändler (1994), S. 26 f.

2 Vgl. HERBST, Wertanlage (1970), S. 199, MÜLLER-MEHLIS, Kunst und Antiquitäten (1974), S. 10, GOMBRICH, Geschichte der Kunst (1996), S. 480 f. und 499.

3 Vgl., auch im folgenden, HOLZ, Vom Kunstwerk zur Ware (1972), S. 17, GOMBRICH, Geschichte der Kunst (1996), S. 480 f. und 501 ff. sowie BONUS/RONTE, Wa(h)re Kunst I (1997), S. 128.

4 Vgl., auch im folgenden, GOMBRICH, Geschichte der Kunst (1996), S. 475 und 481.

5 Vgl. SCHACK, Kunst und Recht (2009), S. 431.

Freiheit, die es ihnen zum ersten Mal ermöglichte, ihre Werke vollkommen Ausdruck ihrer Persönlichkeit werden zu lassen. In einem solchen Umfeld änderten sich jedoch der Zweck und die Beurteilungskriterien der Kunst, während der Begriff der Originalität noch mehr an Bedeutung erlangte. Die Kunst wurde in sich selbst genießbar und sinnvoll. Darüber hinaus emanzipierten sich die Künstler aus der inhaltlichen Verbindlichkeit zum Auftraggeber und verfolgten nun ausschließlich den Ausdruck ihrer schöpferischen Persönlichkeit, die im Wertmaßstab der Originalität zur Geltung kam.[1]

Verschärft wurde die Destabilisierung der Abstimmung von Angebot und Nachfrage im Verlauf des 18. und 19. Jahrhunderts durch den Umstand, daß sich die Kunstsammler mancherorts stärker als zuvor auf anerkannte Meister beziehungsweise alte Kunstwerke konzentrierten.[2] Um dieser Entwicklung entgegenzuwirken, veranstalteten die Akademien erstmals Jahresausstellungen; zunächst nur für ihre Mitglieder, später für alle Künstler.[3] Der Kunstmarkt erlangte auf diese Art langsam eine neue, der gegenwärtigen ähnliche Struktur, bei der Künstler erstmals für die anonyme Masse produzierten.[4] Der Warencharakter der Kunst bildete sich voll aus und ging mit den Entwicklungen der Industrialisierung und des Kapitalismus konform. Durch die Entkopplung der direkten Beziehung von Produzent und Konsument erlangte auch der Kunsthandel eine neue Bedeutung, da der Künstler stärker als zuvor einer vermittelnden Instanz bedurfte.[5] Dieser Umstand führte zu einer Differenzierung der Wirkungsfelder des Kunsthandels im Verlauf des 19. und zu Beginn des 20. Jahrhunderts (Abschnitt II.1.2.2). Auf der einen Seite entstand eine neue Spezies von Kunsthändlern, die sich der Förderung und Vermarktung zeitgenössischer Kunstwerke annahm

---

1 Vgl. JAQUET, Werte und Preise (1962), S. 22 f., HOLZ, Vom Kunstwerk zur Ware (1972), S. 23 ff., HAUSER, Sozialgeschichte der Kunst (1990), S. 349 f.

2 Vgl. DONATH, Psychologie des Kunstsammelns (1917), S. 67-72, SACHS, Sammler und Mäzene (1971), S. 84-89, HOLZ, Vom Kunstwerk zur Ware (1972), S. 17, GOMBRICH, Geschichte der Kunst (1996), S. 480 f.

3 Vgl., auch im folgenden, GOMBRICH, Geschichte der Kunst (1996), S. 480 f., JAQUET, Werte und Preise (1962), S. 22.

4 Die strukturellen Veränderungen verliefen nicht in allen Gebieten Europas in der gleichen Weise. In Flandern und Holland existierte vor allem im 16. und 17. Jahrhundert schon ein reger Kunsthandel, dessen Angebot viel stärker als in anderen Ländern durch eine Produktion ohne Auftragsverhältnis geprägt war. Erworben wurde die Kunstproduktion durch eine breite, wohlhabende, vom wirtschaftlichen Aufschwung dieser Region profitierende bürgerliche Schicht, die vor allem nach der Darstellung von Alltagsszenen verlangte. Vertrieben wurde auf unterschiedlichen Wegen, etwa auf Messen oder Jahrmärkten. Dabei entwickelte sich der Kunstmarkt phasenweise zu einem hochspekulativen Sektor. Im damaligen Europa stellten diese Entwicklungen allerdings eine Ausnahme dar. Vgl. JAQUET, Werte und Preise (1962), S. 20 f., HAUSER, Sozialgeschichte der Kunst (1990), S. 499 und 515, THURN, Der Kunsthändler (1994), S. 41-44.

5 Vgl. HERBST, Wertanlage (1970), S. 199, HOLZ, Vom Kunstwerk zur Ware (1972), S. 23 f.

und damit eine Art Inkubatorfunktion erfüllte.[1] Auf der anderen Seite existierte der etablierte Kunsthandel mit anerkannten Künstlern fort und „bevorzugte […][auch weiterhin] das Geschäft mit wertmäßig gesicherten, daher kaum krisenanfälligen Hervorbringungen, die ihm an stabilen Investitionen interessierte Käufer abnahmen."[2] Dieses konservative Segment des Kunsthandels konnte infolge der Säkularisation am Ende des 18. Jahrhunderts, die zu einer Ausdehnung des Handelsvolumens führte, seine Aktivitäten darüber hinaus maßgeblich ausbauen.[3] Zum etablierten Kunsthandel zählte auch der Auktionshandel; Kunstauktionen wurden in Frankreich und den Niederlanden schon ab dem 16. Jahrhundert abgehalten und in England ab der Mitte des 17. Jahrhunderts.[4] Die Säkularisation kam nicht zuletzt auch den Museen und damit der breiten Öffentlichkeit zugute, welche erstmals zu niedrigen Kosten in den Genuß von Kunstwerken und kunsthistorischer Bildung kam.[5] Die Institution des Museums trug somit maßgeblich dazu bei, daß Kunstwerke sich in der „Wertsphäre"[6] der Bevölkerung manifestieren konnten.

---

1 Vgl. STRAUSS et al., Lexikon der Kunst, Bd. IV (1992), S. 135, THURN, Der Kunsthändler (1994), S. 103, HOLTMANN, Keine Angst vor Kunst (1997), S. 68 ff., FESEL, Galerien (2000), S. 55 f., GONZÁLEZ, Kunstinvestment (2002), S. 80. Ferner auch KAHNWEILER, Meine Maler – meine Galerien (1961).

2 THURN, Der Kunsthändler (1994), S. 103.

3 Vgl. STRAUSS et al., Lexikon der Kunst, Bd. IV (1992), S. 135, HERBST, Wertanlage (1970), S. 199. Ferner auch FISCHER, Kunsthandel in der Schweiz (1973), S. 1348.

4 Vgl. AUERBACH, Commissaires-Priseurs (1957), S. 14, THURN, Der Kunsthändler (1994), S. 44 und 68.

5 Vgl. STRAUSS et al., Lexikon der Kunst, Bd. IV (1992), S. 134, THURN, Der Kunsthändler (1994), S. 67. Ferner auch BEHRMANN, Duveen und die Millionäre (1960), S. 7.

6 Kunstwerke sind Kulturgüter, deren inhaltliche Dekodierung regelmäßig ein kulturelles Verständnis voraussetzt. Besonders deutlich zutage tritt das bei Kunstwerken mit religiösem Sujét. Die Symbolik eines Kruzifixes kann für einen Buddhisten möglicherweise nicht umfassend verständlich sein oder aber weniger bedeutungsvoll als für einen Christen. Das schließt freilich nicht aus, daß relevantes Wissen erworben werden kann, das den Zugang zu kulturfremden Inhalten ermöglicht. Beispielsweise gilt die Sixtinische Kapelle bei Touristen vieler Kulturkreise als ein bedeutendes Bauwerk. Dennoch zeigt sich historisch, daß insbesondere Artefakte, die nicht einer kulturspezifischen Interpretation bedürfen, von anderen Kulturkreisen eher als Wertgröße anerkannt werden können. So sind es in erster Linie die Bilder der Impressionisten, die von den Japanern im speziellen und den Asiaten im allgemeinen bis heute erworben werden, nicht aber Alte Meister. Im Umkehrschluß bedeutet das, daß Kunstwerke, deren Interpretation ein kulturelles Verständnis voraussetzt, sich dort leichter als Wertgröße etablieren können, wo sich die kulturellen Wurzeln der potentiellen Nachfrager und des jeweiligen Artefakts entsprechen. Dieser Effekt ist aktuell bei den Chinesen, Indern und Russen zu beobachten, denen durch einen wirtschaftlichen Aufschwung liquide Mittel in umfangreichem Maße zur Verfügung stehen und die bevorzugt Kunst des eigenen Kulturkreises kaufen. Die Auktionshäuser reagieren auf diese Nachfrage, indem sie entsprechende Objekte versteigern. Vgl. dazu QUADT/KREPLER, Das ultimative Luxusgut (2008), S. 14. Analog gelten diese Zusammenhänge für abendländische Kulturen, denn die Auktionsergebnisse zeigen, daß bestimmte Künstler insbesondere in ihrem Heimatland erfolgreich sind.

Zu Beginn des 20. Jahrhunderts hatte der Kunstmarkt nahezu alle Strukturen ausgebildet, die auch gegenwärtig von Bedeutung sind. Es folgte lediglich noch die geographische Diversifizierung mit einer Konzentration auf bestimmte Handelszentren, insbesondere Berlin, Paris, London, Neuyork und Zürich. Diese Globalisierungstendenzen stellen den dritten und letzten Markstein der Kunstmarktentwicklung dar. Die Vereinigten Staaten von Amerika standen im Mittelpunkt des sich Ende des vorletzten Jahrhunderts entwickelnden interkontinentalen Kunsthandels. Hier existierten aufgrund der kolonialen Vergangenheit günstige kulturelle Voraussetzungen[1], während der wirtschaftliche Aufschwung die erforderlichen liquiden Mittel bereitstellte.[2] Der Handel nutzte die Situation dazu, sowohl einen Absatzmarkt für neue Kunstrichtungen als auch für Alte Meister zu etablieren.[3] Damit wurde den europäischen Wurzeln des amerikanischen Volkes ebenso entsprochen wie dem Wunsch, eine neue kulturelle Identität zu entwickeln.[4] Die Konsequenz dieser historischen Situation ist eine über vier Jahrzehnte andauernde und mit dem Zusammenbruch der Neuyorker Börse im Oktober 1929 endende Akquisitionswelle.[5] Zur gleichen Zeit etwa endete auch in Deutschland die Phase des prosperierenden Handels mit seinem Zentrum in Berlin, das geschwächt wurde durch den Verlust von Vermögenswerten und Kaufkraft in den Jahren nach dem Ersten Weltkrieg.

In der Phase nach dem Zweiten Weltkrieg bis zur Gegenwart entwickelte sich dann ein neuer, noch stärker marktwirtschaftlich geprägter Kunstmarkt (Tabelle 1), der sich durch eine zunehmende Akzeptanz von Kunstinvestitionen auszeichnete, die durch entsprechende Rahmenbedingungen begünstigt wurden (Kapitel I).

1.2.2 Die Marktsektoren

Die operative Umsetzung der Warenzirkulation im Kunstmarkt ist Aufgabe der Kunsthändler und Auktionshäuser. Beide Gruppen betreiben grundsätzlich ein Handelsgeschäft, jedoch ist die Gruppe der Kunsthändler aufgrund der inhaltlichen Ausrichtung des Handelsprogramms und der damit verbundenen Funktion im Markt noch

---

1 Vgl. zu den kulturellen Voraussetzungen, auch im folgenden, BONUS/RONTE, Wa(h)re Kunst I (1997), S. 105 f., GONZÁLEZ, Marktpolitische Faktoren (2000), S. 105 f.

2 Vgl. DONATH, Psychologie des Kunstsammelns (1917), S. 146, BEHRMANN, Duveen und die Millionäre (1960), S. 7-11, SACHS, Sammler und Mäzene (1971), S. 158 f. Auch in Deutschland erfuhr der Kunstmarkt in der Zeit der „Gründerjahre“ einen Nachfrageschub, stimuliert durch den gewonnenen Krieg 1870/71.

3 Vgl. BEHRMANN, Duveen und die Millionäre (1960), S. 7-26, THURN, Der Kunsthändler (1994), S. 109-114.

4 Vgl. BONUS/RONTE, Wa(h)re Kunst I (1997), S. 105 f.

5 Vgl., auch im folgenden, HERCHENRÖDER, Der Kunstmarkt im 20. Jahrhundert (2000), S. 1684.

zu untergliedern:[1] Galerien beschäftigen sich mit der Vermarktung zeitgenössischer Kunst und in diesem Zusammenhang mit der Förderung junger Künstler. Kunsthändler (und auch Auktionshäuser) konzentrieren sich dagegen in der Regel auf den Handel mit Kunstwerken bereits anerkannter Künstler. Mischformen von Kunsthändlern und Galerien existieren ebenfalls und werden als „Sekundärmarktgalerien" bezeichnet. Diese haben sich als erfolgreiche Förderer erwiesen und vermarkten weiterhin ihre nun anerkannten Künstler. Gleichzeitig nutzen sie ihre Reputation dazu, neue Künstler zu etablieren.

Das Schrifttum nimmt eine Unterteilung in meistens zwei – seltener drei – Marktsektoren vor.[2] Auf dem *Primärmarkt* findet der Handel mit neu geschaffenen Kunstwerken von entweder unbekannten oder schon anerkannten Künstlern statt. Der Künstler kann dabei seine Produktion grundsätzlich selbstständig als „Primäranbieter" am Markt bereitstellen oder, was dem Regelfall entspricht, einen Galeristen als „Primärhändler" einsetzen (alternativ auch eine Sekundärmarktgalerie). SINGER betrachtet den Sprung aus dem Primärmarkt schon dann als erfolgt, wenn eine Galerie die Produktion eines Künstlers vertreiben möchte. Die vorliegende Untersuchung folgt hingegen der Argumentation von LÖSCHL, die konstatiert, daß Künstler ihre Produktion nur in den seltensten Fällen selbst verkaufen, sondern regelmäßig mit Galerien in irgendeiner Form kooperieren. Eine weitere Differenzierung in einen Tertiärmarkt erübrigt sich somit.

Die große Mehrheit der auf dem Primärmarkt anbietenden Künstler ist unbekannt. Für die Kunstwerke eines solchen Künstlers stellt der Sprung in eine renommierte Kunstsammlung eine große Hürde im Sinne eines ersten Filterungsvorgangs des Markts dar. Ein zweiter Filterungsvorgang ist dann der erneute Verkauf, der gleichbedeutend ist mit dem Eintritt in den *Sekundärmarkt*. Auf dem Sekundärmarkt zirkuliert das Œuvre eines Künstlers – differenziert nach unterschiedlichen Werkphasen und künstlerischen Techniken – in Abhängigkeit von der ihm beigemessenen Bedeutung in unterschiedlicher Dauer und in unterschiedlichen Preissegmenten. Es stellt sich mithin die Frage, ob das Schaffen des jeweiligen Künstlers kurzfristig „in Mode" ist oder dauerhaft, möglicherweise bis lange nach seinem Tod, Bestand vor Markt-

---

1 Vgl., auch im folgenden, FRANGEN, Deutscher Markt für Malerei (1983), S. 60 f., KLEIN, Der Kunstmarkt (1993), S. 135, HOLTMANN, Keine Angst vor Kunst (1997), S. 68, DRINKUTH, Der moderne Auktionshandel (2003), S. 41, FESEL, Kommerzielle Kunstvermittlung (2002), S. 315, GONZÁLEZ, Kunstinvestment (2002), S. 87 f.

2 Vgl. zu Primär- und Sekundärmarkt beispielsweise SINGER, Microeconomics of the Art Market (1978), S. 21 f., SINGER, The Utility of Art (1990), S. 1 f., KLEIN, Der Kunstmarkt (1993), S. 5, GÉRARD-VARET, On Pricing the Priceless (1995), S. 511, SCHIEFER, Kunstintermediäre (1998), S. 38 f., FESEL, Galerien (2000), S. 64 ff., GONZÁLEZ, Kunstinvestment (2002), S. 87 f. Ferner HOLLEIN, Schauplatz Kunstmarkt (2002), S. 131, DRINKUTH, Der moderne Auktionshandel (2003), S. 42, LÖSCHL, Betrachtungsweisen von Kunst (2005), S. 43 ff., GOODWIN, Introduction (2008), S. 6 f.

teilnehmern und Fachleuten hat.[1] Hierbei kommt es ausdrücklich nicht auf die Zirkulationsgeschwindigkeit des Œuvre – insbesondere nicht auf die des einzelnen Kunstwerks – an, zumal diese sich zumeist negativ auf dessen Veräußerungserlös auswirken würde (Abschnitt III.3.2.2.1), sondern um eine regelmäßige Bestätigung der Anerkennung des Künstlers durch den erfolgreichen Wiederverkauf seiner Produktion. Für neue Kunstwerke eines bereits anerkannten Künstlers erweist sich der Sprung vom Primär- auf den Sekundärmarkt als weniger schwer, da dessen Renommee dafür sorgt, daß bereits ein Kreis von Kunstsammlern existiert. Indes ist die langfristig erfolgreiche Existenz in der *Sekundärmarktzirkulation* auch für diese Kunstwerke nicht garantiert, zumal die Produktion eines Künstlers in der Regel nicht dauerhaft von gleicher Qualität ist. Darüber hinaus zeigt sich, daß Künstler sich in unterschiedlichen Phasen ihres Schaffens mit unterschiedlichen Sujéts und Techniken auseinandersetzen, beispielsweise zunächst mit figurativen und dann abstrakten Sujéts. Folglich können Œuvres in verschiedene Werkphasen unterteilt werden, die sich durch unterschiedliche Grade künstlerischer Qualität auszeichnen. Die Kunstwerke zweier Werkphasen können sich demzufolge hinsichtlich ihres Preisniveaus und ihrer Verweildauer in der Sekundärmarktzirkulation unterscheiden.[2]

BERNHARD spricht schließlich noch von einem Sektor „jenseits der Märkte“[3]. Er bezeichnet damit den Zustand, in dem ein Objekt in die Sammlung eines Museums oder einer anderen öffentlichen Einrichtung aufgenommen und für längere Zeit oder endgültig dem Markt, und damit dem kommerziellen Sektor, entzogen wird.[4] Im Sektor jenseits der Märkte fungiert es ausschließlich als Konsum- und Kulturgut.[5] Abbildung 3 faßt die geschilderten Zusammenhänge graphisch zusammen.

---

[1] Vgl. hierzu SINGER/LYNCH, Are Multiple Art Markets Rational? (1997), S. 198 ff. Erreicht ein Künstler beziehungsweise seine Produktion diesen Status, so sprechen SINGER/LYNCH von „kunsthistorischer Reife“.

[2] Vgl. etwa RUSH, Art as an Investment (1961), S. 282, BONUS/RONTE, Credibility and Economic Value (1997), S. 107 f.

[3] BERNHARD, Kunst als Kapitalanlage (2005), S. 36.

[4] WEIHE bezeichnet den Kunstmarkt auch als „Purgatorium“ und das Museum als „establishment“. Er verdeutlicht damit die einem „Ritterschlag“ gleichkommende Ehrung, die ein Künstler erhält, wenn seine Kunstwerke von einem Museum erworben werden. Vgl. WEIHE, Künstlerische Qualität (1992), S. 35.

[5] Es besteht die Möglichkeit, daß ein Kunstwerk den Sektor jenseits der Märkte wieder verläßt und auf den Sekundärmarkt gelangt, da auch Museen Werke abstoßen. Dieser Vorgang ist in Kontinentaleuropa eher unüblich, während er in den Vereinigten Staaten von Amerika und in Großbritannien regelmäßig erfolgt. Vgl. dazu POMMEREHNE/FREY, Musen und Märkte (1993), S. 74 f. und 78. Ferner FREY, Museum Behaviour (1994), GUTBROD, Kunstmuseen in Deutschland (1994), S. 88-93.

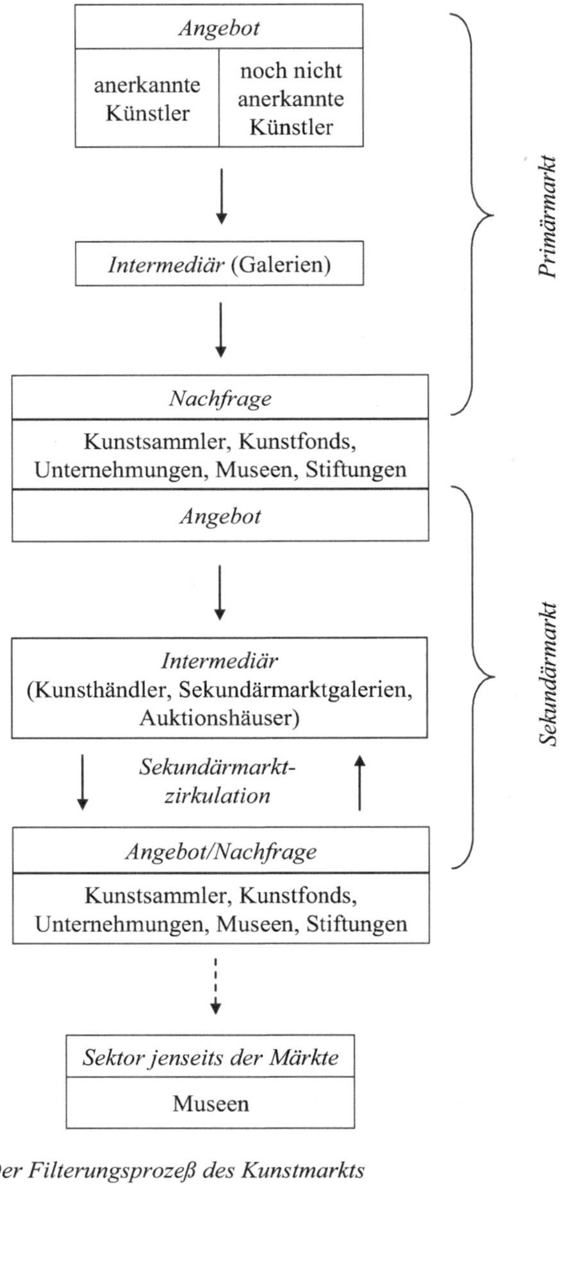

Abbildung 3: Der Filterungsprozeß des Kunstmarkts

1.3 Der Kunstsammler als Bewertungssubjekt

1.3.1 Die Bedeutung der Zielsetzung und des subjektiven Entscheidungsfelds für die Entscheidungen des Kunstsammlers

Wie bereits in Kapitel I im Rahmen der Beurteilung des Forschungsbedarfs aufgezeigt wurde, erfordert die Ermittlung eines korrekten Entscheidungswerts die Berücksichtigung der individuellen Zielsetzung und des subjektiven Entscheidungsfelds des Kunstsammlers, denn zum einen richtet sich die Entscheidung darüber, ein Kunstwerk zu erwerben oder zu veräußern, nach der Zielsetzung, die ein Kunstsammler mit der Eigentumsübertragung zu verfolgen sucht, und zum anderen nach den Möglichkeiten, die ihm sein subjektives Entscheidungsfeld hierfür einräumt. Das subjektive Entscheidungsfeld beschreibt sowohl „die Gesamtheit [der] individuellen, alternativen Handlungsalternativen [des Kunstsammlers], die durch seine Güterausstattung, aber auch steuerliche, rechtliche und sittliche Rahmenbedingungen sowie seine persönlichen Fähigkeiten [und Netzwerke] geprägt werden",[1] als auch deren sachliche Wirkungen in unterschiedlichen Umweltzuständen, die für das Bewertungssubjekt entscheidungsrelevant im Sinne seiner Zielsetzung sind.[2] Unter den Bedingungen des unvollkommenen Kapital- und Kunstmarkts ist das subjektive Entscheidungsfeld geprägt von (individueller) Konditionenvielfalt und mengenmäßiger Begrenzung hinsichtlich der Kapitalaufnahme- und Kapitalanlagemöglichkeiten.

1.3.2 Die denkbaren Zielsetzungen des Kunstsammlers

Der Begriff „Kunstsammler" entspricht der Beschreibung einer Tätigkeit, die auf das Zusammentragen von Kunstwerken unter bestimmten Gesichtspunkten abzielt.[3] Wenngleich es vorkommen kann, daß ein Kunstsammler beim Zusammentragen keine inhaltlichen Kriterien zugrunde legt („Sammelsurium"), folgt seine Tätigkeit im Regelfall der Logik eines *Sammlungskonzepts* (Auswahlkriterium) und zeichnet sich infolgedessen durch eine „innere Ordnung" aus, wobei das Sammlungskonzept, um als solches gelten zu dürfen, nicht zu allgemein definiert sein sollte. Die An- und Verkaufsprozesse des Kunstsammlers im Rahmen seiner Sammlungstätigkeit zielen

---

1 OLBRICH, Unternehmungsnachfolge (2005), S. 22.

2 Vgl. LAUX, Entscheidungstheorie (2007), S. 19-23, MATSCHKE/BRÖSEL, Unternehmensbewertung (2007), S. 137.

3 Vgl., auch für das Folgende, insbesondere WOLFF-DIEPENBROCK, Sammeln, Sammlung und Steuern (1987), S. 2 f. und darüber hinaus FRANGEN, Deutscher Markt für Malerei (1983), S. 161 f., HOLTMANN, Keine Angst vor Kunst (1997), S. 198 und 206-210, RISSA, Sammlerbefragung in Deutschland (2002), GOODWIN, Introduction (2008), S. 17, ERHARD, Euphorie (2009), S. 40.

auf einen Endzustand ab, der erreicht ist, wenn eine Sammlung vorliegt, die sich durch inhaltliche Schlüssigkeit, objektindividuelle Qualität und Vollständigkeit unter Berücksichtigung der Maßgaben des Sammlungskonzepts auszeichnet.[1] Die Sammlung stellt somit die „materiale Konsequenz“ des Sammlungskonzepts dar.[2]

Für die Gestaltung des Sammlungskonzepts bietet sich ein breites Spektrum von Möglichkeiten, hierbei kann die Ordnung nach technischen, kunstwissenschaftlichen, thematischen oder geographischen Kriterien erfolgen.[3] So wäre es möglich, daß sich der Kunstsammler zunächst in technischer Hinsicht auf die Sammlung von Druckgrafik spezialisiert, um sich dann auf kunsthistorischer Ebene einer bestimmten Stilrichtung anzunehmen, innerhalb derer er sich wiederum auf einen bestimmten Künstler konzentriert. In bezug auf das Sujét eines Kunstwerks mag sich der Kunstsammler dann beispielsweise weitergehend auf die Landschaftsmalerei fokussieren oder aber der figurativen Darstellung die abstrakte vorziehen.

Von Zeit zu Zeit sind Neuausrichtungen des Sammlungskonzepts zu beobachten, die einen erneuten Lern- und Erkenntnisprozeß voraussetzen, der gerade für einen Kunstsammler, der seine Sammlung als abgeschlossen betrachtet, durchaus reizvoll sein kann. Schließlich ist noch zu konstatieren, daß sich Kunstsammler zumeist auf eine überschaubare Anzahl von Stilrichtungen beschränken,[4] unter denen sich die zeitgenössische Kunst und die klassische Moderne als dominierend erweisen.[5] Eine Begründung für diese Eingrenzung mag darin liegen, daß die Abdeckung einer Vielzahl von Stilrichtungen mit einem entsprechenden Informationsbeschaffungsaufwand in Verbindung stünde.[6]

---

[1] Vgl. HOLZ, Vom Kunstwerk zur Ware (1972), S. 105, BURTON/JACOBSEN, Investments in Collectibles (1999), S. 195, SCHROETER-HERREL, Erfolgreiches Kunstsammeln (2000), S. 72 f., ERHARD, Euphorie (2009), S. 40.

[2] Kunstsammler verspüren bei der Sammlungstätigkeit häufig einen „Jagdinstinkt“, den sie durch die Lokalisierung und Akquisition von seltenen Artefakten befriedigen können. Diese Nutzenebene ist jedoch nicht Gegenstand der vorliegenden Untersuchung. Vgl. dazu RISSA, Sammlerbefragung in Deutschland (2002).

[3] Vgl. etwa HOLTMANN, Keine Angst vor Kunst (1997), S. 199 ff., SCHROETER-HERREL, Erfolgreiches Kunstsammeln (2000), S. 72 f.

[4] Vgl. WATSON, Sotheby's (1993), S. 530, CANDELA/SCORCU, Price Indices for Artists (2004), S. 285. Die Neigung eines Kunstsammlers, sich kunstwissenschaftlich zu spezialisieren, wird durch die Auswahl der Kunstsammler bestätigt, die SAGER, Die Besessenen (1992), beschreibt.

[5] Vgl. hierzu MÜLLERSCHÖN, Gemälde als erfolgreiche Kapitalanlage (1991), S. 156, WATSON, Sotheby's (1993), S. 475 f. und 530, GOODWIN, Introduction (2008), S. 17.

[6] Vgl. LINDENBAUER, Kunstmarketing (1996), S. 70.

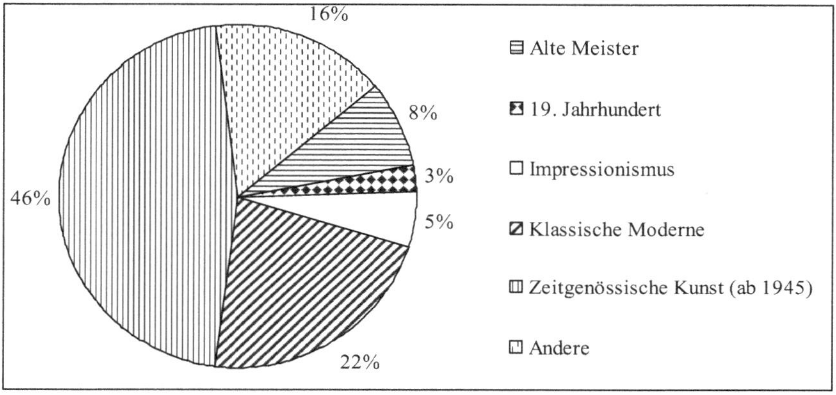

Abbildung 4: In Sammlungen repräsentierte Stilrichtungen[1]

Das Sammlungskonzept leitet sich aus einer *kunstwissenschaftlichen Zielsetzung* ab,[2] denn der Kunstsammler sammelt nur solche Kunstwerke, die ihm den Konsum künstlerischer Inhalte ermöglichen und somit nichtfinanziellen Nutzen spenden. Die Erzielung eines derartigen Nutzens setzt ein umfangreiches Fachwissen insbesondere durch „Sehpraxis" voraus.[3] Zwar ist der Konsum künstlerischer Sachverhalte grundsätzlich auch ohne den Besitz eines Kunstwerks realisierbar, dieser gewährt dem Kunstsammler aber eine besondere Nutzendimension, die das Betrachten alleine nicht erfüllen kann.[4]

Neben einer kunstwissenschaftlichen Zielsetzung verfolgen Kunstsammler gewöhnlich noch weitere Zielsetzungen.[5] Hierzu zählen in erster Linie weitere nichtfinanzielle Zielsetzungen, insbesondere die in Kapitel I genannten Ziele der Dekoration und

---

1 Die Auswertung basiert auf den Daten zu den Sammlungskonzepten einer Auswahl von 200 Kunstsammlern, erhoben durch die Zeitschrift ARTNEWS. Vgl. ARTNEWS, Top 200 Collectors (2009).

2 Vgl. dazu auch JAQUET, Werte und Preise (1962), S. 37, FRANGEN, Deutscher Markt für Malerei (1983), S. 161 f.

3 Vgl. WAGENFÜHR, Kunst als Kapitalanlage (1965), S. 37, LINDENBAUER, Kunstmarketing (1996), S. 68 f., MALTZAN/SCHROETER-HERREL, Kunstberatung (2002), S. 207.

4 FRANGEN, Deutscher Markt für Malerei (1983), S. 166.

5 Vgl. JAQUET, Werte und Preise (1962), S. 42 f., FRANGEN, Deutscher Markt für Malerei (1983), S. 166, MOULIN, French Art Market (1987), S. 101, SCHWARZ, Mäzene der Zukunft (1992), S. 147, BURTON/JACOBSEN, Investments in Collectibles (1999), S. 195, GOODWIN, Introduction (2008), S. 18, GUGGENHEIM, Ich habe alles gelebt (2008), S. 538. Siehe auch die Statistik bei LESLEY/HODGINS, Der internationale Kunsthandel I (1956), S. 39.

der Außendarstellung. Das *Dekorationsziel* beschreibt den Wunsch des Kunstsammlers, seine privaten Räumlichkeiten zu verschönern. Verfolgt er dieses Ziel alleine, dann ist es strenggenommen ohne Bedeutung, ob die Kunstwerke künstlerische Qualität besitzen. Auch ist nicht entscheidend, ob es sich um Originale oder Reproduktionen handelt, denn es geht im Kern um den visuellen Effekt.[1] Ein fließender Übergang zur kunstwissenschaftlichen Zielsetzung ergibt sich aber, wenn das Verständnis von adäquater Dekoration durch den Lebenszuschnitt des Kunstsammlers eine gewisse künstlerische Qualität erforderlich macht.

Das *Ziel der Außendarstellung* entfaltet sich dort, wo ein Wunsch nach Anerkennung in bestimmten gesellschaftlichen Kreisen und somit nach sozialem Prestige besteht. Je nach Intensität dieses Wunsches und finanziellen Möglichkeiten macht der Kunstsammler seine Werke nicht nur einem beschränkten Personenkreis in seinen privaten Räumlichkeiten, sondern auch der Öffentlichkeit zugänglich. Das Spektrum der Veröffentlichung reicht von der Hingabe der Objekte als Leihgabe an eine ausstellende Institution bis hin zum Bau eines eigenen Museums. Die Bedeutung dieser Zielsetzung zeigt sich deutlich im Zuge der Verhandlungen von Leihverträgen, bei denen oftmals vereinbart wird, daß der Name des Leihgebers bei der Ausstellung des Objekts Erwähnung findet. Auch das Ziel der Außendarstellung ist mit der kunstwissenschaftlichen Zielsetzung eng verbunden, da sich der gewünschte Effekt einer positiven Außendarstellung nur dann ergibt, wenn die Sammlung kunstwissenschaftlich bedeutend ist. Sowohl das Ziel der Dekoration als auch das Ziel der Außendarstellung können folglich als Nebenziele der kunstwissenschaftlichen Zielsetzung verstanden werden. Im Rahmen der vorliegenden Schrift rückt somit die Kombination einer kunstwissenschaftlichen Zielsetzung mit einer *finanziellen Zielsetzung* in den Vordergrund.

Unter der Prämisse einer finanziellen Zielsetzung vollzieht sich die Beurteilung eines Kunstwerks in bezug auf dessen Fähigkeit, eine finanzielle Überschußgröße zu generieren (Kapitel I). Im Schrifttum werden Kunstmarktteilnehmer, die eine finanzielle Zielsetzung verfolgen, von LEHMANN noch danach differenziert, ob es sich bei ihnen um *Anleger* oder *Spekulanten* handelt, wobei der Unterschied zwischen beiden Gruppen für ihn darin besteht, daß der Spekulant aktuelle Preisentwicklungen zu nutzen versucht, während der Anleger daran interessiert ist, ein langfristiges Engagement zu begehen.[2] Die Differenzierung LEHMANNS ist unnötig, „denn um eine Spekulation, also ein Treffen von Entscheidungen unter Unsicherheit, handelt es sich grundsätzlich bei allen Investitionsentscheidungen, die auf der Basis zukünftiger und damit im Entscheidungszeitpunkt nicht genau quantifizierbarer, sondern lediglich abschätzbarer Zahlungsströme getroffen werden."[3] Somit ist auch LEHMANNS Anleger Spekulant.

1 Vgl. hierzu SCHIEFER, Kunstintermediäre (1998), S. 28.

2 So LEHMANN, Zeitgenössische Kunstwerke (2002), S. 105 f.

3 OLBRICH, Unternehmungswert (1999), S. 39.

Letztendlich legen beide Typen ihrem Kalkül nur einen Planungshorizont von unterschiedlicher Dauer zugrunde.

1.3.3 Die Zielsetzung der Gewinnmaximierung

1.3.3.1 Die Gewinnmaximierung aus Einzel- und Verbundperspektive

Die finanzielle Zielsetzung der Gewinnmaximierung beschreibt den Wunsch des Kunstsammlers, seinen Kunstbesitz derart zu gestalten, daß er mit ihm seinen Wohlstand (in Form von Vermögen und/oder Einkommen)[1] maximiert. Die Verfolgung dieser Zielsetzung sei dem Kunstsammler im weiteren als Prämisse zugrunde gelegt. Aufgrund des oftmals langfristigen Charakters einer Kunstinvestition muß es nicht so sein, daß der Kunstsammler bei seinem Ziel der Gewinnmaximierung eine nur auf sich beschränkte Sichtweise einnimmt. Alternativ kann er auch aus der Perspektive eines *Verbundes mit anderen Wirtschaftssubjekten* handeln. Hat der Kunstsammler ein bestimmtes Alter erreicht, ist es möglich, daß nicht die Maximierung des eigenen Gewinns, sondern die des Gesamtgewinns seiner Familie für ihn von größerer Bedeutung ist (Abschnitt II.1.1.3.2).[2] Gleichermaßen ist es denkbar, daß ein Miterbe nicht seinen Einzelgewinn zu maximieren sucht, sondern den Gesamtgewinn der Erbengemeinschaft, indem er gemeinsam mit den Miterben die zweckmäßigste Alternative des Vollzugs der Auseinandersetzung des Gesamthandsvermögens im Sinne der finanziellen Zielsetzung eruiert.

1.3.3.2 Vermögens- und Einkommensmaximierung

Unter den Bedingungen des unvollkommenen Kapitalmarkts ist die *Konsumpräferenz* des Kunstsammlers für die Bewertung eines Kunstwerks von Bedeutung, da sich, je nachdem welche Ausprägung sie hat, unterschiedliche Opportunitäten ergeben können, an denen das zu bewertende Kunstwerk zu messen ist. Die Konsumpräferenz erteilt Auskunft darüber, „wann und inwieweit der angestrebte maximale Gewinn thesauriert oder entnommen werden soll"[3]. Investoren – und so auch Kunstsammler – sind grundsätzlich an einem hohen Einkommen und einem großen Vermögen interessiert, weshalb, je nach Ausprägung der persönlichen Präferenz, entweder die gewünschten Geldausschüttungen zu ausgewählten Zeitpunkten oder ein regelmäßiger

---

[1] Vgl. SCHNEIDER, Investition (1992), S. 65.

[2] Vgl. SCHILDBACH, Verkäufer und Unternehmen (1995), S. 624 f. und 627, OLBRICH, Unternehmungsnachfolge (2005), S. 26.

[3] ROLLBERG, Unternehmensplanung (2001), S. 10.

Einkommensstrom festgeschrieben wird, um die jeweils andere Größe zu maximieren:[1]

Verfolgt ein Wirtschaftssubjekt das Ziel der *Vermögensmaximierung*, so wird der gewünschte Einkommensstrom mittels Nebenbedingung gesichert; für jeden Zeitpunkt des Planungshorizonts wird darüber hinaus ein Gewichtungsfaktor vorgegeben, der die Wertschätzung einer Ausschüttung relativ zu den übrigen Ausschüttungszeitpunkten widerspiegelt. Die Zielfunktion maximiert schließlich die Summe der gewichteten Ausschüttungen. Im Extrem wird ein einziger Zeitpunkt mit eins gewichtet und alle anderen mit null. Zwei bekannte Spezialfälle dieser Art sind die *Barwert-* und die *Endwertmaximierung*. Während bei der Barwertmaximierung eine größtmögliche Anfangsausschüttung angestrebt wird, wird bei der Endwertmaximierung eine größtmögliche Endausschüttung bevorzugt.

Im Rahmen der *Einkommensmaximierung* sind es die Ausschüttungen in ausgewählten Zeitpunkten, welche fest vorgegeben und in den Nebenbedingungen verankert sind. Das darüber hinaus im Zentrum stehende Einkommen wird erst gemäß der Konsumpräferenz modelliert und dann über die Zielfunktion maximiert. Im Unterschied zum Ziel der Vermögensmaximierung (maximale Summe gewichteter Ausschüttungen) steht die Relation der über die fixen Entnahmen hinaus verbleibenden Entnahmen im Vorfeld bereits fest. Der intuitive Fall der Modellierung eines regelmäßigen Einkommens wäre der eines „uniformen" Einkommensstroms, welcher dem Wirtschaftssubjekt einen wiederkehrenden Einkommensbetrag in gleicher Höhe neben den fixen Entnahmen beschert.

1.3.4 Die Zielstrukturierung des Kunstsammlers

Verfolgt ein beliebiges Bewertungssubjekt zugleich eine nichtfinanzielle und eine finanzielle Zielsetzung, dann wirft das aus bewertungstheoretischer Sicht die Frage auf, in welchem Verhältnis diese Zielsetzungen zueinander stehen. Für den konkreten Fall des Entscheidungsprozesses eines Kunstsammlers erweist sich eine *Zielebenenunterscheidung* (Abbildung 5) als zweckmäßig, die im Sinne einer betriebswirtschaftlichen Argumentation zu einer Sach- und Formalzielebene führt.

Das *Sachziel* ist ein Material- oder auch Naturalziel.[2] Ein Unternehmen beispielsweise zielt traditionell auf die Bedürfnisbefriedigung durch die Produktion von Sach-

[1] Vgl. SCHNEIDER, Investition (1992), S. 65, HERING, Unternehmensbewertung (2006), S. 23 ff., HERING, Investitionstheorie (2008), S. 19-22. Ferner auch HAX, Lineare Programmierung (1964), S. 435 f.

[2] Vgl. KOSIOL, Wirtschaftliches Aktionszentrum (1971), S. 45 und 212, EICHHORN, Betriebswirtschaftslehre (2005), S. 187.

oder Dienstleistungen ab, weshalb das Sachziel etwa die Produktion von Kraftfahrzeugen sein kann und in diesem Sinne die Explikation eines Endzustands darstellt, der durch bestimmte sachliche Merkmale charakterisiert ist.[1] Mithin drückt das Sachziel also das „Was?“ einer Tätigkeit aus.[2] Übertragen auf den Kunstsammler äußert sich das Sachziel im Sammlungskonzept, wobei dieses einen materiellen Endzustand definiert, der durch bestimmte Attribute charakterisiert ist. Für die Strukturierung des Entscheidungsprozesses des Kunstsammlers ist die Wahl des Sachziels entscheidend, denn es schränkt die Menge der Kunstwerke ein, die für die Sammlung in Frage kommen, weil nur solche Objekte zu erwägen sind, die zu seiner Erfüllung beitragen.[3] Es ergibt sich schließlich eine Limitierung der Alternativenmenge und damit eine Einwirkung des Zielsystems auf das subjektive Entscheidungsfeld. Die Ziele der Dekoration und der Außendarstellung können die Alternativenmenge weiter einschränken.

Ein *Formalziel* gibt an, in welcher Art und Weise das Sachziel zu realisieren ist; mithin stellt sich die Frage, „wie?“ ein Endzustand herzustellen ist.[4] Die Zielsetzung der Gewinnmaximierung stellt ein solches Formalziel dar. Hinsichtlich der durch das Sachziel bereits eingeschränkten Alternativenmenge liefert sie ein Kriterium für eine rationale Letztentscheidung über die verbleibenden Handlungsmöglichkeiten.[5] Auf der Formalzielebene findet somit die betriebswirtschaftliche Bewertung statt, deren Ergebnis ein Entscheidungswert im Sinne eines Grenzpreises ist. Ist der Grenzpreis einer Handlungsmöglichkeit ermittelt, kann er dem Preis dieser Handlungsmöglichkeit zwecks Berechnung des Kapitalwerts gegenübergestellt werden (Abbildung 5).

Die in Abbildung 5 dargestellte Zielebenenunterscheidung gewährleistet den Ausschluß einer Zielkonkurrenz, wie sie sich bei simultaner Berücksichtigung der Zielsetzungen ergeben könnte, was etwa dann der Fall wäre, wenn der Kunstsammler ein das Sammlungskonzept konterkarierendes, aber finanziell attraktives Kunstwerk bewertete.[6] Ein solcher Bewertungsfall wird für die vorliegende Untersuchung ausgeschlossen, weil er für den konventionellen Kunstsammler atypisch ist.

---

1 Vgl. LAUX/LIERMANN, Grundlagen der Organisation (2005), S. 35.

2 Vgl. ZELEWSKI, Grundlagen (2008), S. 53.

3 Vgl. SIEBEN/SCHILDBACH, Entscheidungstheorie (1994), S. 11, LAUX/LIERMANN, Grundlagen der Organisation (2005), S. 35.

4 Vgl. ZELEWSKI, Grundlagen (2008), S. 53.

5 Vgl. LAUX/LIERMANN, Grundlagen der Organisation (2005), S. 35.

6 Für den Fall der Medienrechtsbewertung vgl. BRÖSEL, Medienrechtsbewertung (2002), S. 69.

Abbildung 5: Der Entscheidungsprozeß des Kunstsammlers

1.3.5 Das Entscheidungsfeld des Kunstsammlers

Hinsichtlich des sozioökonomischen Hintergrunds der Kunstsammler kommt PEARCE bei einer empirischen Untersuchung über das soziologische Phänomen des Sammelns im allgemeinen zu dem Ergebnis, daß mit Ausnahme von Sammlern originaler Kunstwerke das Phänomen des Sammelns nicht eines ist, welches einer bestimmten sozioökonomischen Klasse zuzuordnen wäre.[1] Einzig das Sammeln von Artefakten der bildenden Kunst – so die Ergebnisse der Untersuchung – bliebe den wirtschaftlich Bessergestellten vorenthalten. Die Ergebnisse von PEARCE überraschen nicht, weil eine Beschränkung auf wirtschaftlich bessergestellte Personenkreise sich schon durch die hohen Preise für Kunstwerke ergibt. Diese Schlußfolgerung bestätigend, zeichnet sich auch im sonstigen Schrifttum ein allgemeiner Konsens darüber ab, daß Kunstwerke regelmäßig von Personen gekauft werden, die über ein überdurchschnittliches Einkommen verfügen und deren subjektive Entscheidungsfelder sich durch umfangreiche Liquidität auszeichnen, die es ihnen erlaubt, überschüssige Mittel anzulegen.[2] Im historischen Bezug spricht DONATH von „Königen und Fürsten, Diplomaten und Diplomatinnen, Großkaufleuten und Rentieren"[3] als jenen, die Kunstwerke besitzen und sammeln.[4] Heute sind es in erster Linie die Berufsgruppen der Unternehmer, Freiberufler (Architekten, Ärzte, Rechtsanwälte) und Personen im höheren Staatsdienst, aus denen sich der Großteil der Kunstsammler rekrutiert.

Wenngleich die Betätigung des Kunstsammelns bevorzugt von Personen betrieben wird, die über umfangreiches Eigenkapital verfügen, ist zu konstatieren, daß Kunstwerke häufig veräußert werden müssen, um fälligen finanziellen Verpflichtungen nachzukommen.[5]

Bereits in Abschnitt II.1.3.1 wurde festgestellt, daß das subjektive Entscheidungsfeld des Kunstsammlers einer mengenmäßigen Begrenzung hinsichtlich seiner Kapitalaufnahme- und Kapitalanlagemöglichkeiten unterliegt. Des weiteren hängt es von der mengenmäßigen Ausdehnung des Entscheidungsfelds ab,[6] ob im Extrem ein reines Kunstportefeuille oder ein gemischtes Portefeuille betrachtet wird. Liegt dem Kalkül des Kunstsammlers ein *gemischtes Portefeuille* zugrunde, dann erweitert sich der Aktionsraum entsprechend. Die Determinierung der mengenmäßigen Ausdehnung des Entscheidungsfelds richtet sich nach den Vorstellungen und der (Not-)Situation des

---

[1] Vgl. PEARCE, Collecting in Contemporary Practice (1998), S. 44 f. und 47.

[2] Vgl. ANDRAE/KEUSCHNIGG, Kunst und Wirtschaft (1983), S. 32, FRANGEN, Deutscher Markt für Malerei (1983), S. 171, BERNWARD/MALETZKE/MÜLLER-SACHSE, Kultur und Medien (1991), S. 255, SCHWARZ, Mäzene der Zukunft (1992). S. 147, THURN, Der Kunsthändler (1994), S. 8, GÉRARD-VARET, On Pricing the Priceless (1995), S. 511, BERNHARD, Kunst als Kapitalanlage (2005), S. 100, AGNELLO, Do Paintings Follow the CAPM? (2006), S. 16, AHRENS/ROHR-BONGARD, Schatzsuche (2009), S. 44, SOTHEBY'S, Investor (2010), S. 6.

[3] DONATH, Psychologie des Kunstsammelns (1917), S. 22.

[4] Vgl. ebenso SCHIRMER, Das Bild des Kaufmanns (1925), S. 91 f.

[5] Vgl. SELIGMAN, Merchants of Art (1961), S. 214-217, POMMEREHNE/FREY, Musen und Märkte (1993), S. 123 und 140, WOOLEY, Going Once (1995), S. 78, HILDESLEY, Buying and Selling at Auction (1997), S. 137, GOODWIN, Introduction (2008), S. 11, VAN DELDEN, Kunst in der Finanzkrise (2009), S. 59, SOTHEBY'S, Investor (2010), S. 7.

[6] HEINEN spricht von einem „mehr oder weniger großen Ausschnitt der betrieblichen Wirklichkeit". Vgl. HEINEN, Betriebswirtschaftslehre (1985), S. 27.

jeweiligen Kunstsammlers. Entscheidend ist in diesem Zusammenhang, daß sich je nach Ausprägung der Ausdehnung unterschiedliche Vergleichsobjekte ergeben. Der Kunstsammler muß sich folglich darüber im klaren sein, in Konkurrenz welcher Alternativen er seine Kunstinvestitionen betrachten möchte (muß). Während in einem *reinen Kunstportefeuille* ausschließlich Kunstwerke als Vergleichsobjekte in Frage kommen, können diese im gemischten Portefeuille sowohl aus Kunstwerken als auch aus anderen Formen der Kapitalanlage (beispielsweise aus Aktien, Immobilien oder Termingeldern) oder der Kapitalaufnahme bestehen.

Das subjektive Entscheidungsfeld des Kunstsammlers ist darüber hinaus hinsichtlich der *weichen Faktoren* zu spezifizieren. Der Grad des betriebswirtschaftlichen Erfolgs, den der Kunstsammler durch eine Kunstinvestition realisieren kann, hängt von drei Faktoren ab:

1. Zugang des Kunstsammlers zu erfolgversprechenden Kunstwerken und Veräußerungsmöglichkeiten, der abhängig ist vom Ausmaß der Vernetzung mit Künstlern, Galeristen, Kunsthändlern und Auktionshäusern;[1]

2. künstlerischer Sachverstand des Kunstsammlers, die qualitative und physische Kondition eines Kunstwerks sowie seine zukünftige Nachfrageentwicklung einzuschätzen („gutes Auge“);[2]

3. Möglichkeiten des Kunstsammlers, aufgrund seiner Reputation als Person und Kunstsammler, der Art und Weise der Verwaltung seines Portefeuilles sowie seiner Verhandlungsmacht die Rendite eines Kunstwerks zu steigern.

Die Bedeutung des unter 1. beschriebenen Faktors zeigt sich insbesondere in der Tatsache, daß Galeristen ihre „besten“ Exponate bevorzugt und zu günstigen Konditionen an ihre Stammkunden – im besten Fall renommierte Kunstsammler – vermitteln.[3] Gleiches gilt auch für Kunsthändler und Auktionshäuser. Letztere bieten einem ausgewählten Kreis von Kunstsammlern zudem im Vergleich zur klassischen Auktion alternative Formen des Erwerbs oder der Veräußerung an, wie etwa Privatverkäufe,

---

[1] Vgl. LINDEMANN, Collecting Contemporary (2006), S. 226 und 236 f.

[2] Vgl. hierzu auch die Untersuchung von LANDES, Art Lottery (2000), S. 119-122, zur Sammlung der Familie GANZ. Ferner auch HOLUB/TAPPEINER, Bildende Kunst aus empirischer Sicht (1992), S. 87 f., HOLUB/HUTTER/TAPPEINER, Light and Shadow (1993), S. 52, POMMEREHNE/FELD, Auction Prices (1997), S. 251.

[3] Vgl. LINDEMANN, Collecting Contemporary (2006), S. 35, 37, 104 und 115, THOMPSON, Economics of Contemporary Art (2008), S. 40, VAN DELDEN, Kunst in der Finanzkrise (2009), S. 59. Die diskriminierende Vermittlung an ausgewählte private Sammlungen zu Vorzugskonditionen stellt die voneinander abweichenden Möglichkeiten der individuellen Kunstmarktteilnehmer deutlich heraus. Vgl. in diesem Zusammenhang auch FREY, Art Markets and Economics (1997), S. 169.

(Preis-)Garantien oder unwiderrufliche Gebote (Abschnitt IV.1.2). Der unter 2. beschriebene Faktor des „guten Auges“ hängt vom Intellekt und der Erfahrung des Kunstsammlers ab. Der unter 3. beschriebene Faktor äußert sich vor allem darin, daß ein Kunstwerk gewöhnlich eine Aufwertung erfährt, wenn der neue Besitzer öffentliches Ansehen genießt und als Kunstsammler anerkannt ist (Provenienz).[1] Darüber hinaus steht es dem Kunstsammler offen, seine Kunstwerke im Rahmen seiner Möglichkeiten der Öffentlichkeit zugänglich zu machen. Dies kann er in Form einer temporären oder dauerhaften Leihgabe an ein Museum tun oder, indem er selbst eine Einrichtung für die Präsentation seiner Objekte schafft. Der Grad der Wertsteigerung hängt dabei von der Reputation des jeweiligen Museums beziehungsweise der jeweiligen Einrichtung ab. Individuell unterschiedlich können schließlich auch die Transaktionskosten ausfallen, beispielsweise dann, wenn der Kunstsammler aufgrund seiner Verhandlungsmacht Sonderkonditionen mit Auktionshäusern, etwa in Form von niedrigen Kommissionen, aushandeln kann.[2] Das ist insbesondere dann der Fall, wenn die eingelieferten Kunstwerke von hoher künstlerischer Qualität sind oder der Kunstsammler für die Geschäfte des Auktionshauses auch zukünftig von Bedeutung ist.[3]

Die Wahl der mit der sammelnden Tätigkeit verbundenen Zielsetzung liegt im Ermessen des Kunstsammlers. Legt er seinen Entscheidungen die finanzielle Zielsetzung der Gewinnmaximierung zugrunde, richtet sich die Wahl der Operationalisierung (Einkommens-/Vermögensmaximierung) nach seiner subjektiven Konsumpräferenz. Die Entscheidung, welche die „richtige“ Zielsetzung für ein Bewertungssubjekt ist, entzieht sich folglich der betriebswirtschaftlichen Bewertungstheorie, da sie ein Urteil über subjektive Präferenzen darstellt.[4] Sowohl die Einkommens- als auch die Vermögensmaximierung erweisen sich im allgemeinen als geeignete Zielsetzungen. Im Rahmen der nachfolgenden Betrachtungen wird jedoch die Zielsetzung der Vermögensmaximierung vereinfachend für den Kunstsammler zugrunde gelegt. Sofern hohe Veräußerungserlöse als Urteil über die künstlerische Qualität eines Artefakts durch den Kunstmarkt zu betrachten sind, korrespondiert die Endwertmaximierung – als Ausprägung der Vermögensmaximierung – mit dem Bestreben des Kunstsammlers, seine Sammlung fortlaufend qualitativ zu verbessern. Davon abgesehen, müssen, wenn ein Kunstsammler das Ziel der Endwertmaximierung verfolgt, angestrebte Ausschüttungen möglicherweise gar nicht realisiert werden: „Bei offenem Entscheidungsfeld (Abschnitt III.3.2.1) kommt es u.U. nie zur tatsächlichen Ausschüttung des Endvermögens, weil sich der Planungshorizont im Zeitablauf in die Zukunft vorschiebt. In jedem Planungsdurchlauf wird also nach verbessertem Informationsstand

---

1 Vgl. LANDES, Art Lottery (2000), S. 113 und 124-129.

2 Vgl. LANDES, Art Lottery (2000), S. 116 und 118.

3 Vgl. VAN DELDEN, Kunst in der Finanzkrise (2009), S. 58.

4 Vgl. BRÖSEL, Medienrechtsbewertung (2002), S. 70, HERING, Investitionstheorie (2008), S. 21.

stets nur eine hypothetische Endausschüttung und damit insgesamt der (langfristige) [Portefeuillewert] maximiert."[1] Eine derartige Vorgehensweise erscheint angesichts des oftmals langfristigen Charakters generationenübergreifender Kunstinvestitionen als adäquat.

1 HERING, Unternehmensbewertung (2006), S. 25.

2. Rezension der bisherigen Forschung

2.1 Status quo der Forschung[1]

Die wirtschaftswissenschaftliche Forschung beschäftigt sich mit dem Kunstwerk als Investitionsobjekt seit den 1960er Jahren.[2] Erste Beiträge zu dieser Problematik liefern RUSH und WAGENFÜHR,[3] deren Veröffentlichungen im Grenzgebiet zwischen finanzwirtschaftlicher Forschung und Praktikerliteratur[4] einzuordnen sind. WAGENFÜHR beginnt jedoch schon damit, die Preisentwicklung von Kunstwerken zu untersuchen.[5] Diesem Sujét widmen sich dann die meisten Arbeiten der nachfolgenden Dekaden unter Verwendung empirischer Methoden. Die empirische Kunstmarktforschung zielt gewöhnlich auf die Untersuchung zweier Fragen ab:[6]

1. Wie verhält es sich mit der Rendite von Kunstwerken absolut und relativ zu anderen Möglichkeiten der Finanzinvestition?

2. Welche Faktoren spielen bei der Bildung der Preise von Kunstwerken eine Rolle?

---

1 Die Auswahl der hier besprochenen Literatur beschränkt sich auf solche Beiträge, die eine Beurteilung von Kunstinvestitionen vornehmen beziehungsweise sich mit dem Thema der Preisentwicklung von Kunstwerken im Marktgeschehen auseinandersetzen. Abgesehen wurde an dieser Stelle von einer Darstellung der weiteren zahlreichen, oft volkswirtschaftlichen Beiträge zum Kunstmarkt, seien sie mikro- oder makroökonomischer Natur. Dennoch wird auf diese im weiteren Verlauf der Arbeit an geeigneter Stelle zurückgegriffen werden, sofern hiervon nützliche Informationen für die Beurteilung von Kunstinvestitionsentscheidungen zu erwarten sind.

2 Für eine Einteilung der bisherigen Forschung in einzelne evolutionäre Phasen vgl. FREY, Art Markets and Economics (1997), S. 165. Durchaus existieren aber auch Veröffentlichungen zum Kunstmarkt, die auf die Zeit vor dem Zweiten Weltkrieg datieren. Nennenswert sind hier zum Beispiel die volkswirtschaftlichen Schriften von DREY, Grundlagen der Malkunst (1910), oder von MÜHSAM, Die Kunstauktion (1923), zur Entwicklung und Mechanik des Auktionswesens. Von noch früherem Ursprung ist ein Vortrag von LESSING, Kunstwerk (1885), gehalten vor der volkswirtschaftlichen Gesellschaft zu Berlin. Einige interessante Ausführung zur Preisentwicklung im späten 19. und frühen 20. Jahrhundert und zur beginnenden Internationalisierung des Markts durch die „amerikanische Gefahr“ beinhaltet das Buch von DONATH, Psychologie des Kunstsammelns (1917), S. 120-151.

3 Vgl. RUSH, Art as an Investment (1961), WAGENFÜHR, Kunst als Kapitalanlage (1965).

4 Es sei an dieser Stelle ausdrücklich betont, daß die Bezeichnung „Praktikerliteratur“ nicht als Charakterisierung zweitklassiger, simpler Inhalte verstanden wird. Gerade für die Beurteilung von Kunstinvestitionsentscheidungen liefert sie wichtige Informationen. Vgl. zum Beispiel HOLTMANN, Keine Angst vor Kunst (1997), PICKER, Kunstgegenstände & Antiquitäten (2000), BAILLOU, Passion oder Investition? (2005).

5 Vgl. WAGENFÜHR, Kunst als Kapitalanlage (1965), S. 132-145.

6 Vgl. THROSBY, Consumption of Arts (1994), S. 6.

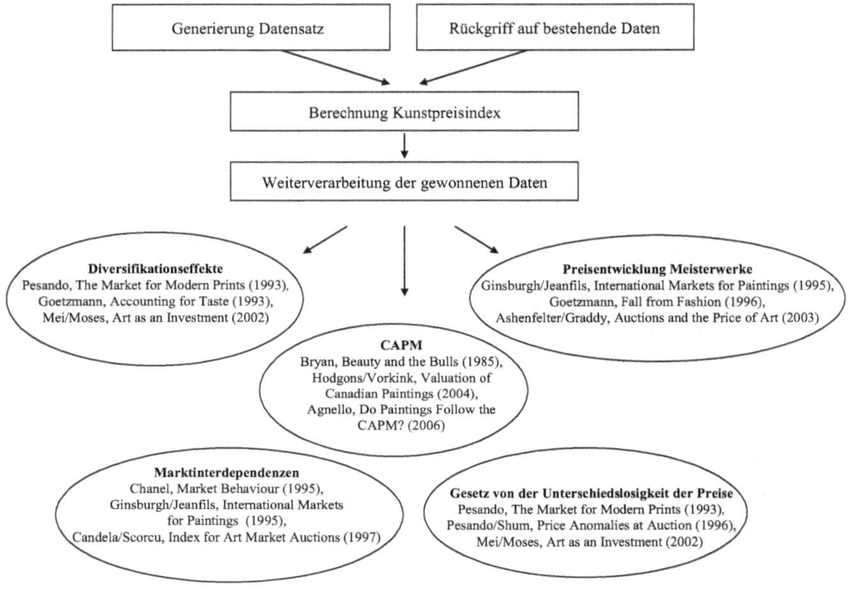

Abbildung 6: Empirische Kunstmarktforschung

Das erste Ziel des vorliegenden Abschnitts besteht – dem Aufbau von Abbildung 6 folgend – darin, die typischen Ermittlungsschritte und Ergebnisse eines Kunstpreisindex darzustellen und die dabei entstehenden Problemfelder herauszuarbeiten. Es folgt danach die Schilderung einer Auswahl von Gesichtspunkten, unter denen die im ersten Schritt gewonnenen Ergebnisse im Schrifttum untersucht werden. Der Abschnitt schließt mit einer Diskussion der Relevanz der Erkenntnisse der empirischen Kunstmarktforschung für die Investitionsentscheidungen eines Kunstsammlers.

Ausgangspunkt einer empirischen Studie des Kunstmarkts ist die *Generierung eines Datensatzes* von erzielten Preisen. Hierbei ist man für gewöhnlich auf Auktionshausdaten angewiesen, da Galerien und Kunsthändler ihre Preise nur selten veröffentlichen.[1] Es besteht die Möglichkeit, auf eine bereits bestehende Zusammenstellung von Zuschlagspreisen[2] zurückzugreifen oder aber eigene Rohdaten zu generieren, indem

[1] Die Begriffe „Zuschlagspreis" und „Preis" werden in diesem Abschnitt synonym verwendet.

[2] Beispiele für derartige Quellen sind die Zusammenstellungen von REITLINGER, Economics of Taste, Bd. 1 (1982), REITLINGER, Economics of Taste, Bd. 2 (1982), REITLINGER, Economics of Taste, Bd. 3 (1982). REITLINGER extrahierte Daten aus Auktionskatalogen für den Zeitraum von

man Auktionsergebnisse auswertet. Neben den so ermittelten Zuschlagspreisen sind gegebenenfalls weitere Informationen erforderlich, wie etwa historische Wechselkurse, um die Angaben in eine einheitliche Währung umzurechnen, oder auch Informationen über die gesamtwirtschaftliche Preisentwicklung im Beobachtungszeitraum, um Inflationseffekte berücksichtigen zu können.[1]

Der Generierung des Datensatzes schließt sich die *Indexerstellung* an. Im Zuge der Indexerstellung sieht man sich aufgrund des in Abschnitt II.1.1.2 aufgezeigten Einzelstückcharakters mit dem Problem der Heterogenität von Kunstwerken konfrontiert und darüber hinaus mit dem Umstand, daß einzelne Kunstwerke entweder nicht regelmäßig umgeschlagen werden oder ihre Transaktionsdaten nicht zur Verfügung stehen, weil sie nicht auf einer Auktion veräußert wurden.[2] Soll die Preisentwicklung eines ausgewählten Kunstmarktsegments, beispielsweise das der Impressionisten, über einen bestimmten Zeitraum dargestellt werden, so stellt sich folglich das Problem, daß Preisänderungen nicht nur auf temporale Effekte zurückzuführen sind, sondern auch darauf, daß die Kunstwerke sich voneinander unterscheiden. Die im Schrifttum verwendeten empirischen Methoden versuchen, die Isolierung temporaler Effekte zu erreichen.

Die Warenkorbmethode basiert auf einem Vergleich von Zusammenstellungen von Kunstwerken zu unterschiedlichen Zeitpunkten.[3] Der der Untersuchung zugrunde liegende Warenkorb kann sowohl aus fixen als auch variablen Komponenten bestehen. Auf Basis der von den einzelnen Kunstwerken erzielten Preise in einem Zeitpunkt wird ein Durchschnittspreis ermittelt. Nach Maßgabe des gewählten Zeitintervalls werden zu einem späteren Zeitpunkt nochmals Preisinformationen eingeholt, und es wird ein neuer Durchschnittspreis ermittelt. In bezug auf ein gewähltes Basisjahr wird dann der Index berechnet. Bei der Verwendung der *Variante des variablen Warenkorbs* ändert sich dessen Zusammensetzung in den verschiedenen Beobachtungszeitpunkten. Hierbei besteht die Gefahr einer Verfälschung der Ergebnisse

1760 bis 1960. Inzwischen gibt es auch eine Reihe kommerzieller Anbieter, die Preisinformationen zur Verfügung stellen.

[1] Vgl. POMMEREHNE/FREY, Musen und Märkte (1993), S. 113 f., MEI/MOSES, Art as an Investment (2002), S. 1657 und 1661, KNEBEL, Preisindexerstellung (2004), S. 16, GINSBURGH/MEI/MOSES, Computation of Price Indices (2006), S. 967. Da insbesondere bei Studien zur Preisentwicklung auf dem Kunstmarkt Daten über einen Zeitraum von mehreren Jahrhunderten und von verschiedenen Ländern berücksichtigt werden, entstehen Spielräume für Verzerrungen. Vgl. dazu HOLUB/HUTTER/TAPPEINER, Light and Shadow (1993), S. 50 f.

[2] Vgl. BUELENS/GINSBURGH, Revisiting Baumol (1993), S. 1352, DE LA BARRE/DOCCLO/GINSBURGH, Returns of European Paintings (1994), S. 145 f., CHANEL/GERARD-VARET/GINSBURGH, Hedonic Price Indices (1996), S. 1, MEI/MOSES, Art as an Investment (2002), S. 1656, GINSBURGH/MEI/MOSES, Computation of Price Indices (2006), S. 949.

[3] Vgl., auch im folgenden, BRYAN, Beauty and the Bulls (1985), S. 3, BURTON/JACOBSEN, Investments in Collectibles (1999), S. 197.

durch die zuvor erläuterte Problematik der Heterogenität. Das Ausmaß der Verfälschung hängt davon ab, inwieweit der Ermittler des Warenkorbs in der Lage ist, mittels seiner Fachkenntnisse eine Qualitätsstandardisierung zu gewährleisten, mithin also eine Art Preisbereinigung durchzuführen. Diese beruht dabei immer auf subjektiven Einschätzungen. Der Vorteil dieser Variante besteht darin, daß eine hohe Anzahl von Transaktionen berücksichtigt werden kann. Letzteres ist der Nachteil der *Variante des fixen Warenkorbs*, bei der sich die Zusammensetzung des Warenkorbs zu den verschiedenen Beobachtungszeitpunkten nicht ändert. Gerade für den Fall des Kunstmarkts erscheint deshalb die fixe Variante nur in Ausnahmefällen als anwendbar, denn selten wird es eine Auswahl von Objekten geben, die in regelmäßigen Abständen zumindest in Teilen Gegenstand von Transaktionen sind.[1] Diesem Nachteil steht der Vorteil gegenüber, daß die zu beobachtende Preisänderung ausschließlich auf temporale Effekte zurückzuführen ist. Auch die nachfolgend erläuterte Methode macht sich diesen Umstand zunutze.

Die Methode der „repeat-sales regression“ (RSR) gestaltet sich technisch anspruchsvoller als die Warenkorbmethode.[2] Berücksichtigt werden für den Datensatz nur solche Kunstwerke, die mindestens zweimal im betrachteten Gesamtzeitraum verkauft wurden. Die Verkaufspreise aufeinanderfolgender Veräußerungen werden ins Verhältnis gesetzt und die so ermittelten Renditen zwecks Vergleichbarkeit auf ein bestimmtes Standardzeitintervall umgelegt.[3] Wird ein Werk fünf Jahre nach seinem ersten Auktionsverkauf ein weiteres Mal auf dem Wege der Auktion veräußert und dann wiederum nach sieben Jahren, können die aus den drei Veräußerungen resultierenden Preisänderungen auf ein gewünschtes, beispielsweise jährliches Zeitintervall heruntergebrochen werden. Im Ergebnis erhält man für jedes Werk eine Zeitreihe mit jährlichen Renditen. Die einzelnen Zeitreihen werden dann dazu verwendet, eine finale Zeitreihe mit Jahresdurchschnittsrenditen für den gesamten Datensatz zu ermitteln. Die Methode der RSR sieht sich einer methodischen Kritik ausgesetzt, die sich hauptsächlich darauf konzentriert, daß Kunstwerke nur dann berücksichtigt werden, wenn sie wiederholt verkauft wurden. Eine derartige Selektion kann Verzerrungen unterschiedlicher Art verursachen:[4]

---

[1] Ein Anwendungsgebiet, für das sich die Variante des fixen Warenkorbs gut eignet, ist das der Numismatik. So hat KANE, Coins (1984), sich der fixen Variante der Warenkorbmethode bedient, um die Rendite von 120 ausgewählten Münzen zu ermitteln.

[2] Zu den ersten, die diese Methode angewendet haben, gehören BAUMOL, Unnatural Value (1986), POMMEREHNE/FREY, Musen und Märkte (1993), S. 130 ff. und POMMEREHNE/FELD, Auction Prices (1997).

[3] Vgl. GOETZMANN, Accounting for Taste (1993), S. 1371 f., PESANDO, The Market for Modern Prints (1993), S. 1076 f., HOLUB/HUTTER/TAPPEINER, Light and Shadow (1993), S. 51, KNEBEL, Preisindexerstellung (2004), S. 41 f.

[4] Vgl. HOLUB/TAPPEINER, Bildende Kunst aus empirischer Sicht (1992), S. 87, HOLUB/HUTTER/TAPPEINER, Light and Shadow (1993), S. 51-54, AGNELLO, Investment Returns (2002), S. 447, ASHENFELTER/GRADDY, Auctions and the Price of Art (2003), S. 766, GINSBURGH/MEI/MOSES, Computation of Price Indices (2006), S. 966 f.

1. Wenn längere Zeiträume zwischen den Wiederverkäufen liegen (niedrige Transaktionsfrequenz), kann das dazu führen, daß nicht alle Preisschwankungen erfaßt werden und es zu einem Effekt der „Glättung" kommt. Modewellen oder konjunkturelle Schwankungen, die Möglichkeiten für kurzfristige Gewinne einräumen, gehen unter.[1]

2. Gleichermaßen kann das „Verschenken" von Daten durch die Selektion der Datenbasis aber auch dazu führen, daß eine zu hohe, der Realität nicht entsprechende Volatilität gemessen wird. Die Anforderung des wiederholten Verkaufs erschwert zudem Erhebungen für Teilgebiete des Kunstmarkts.[2]

3. Die Bedingung des wiederholten Verkaufs sorgt dafür, daß die berücksichtigten Kunstwerke sich dadurch auszeichnen, daß sie in der Sekundärmarktzirkulation erfolgreich bestehen. Das damit einhergehende Qualitätsniveau der Artefakte erhöht die Wahrscheinlichkeit einer „Aufwärtsverzerrung" der allgemeinen Preisentwicklung.

4. Sondereffekte am Tag des Verkaufs ermöglichen Verzerrungen. Denkbar wäre etwa, daß Kunsthändler auf einer Auktion Absprachen treffen, mit dem Ziel, den Zuschlagspreis möglichst gering zu halten.

Letztlich kann auch die RSR das Problem der Heterogenität nicht vollends umgehen, wenn die berücksichtigten Kunstwerke der physischen Abnutzung unterliegen oder Beschädigungen erfahren. Ebenso bestehen die Möglichkeit einer Ab- oder Zuschreibung sowie die Möglichkeit der wertbeeinflussenden Änderung der Provenienz.[3] Treten derartige Änderungen tatsächlich ein, dann liegt wiederum das Ausgangsproblem der Heterogenität vor.

---

1 Einige Studien berücksichtigen demgegenüber nur solche Transaktionen (eines Objekts), die mindestens zwanzig Jahre auseinander liegen, um das Spekulationsmotiv absichtlich auszuschließen. Vgl. FREY/POMMEREHNE, An Empirical Inquiry (1989), S. 398, BAUMOL, Unnatural Value (1986), S. 12.

2 Vgl. HOLUB/HUTTER/TAPPEINER, Light and Shadow (1993), S. 51 f., GINSBURGH/MEI/MOSES, Computation of Price Indices (2006), S. 966.

3 Bei den Begriffen „Abschreibung" und „Zuschreibung" handelt es sich im hiesigen Kontext nicht um Termini des externen Rechnungswesens, sondern um die Aberkennung beziehungsweise Zuerkennung der Urheberschaft eines Kunstwerks. Für renommierte Künstler existieren Werkverzeichnisse, die sämtliche Kunstwerke, deren Urheberschaft auf den bestimmten Künstler zurückgeht, erfassen. Der Umfang des Werkverzeichnisses eines Künstlers kann im Zeitablauf jedoch starken Schwankungen unterliegen. In Abhängigkeit von dem das Werkverzeichnis verfassenden Experten oder dem Fortschritt in der chemischen Analyse sind teilweise erstaunliche Schwankungen bei Ab- und Zuschreibungen zu beobachten. Vgl. ZÖLLNER, Karussell der Zu- und Abschreiber (2009).

Die dritte Methode stellt die *hedonische Regression* dar, sie ist zugleich die technisch anspruchsvollste der hier dargestellten empirischen Herangehensweisen. Im Zuge der Ermittlung eines Preisindex werden mehrere Regressionen durchgeführt mit dem Ziel, die Relevanz bestimmter Attribute eines Kunstwerks sowie beim Verkauf vorliegender Bedingungen für den Zuschlagspreis zu ermitteln.[1] Diese objektindividuellen Faktoren sind als Preisbestandteile zu verstehen, die in ihrer Gesamtheit den von einem Kunstwerk erzielten Zuschlagspreis seiner Höhe nach mitbestimmen, weshalb sie auch als „implizite Preise"[2] bezeichnet werden. Es ist dann der Zuschlagspreis um jene Bestandteile zu bereinigen, die auf die objektindividuellen Faktoren zurückzuführen sind. Übrig bleibt schließlich ein „Preisextrakt", welches sich im Zeitablauf verändert und den Kunstpreisindex konstituiert. Abgebildet wird folglich die Preisbewegung eines „Durchschnittskunstwerks". Der Unterschied zur Methodik der RSR wird deutlich, wenn man folgende Preisgleichung betrachtet:[3]

$$P_{zt} = P_z + P_t + \varepsilon_{zt}$$

Die abhängige Variable dieser Gleichung ist mit P_{zt} der historische Preis eines Kunstwerks z im Zeitpunkt t. Dieser beobachtbare Preis setzt sich aus zwei Komponenten zusammen: Die erste Komponente P_z stellt die Preisbestandteile dar, die auf die objektindividuellen Faktoren des Kunstwerks z zurückzuführen sind. Die zweite

[1] Vgl., auch im folgenden, ANDERSON, Paintings as an Investment (1974), S. 16 f., BUELENS/GINSBURGH, Revisiting Baumol (1993), S. 1356 f., BURTON/JACOBSEN, Investments in Collectibles (1999), S. 197 f., AGNELLO, Investment Returns (2002), S. 447.

[2] Manchmal wird auch der Begriff „Schattenpreise" verwendet. Vgl. ANDERSON, Paintings as an Investment (1974), S. 16, Übersetzung durch d.V. Diese Terminologie geht zurück auf ein von LANCASTER formuliertes nichtlineares Optimierungsproblem, bei dem sich Schattenpreise – verstanden als die Dualwerte eines Optimierungsprogramms – für die Charakteristika eines Gutes ergeben. LANCASTERS Modell liegt die Idee zugrunde, daß ein Konsument sich weniger für das Gut als solches, sondern vielmehr für dessen einzelne Eigenschaften interessiert, wobei diese ihm einen unterschiedlichen Nutzen bescheren. Vgl. LANCASTER, Consumer Theory (1966). ANDERSON übernimmt diesen Gedanken, indem er den Einfluß bestimmter Attribute auf den Preis eines Kunstwerks mittels Regression schätzt. Er wendet die Technik des hedonischen Preisindex somit erstmals auf den Kunstmarkt an. Die Idee der Ermittlung eines Index mittels hedonischer Regression geht wiederum zurück auf COURT, Hedonic Price Indexes (1939). Zu beachten ist in diesem Zusammenhang, daß die Schattenpreise bei ANDERSON – anders als jene von LANCASTER, auf den ANDERSON rekurriert – empirischer Natur und deshalb inhaltlich nicht mit dem Begriff des Dualwerts vor optimierungstheoretischem Hintergrund, aus dem sich auch ein Lenkpreis im Sinne SCHMALENBACHS ableiten läßt, gleichzusetzen sind. Vgl. zum Zusammenhang zwischen mathematischer Programmierung und SCHMALENBACHS pretialer Betriebslenkung MATSCHKE, Lenkungspreise (1993), Sp. 2589.

[3] Vgl. CZUJACK, Picasso Paintings (1997), S. 231, ASHENFELTER/GRADDY, Auctions and the Price of Art (2003), S. 766, HIGGS/WORTHINGTON, Australian Art Market (2005), S. 114 f., GINSBURGH/MEI/MOSES, Computation of Price Indices (2006), S. 950-957.

Komponente P_t stellt den Preisbestandteil dar, der oben als Preisextrakt bezeichnet wurde. Die dritte Komponente ε_{zt} ist eine Störgröße für zufällige unsystematische Einflußfaktoren. Der Unterschied zwischen der RSR und der hedonischen Regression besteht in der Handhabung der ersten Komponente. Bei der hedonischen Regression wird eine Auswahl von objektindividuellen Faktoren q_z festgelegt, die diesen Preisbestandteil ausmachen. Die Annahme für P_z lautet dann ganz allgemein:[1]

$$P_z = \beta q_z + \varepsilon_z$$

Im Gegensatz dazu wird die Komponente P_z bei der RSR durch eine binäre Variable („dummy"-Variable) kontrolliert, die erwirkt, daß immer ein und dasselbe Objekt Gegenstand der Betrachtung ist. Der Vorteil der Methode der hedonischen Regression besteht darin, daß sämtliche Veräußerungen, und damit auch Zuschlagspreise von Kunstwerken, die Gegenstand nur einer Transaktion waren, berücksichtigt werden können. Ebenso sucht die hedonische Regression die Heterogenität zu berücksichtigen, indem sie jenen Preisbestandteil isoliert, der auf die objektindividuellen Faktoren zurückzuführen ist. Diese Vorgehensweise zeitigt zwei Ergebnisse:

1. die Ermittlung eines um objektindividuelle Verzerrungen bereinigten Kunstpreisindex und

2. eine Schätzung über das Ausmaß des statistischen Zusammenhangs zwischen den objektindividuellen Faktoren und dem Zuschlagspreis.

Die Spezifizierungen hedonischer Regressionen sind häufig so ausgestaltet, daß ihnen nur eine kleine Auswahl von objektindividuellen Faktoren zugrunde liegt. Dies wirft die Frage auf, inwieweit eine solche Auswahl eine zufriedenstellende Annäherung an die Realität darstellen und die Ermittlung eines verzerrungsfreien Kunstpreisindex gewährleisten kann, insbesondere vor dem Hintergrund der großen Zahl objektindividueller Faktoren, die für ein Kunstwerk eine Rolle spielen können.[2]

Die bisherigen Erläuterungen haben die Schwierigkeiten der Indexermittlung auf der Ebene einzelner, ausgewählter Methoden dargestellt. Auf einer übergeordneten Ebene, unabhängig von der gewählten Methode, ist die Ermittlung von Kunstpreisindizes ebenfalls problembehaftet. Aus methodischer Perspektive ist insbesondere die Datenbasis Ansatzpunkt der Kritik. Da, wie bereits erwähnt, Preisinformationen von

1 Vgl. CZUJACK, Picasso Paintings (1997), S. 231, ASHENFELTER/GRADDY, Auctions and the Price of Art (2003), S. 766, HIGGS/WORTHINGTON, Australian Art Market (2005), S. 114 f., GINSBURGH/MEI/MOSES, Computation of Price Indices (2006), S. 950-957.

2 Vgl. ASHENFELTER/GRADDY, Auctions and the Price of Art (2003), S. 766, GINSBURGH/MEI/MOSES, Computation of Price Indices (2006), S. 950 und 966.

Kunsthändlern, Galerien und Privatverkäufen nur in seltenen Fällen zur Verfügung stehen, beziehen sich die Auswertungen in den allermeisten Fällen auf Auktionsdaten.[1] Auktionshausverkäufe machen aber nur einen kleineren Teil aller Eigentumsübertragungen auf dem Kunstmarkt aus,[2] was folglich bedeutet, daß Preisentwicklungen nur lückenhaft dargestellt werden können.[3] Besonders betroffen sind Kunstpreisindizes, die mittels einer RSR errechnet wurden.[4] Liegen große Zeiträume zwischen den Transaktionszeitpunkten, so ist die Wahrscheinlichkeit hoch, daß das betrachtete Kunstwerk zwischenzeitlich Gegenstand weiterer Eigentumsübertragungen war und die errechnete Durchschnittsrendite folglich wenig repräsentativ ist.[5] Ein weiteres Problem von Auktionsdaten ist die Erfassung von Kunstwerken, die nicht versteigert, sondern „zurückgekauft" wurden, wenn sie ihren Reservationspreis nicht erreichen konnten.[6] Sofern Auktionshäuser es nicht kenntlich gemacht haben, daß ein Kunstwerk zurückgekauft wurde und statt dessen einen Verkauf zum Reservationspreis fingieren, kommt es zu einer Verzerrung im Sinne einer Inflationierung des Index.

Weitere Problemfelder tun sich im Bereich der Aufbereitung der Rohdaten auf:[7] Wenngleich viele Untersuchungen auf identische Rohdaten zurückgreifen, unterscheiden sich die Prozeduren, die den letztendlichen Datensatz generieren. Die im Einzelfall verwendeten Paritäten zur Währungsumrechnung und die zur Deflationierung herangezogenen Indizes bieten Spielraum für Verzerrungen.[8] Infolgedessen

1 Vgl. BENHAMOU/MOUREAU/SAGOT-DUVAUROUX, Black Box (2002), S. 265, die in diesem Zusammenhang betonen, daß Daten zum Zeitgenossenmarkt rar sind, da zeitgenössische Kunst zumeist über Galerien vertrieben wird. Für den Kunstmarkt im allgemeinen vgl. HEUER, Der gemeine Wert von Kunstgegenständen (2002), S. 846, SOTHEBY'S, Annual Report 2009, S. 4. Ausnahmen von dieser Regel gibt es jedoch vereinzelt. Vgl. beispielsweise CANDELA/SCORCU, Secondary Market (2001), S. 219.

2 GINSBURGH/MEI/MOSES, Computation of Price Indices (2006), S. 950, geben an, daß Auktionshaustransaktionen nur 33 bis 55 % des gesamten Transaktionsvolumens des Kunstmarkts ausmachen. Vgl. auch FREY/EICHENBERGER, Art Investment Analysis (1995), S. 209. Ferner AGNELLO, Investment Returns (2002), S. 447.

3 Die Lücken weist GUERZONI nach. Er stellt nach einer ausführlichen Personenrecherche fest, daß die Person des Käufers in den meisten Fällen nicht mit der des nachfolgenden Verkäufers übereinstimmt. Vgl. GUERZONI, Reitlinger's Data Revisited (1995), S. 251 und 254.

4 Vgl. GINSBURGH/MEI/MOSES, Computation of Price Indices (2006), S. 950.

5 Vgl. HOLUB/HUTTER/TAPPEINER, Light and Shadow (1993), S. 52.

6 Vgl. GOETZMANN, Accounting for Taste (1993), S. 1371, AGNELLO, Investment Returns (2002), S. 447, GINSBURGH/MEI/MOSES, Computation of Price Indices (2006), S. 950 f.

7 Vgl. BENHAMOU/MOUREAU/SAGOT-DUVAUROUX, Black Box (2002), S. 265, ASHENFELTER/GRADDY, Auctions and the Price of Art (2003), S. 768. Zum Problem der Verzerrung von Rohdaten vgl. etwa HOLUB/TAPPEINER, Bildende Kunst aus empirischer Sicht (1992), S. 85 oder GOETZMANN, Accounting for Taste (1993), S. 1371.

8 Vgl. HOLUB/TAPPEINER, Bildende Kunst aus empirischer Sicht (1992), S. 86, HOLUB/HUTTER/TAPPEINER, Light and Shadow (1993), S. 50 f.

können auch auf gleichen Rohdaten basierende Datensätze voneinander abweichen; und es resultiert – selbst bei Verwendung derselben Methode – eine ganze Bandbreite von unterschiedlichen Ergebnissen.

Die Ausführungen verdeutlichen die Schwierigkeiten, die mit der Ex-post-Beurteilung von Kunstinvestitionen verbunden sind. Analysiert man dessen ungeachtet die Ergebnisse solcher Untersuchungen, so eröffnet sich ein Meinungsbild, welches mehrheitlich aussagt, daß die interne Verzinsung[1] von Kunstinvestitionen, sowohl nominal als auch real, positiv ist. Gleichzeitig wird aber – ebenfalls mehrheitlich – konstatiert, daß die Rendite von Kunstinvestitionen relativ zu etwa der von Obligationen oder Aktien, unter Berücksichtigung der den Kunstinvestitionen innewohnenden Unsicherheiten, zu gering ausfällt.

Abseits des „bloßen" Errechnens und Vergleichens von Indizes erfolgt auch eine Weiterverarbeitung der gewonnenen Daten durch das Schrifttum im Sinne einer Analyse unter vielfältigen Gesichtspunkten (Abbildung 6). Es gilt dabei zu beachten, daß die Weiterverarbeitung es unvermeidlich mit sich bringt, daß die zuvor aufgezeigten Schwächen der Indizes in die Ergebnisse darauf aufbauender Analysen hineinwirken. Eine der in diesem Kontext angegangenen Fragestellungen besteht darin, ob Kunstwerke als Bestandteil eines (gemischten) Portefeuilles einen Beitrag zur Reduktion des Portefeuillerisikos zu leisten vermögen. Derartige *Diversifikationseffekte* untersuchen beispielsweise PESANDO, MEI/MOSES oder auch GOETZMANN. Die Beiträge der erstgenannten Wissenschaftler zu diesem Thema kommen zu dem Schluß, daß Kunstwerke durchaus einen diversifizierenden Effekt leisten können. PESANDO[2] etwa stützt seine Schlußfolgerungen auf Korrelationskoeffizienten, die er für den Zusammenhang zwischen den Renditen einer Auswahl von Druckgrafiken und verschiedenen Formen von Finanzinvestitionen (Aktien, Obligationen) berechnet und die sich als grundsätzlich gering oder sogar negativ erweisen. Darüber hinaus führt PESANDO einen Betafaktor in Höhe von 0,315 an, den er für die Korrelation zwischen einem Aktienindex – PESANDO wählt hier den S&P 500 und damit jenen Index, der Aktien der 500 größten, börsennotierten US-amerikanischen Unternehmen umfaßt – und einer Auswahl von Druckgrafiken feststellt. Folglich unterstützt er auch mit der durch den niedrigen Betafaktor ausgedrückten schwachen Korrelation der Untersuchungsgegenstände die These eines Diversifikationserfolgs durch Beimischung von Druckgrafiken zu einem Aktienportefeuille. Vergleichbare Ergebnisse zeitigen MEI/MOSES[3], indem auch sie Korrelationskoeffizienten für den Zusammenhang zwischen Kunstwerken und verschiedenen Formen von Finanzinvestitionen entwickeln. Sie legen aber nicht Druckgrafiken, sondern Gemälde ausgewählter Epochen (amerikanische

---

1 Vgl. zum Rentabilitätsmaß des internen Zinses ausführlich HERING, Investitionstheorie (2008), S. 97-121. Ferner KUẞMAUL/RICHTER, Baldwin-Methode (2000), S. 688 f.

2 Vgl. PESANDO, The Market for Modern Prints (1993), S. 1079 ff.

3 Vgl. MEI/MOSES, Art as an Investment (2002), S. 1663.

Künstler, Alte Meister, Gemälde des 19. Jahrhunderts, Impressionisten, klassische Moderne) als Untersuchungsgegenstände zugrunde. Allerdings wählen auch MEI/MOSES zwecks Eruierung eines Betafaktors den S&P 500 als Marktportefeuille und ermitteln einen Wert von 0,718. GOETZMANN[1] beschränkt sich nicht wie MEI/MOSES auf bestimmte Epochen, er betrachtet aber ebenfalls Gemälde. Seine Berechnungen für die Korrelationskoeffizienten zeigen einen deutlich positiven Zusammenhang zwischen Gemälde- und Aktienrenditen sowie zwischen Gemälde- und Obligationsrenditen, was gegen einen Diversifikationseffekt spricht.

Eine weitere Fragestellung, der das Schrifttum nachgeht, gründet sich auf dem Gedanken, daß „Meisterwerke" eine überdurchschnittlich positive Renditeentwicklung versprechen, weshalb auch von einem *„Meisterwerkeffekt"*[2] gesprochen wird. Als Meisterwerke werden hierbei Kunstwerke definiert, die vergleichsweise hohe Preise auf Auktionen erzielen konnten.[3] ASHENFELTER/GRADDY unternehmen nicht nur selbst eine Überprüfung dieser These, sondern liefern auch eine Zusammenfassung der Ergebnisse aller vorangehenden Beiträge, die sich dieser Forschungsfrage annahmen. Im Rahmen ihrer eigenen Untersuchung kommen sie nicht zu eindeutigen Ergebnissen: Während sie für Impressionisten keinen Meisterwerkeffekt identifizieren können, stellen sie für zeitgenössische Kunstwerke fest, daß sich Meisterwerke schlechter entwickeln als Objekte, die sich entsprechend der zuvor genannten Definition nicht als solche qualifizieren. Die Ergebnisse von ASHENFELTER/GRADDY stimmen mit den Ergebnissen des restlichen Schrifttums mehrheitlich überein, was bedeutet, daß die These des Meisterwerkeffekts im Schrifttum mehrheitlich nicht bestätigt wird.

Einige Beiträge nehmen sich vor, zu überprüfen, inwieweit das *Gesetz von der Unterschiedslosigkeit der Preise* („law of one price") auch auf dem Kunstmarkt Gültigkeit besitzt. Das Gesetz besagt, daß für identische Güter einheitliche Preise gelten, sofern die Bedingungen eines vollkommenen Markts vorliegen. Wie im nachfolgenden Abschnitt II.2.2.2 ausführlich dargestellt, erfüllt der Kunstmarkt die restriktiven Annahmen des vollkommenen Markts nicht. Aus diesem Grund kann der Vergleich von in der Vergangenheit an verschiedenen Orten erzielten Preisen nur insoweit sinnvoll sein, als er etwaige, ehemals existente Preisdifferenzen aufzeigt, die man für Arbitragetransaktionen hätte ausnutzen können; die Ungültigkeit des Gesetzes von der Unterschiedslosigkeit der Preise hingegen ist aufgrund der offensichtlichen Unvollkommenheit des Kunstmarkts von vornherein erkennbar und muß nicht durch einen empirischen Test noch nachgewiesen werden. Davon abgesehen, kann es aufgrund der Gegebenheiten des Kunstmarkts ohnehin nur zu einer „unsauberen Arbitrage"

1 Vgl. GOETZMANN, Accounting for Taste (1993), S. 1374 f.

2 ASHENFELTER/GRADDY, Auctions and the Price of Art (2003), S. 770, Übersetzung durch d.V.

3 Vgl., auch im folgenden, ASHENFELTER/GRADDY, Auctions and the Price of Art (2003), S. 773 und die dort zitierte Literatur.

kommen, denn strenggenommen ist ein Arbitragegeschäft risikolos durchführbar, da die es konstituierenden Elemente des An- und Verkaufs zeitgleich erfolgen müssen.[1] Auf dem Kunstmarkt existiert die Möglichkeit eines derartigen zeitgleichen An- und Verkaufens aber nicht, vielmehr wird zwischen beiden Transaktionen immer eine mehr oder weniger große Zeitspanne liegen, die allein schon dazu führt, das Arbitragehandel auf dem Kunstmarkt stets mit Unsicherheit behaftet ist.[2] Des weiteren kann das Aufzeigen historischer Preisdifferenzen nur für solche Kunstwerke sinnvoll erfolgen, die sich nicht aufgrund ihres Einzelstückcharakters zu stark voneinander unterscheiden. Diese Anforderung erfüllen am ehesten die bereits zuvor erwähnte Untersuchung von PESANDO sowie die von PESANDO/SHUM, die als Untersuchungsgegenstände Druckgrafiken wählen.[3] Wenngleich sich Abzüge, die von demselben Druckstock stammen, voneinander unterscheiden können, eignen sie sich wesentlich besser für Preisvergleiche im hiesigen Kontext als Kunstwerke, die Unikate darstellen, so wie sie etwa der Untersuchung von MEI/MOSES zugrunde liegen.[4] Sowohl PESANDO als auch PESANDO/SHUM decken systematische Preisunterschiede zwischen verschiedenen Auktionshäusern und geographischen Regionen auf.[5] Beispielsweise stellt PESANDO fest, daß die erzielten Preise für Druckgrafiken deutscher Expressionisten in den Vereinigten Staaten von Amerika um 14 % höher sind als in Deutschland.[6]

Ebenso wie die Kapitalmärkte unterliegt auch der Kunstmarkt Schwankungen. Das empirische Schrifttum stellt vor diesem Hintergrund einen Zusammenhang zwischen den Zyklen des Kapitalmarkts und des Kunstmarkts fest (*Marktinterdependenzen*), der sich mehrheitlich durch eine positive Korrelation auszeichnet.[7] CHANEL beispielsweise stellt jeweils einen positiven Zusammenhang zwischen britischen, japanischen sowie nordamerikanischen Aktienmärkten und dem Kunstmarkt fest, wobei die Aktienmärkte stets die unabhängige Variable darstellen und der Kunstmarkt die abhängige.[8] Weiterhin stellt CHANEL fest, daß der Kunstmarkt auf die Kapitalmärkte

---

1 Arbitrage bedeutet die „Ausnutzung von Preis- oder Kursunterschieden, die zur gleichen Zeit an verschiedenen Orten für die gleichen Marktobjekte auftreten". BÜSCHGEN, Börsen-Lexikon (2001), S. 95.

2 Vgl. dazu auch PESANDO, The Market for Modern Prints (1993), S. 1084.

3 Vgl. PESANDO, The Market for Modern Prints (1993), PESANDO/SHUM, Price Anomalies at Auction (1996).

4 Vgl. MEI/MOSES, Art as an Investment (2002). Vgl. zur Druckgrafik Abschnitt III.3.2.1.2 und III.3.2.1.3.

5 Vgl. PESANDO, The Market for Modern Prints (1993), S. 1084-1087, PESANDO/SHUM, Price Anomalies at Auction (1996), S. 120-128.

6 Vgl. PESANDO, The Market for Modern Prints (1993), S. 1086.

7 Vgl. GOETZMANN, Accounting for Taste (1993), S. 1375, CHANEL, Market Behaviour (1995), S. 524, GINSBURGH/JEANFILS, International Markets for Paintings (1995), S. 547.

8 Vgl., auch im folgenden, CHANEL, Market Behaviour (1995), S. 524.

mit einer Verzögerung von drei bis zwölf Monaten reagiert. Zu vergleichbaren Ergebnissen kommen GINSBURGH/JEANFILS.[1] CANDELA/SCORCU hingegen können keinen statistischen Zusammenhang zwischen Kapital- und Kunstmarkt ermitteln.[2]

Das Kapitalmarktgleichgewichtsmodell „*capital asset pricing model*" (CAPM) repräsentiert einen zentralen theoretischen Baustein des finanzierungstheoretischen Denkmodells zur Bewertung von Kapitalanlagen. Folglich liegt es aus der Perspektive eines Kapitalmarkttheoretikers nahe, auch Kunstwerke in ihrer Eigenschaft als Vermögensanlage zum Bewertungsgegenstand des CAPM zu machen.[3] Während die meisten Untersuchungen die Anwendbarkeit des CAPM auf den Kunstmarkt annehmen – hierzu gehören etwa die Beiträge von BRYAN, PESANDO, MEI/MOSES oder HODGSON/VORKINK – überprüft AGNELLO den Erklärungsgehalt des Kapitalmarktgleichgewichtsmodells für die Preis- und Renditeentwicklungen des Kunstmarkts. Sämtliche seiner Meßergebnisse sprechen gegen die Praktikabilität des CAPM auf dem Kunstmarkt. Im nachfolgenden Abschnitt II.2.2 wird sich herausstellen, daß die Anwendung des CAPM für Kunstwerke grundsätzlich unzweckmäßig und deshalb zum Scheitern verurteilt ist.

Die Ergebnisse der empirischen Kunstmarktforschung liefern für den aus der einzelwirtschaftlichen Perspektive heraus agierenden Kunstsammler, der im Rahmen des einführenden Kapitels als Bewertungssubjekt definiert wurde, wenig entscheidungsrelevante Informationen. Ursächlich hierfür sind neben der bereits dargestellten methodischen Kritik die folgenden Sachverhalte:

1. Irrelevanz der Vergangenheit: Empirische Forschung ist stets vergangenheitsorientiert, der Kunstsammler benötigt dagegen zukunftsorientierte Information.

2. Irrelevanz von Durchschnittsrenditen:[4] Durchschnittliche Renditen für den gesamten Kunstmarkt oder einen Teilbereich sind für den Kunstsammler uninteressant, da sich sein Sammlungskonzept zumeist in engen Grenzen bewegt. Feinere Daten für spezielle Gebiete des Kunstmarkts sind der geringen Transaktionsfrequenz wegen statistisch nicht repräsentativ, insbesondere unter Verwendung einer RSR.[5] Dazu kommt, daß sich Kunstsammler häufig auf zeitgenössische Kunst speziali-

---

[1] Vgl. GINSBURGH/JEANFILS, International Markets for Paintings (1995), S. 547.

[2] Vgl. CANDELA/SCORCU, Index for Art Market Auctions (1997), S. 192.

[3] Vgl. für die Anwendung des CAPM auf den Kunstmarkt beispielsweise STEIN, Monetary Appreciation of Paintings (1977), BRYAN, Beauty and the Bulls (1985), PESANDO, The Market for Modern Prints (1993), MEI/MOSES, Art as an Investment (2002), HODGSON/VORKINK, Valuation of Canadian Paintings (2004), AGNELLO, Do Paintings Follow the CAPM? (2006), ATUKEREN/SEÇKIN, Art Market Investments (2007).

[4] Vgl. CANDELA/SCORCU, Price Indices for Artists (2004), S. 285.

[5] Vgl. HOLUB/TAPPEINER, Bildende Kunst aus empirischer Sicht (1992), S. 87.

sieren (Abbildung 4), jedoch ist dieser Bereich des Kunstmarkts regelmäßig nicht Untersuchungsgegenstand.[1] Das Gesagte gilt auch für die Ergebnisse der Untersuchungen zu etwaigen Marktinterdependenzen und Diversifikationseffekten, da sowohl ein Vergleich von Kunstmarkt- und Kapitalmarktrenditen als auch Erkenntnisse über Korrelationskoeffizienten für den Kunstsammler nur dann interessant wären, wenn sie sich auf dessen individuelles Portefeuille bezögen.

3. Relevanz der Heterogenität: Die objektindividuellen Faktoren sind bei der Bewertung eines einzelnen Kunstwerks von entscheidender, die Rendite für ein „Durchschnittskunstwerk" dagegen von untergeordneter Bedeutung (Abschnitt III.3.2.1).

4. Relevanz personenbezogener Faktoren: Die mit einem Kunstwerk erzielbare Rendite hängt auch von der Reputation des Eigentümers, seinem künstlerischen Sachverstand, seinem Netzwerk und seiner Verhandlungsmacht ab, sie kann durch diese Faktoren maßgeblich beeinflußt werden (Abschnitt II.1.3.5).

5. Irrelevanz vergleichbarer Objekte: Der Kunstsammler, wie auch jedes andere Wirtschaftssubjekt, wird selbstverständlich nur die ihm durch sein subjektives Entscheidungsfeld zur Verfügung gestellten Alternativen als Opportunitätsmaßstab heranziehen. Meist werden in der Literatur Vergleiche mit Aktien oder Obligationen angestellt. FREY/EICHENBERGER betonen in diesem Zusammenhang: „Die relevanten alternativen Investitionsmöglichkeiten sind unklar, und für vergangene Perioden unzureichend bekannt. [...] Die meisten Analysen streben Vergleiche mit amerikanischen und britischen Staatsanleihen oder amerikanischen Aktien an. Solchermaßen ignorieren sie Investitionen in anderen Ländern und in andere Vermögensgegenstände wie etwa Immobilien oder Grundstücke, die oftmals nähere Substitute zu Kunstgegenständen sind."[2] In der zitierten Passage bemängeln FREY/EICHENBERGER die bisher willkürlich vorgenommene Auswahl der Opportunität. Ihrer Kritik ist zwar grundsätzlich zuzustimmen, nicht aber ihrem Plädoyer für eine objektspezifische Auswahl des Vergleichsmaßstabs, denn die Opportunität kann sich letzten Endes nur subjektspezifisch aus dem Kreis der Möglichkeiten zur Kapitalaufnahme oder -anlage des Kunstsammlers ergeben.

6. Irrelevanz der Rohdaten: Die Zuschlagspreise werden nicht nur durch Kunstsammler realisiert, sondern auch durch Kunsthändler, Galeristen, Museen und sammelnde Unternehmen.[3] Infolgedessen sind die ermittelten Preise und Renditen auch in dieser personalen Hinsicht von begrenztem Nutzen.

---

[1] Die zeitgenössische Kunst betreffend auch deshalb, weil diese Transaktionen meist zwischen Galerist und Kunstsammler stattfinden. Vgl. BENHAMOU/MOUREAU/SAGOT-DUVAUROUX, Black Box (2002), S. 265.

[2] FREY/EICHENBERGER, Art Investment Analysis (1995), S. 211, Übersetzung durch d.V.

[3] Vgl. GUERZONI, Reitlinger's Data Revisited (1995), S. 253 ff., DRINKUTH, Der moderne Auktionshandel (2003), S. 41 ff.

2.2 Adäquanz investitionstheoretischer Verfahren

Der vorangegangene Abschnitt hat gezeigt, daß dem Kunstsammler (historische) Durchschnittsrenditen wenig entscheidungsnützliche Informationen zur Verfügung stellen. Dieser Umstand wird zwar im Schrifttum erkannt, es fehlt bislang jedoch an alternativen Ansätzen. FREY/EICHENBERGER formulieren in diesem Zusammenhang zu Recht, daß die „Unvollständigkeit der Kunstmärkte, die teilweise institutionell bedingt ist, das Studium durchschnittlicher Renditen, etwa über den Markt der Malerei als Ganzes, relativ uninteressant macht. Von weiterer Tragweite sind die enormen Differenzen in den Möglichkeiten, Marktungleichgewichte auszuschöpfen, die zu großen Gewinnen, aber auch großen Verlusten führen können. Folglich erfordert ein weiterer Fortschritt in der Ökonomie der Kunstmärkte eine gründliche Analyse der Verhaltensweisen der Marktteilnehmer, die entscheidend von institutionellen Determinanten abhängen"[1]. Beide erkennen in der zitierten Passage die Bedeutung der individuellen Möglichkeiten und Beschränkungen des einzelnen Marktteilnehmers für die mit Kunstwerken erzielbare Rendite an. Diesen Punkt greifen auch BONUS/RONTE auf, indem sie der allgemein herrschenden Meinung, „daß die Rendite aufgrund der Wertsteigerung von Kunst im Durchschnitt hinter der Rendite anderer Anlageobjekte zurückbleibt", widersprechen und betonen, daß der „Sammler mit Gespür, der die ungewöhnliche Qualität mancher aufstrebender Künstler vor dem Markt erkennt [,...] deshalb von der mit zunehmender Bekanntheit einsetzenden ökonomischen Aufwertung des Œuvres profitieren kann"[2]. Die Heterogenität nicht nur der Bewertungsobjekte, sondern auch der Marktteilnehmer als Bewertungssubjekte fordert alternative Ansätze der Beurteilung von Kunstinvestitionen. Diese Anforderungen berücksichtigend, erscheint ein investitionstheoretischer Ansatz adäquat, denn es ist der Anspruch investitionstheoretischer Bewertungsverfahren, zukünftige Zahlungsströme unter weitestmöglicher Berücksichtigung der Zielsetzungen und Entscheidungsfelder einzelner Wirtschaftssubjekte zu beurteilen.[3] Die hierzu erforderliche Analyse des Zielsystems und des subjektiven Entscheidungsfelds des Kunstsammlers fand bereits im vorangehenden Abschnitt II.1.3 statt.

Neben der Heterogenität der Marktteilnehmer betonen FREY/EICHENBERGER die „Unvollständigkeit" des Kunstmarkts und die dort existierenden „Marktungleichgewichte". Der Kunstmarkt kann aufgrund seiner spezifischen Eigenschaften weder mit der theoretischen Idealvorstellung des vollkommenen und vollständigen Markts gleichgesetzt noch als Teil von ihm betrachtet werden, er zeichnet sich auch nicht durch einen vollständigen Wettbewerb aus (Tabelle 4).[4] Unter diesen Umständen ver-

[1] FREY/EICHENBERGER, Art Investment Analysis (1995), S. 213 f., Übersetzung durch d.V.

[2] BONUS/RONTE, Transaktionen, Konventionen, Kunst (1992), S. 219.

[3] Vgl. MATSCHKE/BRÖSEL, Unternehmensbewertung (2007), S. 119.

[4] Vgl. zu den Bedingungen des vollkommenen, vollständigen Kapitalmarkts und zum vollständigen Wettbewerb als Voraussetzungen für die allgemeine Gleichgewichtstheorie WILHELM, Markt-

schließt sich der Kunstmarkt der Analyse durch finanzierungstheoretische Modelle wie beispielsweise den Erklärungsansatz für die Preisbildung durch die allgemeine Gleichgewichtstheorie[1] von ARROW und DEBREU (arbitragefreie Bewertung) und das darauf gründende Konzept der Optionsbewertung.[2] Auch der Versuch der Erklärung des Preisbildungsprozesses auf dem Kunstmarkt durch das CAPM und die Bewertung mit aus ihm abgeleiteten Kapitalisierungszinsfüßen kann sich unter der Beachtung der von diesem Modell geforderten Prämissen und gezeitigten theoretischen Ergebnisse nur als unfruchtbar erweisen.[3] Das begründet sich ganz allgemein darin, daß „ein theoretisches [und in diesem Rahmen auch korrektes] Gleichgewichtsmodell wie das CAPM [...] eben nicht einfach auf praktische Entscheidungszwecke übertragen werden“[4] kann.[5] Trotzdem wurde das CAPM als eine der Grundfesten der finanzierungstheoretischen Bewertungstheorie im Schrifttum hinsichtlich seines Erklärungsgehalts für Kunstpreise untersucht oder als für diesen Zweck zutreffendes Modell von vornherein unterstellt.[6] Insbesondere in bezug auf die folgenden Prämissen des Modells erscheinen solche Vorhaben jedoch von vornherein unzweckmäßig:

1. Das CAPM wird unter der Annahme homogener Erwartungen der Marktteilnehmer für die Erwartungswerte und Standardabweichungen sämtlicher Vermögens-

---

wertmaximierung (1983), BREUER, Marktwertmaximierung (1997), S. 223 f., PERRIDON/STEINER/RATHGEBER, Finanzwirtschaft (2009), S. 82.

1 Vgl. zur allgemeinen Gleichgewichtstheorie DEBREU, Theory of Value (1959), ARROW, Securities (1964).

2 Vgl. GILLES/LEROY, Arbitrage Pricing Theory (1991), S. 228, HAX/NEUS, Kapitalmarktmodelle (1995), Sp. 1169 f., TERSTEGE, Optionsbewertung (1995), S. 35-40. Siehe zur gleichgewichtsorientierten Optionsbewertung insbesondere BLACK/SCHOLES, Pricing of Options (1973), COX/ROSS/RUBINSTEIN, Option Pricing (1979).

3 Für eine Aufstellung der Prämissen des CAPM siehe HERING, Investitionstheorie (2008), S. 283, SCHIERENBECK/WÖHLE, Grundzüge (2008), S. 458, PERRIDON/STEINER/RATHGEBER, Finanzwirtschaft (2009), S. 262. In diesem Zusammenhang ist zu konstatieren, daß die bewertungstheoretische Literatur von Zeit zu Zeit seltsame Blüten treibt. So erkennt beispielsweise HOFBAUER die unüberwindlichen Hürden bei der Anwendung finanzierungstheoretischer Bewertungsverfahren auf unvollkommenen Märkten, das kann sie aber nicht davon abhalten, Diskontsätze für Unternehmungen, die in Schwellenländern operieren, aus dem CAPM abzuleiten. Das Vorhaben HOFBAUERS trägt insbesondere deshalb paradoxe Züge, weil sie sich der Vorteile der investitionstheoretischen Unternehmensbewertung in diesem Kontext durchaus bewußt ist. Vgl. HOFBAUER, Kapitalkosten bei der Unternehmensbewertung (2011).

4 HERING, Investition und Unternehmensbewertung (2002), S. 58.

5 Grundsätzlich anderer Meinung sind SPREMANN/ERNST, Unternehmensbewertung (2011), S. 4, denn obwohl sie erkennen, daß das Umfeld einer Transaktion vielfach weit von einem „ideal funktionierenden Markt“ entfernt ist, fordern sie für einen solchen Fall, „das [Bewertungs-]Objekt in das Modell eines perfekten Marktes [zu] tragen“. Es ist wohl nicht vermessen zu behaupten, daß ein solcher Ansatz dem Bau von Luftschlössern gleichkommt.

6 Vgl. für die Anwendung des CAPM auf den Kunstmarkt die im vorangehenden Abschnitt II.2.1 angeführten Beiträge.

gegenstände sowie hinsichtlich der zwischen ihren Renditen bestehenden Kovarianzen formuliert. Die bisherigen Betrachtungen zum Kunstmarkt haben dagegen gezeigt, daß die Kunstmarktteilnehmer über heterogene Entscheidungsfelder verfügen, weshalb auch ihre prognostizierten Zahlungsströme hinsichtlich desselben Kunstwerks mit hoher Wahrscheinlichkeit häufig divergieren.

2. Gleichermaßen inadäquat erscheint die Annahme des lediglich einperiodigen Planungshorizonts, zumal bereits festgestellt wurde, daß Kunstwerke oftmals auf die nächste Generation übertragen werden.

3. Schließlich erscheinen die Annahmen der Informationssymmetrie und der Abstraktion von Transaktionskosten unter Berücksichtigung der Erkenntnisse des Abschnitts II.1.1.2 besonders realitätsfern.[1]

Letztlich würde sich auch die praktische Umsetzung einer Bewertung von Kunstwerken auf Basis des CAPM als schwierig erweisen, da die Ermittlung einer Preishistorie, wie die Ausführungen des vorangehenden Abschnitts bereits verdeutlichten, regelmäßig nur lückenhaft möglich ist und somit schon die Berechnung eines historischen Betafaktors nur unzureichend erfolgen könnte.

Im Gegensatz zum finanzierungstheoretischen Instrumentarium ist das des investitionstheoretischen Zweigs der finanzwirtschaftlichen Bewertung aufgrund seines toleranten Prämissenkranzes fähiger, Kunstinvestitionen aus der Perspektive einzelner Wirtschaftssubjekte zu evaluieren. Der nachfolgende Abschnitt II.3 beinhaltet deshalb eine Darstellung der Bewertungsmethodik investitionstheoretischer Total- und Partialmodelle, nachdem das Konzept des Entscheidungswerts und dessen Grundsätze dargelegt wurden.

1 Vgl. auch BURGTORF, Kunstwerke als Kapitalanlage (1996), S. 176 und 190.

Eigenschaften des vollkommenen Markts	*Situation auf dem Kunstmarkt*
• Die Zahlungsströme der Wertpapiere sind allen bekannt und für alle Marktteilnehmer gleich.	• Selbst historische Zahlungsströme sind nicht umfassend bekannt (Opazität); Höhe des Zahlungsstroms eines Kunstwerks hängt von den personenbezogenen Faktoren des einzelnen Marktteilnehmers ab.
• Marktteilnehmer können Zahlungsströme in unbegrenztem Umfang und zu gleichem Preis ohne Transaktionskosten kaufen und verkaufen.	• Umfang der erwerbbaren Zahlungsströme ist entweder auf eins (Unikate), auf eine Auflagenhöhe oder durch Kapitalaufnahmemöglichkeiten des einzelnen Marktteilnehmers begrenzt; Zugänglichkeit, Preis und Transaktionskosten variieren mit dem Netzwerk, der Reputation und der Verhandlungsmacht des einzelnen Marktteilnehmers; Transaktionskosten variieren c.p. in Abhängigkeit von der Bedeutung des Kunstwerks.
Eigenschaft des vollständigen Markts	*Situation auf dem Kunstmarkt*
• Ein beliebiger Zahlungsstrom kann durch Linearkombination anderer Zahlungsströme nachgebildet werden.	• Eine Nachbildung, die mit dem Vorbild perfekt korreliert, wird nur in Ausnahmefällen gelingen.
Eigenschaft des vollständigen Wettbewerbs	*Situation auf dem Kunstmarkt*
• Kein Marktteilnehmer besitzt Marktmacht; alle agieren als Mengenanpasser.	• Der Kunstmarkt weist grundsätzlich keine polypolistischen Züge auf; das Spektrum reicht vom Monopol über bilaterales oder heterogenes Oligopol bis zu monopolistischer Konkurrenz[1], je nachdem, wie Semifungibilität definiert ist und wie groß Sammlerschaft ist; Galeristen können im Einzelfall die Produktion und die Preise für einen Künstler beeinflussen.

Tabelle 4: Die Charakteristika des Kunstmarkts im Vergleich

1 Vgl. BERNHARD, Kunst als Kapitalanlage (2005), S. 153 f.

3. Investitionstheoretischer Bewertungsansatz

3.1 Der Entscheidungswert als Grenzpreis

3.1.1 Die Entscheidungsfunktion und die Grundsätze der Bewertung

Bei einer Bewertung werden grundsätzlich zwei Erfolgszustände miteinander verglichen: der Zustand ohne eine mögliche Handlung und der Zustand, der die mögliche Handlung berücksichtigt.[1] Findet eine Eigentumsübertragung statt, ist sicherzustellen, daß das Bewertungssubjekt mindestens wieder den Erfolgszustand erreicht, den es ohne die Eigentumsübertragung erreichen kann. Zu diesem Zweck ermittelt es seinen *Entscheidungswert*, der angibt, „unter welcher Bedingung oder unter welchem Komplex von Bedingungen die Durchführung einer bestimmten vorgesehenen Handlung das ohne diese Handlung erreichbare Niveau der Zielerfüllung gerade noch nicht mindert"[2]. Ein Entscheidungswert zeichnet sich durch vier Merkmale aus:[3] Er ist eine kritische Größe (Merkmal des Grenzwertes) und wird in bezug auf eine bestimmte vorgesehene Handlung ermittelt (Merkmal der Handlungsbezogenheit). Der Entscheidungswert bezieht sich auf ein bestimmtes Entscheidungssubjekt und dessen Zielsystem (Merkmal der Subjekt- und Zielsystembezogenheit). Er besitzt nur dann Gültigkeit, wenn er auf die zur betrachteten Handlung als Alternativen anzusehenden Entscheidungsmöglichkeiten abstellt (Merkmal der Entscheidungsfeldbezogenheit). Der Entscheidungswert wird zum *Grenzpreis*, sobald alleine die Höhe des zu zahlenden Preises für die Eigentumsübertragung an einem Bewertungsobjekt von Bedeutung ist. Bereits in Kapitel I[4] wurde festgestellt, daß es für den Erwerber eines Kunstwerks einen maximalen (Grenz-)Preis gibt, unter dessen Einhaltung er mindestens wieder das Erfolgsniveau ohne einen Erwerb erreichen kann. Analog erleidet ein Verkäufer dann keine Erfolgseinbußen, wenn er seinen mindestens zu fordernden (Grenz-)Preis einhält. Bei der Ermittlung des Entscheidungswerts sind die *Grundsätze der subjektiven Bewertungslehre*[5] zu beachten, die insbesondere aus dem Grund-

---

1 Vgl. MATSCHKE, Gesamtwert der Unternehmung (1972), S. 149.

2 MATSCHKE, Gesamtwert der Unternehmung (1972), S. 147

3 Vgl. MATSCHKE, Gesamtwert der Unternehmung (1972), S. 147, MATSCHKE, Entscheidungswert (1975), S. 26, MATSCHKE, Wertarten nach ihrer Aufgabenstellung (2008), S. 861.

4 Vgl. die dort angegebene Literatur.

5 Insbesondere MÜNSTERMANN, BUSSE VON COLBE und KÄFER haben auf dem Gebiet der Unternehmungsbewertung zum Durchbruch der subjektiven Wertlehre beigetragen. Vgl. MÜNSTERMANN, Wert und Bewertung (1970), BUSSE VON COLBE, Zukunftserfolg (1957), und den Nachdruck der Aufsätze von KÄFER, Bewertung der Unternehmung (1996). Wie auch die weiteren Ausführungen belegen, beschränkt sich die Anwendung ihrer Erkenntnisse nicht auf Unternehmungen als Bewertungsobjekte.

satz der Gesamtbewertung, dem Grundsatz der Zukunftsbezogenheit und dem Grundsatz der Subjektivität bestehen:[1]

Der *Grundsatz der Gesamtbewertung*[2] ist dort zu berücksichtigen, „wo das Ganze [...] etwas anderes [ist] als die Summe seiner Teile“[3]. Im Rahmen von Kunstmarkttransaktionen umfassen Bewertungsobjekte zuweilen mehrere Komponenten, die sich durch einen Zusammenhang auszeichnen. Dabei kann es sich beispielsweise um ein Kunstwerk handeln, das mit einem Brief angeboten wird, den der Künstler ursprünglich verfaßte, als er einem Kollegen oder Kunstsammler das besagte Objekt schenkte, ein Werkportefeuille[4] von einem oder mehreren Künstlern, eine mehrseitige Handschrift oder ein Skizzenbuch. Der Gesamtwert eines solchen Konvoluts kann aufgrund von Kombinationseffekten von der Einzelwertsumme der Objekte, die es konstituieren, abweichen. Es kann beispielsweise vorkommen, daß ein Werkportefeuille von einem oder auch mehreren Künstlern ein Objekt enthält, dessen Einzelwert den der anderen deutlich übersteigt. Von der Präsenz eines solchen Objekts können die restlichen Objekte profitieren, wodurch der Gesamtwert des Werkportefeuilles über der Einzelwertsumme liegt. Demgegenüber können die Portefeuillebestandteile sich auch durch einen inhaltlichen Zusammenhang auszeichnen.

Der *Grundsatz der Zukunftsbezogenheit*[5] verlangt, daß ausschließlich solche Zahlungsüberschüsse in den Bewertungskalkül einfließen, die zukünftig von einem Kunstwerk generiert werden. Vergangene Zahlungsüberschüsse sind für die Befriedigung eines über die Zielsetzung geäußerten und in Zukunft gewünschten Wohlstands nicht von Bedeutung. Eine Orientierung an der Vergangenheit auf Basis von Preisin-

---

1 Vgl. MÜNSTERMANN, Wert und Bewertung (1970), S. 18-28, HINTNER, Bewertungsgesetz (1968), S. 211-219, OLBRICH, Unternehmungswert (1999), S. 18-22, OLBRICH, Gründungsfinanzierung (2002), S. 1309 f., OLBRICH, Bilanzierung von Immobilien (2003), S. 350 ff., HERING/OLBRICH, Bilanzierung von Beteiligungen (2004), S. 714 f.

2 Vgl. MIRRE, Ertragswert (1913), S. 167, AULER, Unternehmung als Wirtschaftseinheit (1926), S. 42, THEISINGER, Bewertung der Unternehmung (1933), S. 166. Vgl. ebenfalls WOLFF-DIEPENBROCK, Sammeln, Sammlung und Steuern (1987), S. 2 und 5, HEUER, Bewertung von Kunstgegenständen (2008), S. 697.

3 MÜNSTERMANN, Wert und Bewertung (1970), S. 18.

4 Sammelmappe von Kunstwerken, häufig Papierarbeiten.

5 Vgl. FREYBERG, Wertbestimmungen (1907), S. 71, KREUTZ, Wertschätzung von Bergwerken (1909), S. 34, PÜTZ, Begutachtung und Wertschätzung (1911), S. 89 f., MIRRE, Ertragswert (1913), S. 175, STRATE, Erwerb eines Handelsunternehmens (1915), S. 12 f., SCHMALENBACH, Werte von Anlagen und Unternehmungen (1917/1918), S. 1 und 8, NUTHMANN, Kauf eines Unternehmens (1922), S. 8, TAKE, Geschäfts- oder Firmenwert (1939), S. 49 f., RICHTER, Bewertung (1942), S. 107 und 109 f., HARTMANN, Unternehmenswert-Ermittlung (1952), S. 190 ff., MELLEROWICZ, Wert der Unternehmung (1952), S. 47, FELTEN, Wert und Bewertung (1958), S. 8, SONDERMANN, Bewertung (1961), S. 6, SCHMALENBACH, Beteiligungsfinanzierung (1966), S. 36 f., MÜNSTERMANN, Wert und Bewertung (1970), S. 20 f., MOXTER, Grundsätze (1983), S. 97.

dizes ist somit nur unter Vorbehalt zu empfehlen. Durchaus können Erfahrungswerte als Indikator oder Plausibilitätskontrolle behilflich sein, es ist jedoch zu beachten, daß die Zukunftsprognosen nicht durch die Informationen aus der Vergangenheit – erst recht nicht im Sinne einer Fortschreibung – dominiert oder verengt werden dürfen.[1] Die Prognose zukünftiger Zahlungsüberschüsse ist unweigerlich mit der *Unsicherheit über zukünftige Entwicklungen* verbunden. Diese Unsicherheit drückt sich darin aus, daß ex ante nicht ein einziger Zahlungsstrom, sondern mehrere, von den zukünftig eintretenden Umweltsituationen abhängige Zahlungsströme bei der Bewertung zu berücksichtigen sind (Unsicherheitssituation im engeren, entscheidungstheoretischen Sinne[2]).

Der *Grundsatz der Subjektivität*[3] fordert die Individualität des Werts durch die Beachtung der individuellen Zielsetzung und des subjektiven Entscheidungsfelds. Vor dem Hintergrund einer investitionstheoretischen Beurteilung umfaßt die subjektive Perspektive insbesondere die vom Bewertungssubjekt für möglich gehaltenen Zahlungsströme[4] sowie die beste Alternativinvestition (Vergleichsobjekt), deren interne Verzinsung den prognostizierten Zahlungsüberschüssen gegenübergestellt wird.[5] Darüber hinaus wird der Kunstsammler – ähnlich der Geschäftspolitik eines Unternehmers – die Verwaltung seiner Vermögensgegenstände auf seine eigene Art und Weise durchführen, mithin jedoch versuchen, dabei möglichst hohe Zahlungsüberschüsse zu vereinnahmen. Eine derartige Vermögensverwaltungspolitik kann etwa darin bestehen, daß der Kunstsammler ein Gemälde erwirbt, um es anschließend einer Restaurierungsmaßnahme, beispielsweise einer Oberflächenreinigung[6], zu unterziehen, aufgrund der er sich einen höheren Veräußerungserlös verspricht. Der zuvor beschriebene Grundsatz der Gesamtbewertung ist dem Grundsatz der Subjektivität unterzuordnen, wenn dies die Vermögensverwaltungspolitik des Kunstsammlers erforderlich macht. Das ist unter anderem dann der Fall, wenn die isolierte Veräußerung einzelner Vermögensgegenstände einen höheren kumulierten Veräußerungserlös ermöglicht, als es der Verkauf der ursprünglich intendierten Einheit der Vermögensge-

1 Vgl. MELLEROWICZ, Wert der Unternehmung (1952), S. 47 ff., SCHMALENBACH, Beteiligungsfinanzierung (1966), S. 37 f., HINTNER, Bewertungsgesetz (1968), S. 218, MOXTER, Grundsätze (1983), S. 97 ff., BRÖSEL, Bewertung von Filmrechten (2003), S. 5, BRÖSEL/MATSCHKE, Ermittlung des Entscheidungswertes (2004), S. 54, HERING, Unternehmensbewertung (2006), S. 29.

2 Vgl. HERING, Investitionstheorie (2008), S. 11.

3 Vgl. KREUTZ, Wertschätzung von Bergwerken (1909), S. 31, SCHMALENBACH, Werte von Anlagen und Unternehmungen (1917/1918), S. 4, BUSSE VON COLBE, Zukunftserfolg (1957), S. 143 f., HINTNER, Bewertungsgesetz (1968), S. 213-219, MOXTER, Grundsätze (1983), S. 23.

4 Vgl. AULER, Unternehmung als Wirtschaftseinheit (1926), S. 46, SCHMALENBACH, Beteiligungsfinanzierung (1966), S. 48.

5 Vgl. OLBRICH, Unternehmungswert (1999), S. 20, OLBRICH/BRÖSEL/HAßLINGER, Valuation of Airport Slots (2009), S. 901.

6 Vgl. zur Oberflächenreinigung von Gemälden eingehend NICOLAUS, Handbuch der Gemäldekunde (2003), S. 315.

genstände vermag. Eine derartige Sachlage kann sich für ein Werkportefeuille ergeben, wenn ein Großteil der in ihm enthaltenen Objekte von hoher künstlerischer Qualität ist und eine Einzelveräußerung der Artefakte dem Kunstsammler betriebswirtschaftlich sinnvoller erscheint als eine Gesamtveräußerung. Zerschlagungsstrategien dieser Gestalt sind freilich nur aus der betriebswirtschaftlichen Perspektive zweckmäßig, aus kunstwissenschaftlicher Sicht sind sie grundsätzlich nicht zu befürworten und können aufgrund des zugrunde liegenden Sachziels im Einzelfall gegebenenfalls auch nicht zur Verfügung stehen. Schließlich sind *Synergieeffekte* zu berücksichtigen, die sich bei der Ein- oder Ausgliederung eines Kunstwerks in oder aus einem Verbund von Vermögensgegenständen ergeben.[1] Synergieeffekte können sich beispielsweise zwischen einem Kunstwerk und einer Unternehmung im Portefeuille des Kunstsammlers ergeben. Die Synergieeffekte können dabei steuerlicher[2], kreativitätsfördernder[3] oder absatzpolitischer[4] Natur sein und sich somit mittelbar und unmittelbar auf die durch den Kunstsammler vereinnahmten Zahlungsüberschüsse auswirken.

---

1 Vgl. MIRRE, Ertragswert (1913), S. 167 ff., BUSSE VON COLBE, Zukunftserfolg (1957), S. 153 ff., SIEBEN, Entscheidungswert in der Funktionenlehre (1976), S. 497 f., SIEBEN, Beratungsfunktion (1977), S. 66, MOXTER, Grundsätze (1983), S. 23.

2 Steuerlich bedingte Synergieeffekte können sich beispielsweise ergeben, wenn der Kunstsammler gleichzeitig Alleineigentümer einer Unternehmung ist, die das Rechtskleid einer Kapitalgesellschaft aufweist. Das kann dann der Fall sein, wenn er Kunstwerke, die er für sein Privatvermögen angeschafft hat, an seine Unternehmung vermietet und die Mietzahlungen dort Betriebsausgaben darstellen, die die steuerliche Bemessungsgrundlage reduzieren. Gestaltet sich die Situation für den Kunstsammler derart, daß die ihm durch die Mieteinnahmen entstehende Steuerlast auf privater Ebene geringer ausfällt als die durch die Betriebsausgaben erzielte Steuerminderung auf Unternehmensebene, dann erzielt er per Saldo Auszahlungsersparnisse. Der Kunstsammler sieht sich bei diesem Vorhaben freilich mit der unsicheren Entwicklung zukünftiger Steuersätze konfrontiert. Vgl. auch GANTEFÜHRER/WACKER, Recht und Steuern (2006), S. 11.

3 Vgl. zur Innenwirkung von Kunstwerken in Unternehmungen BONGARD, Corporate Collecting (1983), S. 117, LINDENBAUER, Kunstmarketing (1996), S. 73 f., MÜLLER-RAß, Kunst im Unternehmen (2000), S. 46-49, ZAPP, Corporate Collecting (2002), S. 192 f.

4 Vgl. zur Außenwirkung von Kunstwerken in Unternehmungen BONGARD, Corporate Collecting (1983), S. 117, LINDENBAUER, Kunstmarketing (1996), S. 73 f., MÜLLER-RAß, Kunst im Unternehmen (2000), S. 49 f., ZAPP, Corporate Collecting (2002), S. 192 f.

3.1.2 Das Modell des Entscheidungswertes

3.1.2.1 Die Wertermittlung im Totalmodell

3.1.2.1.1 Das Totalmodell nach MATSCHKE

Das allgemeine Modell des Entscheidungswerts nach MATSCHKE[1] ist ein auf hohem Abstraktionsniveau angesiedeltes Totalmodell, weshalb alle weiteren Verfahren der Entscheidungswertermittlung als Abkömmlinge dieses Grundmodells bezeichnet werden können.[2] Im Sinne einer deduktiven Vorgehensweise soll dieser zweistufige Kalkül, welcher keine Bedingungen an die Art der Zielsetzung und an die Art und Anzahl der konfliktlösungsrelevanten Sachverhalte stellt, den spezielleren Verfahren vorangestellt werden.[3] Auf seiner ersten Stufe wird das erreichbare Erfolgsniveau eines Portefeuilles von Vermögensgegenständen ohne Durchführung einer Eigentumsänderung (Kauf/Verkauf) ermittelt. Auf seiner zweiten Stufe werden dann mögliche Einigungslösungen – und damit die durch sie beschriebenen Ausprägungen der konfliktlösungsrelevanten Sachverhalte – dahingehend beurteilt, ob sie dem Bewertungssubjekt ein geringeres, gleiches oder höheres Erfolgsniveau versprechen als in einer Situation ohne Eigentumsänderung. Von besonderem Interesse sind dann jene Einigungslösungen, die dem Bewertungssubjekt eine Zusammenstellung seiner Vermögensgegenstände in derartiger Weise erlauben, daß ein Erfolgsniveau erreicht wird, welches dem ohne Durchführung gleicht oder minimal größer ist, sofern Unstetigkeitsbeziehungen vorliegen.

In einer Situation ohne Eigentumsänderung stehen dem Bewertungssubjekt verschiedene Alternativen (Handlungsmöglichkeiten) $A = \{a_1, ..., a_j, ..., a_k\}$ zur Verfügung, sein Portefeuille von Vermögensgegenständen zu gestalten. Einer jeden Alternative $a_j \in A$ ordnet das Bewertungssubjekt aufgrund der erwarteten Ergebniskonstellation und nach Maßgabe seiner persönlichen Präferenzen einen bestimmten Erfolg $E(a_j)$ zu. Bei unterstellter Rationalität wählt das Bewertungssubjekt die Alternative a_{opt} aus, die den größten Erfolg verspricht und für die somit $E(a_{opt}) = \max\{E(a_j) \mid a_j \in A\}$ gilt. Die mit ihr verbundene Zusammenstellung der Vermögensgegenstände stellt das *Basisprogramm* dar, und der ihr zugeordnete Erfolg $E(a_{opt})$ ist nach Durchführung der Eigentumsänderung wieder zu erreichen.

Eine Eigentumsänderung geschieht unter Einigung auf bestimmte Vertragsinhalte. Gegenstand eines solchen Vertrags sind die Extensionen $s_1, ..., s_j, ..., s_u$ der konfliktlösungsrelevanten Sachverhalte $\mathcal{S}_1, ..., \mathcal{S}_j, ..., \mathcal{S}_n$, wobei sich die Menge aller poten-

[1] Vgl., auch im folgenden, MATSCHKE, Entscheidungswert (1975), S. 387-390, MATSCHKE, Ermittlung mehrdimensionaler Entscheidungswerte (1993), S. 8 ff., MATSCHKE/BRÖSEL, Unternehmensbewertung (2007), S. 142-146.

[2] Vgl. MATSCHKE/BRÖSEL, Unternehmensbewertung (2007), S. 142 und 759.

[3] Vgl. MATSCHKE, Entscheidungswert (1975), S. 387.

tiellen Einigungslösungen (oder auch Verträge) $S = \{(s_1, ..., s_j, ..., s_u)\}$ aus allen sich gegenseitig ausschließenden Kombinationen $(s_1, ..., s_j, ..., s_u)$ von Extensionen konfliktlösungsrelevanter Sachverhalte zusammensetzt. Unter der Annahme eines bestimmten Vertragsinhalts $(s_1, ..., s_n) \in S$ kann das Bewertungssubjekt wiederum aus einer Alternativenmenge $B(s_1, ..., s_j, ..., s_u) = \{b_1, ..., b_j, ..., b_y\}$ von Handlungsmöglichkeiten $b_j(s_1, ..., s_j, ..., s_u)$ wählen, denen es einen bestimmten Erfolg $E(b_j(s_1, ..., s_j, ..., s_u))$ zuordnet. Agiert das Bewertungssubjekt auch weiterhin rational, so wählt es für den zugrunde gelegten Vertragsinhalt die Handlungsmöglichkeit, sprich Portefeuillezusammenstellung $b_j(s_1, ..., s_j, ..., s_u)$ aus, für die es den größten Erfolg erwartet. Letztlich stellt sich damit der Erfolg $E(b_j(s_1, ..., s_j, ..., s_u))$ dieser optimalen Zusammenstellung von Vermögensgegenständen $b_{opt}(s_1, ..., s_j, ..., s_u)$ als Funktion f der Konfliktlösung $(s_1, ..., s_j, ..., s_u)$ dar, welche beschrieben wird durch die Gleichung $E(b_{opt}(s_1, ..., s_j, ..., s_u)) = \max\{E(b_j(s_1, ..., s_j, ..., s_u)) \mid b_j(s_1, ..., s_j, ..., s_u) \in B(s_1, ..., s_j, ..., s_u)\} =: f(s_1, ..., s_j, ..., s_u)$. Der Vergleich des Erfolgs des Basisprogramms $E(a_{opt})$ mit dem Erfolg $E(b_{opt}(s_1, ..., s_j, ..., s_u))$ bei Einigung auf einen bestimmten Vertragsinhalt $(s_1, ..., s_j, ..., s_u)$ gibt dem Bewertungssubjekt Auskunft darüber, ob es die in Rede stehende Konfliktlösung akzeptieren kann. Akzeptabel sind jene Konfliktlösungen beziehungsweise Vertragsinhalte, für die gilt: $E(b_{opt}(s_1, ..., s_j, ..., s_u)) \geq E(a_{opt})$.

Das *Bewertungsprogramm* B* stellen die Handlungsmöglichkeiten $b_{opt}(s_1, ..., s_j, ..., s_u)$ dar, die einen dem Basisprogrammerfolg $E(a_{opt})$ entsprechenden Erfolg $E(b_{opt}(s_1, ..., s_j, ..., s_u))$ gewährleisten, oder aber einen minimal höheren, sofern die Funktion $E(b_{opt}(s_1, ..., s_j, ..., s_u)) = f(s_1, ..., s_j, ..., s_u)$ nicht stetig verläuft. Folglich gilt $B^* := \{b_{opt}(s_1, ..., s_j, ..., s_u)^* \mid E(b_{opt}(s_1, ..., s_j, ..., s_u)^*) = \min\{E(b_{opt}(s_1, ..., s_j, ..., s_u)) \mid E(b_{opt}(s_1, ..., s_j, ..., s_u)) \geq E(a_{opt})$ sowie $(s_1, ..., s_j, ..., s_u) \in S$, $b_{opt}(s_1, ..., s_j, ..., s_u) \in B(s_1, ..., s_j, ..., s_u)$ und $a_{opt} \in A\}\}$.

Den Entscheidungswert W für ein Kunstwerk konstituieren alle Vertragsinhalte und damit Kombinationen von konfliktlösungsrelevanten Sachverhalten $(s_1, ..., s_j, ..., s_u)$, die dazu führen, daß solche Portefeuillezusammenstellungen nach der Eigentumsübertragung möglich sind, deren Erfolge $E(b_{opt}(s_1, ..., s_j, ..., s_u))$ gleich oder minimal höher sind als der Erfolg $E(a_{opt})$ des Basisprogramms. Es gilt schließlich: $W := \{(s_1, ..., s_j, ..., s_u)^* \mid E(b_{opt}(s_1, ..., s_j, ..., s_u)^*) = \min\{E(b_{opt}(s_1, ..., s_j, ..., s_u)) \mid E(b_{opt}(s_1, ..., s_j, ..., s_u)) \geq E(a_{opt})$ sowie $(s_1, ..., s_j, ..., s_u) \in S$, $b_{opt}(s_1, ..., s_j, ..., s_u) \in B(s_1, ..., s_j, ..., s_u)$ und $a_{opt} \in A\}\}$.

In Abhängigkeit davon, ob der Erwerb oder die Veräußerung eines Kunstwerks erwogen wird, gestalten sich das Basis- und das Bewertungsprogramm des Kunstsammlers unterschiedlich. Erwägt das Bewertungssubjekt den Erwerb eines Kunstwerks, dann maximiert es seinen Portefeuilleerfolg zunächst ohne dessen Berücksichtigung (Basisprogramm) und ermittelt dann die Vertragsbedingungen, zu denen es das Kunstwerk in sein Portefeuille aufnehmen kann, ohne Erfolgseinbußen hinnehmen zu müssen (Bewertungsprogramm). In umgekehrter Weise agiert ein Bewertungssubjekt in der Veräußerungsposition, denn zunächst befindet sich das Kunstwerk noch in seinem Portefeuille und trägt zur Erfolgerzielung bei. Sodann ermittelt es diejenigen Vertragsinhalte, zu denen eine Herauslösung des Kunstwerks aus dem Portefeuille ohne Erfolgseinbußen möglich ist.

3.1.2.1.2 Das Totalmodell nach HERING

Das Zustands-Grenzpreismodell (ZGPM) von HERING[1] und das Zukunftserfolgswertverfahren ermöglichen die Ermittlung des Entscheidungswerts als Grenzpreis unter den Bedingungen des unvollkommenen Kapitalmarkts. Das ZGPM ist als Spezifikation des Totalmodells nach MATSCHKE für die finanzielle Zielsetzung der Gewinnmaximierung zu verstehen. HERING leistet mit seinem ZGPM eine Verbindung der Modelle von JAENSCH und MATSCHKE[2] sowie LAUX/FRANKE[3], welche folgende Vorzüge mit sich bringt:

1. eine zügige, zweistufige Herausarbeitung (Basis- und Bewertungsprogramm) des Grenzpreises auf Basis der mehrperiodigen[4] linearen Optimierungsansätze von HAX und WEINGARTNER[5],

2. eine erstmalige Verbindung zwischen dem allgemeinen Entscheidungswert nach MATSCHKE und der Zukunftserfolgswertmethode,

3. eine elegante Herleitung der Grenzpreiseigenschaften des Zukunftserfolgswerts bei unvollkommenem Kapitalmarkt.

---

[1] Vgl. HERING, Allgemeines Zustands-Grenzpreismodell (2000), HERING, Konzeptionen der Unternehmensbewertung (2000), S. 437 ff. und 443 f., HERING/OLBRICH, Börsengang junger Unternehmen (2002), S. 150 ff., OLBRICH, Elektronisches Geschäft (2002), S. 686 ff., HERING, Unternehmensbewertung (2006), HERING/OLBRICH/STEINRÜCKE, Valuation of Internet Companies (2006), S. 409 ff. Beispiele der Anwendung finden sich bei OLBRICH, Ertragsteuerlicher Verlustvortrag (2001), S. 1329 ff., BRÖSEL, Medienrechtsbewertung (2002), S. 91-98, MATSCHKE/BRÖSEL, Bewertung mit dem Zustands-Grenzpreismodell (2003), S. 164-170. Erweiterungen des Grundmodells finden sich bei HERING, Produktionsfaktoren (2002), S. 74-78 und PFAFF/PFEIFFER/GATHGE, Zustands-Grenzpreismodelle (2002), INWINKEL/SCHNEIDER, Zustands-Grenz preismodelle bei Agency-Problemen (2008).

[2] Vgl. JAENSCH, Wert und Preis (1966), S. 138, JAENSCH, Modell der Unternehmungsbewertung (1966), S. 664 f., MATSCHKE, Gesamtwert der Unternehmung (1972), S. 153 ff., MATSCHKE, Entscheidungswert (1975), S. 253-257.

[3] Vgl. LAUX/FRANKE, Bewertung von Unternehmungen (1969).

[4] Die Ansätze von JAENSCH und MATSCHKE betrachten Investitions- und Finanzierungsobjekte nicht mehrperiodig, sondern als amalgamierte Erfolgsziffer.

[5] Vgl. WEINGARTNER, Analysis of Capital Budgeting Problems (1963), HAX, Lineare Programmierung (1964).

Das ZGPM ermöglicht somit nicht nur die Ermittlung des Grenzpreises im Totalmodell, sondern bereitet auch das Feld für die theoretische Fundierung des Partialmodells Zukunftserfolgswertverfahren – insbesondere hinsichtlich des Diskontierungsfaktors. Das ZGPM differenziert sich darüber hinaus von den Modellen von LAUX/FRANKE sowie HAX und WEINGARTNER dadurch, daß die Prämisse der sicheren Erwartungen nicht gesetzt wird. Die Liquiditätsrestriktionen in den linearen Optimierungsansätzen werden nicht mehr nur als Zeitpunkte, sondern allgemeiner als Zustände verstanden; damit wird aber der Fall der Unsicherheit berücksichtigt, denn für einen bestimmten Zeitpunkt können mehrere Zustände modelliert werden (allgemeines oder nichtdeterministisches ZGPM).

Ein präsumtiver Käufer (Kunstsammler) betrachtet einen Zustandsraum von n möglichen künftigen Zuständen. Es stehen m Investitions- und Finanzierungsmöglichkeiten zur Disposition. Hierzu zählt auch in jedem Zustand die unbeschränkte Kassenhaltung (oder eine beliebig verfügbare verzinsliche Geldanlage). Ein Objekt j wird dabei durch den Zahlungsstrom $g_j := (g_{j0}, g_{j1}, \ldots, g_{jt}, \ldots, g_{jn})$ mit g_{jt} als Zahlungsüberschuß im Zustand t beschrieben. Die Entscheidungsvariable x_j gibt an, wie häufig das Objekt j verwirklicht wird. Weil manche Objekte nur in begrenzter Anzahl realisiert werden können, besteht für bestimmte x_j eine Obergrenze x_j^{max}. Autonome Zahlungen, beispielsweise ein Kapitaldienst von Altschulden oder Erlöse aus bereits getätigten Kapitalanlagen, werden in einem durch die Variable c_t beschriebenen Zahlungssaldo erfaßt, welcher negativ, null oder positiv sein kann und unabhängig von den zu beurteilenden Objekten ist. Der präsumtive Käufer verfolgt die Zielsetzung der Vermögensmaximierung und strebt demnach eine Maximierung der Summe der gewichteten Ausschüttungen GW an, was er in seiner Zielfunktion ausdrückt. In diese geht die Ausschüttung G_t mit dem Gewicht w_t ein. In jedem Zustand t sollen die Rückflüsse aus den Investitions- und Finanzierungsobjekten sowie der Saldo c_t ausreichen, um die Ausschüttung G_t zu ermöglichen. Diese Liquiditätsnebenbedingung gewährleistet das finanzielle Gleichgewicht. Aufgrund der definierten Symbole kann das *Basisprogramm* des präsumtiven Käufers in Form eines linearen Optimierungsansatzes formuliert werden:[1]

$$\max. GW; GW := \sum_{t=0}^{n} w_t \cdot G_t$$

$$-\sum_{j=1}^{m} g_{jt} \cdot x_j + G_t \quad \leq \quad c_t \qquad \forall\, t \in \{0, 1, 2, \ldots, n\}$$

$$x_j \quad \leq \quad x_j^{max} \qquad \forall\, j \in \{1, 2, \ldots, m\}$$

$$G_t;\; x_j \quad \geq \quad 0 \qquad \forall\, t \text{ und } j$$

1 Vgl. HERING, Unternehmensbewertung (2006), S. 58.

Unter Anwendung des Simplexalgorithmus ist das Basisprogramm zu ermitteln, welches zu einem maximalen Zielfunktionswert GW* führt, der die Erfolgsreferenz für das Bewertungsprogramm darstellt. Unter ihrer Beachtung ist der Erwerb eines Kunstwerks nur dann akzeptabel, wenn dieser Kauf zu einem Preis realisiert wird, der eine Umstrukturierung des Basisprogramms ermöglicht, die mindestens wieder zu einem Zielfunktionswert in Höhe von GW* führt.

Wird das Kunstwerk tatsächlich gekauft, so vereinnahmt der Kunstsammler den mit diesem verbundenen Zahlungsstrom $g_K := (0, g_{K1}, \ldots, g_{Kt}, \ldots, g_{Kn})$ mit g_{Kt} als Zahlungsüberschuß des zu erwerbenden Kunstwerks in Zustand t. Im Gegenzug muß er dafür in t = 0 den Preis p entrichten. Gesucht wird nun der maximale Preis p als Entscheidungswert W, den der Kunstsammler und präsumtive Käufer gerade noch akzeptieren kann, ohne sich schlechter zu stellen als im alternativen Basisprogramm. Dementsprechend ist p unter den Restriktionen des bisherigen Entscheidungsfelds soweit als möglich zu erhöhen, wobei die Nebenbedingungen des linearen Ansatzes um den Zahlungsstrom des Kunstwerks und um die Mindestvorgabe für den gewichteten Ausschüttungswert GW zu erweitern sind. Für das *Bewertungsprogramm* ergibt sich dann der lineare Optimierungsansatz:[1]

$$\max.\ W;\ W := p$$

$$\begin{aligned}
-\sum_{j=1}^{m} g_{j0} \cdot x_j + p + G_0 &\leq c_0 \\
-\sum_{j=1}^{m} g_{jt} \cdot x_j + G_t &\leq c_t + g_{Kt} && \forall\, t \in \{1, 2, \ldots, n\} \\
-\sum_{t=0}^{n} w_t \cdot G_t &\leq -GW^* \\
x_j &\leq x_j^{max} && \forall\, j \in \{1, 2, \ldots, m\} \\
G_t;\ p;\ x_j &\geq 0 && \forall\, t \text{ und } j
\end{aligned}$$

Erneut ist die optimale Lösung durch den Simplexalgorithmus zu ermitteln. Sie liefert zum einen den gesuchten Grenzpreis p*, zum anderen das durch die Aufnahme des Kunstwerks veränderte und damit umstrukturierte optimale Investitions- und Finanzierungsprogramm des Kunstsammlers.

Die Ermittlung eines Entscheidungswerts auf Basis des ZGPM für den Erwerbsfall soll im folgenden mit Hilfe eines einfachen Beispiels veranschaulicht werden, wobei

[1] Vgl. HERING, Unternehmensbewertung (2006), S. 58 f.

der Kunstsammler als Bewertungssubjekt weiterhin – wie in Abschnitt II.1.3.5 als Annahme zugrunde gelegt – die Zielsetzung der Vermögensmaximierung in Form der Endwertmaximierung verfolgt. Der Planungshorizont der Bewertung umfaßt vier künftige Zustände, die als Zeitpunkte im Jahresabstand zu interpretieren sind. Entsprechend seiner Zielsetzung sucht der Kunstsammler in t = 4 sein Endvermögen EW (investitionstheoretischer Endwert) zu maximieren. Zum Zwecke der Komplexitätsreduktion wird hier davon ausgegangen, daß der Entscheidung nur ein einfaches Entscheidungsfeld zugrunde liegt: Im Entscheidungszeitpunkt t = 0 verfügt der Kunstsammler über eigene Mittel M in Höhe von 200 Geldeinheiten (GE) und darüber hinaus in t = 2 über weitere 50 GE, die er im Sinne seiner Zielsetzung anlegen möchte. Hierfür steht es ihm offen, in ein Kunstwerk H und zwei Geldanlagemöglichkeiten G_A und G_B zu investieren. Das Kunstwerk H, welches das Sachziel des Kunstsammlers erfüllt, kostet in t = 0, dem potentiellen Erwerbszeitpunkt, 50 GE und realisiert in t = 4 einen Veräußerungserlös in Höhe von 110 GE. Die Geldanlagemöglichkeiten G_A und G_B offerieren einen Habenzins von 8 % und 5 % p.a., wobei Geldanlage G_A pro Jahr auf einen maximalen Anlagebetrag von 60 GE begrenzt ist. Der Galerist des Kunstsammlers bietet diesem an, in t = 0 ein Kunstwerk F zu erwerben, welches er in t = 4 veräußern könnte, um einen Veräußerungserlös in Höhe von 160 GE zu realisieren. Das Kunstwerk F, welches ebenfalls dem Sachziel des Kunstsammlers entspricht, zeichnet sich somit durch die Zahlungsreihe (0, 0, 0, 0, 160) aus. Gesucht wird vor diesem Hintergrund der maximale Kaufpreis p, durch dessen Zahlung in t = 0 gerade noch gewährleistet wird, daß die durch den Kauf aus dem Portefeuille verdrängten Objekte in bezug auf ihren Erfolgsbeitrag zum Zielfunktionswert EW ausgeglichen werden. Die folgende Tabelle 5 faßt die Entscheidungssituation des Kunstsammlers zusammen.

Jahr t	H	G_{A0}	G_{A1}	G_{A2}	G_{A3}	G_{B0}	G_{B1}	G_{B2}	G_{B3}	vordisponierte Zahlungen	
										M	F
0	–50	–1				–1				200	p?
1		1,08	–1			1,05	–1				
2			1,08	–1			1,05	–1		50	
3				1,08	–1			1,05	–1		
4	110				1,08				1,05		160
Grenze	1	60	60	60	60	∞	∞	∞	∞		

Tabelle 5: Die Entscheidungssituation des Kunstsammlers im Erwerbsfall

Zur Bestimmung des Basisprogramms ist auf Basis des vorliegenden Datenmaterials ein linearer Optimierungsansatz zu formulieren, welcher mit Hilfe des Simplexalgorithmus zu lösen ist:

$$\text{max. } GW;\ GW := EW$$

$$
\begin{array}{ll}
50\,H + 1\,G_{A0} + 1\,G_{B0} & \leq 200 \\
\quad -1{,}08\,G_{A0} - 1{,}05\,G_{B0} + 1\,G_{A1} + 1\,G_{B1} & \leq 0 \\
\quad -1{,}08\,G_{A1} - 1{,}05\,G_{B1} + 1\,G_{A2} + 1\,G_{B2} & \leq 50 \\
\quad -1{,}08\,G_{A2} - 1{,}05\,G_{B2} + 1\,G_{A3} + 1\,G_{B3} & \leq 0 \\
-110\,H - 1{,}08\,G_{A3} - 1{,}05\,G_{B3} + EW & \leq 0 \\
G_{A0}, G_{A1}, G_{A2}, G_{A3} & \leq 60 \\
H, G_{A0}, G_{A1}, G_{A2}, G_{A3}, G_{B0}, G_{B1}, G_{B2}, G_{B3}, EW & \geq 0 \\
H \in \{0; 1\} &
\end{array}
$$

In der Basissituation erwirbt der Kunstsammler das Kunstwerk H. Die verbleibenden eigenen Mittel M in t = 0, die in t = 2 zuströmenden zusätzlichen eigenen Mittel sowie die Überschüsse der ab t = 1 aus den jeweiligen Vorperioden resultierenden Geldanlagen werden zunächst in Geldanlage G_A und, wenn diese ausgeschöpft ist, in Geldanlage G_B investiert. In t = 4 vereinnahmt der Kunstsammler neben den Überschüssen der Geldanlagen den Veräußerungserlös aus dem Kunstwerk H. Als maximales Endvermögen EW vereinnahmt der betrachtete Kunstsammler auf diese Weise in t = 4 einen Betrag in Höhe von 355,2092 GE. Diese Summe entspricht dem maximalen Zielfunktionswert des Basisprogramms. In der folgenden Tabelle 6 findet sich das skizzierte Basisprogramm als vollständiger Finanzplan.

Zeitpunkt	t = 0	t = 1	t = 2	t = 3	t = 4
Kunstwerk H	–50				110
Geldanlage G_A	–60	–60	–60	–60	64,8
Geldanlage G_B	–90	–99,3	–159,065	–171,8183	180,4092
eigene Mittel M	200		50		
Guthaben/Schuld	150	159,3	219,065	231,8183	**355,2092**

Tabelle 6: Das Basisprogramm des Kunstsammlers im Erwerbsfall

Unter der Voraussetzung, daß das Kunstwerk F durch den Kunstsammler erworben wird, muß gewährleistet sein, daß das so realisierte Portefeuille mindestens wieder den Zielfunktionswert des Basisprogramms erreicht. Vor diesem Hintergrund ist der maximal zahlbare Preis p* durch folgenden linearen Ansatz zu eruieren:

$$\max.\ W;\ W := P$$

$$\begin{array}{ll}
50\,H + 1\,G_{A0} + 1\,G_{B0} + p & \leq 200 \\
\quad -1{,}08\,G_{A0} - 1{,}05\,G_{B0} + 1\,G_{A1} + 1\,G_{B1} & \leq 0 \\
\quad -1{,}08\,G_{A1} - 1{,}05\,G_{B1} + 1\,G_{A2} + 1\,G_{B2} & \leq 50 \\
\quad -1{,}08\,G_{A2} - 1{,}05\,G_{B2} + 1\,G_{A3} + 1\,G_{B3} & \leq 0 \\
-110\,H - 1{,}08\,G_{A3} - 1{,}05\,G_{B3} + EW & \leq 160 \\
EW & \geq 355{,}2092 \\
G_{A0}, G_{A1}, G_{A2}, G_{A3} & \leq 60 \\
H, G_{A0}, G_{A1}, G_{A2}, G_{A3}, G_{B0}, G_{B1}, G_{B2}, G_{B3}, EW, p & \geq 0 \\
H \in \{0; 1\} &
\end{array}$$

Unter erneuter Verwendung des Simplexalgorithmus ergibt sich ein Grenzpreis p* in Höhe von 129,475 GE. Das Bewertungsprogramm setzt sich zusammen aus einer Investition in das Kunstwerk H, Geldanlagen in G_A zu den Zeitpunkten t = 0, 1, 2 und 3 sowie Geldanlagen in G_B (nur noch) zu den Zeitpunkten t = 2 und 3. Die folgende Tabelle zeigt das Bewertungsprogramm in der Darstellung eines vollständigen Finanzplans.

Zeitpunkt	t = 0	t = 1	t = 2	t = 3	t = 4
Kunstwerk H	–50				110
Geldanlage G_A	–20,525	–22,167	–60	–60	64,8
Geldanlage G_B			–13.9403	–19,4373	20,4092
eigene Mittel M	200		50		
Kunstwerk F					160
p*	**–129,475**				
Guthaben/Schuld		22,167	73,9403	79,4373	**355,2092**

Tabelle 7: Das Bewertungsprogramm des Kunstsammlers im Erwerbsfall

Vergleicht man das Bewertungsprogramm mit dem Basisprogramm, sind Umstrukturierungen aufgrund der Aufnahme des Bewertungsobjekts in das Portefeuille des Kunstsammlers festzustellen. Verursacht durch den Abfluß an eigenen Mitteln M zum Zwecke des Erwerbs von Kunstwerk F, können die Geldanlagen nicht mehr in gleichem Umfang wie im Basisprogramm getätigt werden. Wurden dort noch Geldanlagen der Form G_B zu 5 % in t = 0 und t = 1 realisiert, so wird die „letzte" verfügbare Geldeinheit nunmehr in t = 0 und t = 1 des Bewertungsprogramms in die Geldanlage G_A zu 8 % investiert. Somit resultiert eine Änderung der Grenzobjekte und infolgedessen auch der Grenzzinsfüße. Sie belaufen sich nicht mehr wie noch in der Basissituation in allen Jahren auf 5 %, sondern auf 8 % im ersten und zweiten Jahr und auf 5 % in den Folgejahren. Jene „ungünstigsten" Investitions- und Finanzierungsobjekte, für die die letzte verfügbare GE in einem bestimmten Zustand oder in einer bestimmten Periode ausgegeben wird und die nur teilweise realisiert werden, sind die *Grenzobjekte.*[1] Grenzobjekte sind dabei weder völlig vorteilhaft noch völlig unvorteilhaft. Der (periodenindividuelle) endogene *Grenzzinszinsfuß* ergibt sich aus dem Zahlungsstrom des jeweiligen Grenzobjekts. „Er definiert die Opportunität [beziehungsweise beste Alternative], an der die Zielwertverbesserung durch eine zusätzlich verfügbare [GE] zu messen ist."[2] Hat der endogene Grenzzinsfuß im Totalmodell lediglich nachrichtlichen Charakter und wird gar als „Abfallprodukt" bezeichnet, so ist ihm im Partialmodell, welches im nachfolgenden Abschnitt erläutert wird, Lenkungsfunktion im Sinne einer Steuerung der knappen monetären Ressourcen des Entscheidungssubjekts zuzusprechen.

1 Vgl., auch im folgenden, HERING, Allgemeines Zustands-Grenzpreismodell (2000), S. 365, OLBRICH, Bilanzierung von Immobilien (2003), S. 353, HERING/OLBRICH, Bilanzierung von Beteiligungen (2004), S. 716, HERING, Investitionstheorie (2008), S. 3 f. und 136 f. Der beschriebene Lenkpreis entspricht der *optimalen Geltungszahl* im Sinne der von SCHMALENBACH vorgeschlagenen *pretialen Lenkung.* Vgl. SCHMALENBACH, Über Verrechnungspreise (1909), S. 167, SCHMALENBACH, Optimale Geltungszahl (1947), S. 4 und 86.

2 HERING, Investitionstheorie (2008), S. 136.

Wird nicht der Erwerb, sondern die Veräußerung eines Kunstwerks erwogen, kann auf den linearen Ansatz zur Ermittlung des Basisprogramms des vorangehenden Erwerbsfalls zurückgegriffen werden. Der Unterschied besteht darin, daß das Bewertungsobjekt im Veräußerungsfall bereits im Besitz des Kunstsammlers und dessen Zahlungsreihe g_V folglich Bestandteil des Ansatzes ist. Die Zahlungsreihe $g_V := (g_{V0}, g_{V1}, \ldots, g_{Vt}, \ldots, g_{Vn})$ mit g_{Vt} als Zahlungsüberschuß im Zustand t findet dabei in den Zahlungssaldos c_t Berücksichtigung. Wird das Kunstwerk veräußert, geht das mit einem Verlust dieser Zahlungsreihe einher, und die Zahlungssalden c_t der betroffenen Perioden sind um die entsprechenden Beträge zu reduzieren. Der Verlust der Zahlungsreihe des Bewertungsobjekts wird durch die Vereinnahmung eines Verkaufspreises p ausgeglichen. Der Kunstsammler wird diesem Ausgleich jedoch nur dann zustimmen, wenn sichergestellt ist, daß die durch den Ausgleich zufließenden Mittel so verwendet werden können, daß der Zielfunktionswert GW* des Basisprogramms wieder erreicht wird. Der Entscheidungswert ist nun derjenige minimale Preis, der diese Forderung gerade noch erfüllt. Für das *Bewertungsprogramm* ergibt sich dann der lineare Optimierungsansatz:[1]

$$\text{min. } W;\; W := p$$

$$\begin{array}{rcll}
-\sum_{j=1}^{m} g_{j0} \cdot x_j - p + G_0 & \leq & c_0 & \\
-\sum_{j=1}^{m} g_{jt} \cdot x_j + G_t & \leq & c_t - g_{Kt} & \forall\, t \in \{1, 2, \ldots, n\} \\
-\sum_{t=0}^{n} w_t \cdot G_t & \leq & -GW^* & \\
x_j & \leq & x_j^{max} & \forall\, j \in \{1, 2, \ldots, m\} \\
G_t;\, p;\, x_j & \geq & 0 & \forall\, t \text{ und } j
\end{array}$$

Schließlich ist die optimale Lösung wie zuvor durch den Simplexalgorithmus zu ermitteln, der den gesuchten Grenzpreis p* und das durch den Abgang des Kunstwerks veränderte und damit umstrukturierte optimale Investitions- und Finanzierungsprogramm liefert.

Ebenso wie im vorangehenden Abschnitt für den Erwerbsfall, soll die Ermittlung eines Entscheidungswerts auf Basis des ZGPM für den Veräußerungsfall im folgenden mit Hilfe eines einfachen Beispiels veranschaulicht werden. Legt man die Daten des Beispiels für den Erwerbsfall zugrunde und geht davon aus, daß das Kunstwerk F in

1 Vgl. HERING, Unternehmensbewertung (2006), S. 82.

der Ausgangssituation im Besitz des Kunstsammlers und damit Teil der autonomen Zahlungsströme ist, stellt sich das Basisprogramm wie folgt dar:

Zeitpunkt	t = 0	t = 1	t = 2	t = 3	t = 4
Kunstwerk H	–50				110
Geldanlage G_A	–60	–60	–60	–60	64,8
Geldanlage G_B	–90	–99,3	–159,065	–171,8183	180,4092
eigene Mittel M	200		50		
Kunstwerk F					**160**
Guthaben/Schuld	150	159,3	219,065	231,8183	**515,2092**

Tabelle 8: Das Basisprogramm des Kunstsammlers im Veräußerungsfall

Das Kunstwerk F steuert seinen Veräußerungserlös in t = 4 in Höhe von 160 GE zum Endvermögen bei. Der maximale Zielfunktionswert EW steigt damit gegenüber dem Beispiel für den Erwerbsfall um genau diesen Betrag auf 515,2092 GE an. Soll das Kunstwerk F nun veräußert werden, ist zu gewährleisten, daß das so realisierte Portefeuille mindestens wieder den Zielfunktionswert des Basisprogramms erreicht, bei gleichzeitiger Minimierung des zu vereinnahmenden Preises p*. Diese Bedingungen berücksichtigt der folgende lineare Ansatz:

$$\text{min. } W;\ W := P$$

$$\begin{array}{ll}
50\,H + 1\,G_{A0} + 1\,G_{B0} + p & \leq 200 \\
\quad -1{,}08\,G_{A0} - 1{,}05\,G_{B0} + 1\,G_{A1} + 1\,G_{B1} & \leq 0 \\
\quad -1{,}08\,G_{A1} - 1{,}05\,G_{B1} + 1\,G_{A2} + 1\,G_{B2} & \leq 50 \\
\quad -1{,}08\,G_{A2} - 1{,}05\,G_{B2} + 1\,G_{A3} + 1\,G_{B3} & \leq 0 \\
-110\,H - 1{,}08\,G_{A3} - 1{,}05\,G_{B3} + EW & \leq 0 \\
EW & \geq 515{,}2092 \\
G_{A0}, G_{A1}, G_{A2}, G_{A3} & \leq 60 \\
H, G_{A0}, G_{A1}, G_{A2}, G_{A3}, G_{B0}, G_{B1}, G_{B2}, G_{B3}, EW, p & \geq 0 \\
H \in \{0; 1\} &
\end{array}$$

Der Simplexalgorithmus berechnet den Grenzpreis mit 131,6324 GE. Fließt dem Kunstsammler dieser Betrag zu, dann verwendet er ihn gemäß Bewertungsprogramm zur Ausdehnung der Geldanlagen zu 5 % p.a. für alle t, nachdem er wie schon im Basisprogramm Kunstwerk H gekauft und die Geldanlagen zu 8 % p.a. in allen Zeitpunkten voll in Anspruch genommen hat. Tabelle 9 enthält den zugehörigen vollständigen Finanzplan.

Zeitpunkt	t = 0	t = 1	t = 2	t = 3	t = 4
Kunstwerk H	–50				110
Geldanlage G_A	–60	–60	–60	–60	64,8
Geldanlage G_B	–221,6324	–237,514	–304,1898	–324,1992	340,4092
eigene Mittel M	200		50		
p*	**131,6324**				
Guthaben/Schuld	281,6324	297,514	364,1898	374,1992	**515,2092**

Tabelle 9: Das Bewertungsprogramm des Kunstsammlers im Veräußerungsfall

Stellt man dem Bewertungsprogramm das Basisprogramm gegenüber, zeigt sich im Gegensatz zum Erwerbsbeispiel, daß sich die Umstrukturierungen im Veräußerungsfall auf die Grenzobjekte beschränken, die stets die Geldanlagen zu einem Habenzins in Höhe von 5 % p.a. darstellen.

3.1.2.2 Die Wertermittlung im Partialmodell

Die Beispiele der vorangehenden Abschnitts III.3.1.2.1.2 haben gezeigt, daß es beim Übergang vom Basis- zum Bewertungsprogramm durch die Aufnahme (Erwerbsfall) oder Herauslösung (Veräußerungsfall) des Bewertungsobjekts in das/aus dem Portefeuille des Kunstsammlers zu Umstrukturierungen kommt. Die Umstrukturierungen kommen in zwei Varianten vor.[1] Bei der ersten Variante unterscheiden sich die Grenzobjekte und infolgedessen die endogenen Grenzzinsfüße in den verschiedenen Zuständen des Basisprogramms von denen des Bewertungsprogramms. Bei der zweiten Variante der Umstrukturierung bleibt die Basislösung stabil, was bedeutet, daß die Veränderungen im Rahmen der Grenzobjekte stattfinden und letztere sich folglich auch nicht beim Übergang vom Basis- zum Bewertungsprogramm ändern. Das heißt aber, daß die Grenzzinsfüße in beiden Programmen dieselben sind, was wiederum zwingende Voraussetzung für die Gewährleistung der Grenzpreisermittlungsfähigkeit

[1] Vgl., auch im folgenden, HERING, Allgemeines Zustands-Grenzpreismodell (2000), S. 365 f.

des nachfolgend dargestellten Zukunftserfolgswertverfahrens ist und damit für die Entscheidungswertermittlung im Partialmodell.[1]

Die Ermittlung des Entscheidungswerts erfährt durch die Verwendung des Zukunftserfolgswertverfahrens eine Komplexitätsreduktion dadurch, daß nicht mehr die alternativen Portefeuilles von Basis- und Bewertungsprogramm einander gegenübergestellt und in bezug auf ihre Zielfunktionswerte verglichen werden, sondern das Bewertungsobjekt alleine mit der Alternativinvestition verglichen wird.[2] Das *Dualitätstheorem der linearen Optimierung*[3] gewährleistet dabei, daß die Bewertung des isolierten Zahlungsstroms eines Kunstwerks durch das Zukunftserfolgswertverfahren den (korrekten) Entscheidungswert ermitteln kann, der sicherstellt, daß die Interessen des Kunstsammlers gewahrt bleiben.[4] Die Gegenüberstellung von Bewertungsobjekt und Alternativinvestition erfolgt unter Anwendung des Gegenwartswertkalküls. Es werden hierbei die Zukunftserfolge[5] mittels der theoretisch richtigen Lenkpreise im Sinne der endogenen Grenzzinsfüße des Basisprogramms des ZGPM auf den Bewertungszeitpunkt diskontiert.[6]

Beschränken sich die Umstrukturierungen auf die Grenzobjekte, geht der Kunstsammler für die Bewertung eines Kunstwerks von einer endlichen Haltedauer von t Perioden ($t \in \{1, 2, ..., T\}$) aus, und prognostiziert er steuerkorrigierte Zahlungsüberschüsse aus dem Kunstwerk in Höhe von g_t in der Periode t, dann resultiert der Zukunftserfolgswert ZEW sowohl im Erwerbs- als auch Veräußerungsfall unter Ver-

[1] Vgl. LAUX/FRANKE, Bewertung von Unternehmungen (1969), S. 206 f. und 213 f., HERING, Allgemeines Zustands-Grenzpreismodell (2000), S. 366, MATSCHKE/BRÖSEL, Unternehmensbewertung (2007), S. 244 f.

[2] Vgl. SIEBEN, Bewertungs- und Investitionsmodelle (1967), S. 133, MATSCHKE/BRÖSEL, Unternehmensbewertung (2007), S. 244.

[3] Zum Dualitätstheorem vgl. unter anderem DANTZIG, Lineare Programmierung (1966), S. 148-155, WITTE/DEPPE/BORN, Lineare Programmierung (1975), S. 119-147, DINKELBACH, Operations Research (1992), S. 13-19, NEUMANN/MORLOCK, Operations Research (2002), S. 76-86, HERING, Investitionstheorie (2008), S. 142-165.

[4] Vgl. HERING, Unternehmensbewertung (2006), S. 34, 59-63 und 82 f. für den Fall der Vermögensmaximierung bei Kauf und Verkauf.

[5] Der „Zukunftserfolg" darf nicht als Saldo von Aufwand und Ertrag, mithin also als Größe des externen Rechnungswesens, mißinterpretiert werden. Unter dem im Kontext des Zukunftserfolgswertverfahrens gebrauchten Begriff „Zukunftserfolg" sind auch weiterhin Geldzuflüsse und -abflüsse zu verstehen. Vgl. zum Begriff des Zukunftserfolgs ausführlich MATSCHKE/BRÖSEL, Unternehmensbewertung (2007), S. 235 f.

[6] Gemäß dem Marginalprinzip sind die Grenzobjekte des besten alternativen Portefeuilles als Vergleichsobjekte heranzuziehen. Vgl. hierzu LAUX/FRANKE, Bewertung von Unternehmungen (1969), S. 213, MOXTER, Grundsätze (1983), S. 141.

wendung der steuerkorrigierten[1] endogenen Grenzzinsfüße des Basisprogramms i_τ^{Ba} oder des Bewertungsprogramms i_τ^{Be} durch:[2]

$$p^* = ZEW = \sum_{t=1}^{T} \frac{g_t}{\prod_{\tau}^{t}\left(1+i_\tau^{Ba}\right)} = \sum_{t=1}^{T} \frac{g_t}{\prod_{\tau}^{t}\left(1+i_\tau^{Be}\right)}$$

Der ZEW gibt an, welchen Preis der Kunstsammler im Erwerbsfall „höchstens [...] zahlen kann, ohne das durch eine Alternativverwendung des entsprechenden Betrages [in Form der Investition in das Grenzobjekt] erzielbare Erfolgsniveau zu unterschreiten“[3]. Analog gibt er dem Kunstsammler im Veräußerungsfall an, „welches Entgelt ihm [...] mindestens gezahlt werden muß, um den identischen Zielerfüllungsgrad wie mit [...] [dem Kunstwerk] durch eine anderweitige Anlage des erhaltenen Betrages [in der Form der Investition in das Grenzobjekt] sicherzustellen“[4].

Ist der Zukunftserfolgswert eines Kunstwerks ermittelt, so bedarf es weiterer Korrekturen etwa dann, wenn die Veräußerung innerhalb der Spekulationsfrist erfolgt und es aufgrund dessen zu einem gemäß § 23 Abs. 1 Satz 1 Nr. 2 EStG einkommensteuerrechtlich relevanten privaten Veräußerungsgeschäft[5] kommt. Der aus der Veräußerung erzielte Gewinn ist dann als „sonstige Einkünfte“ gemäß § 22 Nr. 2 EStG steuerbar. Der Grenzpreis ist aus diesem Grund um den Betrag der zu entrichtenden Steuer zu erhöhen, da die Besteuerung des Veräußerungsgewinns das wiederanlegbare Kapital reduziert. Der steuerkorrigierte Zukunftserfolgswert ZEW_{kor} stellt sich wie folgt dar:

$$ZEW_{kor} = ZEW + (ZEW_{kor} - AP) \times s_{VG}.$$

Hierbei handelt es sich bei s_{VG} um den zur Besteuerung des Veräußerungsgewinns maßgeblichen Steuersatz und bei AP um Abzugspositionen, denn steuerbar ist die Differenz zwischen Veräußerungserlös und einkommenssteuerrechtlich fixierten Ab-

---

1 Die Voraussetzung besteht darin, daß die im Totalmodell verarbeiteten Zahlungsreihen bereits steuerkorrigiert waren.

2 Vgl. hierzu die Ausführungen zur „vereinfachten“ Bewertung sowie Formel (21) in LAUX/FRANKE, Bewertung von Unternehmungen (1969), S. 210-214.

3 OLBRICH, Unternehmungsnachfolge (2005), S. 158.

4 OLBRICH, Unternehmungsnachfolge (2005), S. 158.

5 Vgl. Abschnitt II.1.1.3.3.2 sowie, auch im folgenden, MOXTER, Grundsätze (1983), S. 179 f., OLBRICH, Unternehmungsnachfolge (2005), S. 159 f.

zugspositionen, welche durch AP erfaßt sind und regelmäßig den Anschaffungskosten des Kunstwerks entsprechen. Durch Umformung der Gleichung ergibt sich:

$$ZEW_{kor} = \frac{ZEW - AP \times s_{VG}}{1 - s_{VG}}.$$

Neben einer solchen steuerbedingten Korrektur des Entscheidungswerts ist es darüber hinaus sowohl für den Erwerbs- als auch den Veräußerungsfall erforderlich, mit der Eigentumsübertragung einhergehende Transaktionskosten vom Zukunftserfolgswert in Abzug zu bringen beziehungsweise auf ihn aufzuschlagen, wie beispielsweise die Auf- und Abgelder des Auktionshauses. Sämtliche anfallenden Korrekturen sind gleichermaßen auf die im Totalmodell bestimmten Grenzpreise anzuwenden.

Mit Blick auf das Verhältnis von Wert und Preis läßt sich die Vorteilhaftigkeit einer Eigentumsänderung am Vorzeichen ihres Kapitalwerts ablesen. Aus Käufer- (C_K) und Verkäufersicht (C_V) ergibt sich folgender Zusammenhang zwischen ZEW und Preis:[1]

$$C_K = -p + ZEW_K \geq 0 \Leftrightarrow p \leq ZEW_K$$

$$C_V = p - ZEW_V \geq 0 \Leftrightarrow p \geq ZEW_V$$

Den im vorangehenden Abschnitt II.3.1.2.1.2 bestimmten Grenzpreis im Veräußerungsfall in Höhe von 131,6324 GE kann man aufgrund der Stabilität der Basislösung genauso gut als Zukunftserfolgswert bestimmen, indem man die steuerkorrigierte Zahlungsreihe von Kunstwerk F mit den periodenspezifischen Grenzzinsfüßen des Basis- oder Bewertungsprogramms diskontiert:

$$ZEW = \sum_{t=1}^{T} \frac{g_{Ft}}{\prod_{\tau}^{t}\left(1 + i_{\tau}^{Ba}\right)} = \sum_{t=1}^{T} \frac{g_{Ft}}{\prod_{\tau}^{t}\left(1 + i_{\tau}^{Be}\right)}$$

$$= \frac{160}{1{,}05^4} = 131{,}6324.$$

[1] Vgl. HERING, Unternehmensbewertung (2006), S. 37.

Für den Fall einer instabilen Basislösung verbleibt die Möglichkeit der „komplexen" Bewertung.[1] Eine Umstrukturierung, die über die Grenzobjekte hinausgeht, ist dabei um so wahrscheinlicher, je größer sich das Volumen des Bewertungsobjekts im Verhältnis zu den Grenzobjekten ausnimmt.[2] Im Erwerbsfall reicht dann die bloße Reduktion (Finanzierung mit eigenen Mitteln) oder Ausdehnung der Grenzobjekte (Finanzierung mit fremden Mitteln) nicht mehr aus, und es müssen weitere Investitionsmöglichkeiten verdrängt oder zusätzliches Fremdkapital aufgenommen werden, um die Erfolge des Kunstwerks abzubilden. In einem solchen Fall kann mit Hilfe der Dualitätstheorie eine Bewertung auch mit der folgenden komplexen Bewertungsformel durchgeführt werden, die sich nach Umformung ergibt:[3]

$$p^* = \underbrace{\sum_{t=1}^{n} g_{Kt} \cdot \rho_t}_{\substack{\text{Ertragswert des} \\ \text{Bewertungs-} \\ \text{objekts}}} + \underbrace{\sum_{t=0}^{n} c_t \cdot \rho_t - \sum_{KW_j > 0} x_j^{max} \cdot KW_j - \delta \cdot GW^*}_{\substack{\text{Kapitalwertänderung durch} \\ \text{Umstrukturierung vom Basis- zum} \\ \text{Bewertungsprogramm}}}.$$

Unter Berücksichtigung der Daten des Beispiels für den Erwerbsfall des Abschnitts II.3.1.2.1.2 und Verwendung der komplexen Formel der Bewertung ergibt sich exemplarisch für Kunstwerk F als Bewertungsobjekt:[4]

---

1 Vgl. hierzu die Ausführungen zur „komplexen" Bewertung bei LAUX/FRANKE, Bewertung von Unternehmungen (1969), S. 210-214.

2 Vgl. HERING, Allgemeines Zustands-Grenzpreismodell (2000), S. 366, HERING, Unternehmensbewertung (2006), S. 55.

3 Vgl. hierzu eingehend HERING, Unternehmensbewertung (2006), S. 61 f. *Nachrichtlich*: Für die Beziehung zwischen den endogenen Grenzzinsfüßen $i_\tau^{Be} \; \forall \, \tau \in \{1,...,t\}$ und den Abzinsungsfaktoren $\rho_t \; \forall \, t \in \{1,...,n\}$ auf den Zeitpunkt t = 0 gilt der Zusammenhang $\rho_t = \frac{1}{\prod_{\tau}^{t}\left(1+i_\tau^{Be}\right)} \; \forall \, t \in \{1,...,n\}$; vgl. HERING, Investitionstheorie (2008), S. 151.

4 Vgl. HERING, Unternehmensbewertung (2006), S. 61.

$$p^* = \underbrace{\sum_{t=1}^{n} g_{Ft} \cdot \rho_t}_{\substack{\text{Ertragswert des} \\ \text{Bewertungs-} \\ \text{objekts}}} + \underbrace{\left(\sum_{t=0}^{n} c_t \cdot \rho_t - \sum_{KW_j>0} x_j^{max} \cdot KW_j \right)}_{\substack{\text{Kapitalwert des} \\ \text{Bewertungsprogramms} \\ \text{(ohne das Bewertungsobjekt)}}} \underbrace{- EW^* \cdot \rho_n}_{\substack{\text{Kapitalwert des} \\ \text{Basisprogramms}}}.$$

$$= \frac{160}{1{,}08^2 \times 1{,}05^2}$$

$$+ \left(200 + \frac{50}{1{,}08^2} - 50 + \frac{110}{1{,}08^2 \times 1{,}05^2} - \frac{60}{1{,}08^2} + \frac{64{,}8}{1{,}08^2 \times 1{,}05} - \frac{60}{1{,}08^2 \times 1{,}05} + \frac{64{,}8}{1{,}08^2 \times 1{,}05^2} \right)$$

$$- \frac{355{,}2092}{1{,}08^2 \times 1{,}05^2}$$

$$= 129{,}475$$

Analog zum Erwerbsfall verhält es sich mit einer Veräußerung, bei der der Verkauf des Kunstwerks mit einem Verzicht auf einen derart breiten Zahlungsstrom einhergeht, daß sich die Umstrukturierungen nicht nur auf die Grenzobjekte beschränken, sondern vielmehr weitere Investitionsmöglichkeiten wahrgenommen werden müssen, um die Erfolge des veräußerten Kunstwerks nachzubilden. Nach Umformung ergibt für solche Konstellationen die folgende komplexe Bewertungsformel den Grenzpreis:[1]

$$p^* = \underbrace{\sum_{t=1}^{n} g_{Vt} \cdot \rho_t}_{\substack{\text{Ertragswert des} \\ \text{Bewertungs-} \\ \text{objekts}}} + \underbrace{\delta \cdot GW^* - \sum_{t=0}^{n} c_t \cdot \rho_t - \sum_{KW_j>0} x_j^{max} \cdot KW_j}_{\substack{\text{Kapitalwertänderung durch} \\ \text{Umstrukturierung vom Basis- zum} \\ \text{Bewertungsprogramm} \\ \leq 0}}.$$

[1] Vgl. HERING, Unternehmensbewertung (2006), S. 83.

Die „vereinfachte" Bewertung ermöglicht bei instabiler Basislösung nur noch die Festlegung eines Wertebereichs, in den der ZEW des Kunstwerks letztendlich fallen wird. Es ergibt sich im Erwerbsfall:[1]

$$ZEW^{Be} \leq p^* \leq ZEW^{Ba}$$

und im Veräußerungsfall:[2]

$$ZEW^{Ba} \leq p^* \leq ZEW^{Be}.$$

Nochmals bezugnehmend auf Daten des Beispiels für den Erwerbsfall ergeben sich folgende Intervallgrenzen:

$$ZEW_F^{Be} = \frac{160}{1{,}08^2 \times 1{,}05^2} = 124{,}4211$$

$$ZEW_F^{Ba} = \frac{160}{1{,}05^4} = 131{,}6324$$

In der Tat liegt der mittels Totalmodell bestimmte Grenzpreis mit 129,475 GE damit innerhalb der errechneten Intervallgrenzen.

3.2 Der Entscheidungswert als Grenzpreis unter Unsicherheit

3.2.1 Die verschiedenen Verfahren der Unsicherheitsberücksichtigung

Die für die Grenzpreisermittlung erforderliche Zukunftsbezogenheit führt unweigerlich zum Problem der Unsicherheit. Eine Bewertung unter Unsicherheit äußert sich in drei wesentlichen Aspekten, die das *offene Entscheidungsfeld* auszeichnen:[1]

---

[1] Vgl. ursprünglich LAUX/FRANKE, Bewertung von Unternehmungen (1969), S. 218-223. Ebenso, für den Fall des Erwerbs bei Vermögensmaximierung, HERING, Unternehmensbewertung (2006), S. 62 f.

[2] Vgl. ursprünglich LAUX/FRANKE, Bewertung von Unternehmungen (1969), S. 218-223. Ebenso, für den Fall des Verkaufs bei Vermögensmaximierung, HERING, Unternehmensbewertung (2006), S. 83.

1. Die Erwartungen für die Zahlungsüberschüsse sind mehrwertig.

2. Nicht alle Entscheidungsvariablen sind bekannt.

3. Der Zeitraum der Planung ist offen.

Grundsätzlich kann die Berücksichtigung der Unsicherheit im Bewertungskalkül auf dem Weg der Unsicherheitsverdichtung oder der Unsicherheitsaufdeckung erfolgen. Die *unsicherheitsverdichtenden Verfahren* suchen eine Komprimierung der Unsicherheit entweder auf der Ebene der Zahlungsüberschüsse oder auf der Ebene des Kapitalisierungszinsfußes umzusetzen. Eine Komprimierung auf der Ebene der Zahlungsüberschüsse verlangt die Überführung der mehrwertigen, in Form einer einfachen Bandbreite oder einer subjektiven Wahrscheinlichkeitsverteilung vorliegenden Zahlungsüberschüsse einer Periode in einen gleichwertigen einzelnen, jedoch sicheren Zahlungsüberschuß. Ist das Bewertungssubjekt bereit, den sicheren Zahlungsüberschuß – unter Beachtung seiner individuellen Risikoneigung – gegen die ursprüngliche Mehrwertigkeit von Zahlungsüberschüssen zu substituieren, spricht man auch von einem Sicherheitsäquivalent, dessen Ermittlung die Kenntnis der Risikonutzenfunktion des Bewertungssubjekts erfordert.[2] Alternativ zum Sicherheitsäquivalent kann die Komprimierung der Unsicherheit auf der Ebene des Kapitalisierungszinsfußes mittels eines Risikozuschlags erfolgen.[3] Derartige Adjustierungen des Diskontie-

[1] Vgl. ADAM, Planung und Entscheidung (1996), S. 16-25, ADAM, Investitionscontrolling (2000), S. 336-340, HERING, Investition (2000), S. 484 f., ROLLBERG, Unternehmensplanung (2001), S. 3 f., HERING, Investition und Unternehmensbewertung (2002), S. 49 f., HERING, Investitionstheorie (2008), S. 11 ff. Ferner BRETZKE, Berücksichtigung des Risikos (1976), BRETZKE, Unternehmungsbewertung (1988). Im theoretischen Idealfall unter Sicherheit agiert der Kunstsammler in einem geschlossenen Entscheidungsfeld und sieht sich insofern einer wohlstrukturierten Problemstellung gegenüber, was für seine Bewertungsproblematik bedeutet, daß ihm sämtliche, auch zukünftige Entscheidungsvariablen und ihre Zusammenhänge mit den Zahlungsüberschüssen für den gesamten Planungshorizont bekannt sind. Der Planungshorizont umfaßt dabei den gesamten Zeitraum seiner Sammlungsaktivität. Verfügt der Sammler über diese Kenntnis und ist er auch vorab darüber informiert, welcher Umweltzustand eintreten wird, so können sämtliche Zahlungsüberschüsse mit Sicherheit beschrieben werden und sind deshalb einwertig. Vgl. Abschnitt ALEXIS/WILSON, Decision Making (1967), S. 148-157, ADAM, Problematik der Planung (1980), S. 50 ff., ADAM, Planung in schlechtstrukturierten Entscheidungssituationen (1983), S. 485, HEINEN, Industriebetriebslehre (1991), S. 25.

[2] Vgl. zum Begriff des Sicherheitsäquivalents ENGELS, Betriebswirtschaftliche Bewertungslehre (1962), S. 69, SIEBEN/SCHILDBACH, Bewertung ganzer Unternehmungen (1979), S. 460, BALLWIESER, Wahl des Kalkulationszinsfußes bei der Unternehmensbewertung (1981), S. 101 f., BITZ, Entscheidungstheorie (1981), S. 88, BALLWIESER, Management Buy-out (1991), SIEGEL, Unsicherheitsberücksichtigung (1992), S. 23 f. und 88-93, SIEGEL, Unsicherheit und Komplexitätsreduktion (1994), S. 465-68, ADAM, Planung und Entscheidung (1996), S. 244 f., MATSCHKE/BRÖSEL, Unternehmensbewertung (2007), S. 170, BAMBERG/COENENBERG/KRAPP, Entscheidungslehre (2008), S. 78.

[3] Vgl. MELLEROWICZ, Wert der Unternehmung (1952), S. 73 f., BUSSE VON COLBE, Zukunftserfolg (1957), S. 109-115, ENGELS, Betriebswirtschaftliche Bewertungslehre (1962), S. 152-157,

rungszinses werden grundsätzlich subjektiv gewählt.[1] Unabhängig davon, für welchen Weg der Unsicherheitsverdichtung man sich entscheidet, ist sicherzustellen, daß der Zahlungsstrom und der Kapitalisierungszinsfuß sich in ihrer Unsicherheitsdimension entsprechen. So sind Sicherheitsäquivalente nicht mit einem risikoadjustierten Zinsfuß, sondern mit einem quasi-sicheren Zinsfuß zu diskontieren; und dem risikoadjustierten Diskontzins ist der Erwartungswert der Zahlungsüberschüsse gegenüberzustellen.[2]

Insgesamt zeichnen sich die unsicherheitsverdichtenden Verfahren durch die Bereitschaft aus, für das Ergebnis eines einwertigen Grenzpreises einen Informationsverlust in Kauf zu nehmen.[3] Letzterer rührt daher, daß der Entscheidung des Bewertungssubjekts nicht eine Bandbreite von Grenzpreisen, sondern ein auf die beschriebenen Weisen ermittelter Punktwert zugrunde liegt. Die Entscheidung über die Auswahl der Konzessionsgrenze erfolgt dann nicht mehr unternehmerisch, sondern formallogisch und wird mithin „weggerechnet".[4] Gleichermaßen kritikwürdig sind die Verfahren auch hinsichtlich ihrer jeweiligen Methodik. Für die Bildung eines Sicherheitsäquivalents etwa ist die Risikonutzenfunktion des Bewertungssubjekts erforderlich. Das

---

JAENSCH, Wert und Preis (1966), S. 66-72, MÜNSTERMANN, Wert und Bewertung (1970), S. 75-79, OLBRICH, Unternehmensbewertung (1981), S. 67 f., MOXTER, Grundsätze (1983), S. 155 f., SIEGEL, Unsicherheit und Komplexitätsreduktion (1994), S. 463 ff., HERING, Investitionstheorie (2008), S. 278-296.

1 Vgl. dazu die Vielfalt der Begründungen für die in der Literatur vorgeschlagenen Möglichkeiten der Ableitung von Risikozuschlägen beispielsweise bei BUSSE VON COLBE, Zukunftserfolg (1957), S. 109-113 oder bei JAENSCH, Wert und Preis (1966), S. 66-72. Ferner BUSSE VON COLBE/LAßMANN, Investitionstheorie (1990), S. 158, SIEGEL, Unsicherheitsberücksichtigung (1992), S. 23, HERING, Investitionstheorie (2008), S. 279 und 282. Subjektiv sind im übrigen auch die aus dem bereits in den Abschnitten II.2.1 und II.2.2 diskutierten Kapitalmarktgleichgewichtsmodell CAPM hergeleiteten risikoadjustierten Kapitalisierungszinsfüße, denn diese können sich, mit besonderem Blick auf die Ermittlung einer Risikoprämie für eine Kunstinvestition, nur durch Willkür auszeichnen, da der Prämissenkranz des CAPM derart restriktiv ausgestaltet ist, daß ihm Realitätsferne – insbesondere die Verhältnisse des Kunstmarkts betreffend – unterstellt werden muß. Subjektiv ist damit auch die praktische Umsetzung der Eruierung von Kapitalisierungszinsfüßen unter Beachtung des CAPM. Beispielsweise führt die Berechnung eines Betafaktors in Abhängigkeit davon, welchen Zeitraum man zugrunde legt, mit welcher Methode man die historische Rendite des zu bewertenden Kunstwerks errechnet und welches Marktportefeuille man wählt, zu sehr divergenten Ergebnissen. Siehe hierzu auch BAETGE/KRAUSE, Berücksichtigung des Risikos (1994), S. 454, BÖCKING/NOWAK, Typisierungsproblematik (1998), S. 688. Vgl. insbesondere Abschnitt II.2.2, für eine allgemeine Kritik am CAPM vgl. HERING, Investition und Unternehmensbewertung (2002), S. 54-59, HERING, Investitionstheorie (2008), S. 283-296.

2 Vgl. BALLWIESER, Komplexitätsreduktion bei einer prognose-orientierten Unternehmensbewertung (1980), S. 53, BALLWIESER, Wahl des Kalkulationszinsfußes bei der Unternehmensbewertung (1981), S. 102, BALLWIESER, Management Buy-out (1991), S. 90 f., SIEBEN, Unternehmensbewertung (1993), Sp. 4325.

3 Vgl. COENENBERG, Monte-Carlo-Simulation (1970), S. 804, OLBRICH, Unternehmungsnachfolge (2005), S. 171.

4 Vgl. HERING, Investition und Unternehmensbewertung (2002), S. 54.

kann sich in der Praxis als äußerst schwierig erweisen,[1] wobei der Komplexitätsgrad sich noch weiter erhöht, wenn mehrere Risikonutzenfunktionen ermittelt werden müssen, um die Präferenzen mehrerer Bewertungssubjekte zu vereinbaren.[2] Die Verwendung eines risikoadjustierten Diskontzinses ist in vielfacher Hinsicht problematisch:[3] „Bewertungsmechanisch" betrachtet, führt die Justierung des Diskontzinses zu einer unbegründet starken Belastung von weiter in der Zukunft liegenden Zahlungsüberschüssen.[4] Darüber hinaus ist nicht garantiert, daß unter der Voraussetzung bestimmter Zahlungsstromkonstellationen die angestrebte Kapitalwertminderung bei Verwendung eines Risikozuschlags überhaupt erreicht wird.[5] Konzeptionell ist vor allem zu bemängeln, daß die Verwendung objektspezifischer und damit nicht zustandsspezifischer Zinsfüße vor dem Hintergrund einer lenkpreistheoretischen Betrachtungsweise unangebracht ist.[6]

In Frontstellung zu den unsicherheitsverdichtenden Verfahren stehen die *unsicherheitsaufdeckenden Verfahren*.[7] Ihr Ziel ist es, das Bewertungssubjekt darüber in Kenntnis zu setzen, wie der Zielwert auf Veränderungen bestimmter Eingangsdaten reagiert und innerhalb welcher Bandbreite er sich infolgedessen bewegen kann. Ein Informationsverlust, wie er im Rahmen der unsicherheitsverdichtenden Verfahren aufgezeigt wurde, wird auf diese Weise vermieden. Die Auswahl des Zielwerts aus der errechneten Bandbreite ist dann letztlich eine von der individuellen Risikoneigung des Entscheidungssubjekts abhängige unternehmerische Entscheidung.[8] Im folgenden werden die Verfahren der Sensitivitätsanalyse und der Risikoanalyse vorgestellt.

---

[1] Ist die Risikonutzenfunktion ermittelt, kann zudem nicht davon ausgegangen werden, daß sie über den kompletten Planungshorizont stabil ist, da sich die Präferenzen des Bewertungssubjekts über die Zeit ändern können. Vgl. hierzu und zur Risikonutzenfunktion grundsätzlich SIEGEL, Unsicherheit und Komplexitätsreduktion (1994), S. 466, ADAM, Planung und Entscheidung (1996), S. 249, HERING, Investition und Unternehmensbewertung (2002), S. 54, MATSCHKE/BRÖSEL, Unternehmensbewertung (2007), S. 170.

[2] Vgl. HERING, Investition und Unternehmensbewertung (2002), S. 54, MATSCHKE/BRÖSEL, Unternehmensbewertung (2007), S. 170.

[3] Vgl. dazu eingehend HERING, Investitionstheorie (2008), S. 278-283.

[4] Vgl. MYERS, Financial Strategy (1984), S. 132, BUSSE VON COLBE/LAßMANN, Investitionstheorie (1990), S. 158 f.

[5] Vgl. dazu das Beispiel von HERING, Investitionstheorie (2008), S. 281.

[6] Vgl. RUDOLPH, Neuere Kapitalkostenkonzepte (1986), S. 893.

[7] Vgl. zur Zweckmäßigkeit offenlegender Verfahren beziehungsweise zur Unzweckmäßigkeit verdichtender Verfahren eingehend HERING, Unternehmensbewertung (2006), S. 11-14.

[8] Vgl. OLBRICH, Unternehmungsnachfolge (2005), S. 171.

Die *Sensitivitätsanalyse* existiert in zwei Varianten:[1] Das Ziel der Sensitivitätsanalyse der ersten Art besteht darin, festzustellen, innerhalb welcher Grenzen die Eingangsdaten schwanken dürfen (kritische Werte), ohne daß sich die optimale Lösung verändert. Die Sensitivitätsanalyse der zweiten Art befaßt sich dagegen mit der Feststellung einer Bandbreite optimaler Lösungen, die unter Annahme unterschiedlicher Datenszenarien (pessimistisch, realistisch, optimistisch) berechnet wird.[2] Die *Risikoanalyse* ist demgegenüber ein Verfahren, welches geschätzte Verteilungen von Eingangsdaten auf analytischem oder simulativem Wege miteinander kombiniert und daraus eine statistische Verteilung für den Zielwert ableitet. Sowohl die Sensitivitätsanalyse der zweiten Art, unter Verwendung des Totalmodells, als auch die simulative Risikoanalyse, unter Verwendung des Partialmodells, sollen im folgenden beispielhaft dargestellt werden.

3.2.2 Die Sensitivitätsanalyse der zweiten Art[3]

Im Beispiel des Abschnitts II.3.1.2.1.2 ergab sich aufgrund der in Tabelle 5 unterstellten Entscheidungssituation der Zielfunktionswert des Basisprogramms für den Erwerbsfall mit 355,2092 GE. Soll dieser Erfolg auch dann noch erzielt werden, wenn das Kunstwerk F zum Bestandteil des Portefeuilles des Kunstsammlers geworden ist, darf dieser nicht mehr als seinen durch das Bewertungsprogramm bestimmten Grenzpreis in Höhe von 129,475 GE für das Objekt entrichten. Dieses Datenszenario soll nunmehr die realistische Variante darstellen und der dort ermittelte Grenzpreis die Bezeichnung p^*_{real} tragen. Ferner legt der Kunstsammler seiner Bewertung, zum Zwecke der eingehenden Analyse der Unsicherheit, noch ein pessimistisches und ein optimistisches Datenszenario zugrunde. Seine Schätzung erfolgt unter der Annahme, daß die Verfassung des Kunstmarkts entweder sehr instabil oder aber außerordentlich gut ist. Infolgedessen paßt er die Zahlungsreihen für die Kunstwerke H und F an. Er berücksichtigt dabei den Umstand, daß die Kunstwerke von unterschiedlicher künstlerischer Qualität sind, indem er annimmt, daß diese auf die unterstellten Gesamtmarktschwankungen mit unterschiedlicher Intensität reagieren. Im pessimistischen

---

1 Vgl. DINKELBACH, Parametrische Programmierung (1969), GAL, Sensitivitätsanalyse (1973), DINKELBACH, Sensitivitätsanalysen (1979), ALTROGGE, Investition (1996), S. 385-389, ADAM, Investitionscontrolling (2000), S. 354 ff., HERING, Investition (2000), S. 484 ff., ROLLBERG, Unternehmensplanung (2001), S. 192 f., BITZ/EWERT/TERSTEGE, Investition (2002), S. 217-226, HERING, Investition und Unternehmensbewertung (2002), S. 50 ff., BITZ, Investition (2005), S. 136-140, HERING, Investitionstheorie (2008), S. 308-320.

2 Zum Zwecke der Vermeidung unnötiger Komplexität kann es als vertretbar angesehen werden, sich bei der Abschätzung von Datenszenarien auf nur eine „Handvoll" von Möglichkeiten zu beschränken. Vgl. MATSCHKE, Wertarten nach der Art ihrer Ermittlung (2008), S. 856.

3 Ähnliche Beispiele finden sich bereits bei BRÖSEL, Medienrechtsbewertung (2002), S. 125-128, MATSCHKE/BRÖSEL, Unternehmensbewertung (2007), S. 228-232.

Datenszenario prognostiziert der Kunstsammler für Kunstwerk H deshalb die den Kaufpreis enthaltende Zahlungsreihe (-50, 80), während er für Kunstwerk F von einem Veräußerungserlös in Höhe von 130 GE ausgeht. Die ihm in t = 2 zur Verfügung stehenden eigenen Mittel M setzt er nun nur noch mit 35 GE an. Davon abgesehen verändern sich die Daten der ursprünglichen Datensituation nicht. Weiterhin stehen 200 GE eigene Mittel im Bewertungszeitpunkt bereit und es besteht die Möglichkeit, auf zwei jährliche Geldanlagen (G_A, G_B) zuzugreifen. Tabelle 10 gibt einen Überblick über das für den pessimistischen Fall korrigierte Datenszenario.

Jahr t	H	G_{A0}	G_{A1}	G_{A2}	G_{A3}	G_{B0}	G_{B1}	G_{B2}	G_{B3}	vordisponierte Zahlungen M	vordisponierte Zahlungen F
0	–50	–1				–1				200	p?
1		1,08	–1			1,05	–1				
2			1,08	–1			1,05	–1		35	
3				1,08	–1			1,05	–1		
4	80				1,08				1,05		130
Grenze	1	60	60	60	60	∞	∞	∞	∞		

Tabelle 10: Die Entscheidungssituation im pessimistischen Datenszenario

Unter den gegebenen Bedingungen ergibt sich nach Veränderungen des linearen Ansatzes des Basisprogramms der realistischen Variante ein pessimistisches Basisprogramm mit einem Zielfunktionswert von 308,6717 GE.[1] Dem üblichen Prozedere folgend, muß der durch das Bewertungsprogramm berechnete Grenzpreis unter der Bedingung maximiert werden, daß das im Basisprogramm erzielte Endvermögen mindestens wieder erreicht wird. Es ergibt sich dann der maximal zahlbare Preis p^*_{pes} mit 106,1461 GE.

Im optimistischen Datenszenario bietet die überdurchschnittlich gute Verfassung des Kunstmarkts die Möglichkeit der Vereinnahmung außergewöhnlich hoher Veräußerungserlöse. Der Kunstsammler setzt aus diesem Grund für Kunstwerk H die den Kaufpreis beinhaltende Zahlungsreihe (– 50, 120) an und für Kunstwerk F einen Veräußerungserlös von 185 GE. Die eigenen Mittel M setzt er in t = 2 nun mit 80 GE an. Alle anderen Daten bleiben gleich, wie die Tabelle 11 illustriert. Unter den optimisti-

[1] Neben der Anpassung und erneuten Lösung des linearen Optimierungsansatzes besteht eine alternative Möglichkeit der Ermittlung des pessimistischen Basisprogramms darin, einen von HERING dargestellten Lösungsalgorithmus auf das bisherige Basisprogramm-Optimaltableau anzuwenden. Vgl. HERING, Investitionstheorie (2008), S. 312-315.

schen Bedingungen kann der Kunstsammler aufgrund des Basisprogramms mit einem maximalen Endwert von 398,2842 GE rechnen. Das zugehörige Bewertungsprogramm bemißt den maximal zahlbaren p^*_{opt} mit 148,9158 GE.

Jahr t	H	G_{A0}	G_{A1}	G_{A2}	G_{A3}	G_{B0}	G_{B1}	G_{B2}	G_{B3}	vordisponierte Zahlungen	
										M	F
0	–50	–1				–1				200	p?
1		1,08	–1			1,05	–1				
2			1,08	–1			1,05	–1		80	
3				1,08	–1			1,05	–1		
4	120				1,08				1,05		185
Grenze	1	60	60	60	60	∞	∞	∞	∞		

Tabelle 11: Die Entscheidungssituation im optimistischen Datenszenario

Die einfache Sensitivitätsanalyse mit drei Datenszenarien versorgt den Kunstsammler gegenüber der Ausgangssituation, die auf nur einem Datenszenario beruht, mit zusätzlicher Information, die ihn zu einer umfassenderen Entscheidung befähigt. Im Anschluß an die Generierung der Grenzpreisbandbreite obliegt es dem Kunstsammler, einen Grenzpreis aus der Bandbreite gemäß seiner individuellen Risikoneigung auszuwählen.

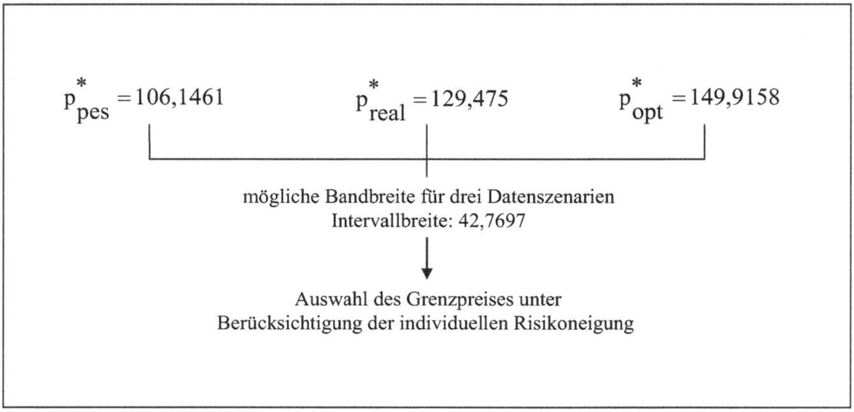

Abbildung 7: Grenzpreisauswahl unter Unsicherheit

3.2.3 Die simulative Risikoanalyse

Die simulative Risikoanalyse[1] produziert durch mehrfache Wiederholung eines Zufallsprozesses, der auf die Wahrscheinlichkeitsverteilungen von in die Bewertung eingehenden Größen (Zahlungsreihen, Kalkulationszinsfüße) zurückgreift, eine statistische Verteilung des Zielwerts. Ihre Durchführung umfaßt insgesamt drei Arbeitsschritte, wobei der erste darin besteht, die Wahrscheinlichkeitsverteilungen der Eingangsdaten abzuschätzen. Obwohl dieser Schritt für die Ergebnisse der Risikoanalyse besonders bedeutsam ist, wird das Entscheidungssubjekt mangels besserer Informationen häufig nur auf Standardverteilungen (Normal-, Dreiecks-, Gleichverteilung) zurückgreifen können. Aufgrund ihrer Bedeutung für den Zahlungsstrom eines Kunstwerks sollte die Modellierung der Wahrscheinlichkeitsverteilung für den Veräußerungserlös mit äußerster Sorgfalt erfolgen und die für das jeweilige Kunstwerk geltenden Besonderheiten berücksichtigen. In diesem Zusammenhang ist zu konstatieren, daß der zukünftige Veräußerungserlös einzelner Kunstwerke sprunghaften

1 Zu dem im folgenden erläuterten Vorgehen der Risikoanalyse vgl. HERTZ, Risk Analysis (1964), COENENBERG, Monte-Carlo-Simulation (1970), DIRUF, Risikoanalyse (1972), KRUSCHWITZ, Risikoanalyse aus theoretischer Sicht (1980), KEPPE/WEBER, Partielle Wahrscheinlichkeitsinformation (1993), ADAM, Planung und Entscheidung (1996), S. 265-280, ALTROGGE, Investition (1996), S. 391-398, HERING, Investition (2000), S. 486-490, GÖTZE/BLOECH, Investitionsrechnung (2002), S. 414-421, HERING, Investition und Unternehmensbewertung (2002), S. 52 ff., BAMBERG/DORFLEITNER/KRAPP, Unternehmensbewertung (2006), HERING, Investitionstheorie (2008), S. 320-325.

Veränderungen unterliegen kann, etwa dann, wenn das jeweilige Kunstwerk aufgrund neuer kunstwissenschaftlicher Erkenntnisse nicht mehr dem Œuvre eines bestimmten Künstlers zugeschrieben wird. Die Bandbreite der Veräußerungserlöse läßt sich in derartigen Fällen dann aber nicht als gleichmäßige Verteilung um ihren Erwartungswert herum beschreiben. Ähnlich gelagert ist die Problematik für Kunstwerke junger, noch unbekannter Künstler. Für deren Objekte besteht grundsätzlich die Möglichkeit, daß sich zukünftige Veräußerungserlöse entweder auf einem bestimmten Preisniveau einpendeln und diese Werke mithin zum Vermögensgegenstand werden, oder aber sie können sich nicht etablieren und bleiben unverkäuflich. Im Umkehrschluß ergibt sich, daß die Normalverteilungen beispielsweise dann eine plausible Annahme darstellen, wenn solche Bewertungsobjekte Gegenstand der Risikoanalyse sind, bei denen davon ausgegangen werden kann, daß deren künstlerische Qualität zur Konvention geworden und auch die Frage der Zuordnung zu einem Künstler abschließend geklärt ist.

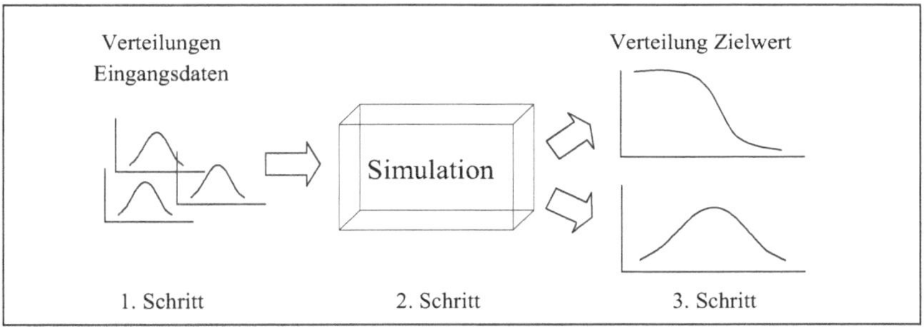

Abbildung 8: Schematische Darstellung der simulativen Risikoanalyse

Im zweiten Schritt erfolgt eine iterative, rechnergestützte Auswertung der geschätzten Verteilungen in der Weise, daß Zufallszahlen für alle unsicheren Größen gezogen werden, um auf deren Basis den Zielwert zu berechnen (Simulation). Der Zielwert wird im Anschluß an den jeweiligen Berechnungsvorgang im Speicher des Rechners vorgehalten. Nach einer ausreichenden Anzahl von Iterationen ergibt sich schließlich eine Häufigkeitsverteilung des Zielwerts. Im dritten Schritt erfolgt die Auswertung und Aufbereitung der gewonnenen Daten. Dabei können wichtige Verteilungsparameter (Mittelwert, Median, Varianz) berechnet werden, oder es kann eine Aufbereitung der Daten in graphischer Form stattfinden (z.B. Häufigkeitsfunktion, Summenhäufigkeitsfunktion, Risikoprofil, Sensitivitätsdiagramm). Nach erfolgter Auswertung und Aufbereitung der Daten obliegt es wiederum alleine der unternehmerischen Entscheidung des Kunstsammlers, einen Grenzpreis aus der Bandbreite gemäß seiner individuellen Risikoneigung auszuwählen. Abbildung 8 gibt einen schematischen Überblick über die Schritte der simulativen Risikoanalyse.

Die Veranschaulichung der Bewertung eines Kunstwerks mit Hilfe der simulativen Risikoanalyse soll nun anhand eines einfachen Beispiels und unter Rückgriff auf das Zukunftserfolgswertverfahren dargestellt werden. Hierbei erwägt ein Kunstsammler die Möglichkeit, ein Objekt seiner Sammlung im Entscheidungszeitpunkt t = 0 zu veräußern. Von seiten eines Museums liegt die Anfrage vor, das in Rede stehende Kunstwerk für die Dauer von einem Jahr im Rahmen einer temporären Ausstellung gegen eine sichere Mietzahlung in Höhe von 22,5 GE in t = 1 anzumieten. Darüber hinaus könnte der Kunstsammler, unterbliebe die Veräußerung, nach zwei Jahren in t = 2 einen normalverteilten Veräußerungserlös mit einem Erwartungswert von 150 GE und einer Standardabweichung von 16 vereinnahmen. Der Kunstsammler kennt seinen endogenen Grenzzinsfuß für das erste Jahr; es handelt sich um einen Habenzins in Höhe von 8 %. Im zweiten Jahr des Planungshorizonts ist der Habenzins gleichverteilt auf dem Intervall [5 %; 10 %]. Nach 10.000 Berechnungsexperimenten ergibt sich die folgende Häufigkeitsfunktion des Zukunftserfolgswerts:

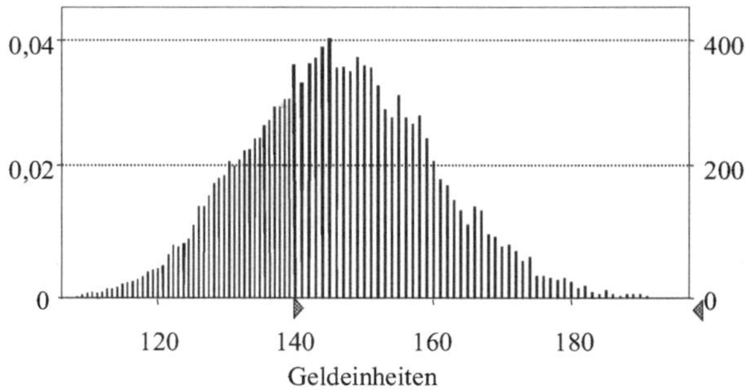

Abbildung 9: Die Häufigkeitsfunktion des Grenzpreises bei der Veräußerung

Der Mittelwert des Grenzpreises beläuft sich auf 149,45 GE. Eine alternative Aufbereitung der Ergebnisse stellt das in der folgenden Abbildung angeführte Risikoprofil dar. Dem Risikoprofil ist zu entnehmen, mit welcher Wahrscheinlichkeit ein bestimmter Abszissenwert überschritten wird. Im hiesigen Beispiel liegt die Wahrscheinlichkeit dafür, daß der Grenzpreis größer als 140 GE ist, bei 74,75 %.

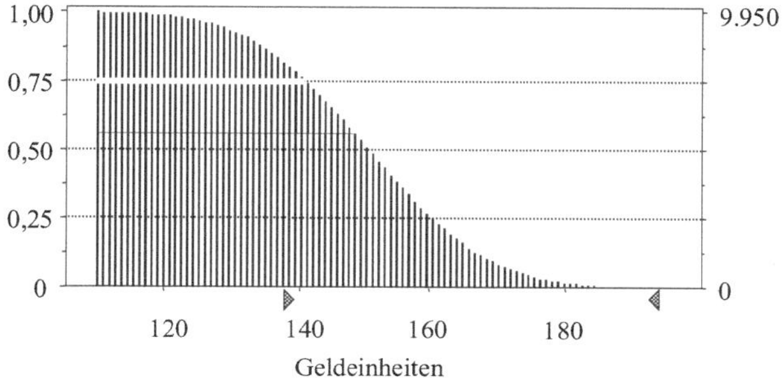

Abbildung 10: Das Risikoprofil des Grenzpreises bei der Veräußerung

III. Heuristische Entscheidungswertermittlung

1. Die Heuristik als Strukturierungsregel

1.1 Der Begriff der Heuristik

In seiner erkenntnistheoretischen Abhandlung über die Methode des richtigen Vernunftgebrauchs und der wissenschaftlichen Wahrheitsforschung beschreibt DESCARTES vier grundlegende Regeln des Denkens, von denen die zweite Regel vorsieht, „de diviser chacune des difficultés que j'examinais, en autant de parcelles qu'il se pourrait, et qu'il serait requis pour les mieux résoudre"[1]. DESCARTES empfiehlt, schwierige Probleme zunächst in ihre Teilprobleme zu zerlegen, um sodann durch deren Lösung zu einer besseren Gesamtlösung des Ausgangsproblems zu gelangen. Diese Vorgehensweise entspricht dem Konzept der Heuristik, das im folgenden Anwendung findet.[2] Die Heuristik beschreibt eine für den Einzelfall entwickelte *Strukturierungsregel*, die dort erforderlich ist, wo eine schlechtstrukturierte Problemstellung existiert und eine optimale Lösung des Ausgangsproblems nicht erfolgen kann. Die Strukturierungsregel legt einen Transformationsvorgang fest, der durch inhaltliche Argumentation die Aufspaltung des nichtlösbaren Ausgangsproblems in elementare, aber lösbare, weil wohlstrukturierte Unterprobleme gewährleistet. Die Zusammenführung der Lösungen der Unterprobleme ermöglicht dann eine insgesamt zufriedenstellende Lösung des Ausgangsproblems.

Die Schlechtstrukturierung eines Ausgangsproblems äußert sich in vier verschiedenen Strukturdefekten:

1. Ein *Wirkungsdefekt* liegt vor, wenn die Art und Anzahl der problemrelevanten Variablen nicht bekannt und/oder der Zusammenhang zwischen dem Niveau einer Variablen und den Ausprägungen der für die Problemstellung relevanten Merkmale nicht ersichtlich ist.

2. Ein *Bewertungsdefekt* resultiert aus einem Mangel an Informationen, die für eine Quantifizierung der relevanten Merkmale benötigt werden.

---

[1] DESCARTES, Discours de la Méthode (1997), S. 30.

[2] Vgl. für die folgenden Ausführungen zum heuristischen Vorgehen als Reaktion auf eine mit Strukturdefekten behaftete Problemsituation ADAM/WITTE, Gut- und schlechtstrukturierte Planungssituationen (1979), ADAM, Bewertungsdefekte Problemsituationen (1980), ADAM, Planungsüberlegungen (1980), ADAM, Wirkungsdefekte Problemsituationen (1980), ADAM, Planung in schlechtstrukturierten Entscheidungssituationen (1983), ADAM, Heuristische Planung (1989).

3. Unter einem *Zielsetzungsdefekt* versteht man zum einen die Möglichkeit konkurrierender Zielsetzungen, zum anderen beschreibt er Situationen, in denen Unklarheit über die zu verfolgende Zielsetzung herrscht.

4. Ein *Lösungsdefekt* kann sich darin äußern, daß ein Problem rechnerisch nicht mehr in annehmbarer Zeit zu bewältigen ist, weil keine effizienten Lösungsverfahren existieren. Des weiteren sind Probleme mit mehreren Parametern in der Koeffizientenmatrix lösungsdefekt.[1]

Das bereits beschriebene offene Entscheidungsfeld verdeutlicht den Zielsetzungs-, Wirkungs- und Bewertungsdefekt der allgemeinen Entscheidungswertermittlung unter Unsicherheit. Da Entscheidungswertermittlungen unter Unsicherheit, denen ein Kunstwerk als Bewertungsobjekt zugrunde liegt, Unterfälle des allgemeinen Problems darstellen, sind auch sie mit diesen Defekten behaftet. Eine Heuristik hat demgegenüber aber die Eigenschaft, problemspezifisch zu sein, weshalb das von ihr beschriebene Verhaltensmuster individuell für das konkrete Ausgangsproblem zu entwickeln und nur auf dieses anwendbar ist. Grundsätzlich gültige Aussagen für Ausgangsprobleme beliebiger Struktur sind nicht möglich.

1.2 Der Kunstsammler in einer strukturdefekten Bewertungssituation

Zum Zwecke der Gestaltung eines sinnvollen Transformationsprozesses sind die Strukturdefekte des Ausgangsproblems zu entlarven. Die Entscheidungswertermittlung des Kunstsammlers ist mit allen vier Strukturdefekten behaftet:

1. *Zielsetzungsdefekt*: Aufgrund der Unsicherheit der Zukunft tritt ein Sicherheitsziel neben das Gewinnziel des Kunstsammlers, da die mit einem Kunstwerk in Verbindung stehenden Zahlungsüberschüsse nicht nur zu Gewinnen, sondern auch zu Verlusten führen können.[2] Der Kunstsammler sieht sich folglich mit einem Abwägungsprozeß konfrontiert, bei dem er – gemäß seiner subjektiven Risikoneigung – entscheiden muß, ob das mit dem Kunstwerk einhergehende Verhältnis von Gewinnchance und Verlustgefahr akzeptabel für ihn ist. Ferner weist jedes Bewertungsvorhaben des Kunstsammlers auch deshalb einen Zielsetzungsdefekt auf, weil der der finanziellen Zielsetzung zugrunde liegende Planungshorizont un-

---

1 Vgl. HERING, Unternehmensbewertung (2006), S. 127. Ferner DINKELBACH, Parametrische Optimierung (1969), S. 134-138, GAL, Sensitivitätsanalyse (1973), S. 241. Ein Parameter beschreibt in diesem Zusammenhang eine Variable der Gesamtanalyse, die für eine konkrete Teilanalyse fixiert wird.

2 Vgl. HERING, Investitionstheorie (2008), S. 13 ff.

ter Unsicherheit nur willkürlich abgrenzbar ist.[1] Eine willkürliche Abgrenzung führt jedoch grundsätzlich zu vertikalen Interdependenzen.

2. *Wirkungsdefekt*: Die relevanten Merkmale einer investitionstheoretischen Beurteilung stellen die Zahlungsüberschüsse in den betrachteten Perioden des Planungshorizonts dar. Voraussetzung für die Ermittlung eines brauchbaren Entscheidungswerts ist die treffende Schätzung sowohl der Höhe als auch des zeitlichen Anfalls der Zahlungsüberschüsse. Dies gelingt dem Kunstsammler in einer realen Bewertungssituation nicht in optimaler Weise, denn ihm sind sowohl die Art und Anzahl der für die Zahlungsüberschüsse relevanten Variablen nicht umfassend bekannt als auch der Zusammenhang zwischen den Variablen und den Zahlungsüberschüssen selbst. Erwirbt der Kunstsammler beispielsweise ein Kunstwerk auf dem Primärmarkt, dann ist ihm nicht vollständig bekannt, wie sich die Produktion des Künstlers in Zukunft entwickeln wird, auf welche Art und Weise dessen Galerist das Œuvre in den Markt lenkt und kommuniziert beziehungsweise wie sich das auf den Preis des Kunstwerks auswirkt. Ebenso mag ihm nicht bewußt sein, wie viele andere Kunstsammler den Künstler sammeln und um welche Kunstsammler es sich dabei konkret handelt, oder ob der Künstler Preise gewinnen und ein Museum ihm eine Ausstellung widmen wird. Erwirbt der Kunstsammler dagegen ein Kunstwerk auf dem Sekundärmarkt, ist meist nur ungefähr oder überhaupt nicht einschätzbar, ob es bedeutende Museen geben wird, die dem Künstler des Kunstwerks eine Retrospektive widmen und das Objekt hierfür anfragen, ob das Kunstwerk sich nach Erwerb als Fälschung herausstellt oder ob es einem anderen Künstler zugeschrieben wird. Den Zeitpunkt der Veräußerung betreffend ist unklar, inwieweit der Veräußerungserlös auf einer Auktion durch Händlerkartellabsprachen gestört wird, welche anderen Kunstwerke auf der Auktion angeboten werden oder wie das Bietgefecht verlaufen wird.

3. *Bewertungsdefekt*: Auch ein Bewertungsdefekt beeinträchtigt die Ermittlung der Zahlungsüberschüsse. So mag ein Kunstsammler zwar beispielsweise zutreffenderweise davon ausgehen, daß sich die Leihgabe des Bewertungsobjekts an ein Museum positiv auf die Wertentwicklung auswirkt, indes wird ihm eine exakte Quantifizierung dieses Effekts nicht gelingen. Ein derartiger Defekt gilt aufgrund der herrschenden Unsicherheit für einen Großteil der Variablen, von denen die Zahlungsüberschüsse abhängig sind.

4. *Lösungsdefekt*: Die Verdichtung der der Bewertung zugrunde liegenden Daten zum Entscheidungswert ist in einigen Fällen durch einen Lösungsdefekt gekennzeichnet, weil beispielsweise Problemstellungen vorliegen, die mehr als einen Parameter beinhalten. Ein solcher Fall ist dann gegeben, wenn der Kunstsammler mehrere Kunstwerke gleichzeitig bewerten möchte. Die Entscheidungswerte sind

[1] Vgl. HERING, Investitionstheorie (2008), S. 11 f.

dann nur in Abhängigkeit voneinander und im Wege eines heuristischen Vorgehens ermittelbar. Darüber hinaus werden weitere heuristische Vereinfachungen erforderlich, wenn mehr als drei Kunstwerke gleichzeitig bewertet werden müssen. Mit einem Lösungsdefekt sieht sich der Kunstsammler auch immer dann konfrontiert, wenn sich sein Investitions- und Finanzierungsprogramm insgesamt komplex gestaltet und ihm seine endogenen Grenzzinsen ex ante nicht bekannt sind. Ein sehr umfangreiches Totalmodell mag dann kaum mehr effizient, sprich in angemessener Zeit und mit angemessenem Aufwand, zu lösen sein.

Es wurde deutlich, daß die Bewertungssituation des Kunstsammlers mit allen Strukturdefekten behaftet ist. Es resultiert hieraus die Notwendigkeit der Überführung des schlechtstrukturierten Ausgangsproblems in mehrere wohlstrukturierte Unterprobleme mit dem zusätzlichen Effekt der Komplexitätsreduktion. Die Unterprobleme werden dann einer unter den gegebenen Umständen akzeptablen Lösung zugeführt, um so zu einem zwar nicht optimalen, zumindest aber insgesamt zufriedenstellenden Ergebnis im Sinne einer Bandbreite von Entscheidungswerten zu gelangen. Die heuristische Ermittlung einer solchen Bandbreite von Entscheidungswerten erfolgt durch sechs Transformationsschritte:

1. Die Eigentumsübertragung an einem Kunstwerk kann immer nur dann stattfinden, wenn sie durch das Sachziel des Kunstsammlers legitimiert wurde. Geht der Erwerb/die Veräußerung des Kunstwerks mit einer adäquaten Entwicklung des Sammlungskonzepts einher, kann eine Überprüfung des Formalziels, sprich der finanziellen Zielsetzung, erfolgen. Die in Abschnitt II.1.3.4 dargestellte Zielebenenunterscheidung wirkt folglich wie ein Auswahlfilter, durch den überprüft wird, ob das Bewertungsobjekt überhaupt für eine investitionstheoretische Betrachtung in Frage kommt. Es ist allerdings zu beachten, daß dieser Mechanismus in bestimmten Fällen der Veräußerung aufgeweicht wird oder aber gänzlich entfällt, wenn es die betriebswirtschaftliche (Not-)Situation des Kunstsammlers nur eingeschränkt oder überhaupt nicht zuläßt, die Erfüllung des Sachziels zu berücksichtigen.

2. Es bedarf im zweiten Schritt der Entscheidungswertermittlung einer Systematisierung des jeweils vorliegenden Bewertungsanlasses in den bekannten Konfliktsituationen der funktionalen Bewertungstheorie (Abschnitt III.2.3). Die Systematisierung erfolgt aus Gründen der Komplexitätsreduktion, denn die Realität der Bewertungsanlässe, mit denen sich der Kunstsammler konfrontiert sieht, ist derart vielgestaltig, daß es für die Wahl der korrekten Bewertungsmethodik erforderlich ist, die jeweils vorliegenden investitionstheoretisch relevanten Eigenschaften des individuellen Bewertungsanlasses zu extrahieren.

3. Der dritte Schritt der heuristischen Entscheidungswertermittlung bereitet die Genese des Zahlungsstroms vor, indem der Planungshorizont nach plausiblen Krite-

rien abgegrenzt wird (Abschnitt III.3.1). Zu differenzieren sind dabei der Planungshorizont des individuellen Kunstwerks und jener, der dem gesamten Portefeuille zugrunde liegt.

4. Die vierte Ebene der Heuristik leistet mit der Identifikation der Art und Anzahl der die Zukunftserfolge beeinflussenden Variablen den ersten Teilschritt auf dem Weg zur Quantifizierung der aus dem Bewertungsobjekt zu erwartenden Zahlungsreihe. Da für eine Variable oftmals mehrere Niveaus, sprich Ausprägungen, in Frage kommen, hat nach erfolgter Identifikation der Art und Anzahl der Variablen deren Herausarbeitung in Form von Bandbreiten zu erfolgen. Der Herausarbeitung schließt sich die Eingrenzung der Bandbreiten an. Der Kunstsammler kann für die Identifikation und Bandbreitenanalyse der Variablen auf externe Expertise zurückgreifen, er wird dies im Sinne einer rationalen Vorgehensweise aber nur dann tun, wenn dadurch eine Informationsverbesserung erzielt werden kann, deren Nutzen größer ist als die mit der Informationsbeschaffung in Verbindung stehenden Kosten.[1] Besonders bedeutend für den wirtschaftlichen Erfolg eines Kunstwerks ist der Veräußerungserlös, weshalb die ihn determinierenden Variablen in den Abschnitten III.3.2.1 und III.3.2.2 einer detaillierten Analyse unterzogen werden.

5. Stehen die Art und Anzahl der Variablen sowie deren Ausprägungsbandbreiten fest, erfolgt die Abschätzung des Zusammenhangs zwischen den Niveaus der Variablen und der Erfolgshöhe. Auf diese Weise entstehen die für eine Unsicherheitssituation typischen mehrwertigen Zahlungsreihen. In Abschnitt III.3.2.3 erfolgt eine Diskussion über die Vorgehensweise bei der Quantifizierung des Veräußerungserlöses.

6. Im letzten Schritt der Heuristik gilt es, die ermittelten, mehrwertigen Zahlungsreihen zum Zwecke der Darstellung einer Entscheidungswertbandbreite zu verarbeiten. Hierfür kann der Kunstsammler auf das in Abschnitt II.3 eingeführte Instrumentarium der Entscheidungswertermittlung unter Unsicherheit zurückgreifen. Je nach Daten- und Umweltsituation wählt der Kunstsammler entweder das ZGPM oder das Zukunftserfolgswertverfahren, um diese dann mit einer Sensitivitätsanalyse oder mit einer simulativen Risikoanalyse zu koppeln. Wann für den Kunstsammler die Anwendung eines – im Verhältnis zum Totalmodell weniger komplexen – Partialmodells in Frage kommt, wird in Abschnitt III.3.3 vor dem Hintergrund denkbarer Daten- und Umweltsituationen dargestellt.

---

[1] Vgl. hierzu eingehend ADAM, Planung und Entscheidung (1996), S. 280-287.

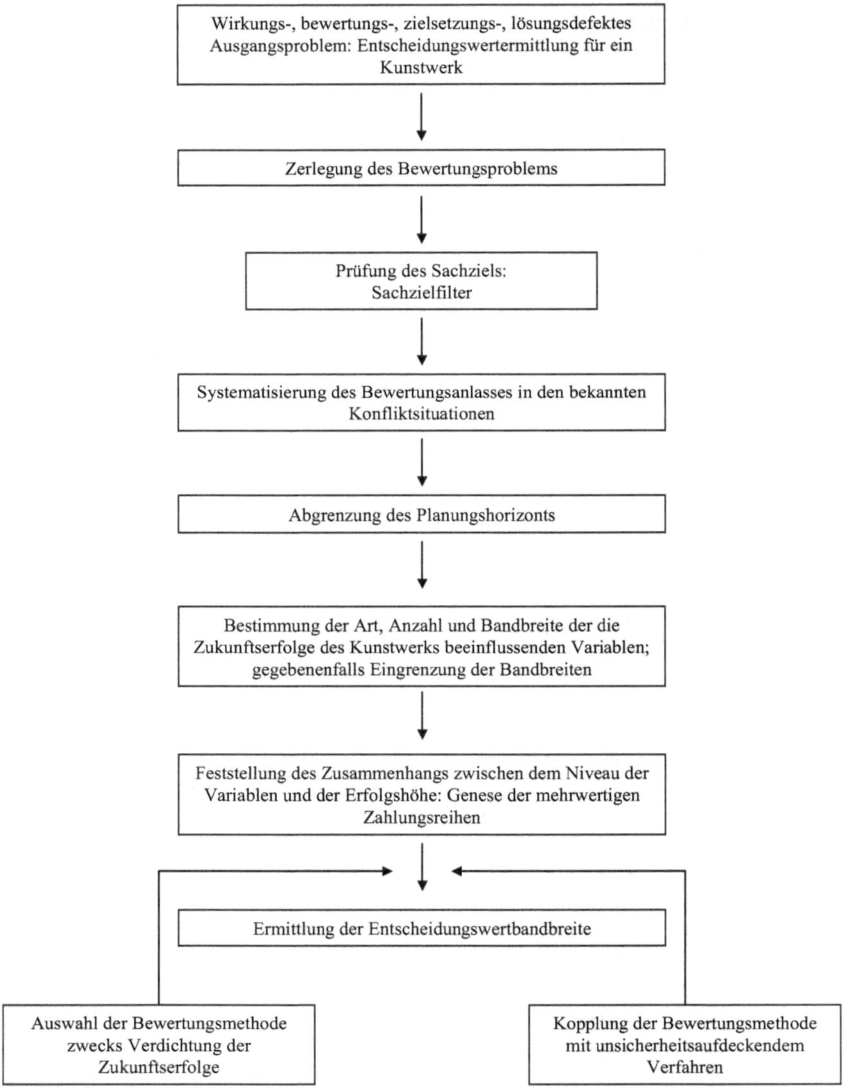

Abbildung 11: Die Vorgehensweise der Heuristik

Abbildung 11 verdeutlicht den heuristischen Prozeß der Entscheidungswertermittlung graphisch. Im Ergebnis liegt dem Kunstsammler nach Durchführung des heuristischen Prozesses eine Bandbreite von Entscheidungswerten vor. Die letztendliche Auswahl eines Entscheidungswerts aus dieser Bandbreite obliegt dann der nicht zu formalisierenden Entscheidung des Kunstsammlers, bei der seine subjektive Risikoneigung eine entscheidende Rolle spielt.

2. Die typischen Konfliktsituationen

2.1 Die bekannten Konfliktsituationsdimensionen

Die Bewertungsanlässe des Kunstsammlers sind vielgestaltig und müssen zum Zwecke einer bewertungstheoretischen Analyse zunächst handhabbar gemacht werden. Das erfolgt, indem der Bewertungsanlaß auf seine für die Bewertung relevanten Merkmale reduziert wird. Eine entsprechende Merkmalssystematik geht auf Arbeiten von MATSCHKE[1], HERING/OLBRICH[2], OLBRICH[3] und OLBRICH/HEINZ[4] zurück.[5] Ihr zufolge wird eine Konfliktsituation danach charakterisiert, ob es sich dabei um einen Bewertungsanlaß des Typs Kauf/Verkauf beziehungsweise Fusion/Spaltung, um eine dominierte oder nichtdominierte, um eine jungierte oder disjungierte, um eine ein- oder mehrdimensionale oder um eine limitierte oder nichtlimitierte handelt.

In der Konfliktsituation des Typs *Kauf/Verkauf* gibt der Kunstsammler sein bisheriges Eigentum an einem Kunstwerk auf und erhält im Gegenzug von seiten des präsumtiven Käufers eine Gegenleistung in Höhe des zuvor vereinbarten Preises.[6] Als Gegenleistung kann dabei sowohl eine Geldgröße als auch ein Vermögensgegenstand vereinbart werden.[7] Zu den Konfliktsituationen des Typs Kauf/Verkauf gehören auch Erbauseinandersetzungen.[8]

Bei einer *Fusion/Spaltung* handelt es sich um eine Konfliktsituationscharakterisierung, die einen Umstand beschreibt, in dem eine Umverteilung der Eigentumsverhältnisse, jedoch keine Aufgabe, insofern stattfindet, als entweder mehrere Bewertungsobjekte – meist Unternehmen – vereinigt werden oder ein Unternehmen in mehrere Teile gespalten wird.[9] In bezug auf Kunstwerke ergibt sich eine solche Fallkonstellation nicht.

---

[1] Vgl. MATSCHKE, Entscheidungswert (1975), S. 30-55, MATSCHKE, Arbitriumwert (1979), S. 30-42.

[2] Vgl. HERING/OLBRICH, Mehrstimmrechte (2001), S. 23-25.

[3] Vgl. OLBRICH, Unternehmungsnachfolge (2005), S. 227 f.

[4] Vgl. OLBRICH/HEINZ, Entscheidungswert bei drohendem Pflichtangebot (2009).

[5] Ein gelungener Überblick hierzu findet sich bei MATSCHKE/BRÖSEL, Unternehmensbewertung (2007), S. 84-113.

[6] Vgl. MATSCHKE, Entscheidungswert (1975), S. 31.

[7] Vgl. HERING/OLBRICH, Unternehmensnachfolge (2003), S. 59.

[8] Vgl. MÜNSTERMANN, Wert und Bewertung (1970), S. 13.

[9] Vgl. MATSCHKE, Entscheidungswert (1975), S. 31 f., MANDL/RABL, Unternehmensbewertung (1997), S. 14 f., haben den Typ der Fusion um den der Spaltung ergänzt.

Eine Differenzierung in nichtdominierte und dominierte Konfliktsituationen dient der Beschreibung des Machtverhältnisses zwischen den Konfliktparteien, das die Durchsetzbarkeit einer Änderung der Eigentumsverhältnisse betrifft.[1] *Nichtdominiert* ist eine Konfliktsituation dann, wenn die Änderung der Eigentumsverhältnisse der positiven Willenserklärung beider Konfliktparteien bedarf, was wiederum eine für beide Seiten vorteilhafte Konfliktlösung voraussetzt.[2] *Dominiert* ist eine Konfliktsituation hingegen dann, wenn eine der beiden Parteien die jeweils andere gegen ihren Willen zu einer Änderung der Eigentumsverhältnisse vertraglich oder rechtlich zwingen kann.[3] Weitere Differenzierungen dieser Konfliktsituationsausprägung existieren in der Unterscheidung von fragmentierten und nichtfragmentierten[4], symmetrisch und asymmetrisch[5] dominierten Konfliktsituationen sowie solchen, deren Dominiertheit von einem transaktionsinternen oder transaktionsexternen[6] Zwang herrührt. *Fragmentiert* ist eine Konfliktsituation dann, wenn zumindest eine Verhandlungsseite nicht ausschließlich aus dominierten oder dominierenden Subjekten besteht. *Nichtfragmentiert* ist die Konfliktsituation dagegen dann, wenn eine Verhandlungsseite ausschließlich aus dominierten und die andere ausschließlich aus dominierenden Subjekten besteht. Je nachdem, wie sich die rechtlichen Rahmenbedingungen ausgestalten, muß es nicht immer so sein, daß eine *asymmetrisch dominierte* Konfliktsituation vorliegt, bei der nur eine Verhandlungsseite die Änderung der Eigentumsverhältnisse erzwingen kann. Vielmehr kann auch eine *symmetrisch dominierte* Konstellation zustande kommen, bei der beide Verhandlungsseiten die Änderung der Eigentumsverhältnisse erzwingen können. Da sich die bisherigen Differenzierungen dominierter Konfliktsituationen auf die Ausgestaltung des Machtverhältnisses zwischen den beteiligten Konfliktparteien bezogen, kann man auch von aus *transaktionsinternem Zwang* resultierender Dominiertheit sprechen. Es kann demgegenüber auch dann eine dominierte Konfliktsituation vorliegen, wenn keine der beiden Verhandlungsseiten eine Änderung der Eigentumsverhältnisse zu erzwingen vermag. Das ist dann der Fall, wenn ein *transaktionsexterner Zwang* besteht. Ein solcher Zwang liegt beispielsweise in Situationen drohender Illiquidität eines Bewertungssubjekts vor, die eine Veräußerung von Vermögensgegenständen zu ihrer Abkehr erforderlich macht, oder aber, wenn ein Bewertungssubjekt sich aufgrund seines fortgeschrittenen Alters und der Aussicht des nahenden Todes zu einer Veräußerung veranlaßt sieht.[7]

---

1 Vgl. MATSCHKE, Arbitriumwert (1979), S. 31-34, MATSCHKE, Unternehmungsbewertung in dominierten Konfliktsituationen (1981), S. 117-122.

2 Vgl. MATSCHKE, Arbitriumwert (1979), S. 31 f., MATSCHKE, Unternehmungsbewertung in dominierten Konfliktsituationen (1981), S. 117.

3 Vgl. MATSCHKE, Arbitriumwert (1979), S. 33, MATSCHKE, Unternehmungsbewertung in dominierten Konfliktsituationen (1981), S. 117.

4 Zum Merkmal der Fragmentierung HERING/OLBRICH, Mehrstimmrechte (2001), S. 22 f.

5 Vgl. OLBRICH/HEINZ, Entscheidungswert bei drohendem Pflichtangebot (2009), S. 547 f.

6 Die erstmalige Differenzierung macht OLBRICH, Unternehmungsnachfolge (2005), S. 227 f.

7 Vgl. OLBRICH, Unternehmungsnachfolge (2005), S. 227 f.

Die Lösung einer Konfliktsituation besteht in der Einigung auf bestimmte Extensionen der konfliktlösungsrelevanten Sachverhalte. Legt man zum Beispiel die Konfliktsituation vom Typ Kauf/Verkauf zugrunde, ist einer der wichtigsten konfliktlösungsrelevanten Sachverhalte die Höhe des zu entrichtenden Preises. Ist nur dieser oder ein anderer Sachverhalt allein zu berücksichtigen, befindet man sich in einer *eindimensionalen* Konfliktsituation.[1] Bedarf es der Integration mehrerer konfliktlösungsrelevanter Sachverhalte in den Bewertungskalkül, dann liegt eine *mehrdimensionale* Konfliktsituation vor.[2] Es sind hierbei *originäre* und *derivative* konfliktlösungsrelevante Sachverhalte zu differenzieren.[3] Während erstere das Entscheidungsfeld des Bewertungssubjekts unmittelbar verändern, dienen letztere der argumentativen Begründung, aber auch der kooperativen Findung der Extensionen der originären konfliktlösungsrelevanten Sachverhalte. Insofern beeinflussen die derivativen Sachverhalte das Entscheidungsfeld mittelbar und stehen in einer Mittel-Zweck-Beziehung zu den originären Sachverhalten. Die letztendliche Einigung spielt sich dann ausschließlich auf der Ebene der im komplementären Verhältnis zueinander stehenden originären Sachverhalte ab. Ob eine Konfliktsituation als ein- oder mehrdimensional zu charakterisieren ist, hängt ebenfalls nur von den originären Sachverhalten ab.

Für eine Bewertung ist es entscheidend, ob das Bewertungssubjekt lediglich innerhalb einer Verhandlungssituation agiert oder ob es gleichzeitig noch an weiteren Verhandlungssituationen beteiligt ist. *Disjungiert* ist eine Konfliktsituation dann, wenn sich das Bewertungssubjekt mit einer einzigen Verhandlungssituation auseinandersetzt oder aber wenn es sich parallel noch in weiteren Verhandlungssituationen – unerheblich welchen Typs – befindet, die untereinander jedoch in keinem Zusammenhang stehen.[4] Agiert das Bewertungssubjekt hingegen gleichzeitig in mindestens zwei interdependenten Verhandlungssituationen, dann liegt eine *jungierte* Konfliktsituation vor.[5] Bezogen auf jeweils ein Entscheidungssubjekt und unter der Voraussetzung, daß es nur noch in einer einzigen weiteren Verhandlungssituation vom Typ des Kaufs/Verkaufs agiert, lassen sich folgende jungierte Konfliktsituationstypen unterscheiden: Typ „Kauf-Kauf“, Typ „Kauf-Verkauf“, Typ „Verkauf-Verkauf“.[6]

1 Vgl. MATSCHKE, Entscheidungswert (1975), S. 38 f., MATSCHKE, Ermittlung mehrdimensionaler Entscheidungswerte (1993), S. 4.

2 Vgl. MATSCHKE, Entscheidungswert (1975), S. 38-55, MATSCHKE, Ermittlung mehrdimensionaler Entscheidungswerte (1993), S. 5.

3 Vgl., auch für das Folgende, MATSCHKE, Entscheidungswert (1975), S. 56-69, MATSCHKE, Ermittlung mehrdimensionaler Entscheidungswerte (1993), S. 6 f.

4 Vgl. MATSCHKE, Entscheidungswert (1975), S. 34 f.

5 Vgl. MATSCHKE, Entscheidungswert (1975), S. 35.

6 Vgl. MATSCHKE, Entscheidungswert (1975), S. 35.

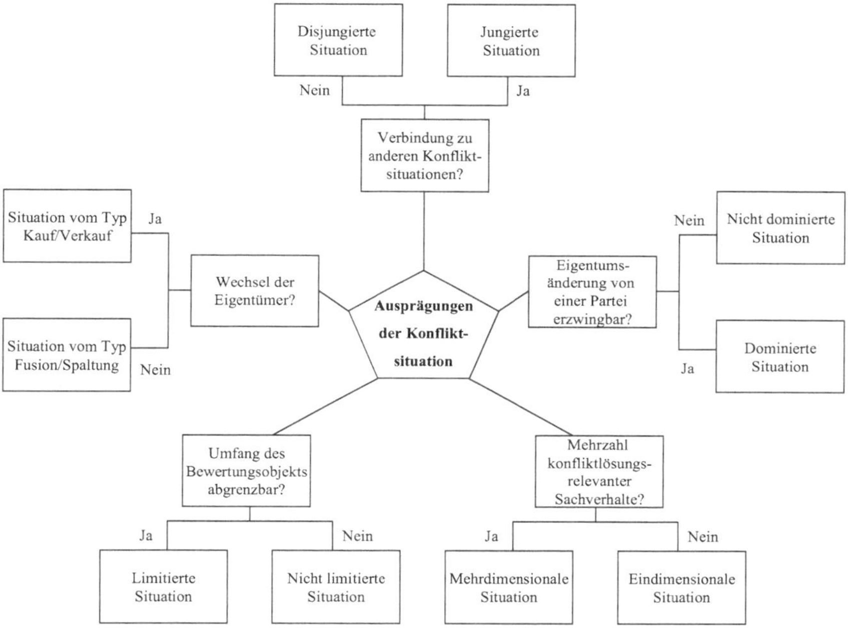

Abbildung 12: Die Ausprägungen einer Konfliktsituation[1]

Nicht zuletzt werden limitierte und nichtlimitierte Konfliktsituationen differenziert.[2] Im Regelfall liegt die *limitierte* Ausprägung einer Konfliktsituation vor, welche sich dadurch äußert, daß der Umfang des Bewertungsobjekts zum Bewertungszeitpunkt klar abgrenzbar ist. Besteht Unsicherheit hinsichtlich des Umfangs des Bewertungsobjekts, so liegt eine *nichtlimitierte* Konfliktsituation vor. Die Schwierigkeit besteht dabei darin, daß ein Entscheidungswert zu eruieren ist, obwohl gleichzeitig Unklarheit darüber besteht, wie hoch der Eigentumsanteil am Bewertungsobjekt – etwa einem Unternehmen – sein wird, den man im Gegenzug erhält. Die nachfolgenden Betrachtungen beinhalten eine solche Fallkonstellation nicht, da es sich für alle hier analysierten Bewertungsanlässe ergibt, daß das Bewertungsobjekt klar abgrenzbar ist.

[1] In enger Anlehnung an OLBRICH/HEINZ, Entscheidungswert bei drohendem Pflichtangebot (2009), S. 548.

[2] OLBRICH/HEINZ, Entscheidungswert bei drohendem Pflichtangebot (2009), beschreiben dieses Merkmal einer Konfliktsituation erstmalig im Zusammenhang mit der Entscheidungswertermittlung eines Aktienkäufers im Vorfeld eines drohenden Pflichtangebots nach §§ 35 ff. WpÜG.

Aus diesem Grund ist es nicht erforderlich, das Kriterium der Limitierung fallweise zu überprüfen.

Die gerade beschriebenen Merkmale der Charakterisierung einer Konfliktsituation sind in *Abbildung 12* noch einmal graphisch aufbereitet. Die herausgearbeitete Merkmalssystematik soll in den nachfolgenden Abschnitten auf die typischen Bewertungsanlässe des Kunstsammlers angewendet werden. Über die Ursprungsbereiche der Bewertungsanlässe hinweg können auf diesem Wege die investitionstheoretischen Unterschiede und Gemeinsamkeiten herausgearbeitet werden. Eine derartige Analyse dient der Konzentration auf die wesentlichen Konfliktsituationen eines Kunstsammlers.

2.2 Die Ursprünge der Bewertungsanlässe des Kunstsammlers

2.2.1 Die aus der Sammlungstätigkeit resultierenden Bewertungsanlässe

Der Kunstsammler sieht sich regelmäßig mit Bewertungsanlässen konfrontiert, die danach differenziert werden können, ob sie ihren Ursprung im Rahmen der Sammlungstätigkeit, in der Vermögensrestrukturierung oder in rechtlichen Sachverhalten haben. Der Vorgang des Sammelns beinhaltet im wesentlichen drei Phasen. In der *Aufbauphase* ist es das Ziel, die mengenmäßige Ausdehnung der Sammlung im Sinne des Sammlungskonzepts voranzutreiben. Die Ausdehnung kann durch den Erwerb von Einzelwerken, Werkkomplexen sowie vollständiger Sammlungen erfolgen. Hat die Sammlung einen gewissen Umfang angenommen, setzt regelmäßig ein Umschichtungsprozeß ein.

Die *Umschichtungsphase* dient entweder der qualitativen, technischen und/oder inhaltlichen Entwicklung der Sammlungszusammensetzung. Sie zeichnet sich grundsätzlich durch Bewertungsanlässe aus, die daraus resultieren, daß der Kunstsammler Kunstwerke der bisherigen Sammlung veräußert, um neue Kunstwerke zu erwerben. Diese Vorgehensweise ist charakteristisch für die Entwicklung einer Sammlung und kann sich durch den Charakter eines sogenannten „Aufwärtshandels“[1] auszeichnen. Der geschickte Aufwärtshandel ermöglicht es, daß sich die Entwicklung einer Sammlung bis zu einem gewissen Grad selbst finanziert, denn ist ein Kunstwerk finanziell erfolgreich und verspricht sich der Kunstsammler von ihm einen hohen Veräußerungserlös, kann er diesen im Zuge einer Reinvestition dazu verwenden, ein neues,

[1] Vgl. MALLALIEU, How to buy Pictures (1984), S. 12, Übersetzung durch d.V., AHRENS/ROHR-BONGARD, Schatzsuche (2009), S. 47. Ferner auch THOMPSON, Economics of Contemporary Art (2008), S. 176.

möglicherweise höherpreisiges Kunstwerk von größerer Kompatibilität zu seinem Sammlungskonzept zu finanzieren.

Die operative Umsetzung der Sammlungsumschichtung findet in zwei verschiedenen Varianten statt, wobei diese sich in bezug auf die Fragen unterscheiden, ob die Veräußerung des alten und der Erwerb des neuen Kunstwerks mit unterschiedlichen Verhandlungspartnern durchgeführt werden oder ob beide Transaktionen in Auseinandersetzung mit demselben Verhandlungspartner erfolgen. Im Beispiel gesprochen, würde der Kunstsammler im Zuge der ersten Variante das alte Kunstwerk auf einer Auktion veräußern und das neue Kunstwerk bei einem Kunsthändler erwerben, oder er würde – im Sinne der zweiten Variante – sowohl die Veräußerung als auch den Erwerb mit dem Kunsthändler durchführen.

Im Falle der zweiten Variante der Sammlungsumschichtung verlaufen die Veräußerung des alten und der Erwerb des neuen Kunstwerks oftmals zeitgleich, da der Kunsthändler unter bestimmten Umständen bereit ist, das Kunstwerk, welches der Kunstsammler veräußern möchte, in Zahlung zu nehmen. Im Grundsatz tauschen der Kunstsammler und der Kunsthändler dann die mit den Kunstwerken in Verbindung stehenden zukünftigen Zahlungsreihen gegeneinander aus.[1] Die Bereitschaft zur Inzahlungnahme eines Kunstwerks ist nicht selten das Resultat marktpolitischer Überlegungen: Möchte etwa ein Galerist das Angebot eines von ihm repräsentierten Künstlers kontrollieren, um ungewollten Preisentwicklungen vorzubeugen, kann er daran interessiert sein, die Kunstwerke dieses Künstlers, die ein Kunstsammler abstoßen möchte, um wiederum andere Kunstwerke desselben oder eines anderen vom Galeristen vertretenen Künstlers zu erstehen, in Zahlung zu nehmen. Gleichzeitig kann der Bereitschaft zur Inzahlungnahme eines Kunstwerks aber auch der Gedanke der Absatzförderung zugrunde liegen.

Der Umschichtungsphase schließt sich die *Veräußerungsphase* an. Grundsätzlich veräußert der Kunstsammler seine Exponate aus zwei Gründen: zum Zwecke der Änderung seines Sammlungskonzepts[2] oder um seine sammelnde Tätigkeit schlußendlich aufzugeben. Letzteres ist insbesondere bei fortgeschrittenem Alter der Fall. Bei der Veräußerung umfangreicher Sammlungen werden in der Regel mehrere Tranchen gebildet, die dann zeitversetzt und unter Inanspruchnahme unterschiedlicher Veräußerungskanäle liquidiert werden.[3] Die Tranchierung einer Sammlung kann aus Gründen der Risikodiversifikation erfolgen. Beispielsweise kann eine zeitversetzte Veräußerung über mehrere Auktionstermine dem Risiko entgegenwirken, einer unvorteilhaften Käuferzusammensetzung oder Bietdynamik einer einzigen Versteigerung aus-

---

1 Vgl. zum Tausch HOLTMANN, Keine Angst vor Kunst (1997), S. 78, PICKER, Kunstgegenstände & Antiquitäten (2000), S. 188 f., LINDEMANN, Collecting Contemporary (2006), S. 163.

2 Ähnlich auch BOLL, Kunst ist käuflich (2009), S. 65.

3 Vgl. LANDES, Art Lottery (2000), S. 111, ZEITS, Werke unterwegs (2008).

gesetzt zu sein. Des weiteren kann es zweckmäßig sein, die Sammlung nach bestimmten Objekteigenschaften wie zum Beispiel der künstlerischen Technik, dem Sujét oder dem Format zu tranchieren, um sie dann den adäquaten Veräußerungskanälen zuzuführen. So mag es im Einzelfall vorteilhaft sein, eine Tranche von Druckgrafiken über ein spezialisiertes Auktionshaus zu veräußern, das von einem entsprechenden Kreis von Kunstsammlern frequentiert wird, während es für großformatige Kunstwerke mit religiösem Sujét aufgrund ihres begrenzten Abnehmerkreises zielführender ist, durch einen auf Altmeistergemälde spezialisierten Kunsthändler direkt privat, also nicht im Wege der öffentlichen Versteigerung, vermittelt zu werden.

Sofern es mit dem Sachziel zu vereinbaren ist, wählt der Kunstsammler den Zeitpunkt eines Erwerbs oder einer Veräußerung so, daß er sich möglichst vorteilhaft auf die finanzielle Zielsetzung auswirkt.[1] Vor diesem Hintergrund verhält sich der Kunstsammler in bezug auf die Aufbau-, Umschichtungs- und Veräußerungstransaktionen im Zuge seiner Sammlungstätigkeit oftmals antizyklisch, indem er die Preisschwankungen des Kunstmarkts zu seinen Gunsten zu nutzen versucht.[2] Hierdurch wird zwar die Zielebenenunterscheidung nicht aufgeweicht, finanzielle Überlegungen können aber den Anstoß zu nichtfinanziellen Überlegungen geben.

2.2.2 Die aus der Vermögensrestrukturierung resultierenden Bewertungsanlässe

Es kommt vor, daß die Veräußerung eines Kunstwerks unbeachtlich des Sachziels oder zumindest unter dessen Vernachlässigung erfolgen muß. Das ist regelmäßig dann der Fall, wenn der Kunstsammler Kunstwerke veräußert, um anderweitigen Forderungen gegen ihn, beispielsweise ausstehenden Krediten, nachzukommen.[3] Insbesondere ist vorstellbar, daß es in der Situation einer wirtschaftlichen Schieflage des eigenen Unternehmens dazu kommt, daß ein Kunstsammler private Vermögensgegenstände liquidiert, um die Erlöse zur Schonung der Liquidität seines Unternehmens zu verwenden. Der Kunstsammler wird auch in derartigen Notlagen eine Konzessionsgrenze ermitteln, an der er sich in den Verhandlungen orientiert.

---

1 Vgl. auch LINDENBAUER, Kunstmarketing (1996), S. 62.

2 Vgl. WEIS, Kunst kaufen und verkaufen (2000), S. 231 f., SOTHEBY'S, Investor (2010), S. 7, VAN DELDEN, Kunst in der Finanzkrise (2009), S. 58 f. Es gilt zu beachten, daß die Intensität der Preisschwankungen in den verschiedenen Segmenten des Kunstmarkts und auch in bezug auf einzelne Kunstwerke unterschiedlich ist. Vgl. Abschnitt III.3.2.2.3.

3 Vgl. SELIGMAN, Merchants of Art (1961), S. 214-217, POMMEREHNE/FREY, Musen und Märkte (1993), S. 123 und 140, HILDESLEY, Buying and Selling at Auction (1997), S. 137, WOOLEY, Going Once (1995), S. 78, GOODWIN, Introduction (2008), S. 11, SOTHEBY'S, Investor (2010), S. 7, VAN DELDEN, Kunst in der Finanzkrise (2009), S. 59.

2.2.3 Die Bewertungsanlässe mit rechtlichem Hintergrund

Bewertungsanlässe mit einem rechtlichen Ursprung sind für den Kunstsammler von besonderer praktischer Relevanz.[1] Das ergibt sich, das Erbschaftsteuerrecht und das Erbrecht betreffend, wie erwähnt aus der Tatsache, daß Kunstwerke oft über mehrere Generationen im Besitz einer Familie sind. Hinterläßt der Erblasser Kunstwerke, dann kann das für dessen Erben mit einer erbschaftsteuerlichen Belastung einhergehen, die sie aufgrund ihres steuerpflichtigen Erwerbs an den Staat entrichten müssen (Abschnitt II.1.1.3.2) und die man auch als Entgelt für die Übertragung des Eigentums am Kunstwerk interpretieren kann. Darüber hinaus besteht unter bestimmten Umständen die Möglichkeit, Erbschaftsteuer mit Kunstwerken zu begleichen. In einer derartigen Fallkonstellation tritt der Erbe als Verkäufer und der Fiskus als Käufer auf.

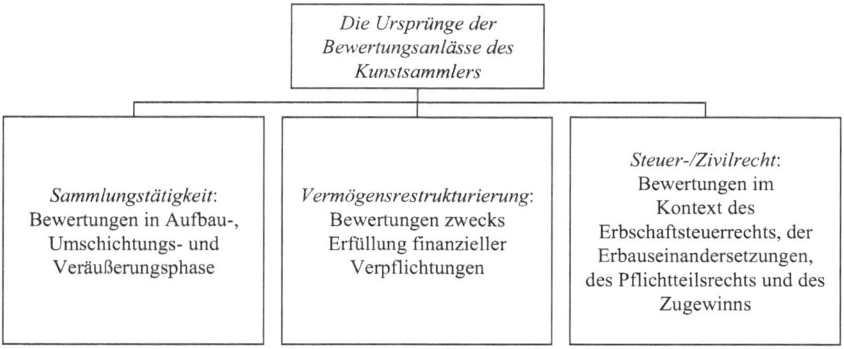

Abbildung 13: Die Ursprünge der Anlässe der Kunstbewertung

Weitere Bewertungsanlässe resultieren, wenn die Erbengemeinschaft sich auseinandersetzen möchte (Erbauseinandersetzung). Die Erbengemeinschaft kann die Anwendung bestimmter Auseinandersetzungsformen anstreben, um die im Nachlaß enthaltenen Kunstwerke auf einen der Miterben zu übertragen, wenn dieser ein besonderes Interesse daran hat, diese zu erhalten. Schließlich sind noch jene Bewertungsanlässe zu betrachten, die sich ergeben, wenn das Pflichtteilsrecht die gewillkürte Erbfolge des Erblassers einschränkt und den Erben hierdurch Auszahlungen entstehen, die sich auch nach dem Wert eines Kunstwerks bemessen.

---

[1] Vgl. dazu POMMEREHNE/FREY, Musen und Märkte (1993), S. 123, WOOLEY, Going Once (1995), S. 78, GOODWIN, Introduction (2008), S. 11, SOTHEBY'S, Investor (2010), S. 7.

Mit dem Pflichtteilsrecht grundsätzlich vergleichbare Bewertungsanlässe ergeben sich im Ehegüterrecht, wenn es im Zuge einer Scheidung zu einem Zugewinnausgleich zwischen den Eheleuten kommt. Auch in diesem Fall können den beteiligten Parteien Auszahlungen entstehen, die sich unter anderem nach dem Wert eines Kunstwerks bemessen. Die Ermittlung des Umfangs derartiger finanzieller Verpflichtungen hat unter Rückgriff auf investitionstheoretische Methoden zu erfolgen. Dabei sind die Eigenschaften eines Kunstwerks als Vermögensgegenstand zu beachten.

Die herausgearbeiteten Ursprünge der Bewertungsanlässe werden in *Abbildung 13* zusammengefaßt.

2.3 Die Systematisierung der Bewertungsanlässe in den bekannten Konfliktsituationen

2.3.1 Die Systematisierung der Bewertungsanlässe der Sammlungstätigkeit

Zum Zwecke der investitionstheoretischen Analyse erfolgt nun die Systematisierung der Bewertungsanlässe in die bekannten Konfliktsituationen. Sämtliche Bewertungsanlässe der Sammlungstätigkeit haben zwei Eigenschaften gemein: Sie konfrontieren den Kunstsammler mit Konfliktsituationen des *Typs Kauf/Verkauf* und sind *nichtdominierter* Natur, da sie aufgrund der freiwilligen Einigung unter den involvierten Verhandlungspartnern zustande kommen. Bedarf es in bezug auf eine Eigentumsübertragung neben der Höhe des Preises noch der Einigung auf weitere Extensionen von konfliktlösungsrelevanten Sachverhalten, erfahren die Bewertungsanlässe eine Komplexitätserhöhung, indem sie *mehrdimensional* werden. Die folgenden konfliktlösungsrelevanten Sachverhalte sind bei Eigentumsänderungen an Kunstwerken regelmäßig von Bedeutung:

— Fortführung oder Nichtfortführung der Leihgabe eines Kunstwerks an ein Museum nach der Eigentumsübertragung beziehungsweise die vertragliche Ausgestaltung dieser Leihvereinbarung,

— Ausgestaltung einer Rückkaufvereinbarung mit einer Galerie oder einem Kunsthändler im Zuge des Erwerbs eines Kunstwerks (Abschnitt IV.1.1),

— Einräumung einer Kaufoption für weitere Kunstwerke im Zuge einer Eigentumsübertragung an einem Kunstwerk (insbesondere relevant bei Verhandlungen mit Museen),

— Vereinbarungen über Restaurationsmaßnahmen im Zuge der Eigentumsübertragung an einem Kunstwerk,

- Gestaltung der Entgeltzahlung im Zuge der Eigentumsübertragung an einem Kunstwerk (beispielsweise Ratenzahlung bei besonders kapitalintensiven Objekten)[1].

In allen drei Phasen der Sammlungstätigkeit (Aufbau-, Umschichtungs-, Veräußerungsphase) kann es dazu kommen, daß der Kunstsammler sich mit der Problematik konfrontiert sieht, zeitgleich (interdependente) Grenzpreise für mindestens zwei Kunstwerke ermitteln zu müssen. Mithin befindet er sich dann in *jungierten* Konfliktsituationen. Insbesondere in der Veräußerungsphase kann es zu komplexen Konfliktsituationen kommen (Abschnitt IV.1.3.1).

Die im vorangehenden Abschnitt III.2.2.1 beschriebene Variante der Sammlungsumschichtung, bei der der Kunstsammler mit einem Verhandlungspartner – meistens ein Galerist oder ein Kunsthändler – zeitgleich die Eigentumsübertragung an zwei Kunstwerken verhandelt, stellt eine spezielle Form der jungierten Konfliktsituation dar, die im folgenden als *Tauschgeschäft* bezeichnet werden soll. Ein Tauschgeschäft erfolgt in zwei Schritten:

1. Einigung auf die Kunstwerke (Bewertungsobjekte), deren Austausch erfolgen soll;

2. Vereinbarung einer Seitenzahlung, wenn erforderlich.

Die Eigentumsübertragungen des Tauschgeschäfts sind direkt miteinander verknüpft, wobei der Austausch der Kunstwerke das Vorhandensein einer *doppelten Koinzidenz* der Tauschpläne der Konfliktparteien voraussetzt. Nur in seltenen Fällen wird das Tauschgeschäft glatt ausfallen und eine Seitenzahlung nicht mehr erforderlich sein. Weitaus häufiger wird der Fall eintreten, daß eine der Parteien entweder eine zusätzliche Seitenzahlung beansprucht oder in der Lage ist, eine solche zu entrichten, je nachdem, wie sich der Verhandlungsverlauf gestaltet.

Zusammenfassend ergeben sich im Rahmen der Sammlungstätigkeit die folgenden Konfliktsituationen:

1. *Nichtdominierte, eindimensionale, disjungierte, limitierte Konfliktsituation vom Typ Kauf/Verkauf*: Der Kunstsammler verhandelt mit einem Verhandlungspartner die Höhe des Preises zum Zwecke der Eigentumsübertragung an einem einzelnen Kunstwerk.

2. *Nichtdominierte, mehrdimensionale, disjungierte, limitierte Konfliktsituation vom Typ Kauf/Verkauf*: Der Kunstsammler verhandelt mit einem Verhandlungspartner

---

[1] Vgl. dazu schon das RFH-Urteil vom 18.09.1930, RStBl. 1931, S. 585.

die Höhe des Preises und Extensionen mindestens eines weiteren konfliktlösungsrelevanten Sachverhalts zum Zwecke der Eigentumsübertragung an einem einzelnen Kunstwerk.

3. *Nichtdominierte, eindimensionale, jungierte, limitierte Konfliktsituation vom Typ Kauf/Verkauf*: Der Kunstsammler verhandelt mit einem/mehreren Verhandlungspartnern zeitgleich die Höhe der Preise zum Zwecke der Eigentumsübertragung an mehreren Kunstwerken.

4. *Nichtdominierte, mehrdimensionale, jungierte, limitierte Konfliktsituation vom Typ Kauf/Verkauf*: Der Kunstsammler verhandelt mit einem/mehreren Verhandlungspartnern die Höhe der Preise und Extensionen mindestens eines weiteren konfliktlösungsrelevanten Sachverhalts zum Zwecke der Eigentumsübertragung an mehreren Kunstwerken.

2.3.2 Die Systematisierung der Bewertungsanlässe der Vermögensrestrukturierung

Gerät der Kunstsammler unter finanziellen Druck, der ihn dazu zwingt, eines oder mehrere seiner Kunstwerke zu veräußern, so befindet er sich in einer dominierten Konfliktsituation, wobei sich die Dominiertheit aus einem transaktionsexternen Zwang ergibt. Unabhängig davon, ob der Zeitpunkt einer Veräußerung in bezug auf die Verfassung des Kunstmarkts betriebswirtschaftlich günstig ist, sieht sich der Kunstsammler zu einer Liquidation genötigt. Freilich wird er, obgleich des transaktionsexternen Zwangs, seinen Entscheidungswert ermitteln, um im Zuge einer bilateralen Verhandlung mit einem Galeristen, einem Kunsthändler oder einer Privatperson die betriebswirtschaftlichen Konsequenzen alternativer Verhandlungsresultate einschätzen zu können. Veräußert der Kunstsammler auf dem Wege der Versteigerung, ist die Ermittlung des Entscheidungswerts zudem erforderlich, um einen zweckmäßigen Reservationspreis festlegen zu können (Abschnitt IV.1.3.1). Der transaktionsexterne Zwang wirkt sich folglich nicht auf die Art und Weise der Entscheidungswertermittlung aus, sondern beeinflußt die Verhandlungsstärke des Kunstsammlers. Die Konfliktsituationen der Vermögensrestrukturierung stimmen darüber hinaus mit denen der Sammlungstätigkeit überein.

2.3.3 Die Systematisierung der Bewertungsanlässe mit erbschaft- und schenkungsteuerrechtlichem Hintergrund

Im Kontext des Erbschaft- und Schenkungsteuerrechts kommt es zu weiteren Anlässen, die Bewertungen von Kunstwerken erforderlich machen, wobei der Auslöser für derartige Bewertungen eine etwaige, vor dem Hintergrund einer Erbschaft/Schenkung anfallende Erbschaft-/Schenkungsteuerzahlung ist (Abschnitt II.1.1.3.2). Es ergeben sich zwei Bewertungsanlässe:

1. Bereits vor der Annahme/Verabredung der Erbschaft/Schenkung wird der die Steuerzahlung antizipierende Kunstsammler als Erbe/Beschenkter seinen Grenzpreis für ein Kunstwerk ermitteln, denn die mit diesem steuerpflichtigen Erwerb einhergehende steuerliche Belastung kann unter betriebswirtschaftlichen Gesichtspunkten als Preis, der an den Staat zu entrichten ist, betrachtet werden.[1] Der Kunstsammler muß die Erbschaft-/Schenkungsteuerzahlung folglich seiner zuvor ermittelten Konzessionsgrenze gegenüberstellen. Nimmt der Erbe/Beschenkte die Erbschaft/Schenkung an, dann setzt die nun unumgängliche Steuerzahlung ihrerseits die Ermittlung einer Bemessungsgrundlage voraus, wobei diese sich gemäß § 10 Abs. 1 Satz 1 ErbStG im Wert des Kunstwerks, also dem steuerpflichtigen Erwerb, ausdrückt. Zum Zwecke der Ermittlung der Bemessungsgrundlage wird es regelmäßig zu einer Verständigung zwischen dem Erben/Beschenkten und dem Finanzamt kommen. Im Zuge dessen wird der Kunstsammler freilich versuchen, die Steuerzahlung zu minimieren. Dieser Umstand erschwert die Wertermittlung durch einen Gutachter und verleiht der Verständigung den Charakter einer Verhandlung.[2]

2. Entscheidet sich der Erbe/Beschenkte unter den gegebenen Bedingungen für die Annahme der Erbschaft/Schenkung, dann besteht für ihn unter Umständen die Möglichkeit, die Erbschaft-/Schenkungsteuerzahlung durch die Hingabe eines oder mehrerer Kunstwerke an den Fiskus zu begleichen. In einer solchen Situation muß der Kunstsammler seine Konzessionsgrenze erneut berechnen, diesmal jedoch aus der Perspektive des Veräußernden.

Legt man in bezug auf den unter 1. konstatierten Bewertungsanlaß beispielhaft den Fall zugrunde, daß ein verwitweter Erblasser seinem einzigen Sohn – einem Kunstsammler – ein Kunstwerk hinterläßt, und muß letzterer aufgrund des Vermögensübergangs Erbschaftsteuer an den Fiskus entrichten, dann ließe sich weiter schlußfol-

---

[1] Vgl. OLBRICH, Unternehmungsnachfolge (2005), S. 36.

[2] Vgl. Abschnitt III.4.1. Zur Verständigung mit dem Finanzamt vgl. des weiteren STEINER, Kunst und Erbschaftsteuer (2004), S. 18. WACHTER, Schätzung des gemeinen Werts (2002), S. 333, zweifelt die Möglichkeit einer Verständigung des Erben/Beschenkten mit dem Finanzamt aufgrund des BFH-Urteils vom 06.06.2001, DStRE 2002, S. 460, demgegenüber an.

gern, daß eine solche Situation aus betriebswirtschaftlicher Perspektive gewisse Züge einer Konfliktsituation vom Typ Kauf/Verkauf trägt.[1] Hinsichtlich der Dominiertheit sind hierbei zwei Fälle zu differenzieren: jener vor Annahme der Erbschaft und jener im Anschluß daran. Vor der Annahme der Erbschaft befindet sich der Kunstsammler in einer nichtdominierten Konfliktsituation, denn er kann die Steuerzahlung zu diesem Zeitpunkt durch die Ausschlagung der Erbschaft noch abwenden. Sobald die Annahme erfolgt ist, ist er dagegen verpflichtet, Zahlung zu leisten. Die Konfliktsituation ist dann dominiert. Des weiteren ist sie eindimensional, weil nur die Höhe der Steuerzahlung, die sich aus der Bemessungsgrundlage ableitet, konfliktlösungsrelevant ist. Hinterläßt der Erblasser seinem Sohn weitere Kunstwerke und ergibt sich eine Bewertungsdependenz unter ihnen, dann liegt Jungiertheit vor. Zusammenfassend ergeben sich somit die folgenden Konfliktsituationen:

1. *Fallweise dominierte, eindimensionale, disjungierte, limitierte Konfliktsituation vom Typ Kauf/Verkauf*: Der Kunstsammler berechnet seinen Grenzpreis für ein Kunstwerk, um über die Annahme/Ablehnung der Erbschaft/Schenkung zu entscheiden sowie zwecks Verhandlung der steuerlichen Bemessungsgrundlage mit dem Fiskus.

2. *Fallweise dominierte, eindimensionale, jungierte, limitierte Konfliktsituation vom Typ Kauf/Verkauf*: Der Kunstsammler berechnet seine Grenzpreise für mehrere Kunstwerke, um über die Annahme/Ablehnung der Erbschaft/Schenkung zu entscheiden sowie zwecks Verhandlung der steuerlichen Bemessungsgrundlagen mit dem Fiskus.

Indes besteht im dargelegten Fall keine vollständige Kongruenz zur Konfliktsituation des Typs Kauf/Verkauf. Dies ist aus zwei Gründen der Fall:

a) Es findet keine Auseinandersetzung statt, die dem Zweck dient, eine Änderung der Eigentumsverhältnisse herbeizuführen und an deren Ende eine Übertragung oder Nichtübertragung des Eigentums steht. Vielmehr ist es im Fall der Erbschaft so, daß das Vermögen des Erblassers, entsprechend § 1922 Abs. 1 BGB, automatisch, nämlich mit dessen Tod, auf den Erben übergeht. Diesbezüglich ist allerdings zu konstatieren, daß der Erbe die Erbschaft nach den §§ 1942 ff. BGB ausschlagen kann. Dies räumt ihm zumindest die Möglichkeit ein, den Erbschaftsteuerbetrag im Vorfeld abzuschätzen und auf dieser Grundlage über einen Vermögensübergang zu befinden. Es verbleibt freilich das Risiko der Abweichung vom ex post durch den Fiskus determinierten Auszahlungsbetrag.[2]

[1] Strukturgleiche Überlegungen lassen sich für den Fall der Schenkung anstellen.

[2] Im Fall der Schenkung ist zu beachten, daß sich Schenker und Beschenkter hinsichtlich der Vermögensübertragung verabreden, diese also nicht automatisch aufgrund des Todesfalls erfolgt.

b) Die Entrichtung der Erbschaftsteuer fungiert nicht als Gegenleistung für eine Eigentumsübertragung. Vielmehr dient sie dazu, die Bereicherung des Erben zu besteuern.[1] Folglich findet eine Auseinandersetzung nicht zwischen einem Käufer und einem Verkäufer, sondern zwischen dem Erben und einem Dritten, dem Fiskus, statt. Die Steuerzahlung und die Änderung der Eigentumsverhältnisse am Kunstwerk stehen somit in keiner direkten Handelsbeziehung zueinander und fallen zudem zeitlich regelmäßig auseinander. Trotzdem wirkt sich der zu entrichtende Betrag direkt auf das Entscheidungsfeld des Erben aus und ist dort gegebenenfalls im Kontext anderweitiger Bewertungen zu berücksichtigen.

Unter Inanspruchnahme des § 224a AO ist es möglich, eine Erbschaftsteuer-/Schenkungsteuerschuld durch Hingabe von Kunstgegenständen, Kunstsammlungen, wissenschaftlichen Sammlungen, Bibliotheken, Handschriften und Archiven zu begleichen, ein öffentliches Interesse am Erwerb vorausgesetzt (§ 224a Abs. 1 AO). Hierbei ist es nicht von Bedeutung, ob die durch die Hingabe eines Kunstwerks getilgte Steuerschuld durch eben jenes oder durch etwas anderes verursacht wurde, denn Zweck der Vorschrift ist es, insbesondere zu verhindern, daß Kunstwerke an im Ausland ansässige Privatpersonen veräußert werden, um liquide Mittel zur Zahlung der Erbschaft-/Schenkungsteuer oder der bis zum 31.12.1996 entstandenen Vermögensteuer zu beschaffen.[2] Darüber hinaus müssen Steuerschuldner und Eigentümer des hinzugebenden Kunstwerks nicht dieselbe Person sein.[3] Der Ankauf des Kunstwerks durch den Fiskus erfordert gemäß § 224a Abs. 1 Satz 1 AO das Zustandekommen eines öffentlich-rechtlichen Vertrags.[4] Operativ hat der Erbe/Beschenkte als Steuerschuldner dem Finanzamt nach § 224a Abs. 2 Satz 2 AO ein Vertragsangebot vorzulegen. Gegenstand des Vertrags ist insbesondere der Wert des Kunstwerks und die Höhe des durch die Hingabe an Zahlung statt zu tilgenden, grundsätzlich monetären Steueranspruchs.[5] Ist der vereinbarte Preis des Kunstwerks, welches hingegeben wurde, höher als die Steuerschuld, dann ist der Differenzbetrag auszubezahlen.[6]

Sofern der Erwerb des Kunstwerks des betrachteten Kunstsammlers von öffentlichem Interesse ist, kommt es für ihn in Betracht, die entstehende Steuerlast auf dem geschilderten Weg zu begleichen. Die hieraus resultierende Konstellation ist eine Konfliktsituation vom Typ Kauf/Verkauf, wobei der Erbe/Beschenkte als Verkäufer auf-

---

1 Vgl. beispielsweise EISELE/SEẞINGHAUS/WALKENHORST, Steuerkompendium (2009), S. 507.

2 Vgl. ALBER, § 224a (2010), Rz. 2 und Rz. 7, KRUSE, § 224a (2010), Rz. 2.

3 Vgl. ALBER, § 224a (2010), Rz. 10, KRUSE, § 224a (2010), S. 6.

4 Es kommen hierbei die Regelungen des BGB zur Anwendung, mithin besteht Vertragsfreiheit gemäß § 311 Abs. 1 BGB. So ALBER, § 224a (2010), Rz. 13.

5 Vgl. KRUSE, § 224a (2010), Rz. 7.

6 Vgl. FRITSCH, § 224a (2009), Rz. 7, RÜSKEN, § 224a (2009), S. 1382, ALBER, § 224a (2010), Rz. 19, KRUSE, § 224a (2010), Rz. 8.

tritt und der Fiskus als Käufer. Dies ist deshalb der Fall, weil im Fokus des Vertragsabschlusses der Erwerb des Kunstwerks durch den Staat steht und nicht die Begleichung der Steuerschuld.[1] Da die Eigentumsübertragung einzig von einer Einigung auf den durch den Fiskus zu entrichtenden Preis abhängt, handelt es sich um eine eindimensionale Konfliktsituation. Darüber hinaus erfolgt sowohl die Hingabe des Kunstwerks durch den Kunstsammler als auch die Annahme des Angebots durch den Fiskus freiwillig, denn es besteht Vertragsfreiheit.[2] Es handelt sich folglich um eine nichtdominierte Konfliktsituation. In Abhängigkeit davon, ob die Konfliktparteien sich hinsichtlich der Eigentumsübertragung an einem oder mehreren Kunstwerken einigen müssen, kann es sich entweder um eine disjungierte oder um eine jungierte Konfliktsituation handeln, wobei die Jungiertheit eine Dependenz zwischen den Verhandlungssituationen voraussetzt.

Für die Hingabe von Kunstwerken an Zahlung statt gemäß § 224a AO ergeben sich somit die folgenden Konfliktsituationen:

1. *Nichtdominierte, eindimensionale, disjungierte, limitierte Konfliktsituation vom Typ Kauf/Verkauf*: Der Kunstsammler verhandelt mit dem Fiskus die Höhe des Preises zum Zwecke der Eigentumsübertragung an einem einzelnen Kunstwerk.

2. *Nichtdominierte, eindimensionale, jungierte, limitierte Konfliktsituation vom Typ Kauf/Verkauf*: Der Kunstsammler verhandelt mit dem Fiskus zeitgleich die Höhe der Preise zum Zwecke der Eigentumsübertragung an mehreren Kunstwerken.

Es sind zwei Ausgangspunkte für die Preisverhandlungen denkbar: Zum einen kann es sein, daß das in Rede stehende Kunstwerk auch jenes sein soll, welches hingegeben wird. In diesem Fall wäre zu erwarten, daß der Fiskus sich pragmatisch verhält und argumentativ auf den im Zuge der Erbschaft-/Schenkungsteuerschuld ermittelten Wert zurückgreift. Dieser Wertansatz könnte folglich den Ausgangspunkt einer Verhandlung darstellen. Zum anderen ist es vorstellbar, daß der Erbe/Beschenkte ein anderes, in seinem Besitz befindliches Objekt hingeben möchte. Wenn auch für den Erwerb dieses Kunstwerks ein öffentliches Interesse besteht, muß ein völlig neuer Preis ausgehandelt werden.

---

1 Vgl. ALBER, § 224a (2010), Rz. 11.

2 Vgl. ALBER, § 224a (2010), Rz. 13 und 19.

2.3.4 Die Systematisierung der zivilrechtlichen Bewertungsanlässe

2.3.4.1 Die Konfliktsituationen im Kontext der Erbauseinandersetzung

Auf dem Gebiet des Erbrechts sind insbesondere die Erbengemeinschaft sowie deren Liquidation durch die Erbauseinandersetzung Inkubator für Bewertungsanlässe. Gestaltet sich die Situation derart, daß der Erblasser mehrere Erben hinterläßt, so geht mit dem Erbanfall sein Vermögen nach Maßgabe des § 1922 Abs. 1 BGB sowie des § 2032 Abs. 1 BGB als Ganzes auf diese über und bildet das gemeinschaftliche Vermögen der *Erbengemeinschaft*[1] nach den Vorschriften der §§ 2032 ff. BGB. Die Erbengemeinschaft stellt die dritte Variante einer Gesamthandsgemeinschaft dar, die das BGB kennt. An dem so gebildeten Sondervermögen, welches selbständig neben dem Privatvermögen des einzelnen Miterben steht, haben alle Miterben einen Erbteil. Der Erbteil beschreibt die vermögensrechtliche Position des einzelnen in der Gesamthandsgemeinschaft. Der jeweilige Miterbe ist dabei nicht Eigentümer eines Anteils an jedem einzelnen Nachlaßgegenstand, sondern Eigentümer eines Anteils am gesamten Nachlaßvermögen und somit an allen mit ihm einhergehenden Rechten und Pflichten, also auch den Nachlaßverbindlichkeiten. Wenngleich die Erbengemeinschaft auf ihre Liquidation abzielt, muß sie nicht unmittelbar abgewickelt werden, sondern kann – das Einvernehmen der Miterben vorausgesetzt – zeitlich unbegrenzt fortbestehen. Ein solches Fortbestehen kann unter Umständen wirtschaftlich sinnvoll sein.[2] Vorstellbar wäre etwa, daß der Erblasser eine Kunstsammlung hinterlassen hat und die Erbengemeinschaft erwägt, diese zum Zweck der Auseinandersetzung zu versteigern. Erweist sich die Konstitution des Kunstmarkts zu diesem Zeitpunkt als unvorteilhaft für eine unmittelbare Veräußerung, tut die Erbengemeinschaft gut daran, sich darauf zu einigen, ihre Auseinandersetzung für gewisse Zeit zu verschieben. Sie handelt dann einvernehmlich im Verbund und im Dienste einer gemeinsamen finanziellen Zielsetzung.

Die *Erbauseinandersetzung*[3] kann sich in unterschiedlicher Weise vollziehen, sie bewirkt aber stets die Verkleinerung entweder der Mitgliederzahl oder aber des Nachlaßvermögens der Erbengemeinschaft und führt letzten Endes zur Erlöschung der Erbengemeinschaft.[4] Obliegt die Durchführung der Auseinandersetzung nicht einem

---

[1] Vgl. zur Erbengemeinschaft, auch im folgenden, FRANK, Erbrecht (2007), S. 238-242, BROX/WALKER, Erbrecht (2009), S. 257-268, OLZEN, Erbrecht (2009), S. 334-348, EDENHOFER, Erbrecht (2010), S. 2226 ff., LEIPOLD, Erbrecht (2010), S. 286-291.

[2] Gleicher Meinung ist PETZOLD, Teilauseinandersetzung bei der Miterbengemeinschaft (1973), S. 2.

[3] Vgl. zur Erbauseinandersetzung, auch im folgenden, EBERL-BORGES, Erbauseinandersetzung (2000), LANGE/KUCHINKE, Erbrecht (2001), S. 1134-1168, FRANK, Erbrecht (2007), S. 247-254, BROX/WALKER, Erbrecht (2009), S. 279-293, OLZEN, Erbrecht (2009), S. 348-356, EDENHOFER, Erbrecht (2010), S. 2239 ff., LEIPOLD, Erbrecht (2010), S. 296-300.

[4] Vgl. EBERL-BORGES, Erbauseinandersetzung (2000), S. 55 ff. Für denkbare Varianten der Erbauseinandersetzung vgl. beispielsweise LANGE/KUCHINKE, Erbrecht (2001), S. 1144-1147.

Testamentsvollstrecker oder einem anderen Dritten, und ersuchen die Miterben auch nicht die amtliche Vermittlung, so können sie sich frei nach ihren Wünschen einigen.[1] Die Auseinandersetzung ist als eine umfassende Gesamtauseinandersetzung gestaltbar oder kann in mehreren Teilauseinandersetzungen erfolgen. Teilauseinandersetzungen existieren in zwei Varianten, der persönlichen und der gegenständlichen Teilauseinandersetzung.[2] Während die Gesamtauseinandersetzung nach § 2042 Abs. 1 BGB von jedem Miterben jederzeit verlangt werden darf, kann die Teilauseinandersetzung, unabhängig davon, ob es sich dabei um eine persönliche oder gegenständliche handeln soll, nur unter Zustimmung aller Miterben durchgeführt werden.[3] Die persönliche Teilauseinandersetzung[4] zielt auf die Verkleinerung der Mitgliederzahl der Erbengemeinschaft ab, welche dadurch erfolgt, daß einer oder mehrere Miterben ihren Erbteil an die verbleibende Gemeinschaft übertragen. Mit Blick auf den Ankauf von Kunstwerken erscheint jedoch insbesondere die gegenständliche Teilauseinandersetzung als Instrument des Erwerbs geeignet und soll deshalb im folgenden näher betrachtet werden.[5]

Ist der Kunstsammler selbst Teil der Erbengemeinschaft und ist er an der gezielten Herauslösung eines Kunstwerks aus dem Nachlaßvermögen interessiert, kann er eine *gegenständliche Teilauseinandersetzung*[6] anstreben. Unter der Voraussetzung der Zustimmung aller Miterben zielt diese darauf ab, das Kunstwerk aus dem Sondervermögen in das Privatvermögen des Kunstsammlers zu überführen. Das Bewertungsobjekt bei dieser Form der Auseinandersetzung ist, betriebswirtschaftlich betrachtet, nie das Kunstwerk als Ganzes, sondern der dem Kunstsammler nicht zustehende Bruchteil daran, der sich bei den Miterben akkumuliert und welchen er im Gegenzug abfindet.

Für die sich aus der gegenständlichen Teilauseinandersetzung ergebenden Konfliktsituationen ist es belanglos, ob der Kunstsammler mit nur einem Miterben verhandeln muß oder mit mehreren. Ergibt sich die Situation der Verhandlung mit mindestens zwei Miterben, so bilden diese immer einen Verbund. Ursächlich hierfür ist, daß eine

---

1 Vgl. beispielsweise LANGE/KUCHINKE, Erbrecht (2001), S. 1148.

2 Vgl. EBERL-BORGES, Erbauseinandersetzung (2000), S. 284-291.

3 Vgl. BGH-Urteil vom 29.02.1984, NJW 1985, S. 51, FRANK, Erbrecht (2007), S. 247, BROX/WALKER, Erbrecht (2009), S. 280, OLZEN, Erbrecht (2009), S. 348, LEIPOLD, Erbrecht (2010), S. 296.

4 Vgl. ausführlich PETZOLD, Teilauseinandersetzung bei der Miterbengemeinschaft (1973), S. 23-82, EBERL-BORGES, Erbauseinandersetzung (2000), S. 286-291.

5 LANGE/KUCHINKE, Erbrecht (2001), S. 1147, setzen die Übertragung sämtlicher Nachlaßgegenstände an einen Miterben mit einem Verkauf gleich.

6 Vgl. zur gegenständlichen Teilauseinandersetzung ausführlich PETZOLD, Teilauseinandersetzung bei der Miterbengemeinschaft (1973), S. 9-22, EBERL-BORGES, Erbauseinandersetzung (2000), S. 285.

Teilauseinandersetzung stets die Einvernehmlichkeit unter den Miterben voraussetzt.[1] Die gegenständliche Teilauseinandersetzung erfolgt immer freiwillig. Die Nichtdominiertheit ergibt sich ebenfalls daraus, daß alle Vereinbarungen über die Art und Weise der Auseinandersetzung der Einvernehmlichkeit der Mitglieder der Erbengemeinschaft bedürfen. Ob eine Eigentumsübertragung aus dem Sondervermögen der Gesamthandsgemeinschaft in das Privatvermögen des Kunstsammlers erfolgt, hängt von der Höhe der durch den Kunstsammler entrichteten Abfindung[2] ab. Sie kann umgehend erfolgen, indem der Kunstsammler die übrige Erbengemeinschaft direkt aus seinem Privatvermögen abfindet oder in der Weise, daß die Übereignung des Kunstwerks zu einer Reduktion seiner Teilungsquote führt, die bei den sich anschließenden Auseinandersetzungen angewendet wird.[3] Hier soll allerdings nur der Fall betrachtet werden, bei dem der Kunstsammler die übrige Erbengemeinschaft direkt in bar aus seinem Privatvermögen abfindet. Neben der Abfindung können weitere konfliktlösungsrelevante Sachverhalte bestehen. Denkbar ist etwa, daß die Gestaltung der Leihgabe des Kunstwerks an ein Museum nach Eigentumsübertragung einen weiteren Verhandlungsgegenstand neben der Abfindung darstellt. Die Konfliktsituation kann deshalb ein- oder mehrdimensional sein.

Möchte der Kunstsammler die gegenständliche Teilauseinandersetzung lediglich in bezug auf ein Kunstwerk durchführen, so sieht er sich mit einer disjungierten Konfliktsituation konfrontiert. In allen anderen Fällen liegt eine jungierte Konfliktsituation vor, sofern eine Dependenz und zeitliche Parallelität der Verhandlungssituationen gegeben ist.

Es kann zusammenfassend zu folgenden Konfliktsituationen kommen:

1. *Nichtdominierte, eindimensionale, disjungierte, limitierte Konfliktsituation vom Typ Kauf/Verkauf*: Der Kunstsammler verhandelt mit einem Miterben oder einem Verbund von Miterben die Höhe der zu leistenden Abfindung zum Zwecke der Eigentumsübertragung an einem einzelnen Kunstwerk.

2. *Nichtdominierte, mehrdimensionale, disjungierte, limitierte Konfliktsituation vom Typ Kauf/Verkauf*: Der Kunstsammler verhandelt mit einem Miterben oder einem Verbund von Miterben die Höhe der zu leistenden Abfindung und Extensionen

1 Vgl. BGH-Urteil vom 29.02.1984, NJW 1985, S. 51, FRANK, Erbrecht (2007), S. 247, BROX/WALKER, Erbrecht (2009), S. 280, OLZEN, Erbrecht (2009), S. 348, LEIPOLD, Erbrecht (2010), S. 296.

2 Für die Erbauseinandersetzung wird hier der Begriff Abfindung verwendet, da er fachterminologisch gebräuchlich ist. Im Grunde handelt es sich aber auch hier um einen Barpreis, da die Abfindung regelmäßig in Geld erfolgt.

3 Vgl. BGH-Urteil vom 04.03.1992, DNotZ 1993, S. 169 sowie PETZOLD, Teilauseinandersetzung bei der Miterbengemeinschaft (1973), S. 11, EBERL-BORGES, Erbauseinandersetzung (2000), S. 285.

mindestens eines weiteren konfliktlösungsrelevanten Sachverhalts zum Zwecke der Eigentumsübertragung an einem einzelnen Kunstwerk.

3. *Nichtdominierte, eindimensionale, jungierte, limitierte Konfliktsituation vom Typ Kauf/Verkauf*: Der Kunstsammler verhandelt mit einem Miterben oder einem Verbund von Miterben zeitgleich die Höhe der zu leistenden Abfindungen zum Zwecke der Eigentumsübertragung an mehreren Kunstwerken.

4. *Nichtdominierte, mehrdimensionale, jungierte, limitierte Konfliktsituation vom Typ Kauf/Verkauf*: Der Kunstsammler verhandelt mit einem Miterben oder einem Verbund von Miterben zeitgleich die Höhe der zu leistenden Abfindungen und Extensionen mindestens eines weiteren konfliktlösungsrelevanten Sachverhalts zum Zwecke der Eigentumsübertragung an mehreren Kunstwerken.

2.3.4.2 Die Konfliktsituationen des Pflichtteilsrechts

Die gewillkürte Erbfolge (per Testament oder Erbvertrag) räumt dem Erblasser zunächst Testierfreiheit durch die Verfügung von Todes wegen ein, die sodann durch das Pflichtteilsrecht[1] (§§ 2303 ff. BGB) eingeschränkt wird. Das Pflichtteilsrecht gewährleistet bestimmten nahen Angehörigen (§ 2303 Abs. 1 Satz 1 BGB) einen Mindestanteil am Nachlaß – den *Pflichtteil* –, wenn diese vom Erblasser übergangen wurden. Die Pflichtteilsquote, welche mit dem Wert des Nachlasses multipliziert werden muß, um den Pflichtteil zu berechnen, umfaßt die Hälfte des gesetzlichen Erbteils des übergangenen Angehörigen (§ 2303 Abs. 1 Satz 2 BGB). Die Rechtfertigungen des Pflichtteilsanspruchs sind vielgestaltig und reichen von der Existenzsicherung nächster Familienangehöriger bis hin zur gesellschaftlichen Vermögensverteilungsfunktion.[2] Der Mindestanteil kommt in einem schuldrechtlichen Anspruch auf Zahlung eines Geldbetrags, zahlbar durch den bedachten Erben, zum Ausdruck und stellt nach § 1967 Abs. 2 BGB eine Nachlaßverbindlichkeit dar. Der übergangene Erbe ist somit rein wertmäßig beteiligt, was bedeutet, daß er nicht „Not- oder Zwangserbe" wird und insofern kein Mitspracherecht bei der Verwaltung des Nachlasses, bei der Verfügung über einzelne Nachlaßgegenstände und der letztendlichen Erbauseinandersetzung hat.[3] Befindet sich im Nachlaß des Kunstsammlers ein Kunstwerk, muß folglich die Bewertung dieses Kunstwerks erfolgen, um die Höhe der Pflichtteilsansprüche zu bestimmen.

---

[1] Zum Pflichtteilsrecht vgl., auch im folgenden, FRANK, Erbrecht (2007), S. 255-277, BROX/WALKER, Erbrecht (2009), S. 295-314, EDENHOFER, Erbrecht (2010), S. 2425 ff., LEIPOLD, Erbrecht (2010), S. 327-353.

[2] Für einen ausführlichen Überblick über die Zwecke des Pflichtteilsrechts beziehungsweise der Mindestteilhabe in Form des Pflichtteils siehe HAAS, Einleitung zu §§ 2303 ff. (2006), S. 357-362.

[3] Vgl. FRANK, Erbrecht (2007), S. 255, BROX/WALKER, Erbrecht (2009), S. 297.

Die Auseinandersetzung zwischen dem Erben und dem Pflichtteilsberechtigten ist als eine Konfliktsituation vom Typ Kauf/Verkauf interpretierbar.[1] Dies ist so, weil die Stellung des Pflichtteilsberechtigten aufgrund seines gesetzlich gewährleisteten Mindestanteils mit der eines Miteigentümers am Nachlaß gleichzusetzen ist und er diese Stellung nun gegen Zahlung eines Ausgleichs an den Erben abgibt. Der Pflichtteilsberechtigte hat folglich eine verkäuferähnliche und der Erbe eine käuferähnliche Stellung. Konstituiert ein Kunstwerk den Nachlaß oder ist Teil desselben, gibt der Pflichtteilsberechtigte, betriebswirtschaftlich interpretiert, seinen Anteil an ihm auf. Es gilt dabei zu beachten, daß das Kunstwerk, im Unterschied zur klassischen Konfliktsituation vom Typ Kauf/Verkauf, niemals im dinglichen Besitz des Pflichtteilsberechtigten war, sondern mit dem Tod des Erblassers auf den bedachten Erben übergegangen ist.

Man kann als Alleinerbe oder aber als Teil einer Erbengemeinschaft gegenüber einem einzelnen oder mehreren Pflichtteilsberechtigten ausgleichspflichtig werden. Steht der Erbe nicht alleine da, bildet er mit seinem oder seinen Miterben einen Verbund, der die Ausgleichsberechtigten für ihren fingierten Mindestanteil entschädigen muß. Die Verbundbetrachtung begründet sich durch das Gesetz in den §§ 748, 2038 Abs. 2 Satz 1 und 2047 Abs. 1 BGB. Dort ergibt sich, daß die Miterben die Pflichtteilslast nach dem Verhältnis ihrer Erbteile zu tragen haben.[2] Eine nur teilweise Befriedigung wird dem Pflichtteilsberechtigten regelmäßig nicht genügen, weshalb der ausgleichspflichtige Miterbenverbund die zwingende Konsequenz ist.

Ist der Kunstsammler Erbe und Ausgleichspflichtiger sowie Teil einer Erbengemeinschaft, mag es der Fall sein, daß er alsbald im Anschluß an die Befriedigung der Pflichtteilsansprüche sich mit jenen Bewertungsanlässen konfrontiert sieht, die aus seinem Bestreben erwachsen, die Auseinandersetzung der Erbengemeinschaft so zu arrangieren, daß ihm die gewünschten Kunstwerke zufallen (Abschnitt III.2.3.4.1). Es kann folglich zu einer Fallkonstellation kommen, bei der der Kunstsammler in einem ersten Schritt den Pflichtteilberechtigten gemeinsam mit seinen Miterben entschädigt, um dann in einem zweiten Schritt den oder die Miterben abzufinden. In einer derartigen Situation könnte man auch von einem „zweistufigen mittelbaren Erwerb" sprechen.

Da der Ausgleich des Mindestanteils per gesetzlich verankertem, schuldrechtlichem Anspruch eingeräumt ist, hat er obligatorischen Charakter, der dafür spricht, die Konfliktsituation als dominiert zu charakterisieren. Hinwieder hängt eine solche Auslegung vom Zeitpunkt der Betrachtung ab, denn grundsätzlich kann der Erbe unter Voraussicht der Verpflichtungen, die mit dem Nachlaß auf ihn zukommen, jenen auch ausschlagen (§§ 1942 ff. BGB). Entscheidet sich der Erbe für die Annahme der Erb-

---

1 Vgl. zu dieser Sichtweise auch schon das RFH-Urteil vom 08.11.1933, RStBl. 1934, S. 295.

2 Vgl. auch VON OLSHAUSEN, Verteilung der Pflichtteilslast (1986), S. 89.

schaft, dann läßt er damit auch zu, daß der Pflichtteilsberechtigte seinen Anspruch geltend macht. Die Konfliktsituation ist folglich vor der Annahme der Erbschaft durch den Erben nichtdominiert. Erst wenn der Erbe die Erbschaft angenommen hat, kann der Pflichtteilsberechtigte ihn zwingen, seinen Mindestanteil abzufinden. Zu diesem vorangeschrittenen Zeitpunkt ist die Konfliktsituation mithin als dominiert zu bezeichnen. Die Übereignung des Mindestanteils an den Erben durch den Pflichtteilsberechtigten setzt einzig die Zahlung eines monetären Ausgleichs voraus. Streitig ist damit ausschließlich die Höhe des zu leistenden Ausgleichs. Wird aber nur der Geldanspruch verhandelt, kann von einer eindimensionalen Konfliktsituation gesprochen werden. Jungierte Konfliktsituationen ergeben sich dann, wenn der Nachlaß zwei oder mehr Kunstwerke beinhaltet und/oder wenn zwei oder mehr Pflichtteilsberechtigte existieren, die ihren Anspruch geltend machen.

Die Regelungen des Pflichtteilsrechts ermöglichen insgesamt zwei Konfliktsituationen:

1. *Fallweise nichtdominierte oder dominierte, eindimensionale, disjungierte, limitierte Konfliktsituation vom Typ Kauf/Verkauf*: Der Kunstsammler verhandelt alleine oder im Verbund mit seinen Miterben die Höhe des zu leistenden Ausgleichs zum Zweck der Übertragung des rechtlich eingeräumten Mindestanteils an einem einzelnen Kunstwerk mit einem Pflichtteilsberechtigten.

2. *Fallweise nichtdominierte oder dominierte, eindimensionale, jungierte, limitierte Konfliktsituation vom Typ Kauf/Verkauf*: Der Kunstsammler verhandelt alleine oder im Verbund mit seinen Miterben die Höhe des zu leistenden Ausgleichs zum Zweck der Übertragung des rechtlich eingeräumten Mindestanteils an einem einzelnen Kunstwerk mit mehreren Pflichtteilsberechtigten, oder der Kunstsammler verhandelt alleine oder im Verbund mit seinen Miterben die Höhe des zu leistenden Ausgleichs zum Zweck der Übertragung des rechtlich eingeräumten Mindestanteils an mehreren Kunstwerken mit einem/mehreren Pflichtteilsberechtigten.

Die Analyse der erbschaftsteuer- sowie der erbrechtlichen Bewertungsanlässe ist sowohl in der isolierten als auch in der zusammenhängenden Betrachtung von Bedeutung, denn sie zeigt, daß sich ein Kunstsammler gegebenenfalls gleich mit drei Auszahlungen konfrontiert sieht, nämlich mit jener für die Erbschaftsteuer, mit jener für die Befriedigung der Pflichtteilsberechtigten sowie jener, mit der er die Miterben im Zuge einer gegenständlichen Teilauseinandersetzung abfindet.

2.3.4.3 Die Konfliktsituationen im Zugewinnausgleich

Die aus den Regelungen des Pflichtteilsrechts resultierende Konfliktsituationscharakteristik ähnelt jener, die sich im Ehegüterrecht im Zuge des Zugewinnausgleichs ergeben kann. Wie beim Pflichtteilsrecht geht es auch hier um die Bemessung eines

Ausgleichs zwecks Aufgabe einer rechtlich eingeräumten Beteiligung. Vereinbaren die Eheleute nichts anderes in einem Ehevertrag, leben sie im gesetzlichen Güterstand der Zugewinngemeinschaft, geregelt in den §§ 1363 bis 1390 BGB. Während der Ehe besteht Gütertrennung, d.h. das Vermögen beider Gatten wird nach § 1363 Abs. 2 Satz 1 beziehungsweise § 1364 BGB nicht gemeinschaftliches Vermögen, weshalb jeder der Partner sein Vermögen grundsätzlich selbst verwaltet. Insofern ist die Zugewinngemeinschaft als Gütertrennung mit Zugewinnausgleich zu interpretieren.[1] Kommt es zur Scheidung und im Zuge dessen zu einer Beendigung der Zugewinngemeinschaft, sind die Vermögensänderungen beider Gatten zu quantifizieren. Ein Zugewinn liegt vor, wenn eine positive Differenz zwischen dem End- und dem Anfangsvermögen eines Gatten besteht (§ 1373 BGB). Maßgeblich für die Wertdeterminierung des Anfangsvermögens ist der Tag des Eintritts in den Güterstand (§ 1376 Abs. 1 BGB), für die Wertdeterminierung des Endvermögens der Tag der Rechtshängigkeit des Scheidungsantrags (§ 1384 BGB). Es ist derjenige Gatte ausgleichspflichtig, dessen Zugewinn höher ausfällt, er muß die Hälfte der positiven Differenz (Zugewinnüberschuß) an den anderen Partner abgeben (§ 1378 Abs. 1 BGB). Der Grundgedanke der Zugewinngemeinschaft liegt darin, daß der Erwerb des einzelnen Gatten Resultat einer Zusammenarbeit der Eheleute ist. Diese Zusammenarbeit kann von der Gestalt einer beruflichen Zusammenarbeit oder aber von der einer Funktionenteilung sein, bei der einem Partner die Haushaltsführung und Kinderbetreuung obliegt, während der andere berufstätig ist.[2] Unabhängig davon, welcher Form die Zusammenarbeit ist, sind beide Partner an der Vermögensmehrung nach gesetzlicher Auffassung gleichermaßen beteiligt.

Ein Kunstwerk kann, seiner Eigenschaft als Vermögensposition nach, Gegenstand einer Bewertung im Zuge des Zugewinnausgleichs werden, wenn es sich im Portefeuille eines der beiden Gatten befindet oder befand. Das Kunstwerk ist sowohl für das Anfangsvermögen als auch für das Endvermögen zu bewerten, wenn es bereits zum Zeitpunkt des Eintritts in den Güterstand Teil des Portefeuilles war.[3] Für das Anfangsvermögen kann die Bewertung im Kontext der Erstellung eines Verzeichnisses nach § 1377 Abs. 1 BGB erfolgt sein. Alternativ, wenn kein Verzeichnis vorliegt, kann eine Bewertung auch ex post stattfinden. War das Kunstwerk zum Zeitpunkt des Eintritts in den Güterstand noch nicht Teil des Portefeuilles, ist eine Bewertung alleine für das Endvermögen erforderlich. Letztendlich ist noch der Fall denkbar, daß eine Inventarisierung mittels Verzeichnis nicht vorgenommen wurde und das Kunstwerk

---

1 Vgl. BOOCHS/GANTEFÜHRER, Kunstbesitz im Zivil- und Steuerrecht (1992), S. 110, PICKER, Kunstgegenstände & Antiquitäten (2000), S. 353 f.

2 Vgl. SCHLEBUSCH, Bewertung von Vermögensgegenständen (1966), S. 9-14, BRAUNHOFER, Bemessung von Ausgleichsansprüchen (1995), S. 114 ff., MEYER, Unternehmensbewertung im Zugewinnausgleich (1996), S. 69 f., SCHWAB, Zugewinnausgleich (2004), S. 1569, LÜDERITZ/DETHLOFF, Familienrecht (2007), S. 101, SCHWAB, Familienrecht (2008), S. 104.

3 Vgl., auch im folgenden, OLBRICH, Unternehmungsbewertung bei Scheidung (2005), S. 414.

während der Zugewinngemeinschaft aus dem Portefeuille ausschied. Es ist dann eine Ex-post-Bewertung nur für das Anfangsvermögen vorzunehmen.

Der Zugewinnausgleich räumt den Eheleuten Rechte ein, die aus ökonomischer Sicht den Charakter einer eigentümerartigen Stellung haben.[1] Die erwähnte Stellung konkretisiert sich als materieller Anspruch, wenn eine Situation eintritt, die dazu berechtigt, konkret die Scheidung. Die Rechte, die die eigentümerartige Stellung der Eheleute manifestieren, bestehen im Anspruch auf die Hälfte des während der Ehe erzielten Wertzuwachses (§ 1378 Abs. 1 BGB) und in bezug auf Kunstwerke auch im § 1369 BGB. Dort wird festgelegt, daß ein Gatte über die ihm gehörenden Gegenstände des ehelichen Haushalts nur dann verfügen kann, wenn der andere Gatte der Verfügung zustimmt. Kunstwerke fallen nach herrschender Meinung in die Kategorie Hausrat insoweit, als die ihnen durch den Ehegatten zugedachte Zweckbestimmung primär die der Dekoration ist.[2] Kunstwerke bieten in diesem Zusammenhang aufgrund ihrer Eigenschaft, sowohl Kapitalanlage als auch Konsumgut (hier im Sinne von Hausrat) sein zu können, Fläche für Abgrenzungsschwierigkeiten (Abschnitt III.4.3). Schließlich ergibt sich die eigentümerartige Stellung der Eheleute noch aus der Verfügungsbeschränkung gemäß § 1365 BGB, die festlegt, daß ein Ehegatte über sein Vermögen im Ganzen nur dann verfügen darf, wenn der andere Ehegatte dies billigt. Macht ein Kunstwerk den Großteil des Vermögens des Kunstsammlergatten aus, kann er es nicht ohne Zustimmung seines Ehepartners veräußern.

Kommt es zur Scheidung, gibt der Nichtkunstsammlergatte seine rechtlich eingeräumte eigentümerartige Stellung am Kunstwerk auf, weshalb hier folglich von einer Konfliktsituation vom Typ Kauf/Verkauf gesprochen werden kann.[3] Im Gegenzug hat er das Anrecht auf einen Ausgleich in Form einer Geldzahlung von seiten des Kunstsammlergatten, deren Höhe der Hälfte des in der Ehe angefallenen Wertzuwachses des Kunstwerks oder dessen Werts entspricht.[4] Dieser Ausgleichskalkül wird auf jeden Vermögensgegenstand, der sich in den Portefeuilles der Ehegatten befindet, angewendet. Die tatsächliche Zahlung in Gestalt des Zugewinnausgleichs leistet dann, wie beschrieben, derjenige der beiden Partner, dessen Forderungssumme höher ist.

[1] So auch OLBRICH, Unternehmungsbewertung bei Scheidung (2005), S. 412, für Unternehmungen.

[2] Vgl. GERNHUBER, § 1369 (1989), S. 363, LANGE, § 1369 (1989), S. 206 f.

[3] Für Unternehmungen ebenso SCHLAX, Zugewinnausgleich und Pflichtteil (1986), S. 289, OLBRICH, Unternehmungsbewertung bei Scheidung (2005), S. 412 f. Vgl. OLBRICH, Unternehmungsbewertung bei Scheidung (2005), S. 412 ff., auch für die weitere Systematisierung der Bewertungsanlässe des Zugewinnausgleichs.

[4] Für ein Kunstwerk, wie auch für andere Vermögensgegenstände, deren Wertentwicklung nicht zwingend von einer wertsteigernden Tätigkeit durch ihren Eigentümer abhängig ist und insoweit zeitliche Kapazität beansprucht, die durch eine Funktionenteilung in der Ehe bereitgestellt werden kann, dürfen berechtigte Zweifel an der rechtspolitischen Begründung des Zugewinns angemeldet werden. Das aber nur dann, wenn die Vermögensgegenstände schon vor dem Eintritt in den Güterstand der Zugewinngemeinschaft Teil der Portefeuilles der Ehegatten waren.

Streitig ist damit einzig die Höhe des zu leistenden Ausgleichs, die aus der Übereignung des Anteils des Nichtkunstsammlergatten am Kunstwerk resultiert. Die Konfliktsituation ist deshalb eindimensional.

Ob der Zugewinnausgleich eine dominierte oder nichtdominierte Konfliktsituation darstellt, ist fallweise zu entscheiden. Beantragt der Nichtkunstsammlergatte die Scheidung, muß der Kunstsammlergatte Zahlung leisten, unerheblich ob er gewillt ist oder nicht. Die Konfliktsituation ist dann dominiert. Zieht es der Nichtkunstsammlergatte nicht in Erwägung, die Scheidung einzureichen, der Kunstsammlergatte hingegen schon, eröffnet letzterer auf eigenen Wunsch hin das Zugewinnausgleichsprozedere und ermöglicht dem Nichtkunstsammlergatten den Ausgleich. Die Konfliktsituation ist dann nichtdominiert.

Befinden sich wenigstens zwei Kunstwerke im Portefeuille eines Ehegatten oder besitzt jeder der Ehegatten mindestens ein Kunstwerk und ergeben sich Dependenzen zwischen den Bewertungen dieser Kunstwerke, dann liegt eine jungierte Konfliktsituation vor. Es kann demgemäß zu den folgenden Konfliktsituationstypen kommen:

1. *Fallweise nichtdominierte oder dominierte, eindimensionale, disjungierte, limitierte Konfliktsituation vom Typ Kauf/Verkauf*: Der Kunstsammlergatte verhandelt die Höhe des zu leistenden Ausgleichs zum Zweck der Übertragung der rechtlich eingeräumten Beteiligung an einem einzelnen Kunstwerk mit dem Nichtkunstsammlergatten.

2. *Fallweise nichtdominierte oder dominierte, eindimensionale, jungierte, limitierte Konfliktsituation vom Typ Kauf/Verkauf*: Der Kunstsammlergatte verhandelt die Höhe des zu leistenden/zu erhaltenden Ausgleichs zum Zweck der Übertragung der rechtlich eingeräumten Beteiligung an mehreren Kunstwerken mit dem Nichtkunstsammlergatten.

2.4 Die Synopse der Konfliktsituationen des Kunstsammlers

Es wurden vorangehend die Bewertungsanlässe der Sammlungstätigkeit, der Vermögensrestrukturierung und der Bereiche des Steuer- und Zivilrechts herausgearbeitet und in den bekannten Konfliktsituationen systematisiert. Dabei hat sich ergeben, daß sämtliche Konfliktsituationen vom Typ Kauf/Verkauf sowie limitierter Natur sind. Die Tabellen 12 bis 16 geben einen Überblick über die weiteren Ergebnisse der Analyse:

<table>
<tr><th>Bewertungsanlässe der Sammlungstätigkeit/ Vermögensrestrukturierung</th><th>Dominiertheit</th><th>Dimensionalität</th><th>Jungiertheit</th></tr>
<tr><td>Der Kunstsammler verhandelt mit einem Verhandlungspartner die Höhe des Preises zum Zwecke der Eigentumsübertragung an einem einzelnen Kunstwerk.</td><td rowspan="4">Nichtdominiert/dominiert aufgrund eines transaktionsexternen Zwangs</td><td>Eindimensional</td><td rowspan="2">Disjungiert</td></tr>
<tr><td>Der Kunstsammler verhandelt mit einem Verhandlungspartner die Höhe des Preises und Extensionen mindestens eines weiteren konfliktlösungsrelevanten Sachverhalts zum Zwecke der Eigentumsübertragung an einem einzelnen Kunstwerk.</td><td>Mehrdimensional</td></tr>
<tr><td>Der Kunstsammler verhandelt mit einem/mehreren Verhandlungspartnern zeitgleich die Höhe der Preise zum Zwecke der Eigentumsübertragung an mehreren Kunstwerken.</td><td>Eindimensional</td><td rowspan="2">Jungiert</td></tr>
<tr><td>Der Kunstsammler verhandelt mit einem/mehreren Verhandlungspartnern die Höhe der Preise und Extensionen mindestens eines weiteren konfliktlösungsrelevanten Sachverhalts zum Zwecke der Eigentumsübertragung an mehreren Kunstwerken.</td><td>Mehrdimensional</td></tr>
</table>

Tabelle 12: Konfliktsituationen der Sammlungstätigkeit/Vermögensrestrukturierung

Auch in Konfliktsituationen, bei denen der Kunstsammler einem transaktionsexternen Zwang zur Veräußerung unterliegt, wird er einen Entscheidungswert ermitteln. Wenngleich er unter finanziellem Druck steht, entscheidet der Kunstsammler letztlich selbst über eine Veräußerung, zumindest dann, wenn der transaktionsexterne Zwang von einer nicht allzu kritischen finanziellen Schieflage herrührt. Inwieweit er seine Konzessionsgrenze bei einer Veräußerung verletzen möchte, liegt folglich in seinem Ermessen.

Bewertungsanlässe des Erbschaft-/Schenkungsteuerrechts	*Dominiertheit*	*Dimensionalität*	*Jungiertheit*
Im Kontext der Entscheidung über die Annahme/Ablehnung der Erbschaft/Schenkung sowie im Zuge der Ermittlung der steuerlichen Bemessungsgrundlage			
Der Kunstsammler berechnet seinen Grenzpreis für ein Kunstwerk, um über die Annahme/Ablehnung der Erbschaft/Schenkung zu entscheiden sowie zwecks Verhandlung der steuerlichen Bemessungsgrundlage mit dem Fiskus.	Fallweise dominiert	Eindimensional	Disjungiert
Der Kunstsammler berechnet seine Grenzpreise für mehrere Kunstwerke, um über die Annahme/Ablehnung der Erbschaft/Schenkung zu entscheiden sowie zwecks Verhandlung der steuerlichen Bemessungsgrundlagen mit dem Fiskus.			Jungiert
Im Kontext des § 224a AO			
Der Kunstsammler verhandelt mit dem Fiskus die Höhe des Preises zum Zwecke der Eigentumsübertragung an einem einzelnen Kunstwerk.	Nichtdominiert	Eindimensional	Disjungiert
Der Kunstsammler verhandelt mit dem Fiskus zeitgleich die Höhe der Preise zum Zwecke der Eigentumsübertragung an mehreren Kunstwerken.			Jungiert

Tabelle 13: Konfliktsituationen des Erbschaft- und Schenkungsteuerrechts

<table>
<tr><th>Bewertungsanlässe der Erbauseinandersetzung</th><th>Dominiertheit</th><th>Dimensionalität</th><th>Jungiertheit</th></tr>
<tr><td>Der Kunstsammler verhandelt mit einem Miterben oder einem Verbund von Miterben die Höhe der zu leistenden Abfindung zum Zwecke der Eigentumsübertragung an einem einzelnen Kunstwerk.</td><td rowspan="4">Nichtdominiert</td><td>Eindimensional</td><td rowspan="2">Disjungiert</td></tr>
<tr><td>Der Kunstsammler verhandelt mit einem Miterben oder einem Verbund von Miterben die Höhe der zu leistenden Abfindung und Extensionen mindestens eines weiteren konfliktlösungsrelevanten Sachverhalts zum Zwecke der Eigentumsübertragung an einem einzelnen Kunstwerk.</td><td>Mehrdimensional</td></tr>
<tr><td>Der Kunstsammler verhandelt mit einem Miterben oder einem Verbund von Miterben zeitgleich die Höhe der zu leistenden Abfindungen zum Zwecke der Eigentumsübertragung an mehreren Kunstwerken.</td><td>Eindimensional</td><td rowspan="2">Jungiert</td></tr>
<tr><td>Der Kunstsammler verhandelt mit einem Miterben oder einem Verbund von Miterben zeitgleich die Höhe der zu leistenden Abfindungen und Extensionen mindestens eines weiteren konfliktlösungsrelevanten Sachverhalts zum Zwecke der Eigentumsübertragung an mehreren Kunstwerken.</td><td>Mehrdimensional</td></tr>
</table>

Tabelle 14: Konfliktsituationen der Erbauseinandersetzung

<table>
<tr><th>Bewertungsanlässe des Pflichtteilsrechts</th><th>Dominiertheit</th><th>Dimensionalität</th><th>Jungiertheit</th></tr>
<tr><td>Der Kunstsammler verhandelt alleine oder im Verbund mit seinen Miterben die Höhe des zu leistenden Ausgleichs zum Zweck der Übertragung des rechtlich eingeräumten Mindestanteils an einem einzelnen Kunstwerk mit einem Pflichtteilsberechtigten.</td><td rowspan="2">Fallweise dominiert</td><td rowspan="2">Eindimensional</td><td>Disjungiert</td></tr>
<tr><td>Der Kunstsammler verhandelt alleine oder im Verbund mit seinen Miterben die Höhe des zu leistenden Ausgleichs zum Zweck der Übertragung des rechtlich eingeräumten Mindestanteils an einem einzelnen Kunstwerk mit mehreren Pflichtteilsberechtigten, oder der Kunstsammler verhandelt alleine oder im Verbund mit seinen Miterben die Höhe des zu leistenden Ausgleichs zum Zweck der Übertragung des rechtlich eingeräumten Mindestanteils an mehreren Kunstwerken mit einem/mehreren Pflichtteilsberechtigten.</td><td>Jungiert</td></tr>
</table>

Tabelle 15: Konfliktsituationen des Pflichtteilsrechts

Bewertungsanlässe im Zugewinnausgleich	*Dominiertheit*	*Dimensionalität*	*Jungiertheit*
Der Kunstsammlergatte verhandelt die Höhe des zu leistenden Ausgleichs zum Zweck der Übertragung der rechtlich eingeräumten Beteiligung an einem einzelnen Kunstwerk mit dem Nichtkunstsammlergatten.	Fallweise dominiert	Eindimensional	Disjungiert
Der Kunstsammlergatte verhandelt die Höhe des zu leistenden/zu erhaltenden Ausgleichs zum Zweck der Übertragung der rechtlich eingeräumten Beteiligung an mehreren Kunstwerken mit dem Nichtkunstsammlergatten.			Jungiert

Tabelle 16: Konfliktsituationen im Zugewinnausgleich

3. Die Genese und Verdichtung des Zahlungsstroms

3.1 Die Abgrenzung des Planungshorizonts

3.1.1 Der Planungshorizont des Bewertungssubjekts

Bei der Festlegung des Planungshorizonts sieht sich der Kunstsammler mit der Problematik des bereits in Abschnitt II.3.2.1 erläuterten offenen Entscheidungsfelds konfrontiert, da er aufgrund der herrschenden Unsicherheit den Gesamtzeitraum seiner sammelnden Aktivität ebensowenig voraussehen kann wie die sich darin ergebenden Daten- und Umweltsituationen, von denen die Zahlungsreihen der Investitions- und Finanzierungsobjekte abhängen. Dieser Umstand nötigt ihn, seinen Planungshorizont willkürlich, aber gleichzeitig möglichst pragmatisch abzugrenzen.[1] Dabei gilt es zu beachten, daß der der Totalplanung zugrunde gelegte Planungshorizont von den Zahlungsreihen der im Bewertungszeitpunkt bekannten Investitions- und Finanzierungsobjekte abhängt. Der Planungshorizont für das zu bewertende Kunstwerk richtet sich nach den individuellen sammlungstechnischen und betriebswirtschaftlichen Überlegungen des jeweiligen Kunstsammlers. Den im Schrifttum sowie von der Praxis geäußerten Empfehlungen für die Mindesthaltedauer von Kunstwerken, die auf Erfahrungswerten beruhen und zwischen fünf und zehn Jahre umfassen, kann hier nur teilweise gefolgt werden.[2] Begründet werden diese Empfehlungen insbesondere mit dem Hinweis auf den Erhalt der Marktfrische sowie den hohen Transaktionskosten. Während die Marktfrische, die in erster Linie eine Determinante des Veräußerungserlöses darstellt (Abschnitt III.3.2.2.1), in die Überlegungen zur Abgrenzung des Planungshorizonts integriert werden kann, ist eine Argumentation, die auf einem funktionalen Zusammenhang zwischen Planungshorizont und Transaktionskosten beruht, nicht zweckmäßig, sofern nicht eine bestimmte durchschnittliche jährliche Wertsteigerung für Kunstwerke unterstellt werden kann. Erst dann ließen sich für bestimmte Transaktionskostenvolumen Mindestzeiträume ableiten, die ein Kunstwerk benötigt, um rentabel zu werden. Die empirische Bedeutung historischer Durchschnittsrenditen und ihre wenig zweckmäßige Übertragung auf den Einzelfall wurden jedoch schon in Abschnitt II.2.1 insbesondere aufgrund ihres mangelnden Subjektbezugs in Frage gestellt. Gleiches gilt für Empfehlungen, die die Mindesthaltedauer betreffen und im Zuge dessen auch den Planungshorizont beeinflussen. Die Wahl des Planungshorizonts orientiert sich ausschließlich an der individuellen Strategie des jeweiligen Kunstsammlers (Grundsatz der Subjektivität). Individuelle Strategien können indes hinsichtlich der Haltedauer stark voneinander abweichen, je nachdem, wie beispiels-

---

1 Vgl. ROLLBERG, Unternehmensplanung (2001), S. 9 f., HERING, Investitionstheorie (2008), S. 11 f. und 14 f.

2 Vgl. MALLALIEU, How to Buy Pictures (1984), S. 12, DAWSON, The Art of Investment (1987), S. 105, POMMEREHNE/FREY, Musen und Märkte (1993), S. 113, Fußnote 5, ROBERTSON, The Current and Future Value of Art (2005), S. 248 f.

weise vereinbarte Fristen für Leihverträge ausgestaltet wurden oder ob eine zehnjährige Mindesthaltedauer zwecks Realisierung eines Erbschaftsteuerfreibetrags eingehalten werden soll. Darüber hinaus muß es, wie bereits in Abschnitt II.1.3.5 erläutert, am Ende des Planungshorizonts eines Kunstwerks nicht zwangsläufig zu einer tatsächlichen Veräußerung kommen. Durchaus kann der Kunstsammler den Planungshorizont im Sinne einer rollierenden Planung immer weiter voranschieben.

3.1.2 Der Planungshorizont der Totalbetrachtung

Neben den Planungshorizonten der einzelnen Vermögensgegenstände bedarf es einer Abgrenzung des Planungshorizonts für das gesamte Portefeuille. Hierbei zerschneidet der Kunstsammler, wählt er den Planungshorizont zu kurz, zeitliche Interdependenzen und läuft darüber hinaus Gefahr, mit einer verstärkten Restwertproblematik konfrontiert zu werden; wählt er ihn zu lange, dann riskiert er, Opfer ungenauer Schätzungen zu werden.[1] Das Problem der *zeitlichen Interdependenzen* betreffend gilt, daß der Planungshorizont mindestens so lange angesetzt werden muß, daß bei einer Ausdehnung um eine Periode Entscheidungen der ersten Periode nicht mehr tangiert werden.[2] Im Beispiel gesprochen bedeutet das, daß ein Kunstsammler, der um eine attraktive Investitionsmöglichkeit in der vierten Periode weiß, sich diese nicht versperren sollte, weil er aufgrund seines nur dreijährigen Planungshorizonts schon einen derart umfangreichen Teil seiner finanziellen Ressourcen in ein Kunstwerk, welches er in der ersten Periode erstanden hat, investiert, daß er die attraktive Möglichkeit der vierten Periode nicht mehr realisieren kann. Erweitert er in diesem Fall seinen Planungshorizont, kann er prüfen, ob eine Realisierung der Investitionsmöglichkeit in der vierten Periode zu einer Zielwertverbesserung führt. Die *Restwertproblematik* ergibt sich erschwerend bei kurzen Planungshorizonten, da beispielsweise bei dem genannten dreijährigen Zeitraum Investitions- und Finanzierungsobjekte, die eine Laufzeit von sechs Jahren besitzen, mit einem wie auch immer determinierten Restwert am Planungshorizont angesetzt werden müssen.[3] Insgesamt erscheint es zweckmäßig, den Planungshorizont so lange wie möglich anzusetzen, ohne gleichzeitig ungenaue Schätzungen zu riskieren.

---

[1] Siehe hierzu ROLLBERG, Simultane Planung (1999), S. 106, der von einem „Planungshorizontdilemma" spricht.

[2] Vgl. VOIGT, Strategische Planung und Unsicherheit (1992), S. 304 f., ROLLBERG, Simultane Planung (1999), S. 106, ADAM, Planung und Entscheidung (1996), S. 21.

[3] Vgl. zur Bewertung von Restnutzungspotentialen ADAM, Restwerte von Investitionsobjekten (1968).

3.2 Die Prognose des Veräußerungserlöses als zentrales Problem der Zahlungsstromprognose

3.2.1 Die Erlösdeterminanten auf der Ebene des Kunstwerks

3.2.1.1 Künstlerische Qualität, Sujét und Format

Die Prognose des Veräußerungserlöses beruht auf einer Einschätzung von Erlösdeterminanten. Sie stellen Variablen dar, die unterschiedliche Niveaus annehmen können. Die Quantifizierung einer bestimmten Kombination von Variablenniveaus führt zum Veräußerungserlös. Die wesentlichen Erlösdeterminanten werden im folgenden erläutert, sie bilden aber keine abschließende Liste. Vielmehr bedarf jede Bewertung ihrer individuellen Zusammenstellung von Erlösdeterminanten.

Die *künstlerische Qualität* ist die zentrale Erlösdeterminante eines Kunstwerks. Erst wenn ein Kunstwerk künstlerische Qualität besitzt, ist es als solches zu bezeichnen. Der Qualitätsgehalt bemißt sich für jedes Kunstwerk individuell, grundsätzlich richtet er sich dabei aber nach zwei Kriterien:[1]

1. *Originalität[2] des Sujéts*: Hier stellt sich die Frage, ob der Künstler etwas Neues schaffen konnte oder schlechterdings alte Konzepte neu aufgegriffen hat. Im Zentrum der Beurteilung steht somit seine geistige Schöpfungskraft. Kunstwerke, die etwas vorher noch nicht Dagewesenes darstellen, erfahren eine höhere Wertschätzung als andere. Originalität bedeutet nicht zuletzt, ein Kunstwerk so zu formen, daß die Eigenarten des Künstlers und des Zeitgeists in ihm zum Ausdruck gebracht werden.[3] Der Grad der Originalität bestimmt letztendlich die kunsthistorische Bedeutung eines Kunstwerks.

---

[1] Vgl., auch im folgenden, JAQUET, Werte und Preise (1962), S. 69, HERBST, Wertanlage (1970), S. 201 f., MÜLLER-MEHLIS, Kunst und Antiquitäten (1974), S. 10 f., STRAUSS et al., Lexikon der Kunst, Bd. V (1993), S. 825, HOLTMANN, Keine Angst vor Kunst (1997), S. 26-29 und 207, SCHROETER-HERREL, Erfolgreiches Kunstsammeln (2000), S. 78 f., BONUS/RONTE, Wa(h)re Kunst II (2002), S. 20, FRANZ, Die Qualität eines Kunstwerks (2002), VON MALTZAN/SCHROETER-HERREL, Kunstberatung (2002), S. 205, BAILLOU, Passion oder Investition? (2005), S. 15, LEYER-PRITZKOW/SEBASTIAN, Das Kunstkaufbuch (2005), S. 12-43 und 48-57, HEUER, Bewertung von Kunstgegenständen (2008), S. 695.

[2] Der Begriff „Originalität" ist lateinischen Ursprungs und bedeutet Ursprünglichkeit, Echtheit, Eigentümlichkeit. In der Psychologie versteht GUILFORD Originalität als einen Faktor des divergenten Denkens, für welches schöpferisches Vermögen erforderlich ist. Vgl. DER BROCKHAUS, Bd. 21 (2006), S. 462. Vgl. auch HOLZ, Vom Kunstwerk zur Ware (1972), S. 24 f.

[3] Vgl. dazu BONUS/RONTE, Wa(h)re Kunst II (2002), S. 20, und WEIHE, Künstlerische Qualität (1992), S. 124 f.

2. *Technische Umsetzung des Sujéts*: Bei diesem Kriterium kommt es vor allem auf die Angemessenheit an. Ein Künstler sollte nicht nur die von ihm verwendete Technik beherrschen, sie sollte vor allem auch der adäquaten Vermittlung des Sujéts dienen. Gleiches gilt für die Beachtung von Kompositionsregeln, was Form und Farbe angeht. Erfüllt ein Kunstwerk nur einzelne Kriterien künstlerischer Qualität, so ist das insgesamt nicht ausreichend.

Der wirtschaftliche Erfolg stellt sich freilich nur dann ein, wenn sich im Kunstmarkt ein Konsens über die Qualität eines Kunstwerks und die Fähigkeit seines Urhebers herausbildet (Renommee). Insbesondere die Einschätzung der Kunstwerke von Primärmarktkünstlern birgt deshalb ein hohes Risiko. Das Bewertungssubjekt kann im Zuge der Einschätzung der Qualität eines Bewertungsobjekts auf sein eigenes Urteilsvermögen und/oder auch auf den bereits in Abschnitt II.1.1.2 vorgelegten Indizienkatalog zurückgreifen.

Bei der Prognose des Veräußerungserlöses ist zu beachten, daß das *Sujét* sowohl die personelle Zusammensetzung der Nachfrage als auch ihren Umfang beeinflußt.[1] Grob lassen sich zwei Gruppen von Kunstwerken differenzieren: solche, die man als „Museumsbilder" bezeichnen kann, und solche, deren Motive sich durch einen eher konsumtiven Charakter auszeichnen. Religiöse Motive und Portraits sowie militärische Szenen finden in der Regel keine breite Marktakzeptanz, sie können sich aber aufgrund ihrer kunsthistorischen oder historischen Bedeutung insbesondere für die Weiterveräußerung an Museen und andere öffentliche Institutionen eignen, die mitunter über umfangreiche Ankaufbudgets verfügen. Dem anderen Extrem entsprechen Sujéts, die „massenmarktfähig" sind und eine breite Basis von Kunstsammlern ansprechen. Hierzu gehören in erster Linie Motive, die sich auch unter einem dekorativen Gesichtspunkt eignen und einen visuell-psychologisch positiven Effekt auf den Betrachter haben.

In bezug auf das *Format* gelten ähnliche Zusammenhänge wie beim Sujét. Auch das Format beeinflußt sowohl die personelle Zusammensetzung der Nachfrage als auch ihren Umfang.[2] Ausgefallene Formate sind häufig nur für spezielle Zielgruppen attraktiv, wobei das ebenfalls nicht zwingend einen geringeren Veräußerungserlös zur Folge haben muß.

---

[1] Vgl. zur Wirkung des Sujéts, auch im folgenden, JAQUET, Werte und Preise (1962), S. 78-81, SAGOT-DUVAROUX/PFLIEGER/ROUGET, Factors Affecting Price (1992), S. 93, HILDESLEY, Buying and Selling at Auction (1997), S. 78-85, HEUER, Bewertung von Kunstgegenständen (2008), S. 695.

[2] Ähnlich äußern sich zur Wirkung des Formats auch MÜLLERSCHÖN, Gemälde als erfolgreiche Kapitalanlage (1991), S. 183, HILDESLEY, Buying and Selling at Auction (1997), S. 68-71, GONZÁLEZ, Marktpolitische Faktoren (2000), S. 98, HEUER, Bewertung von Kunstgegenständen (2008), S. 695.

3.2.1.2 Provenienz und Authentizität

Die *Provenienz*[1] ist zugleich eine eigenständige Wertkomponente und ein Indikator für die künstlerische Qualität eines Kunstwerks. Ein prominenter Eigner beeinflußt den erzielbaren Veräußerungserlös in der Regel positiv, wobei die Art der Provenienz danach zu differenzieren ist, ob der Eigner eines Kunstwerks grundsätzlich prominent ist oder speziell auf dem Kunstmarkt Reputation genießt.[2] Beinhaltet die Riege der Vorbesitzer eines Kunstwerks bekannte Kunstsammler, Galerien, Museen oder Künstler, dann unterstreicht das die künstlerische Qualität des in Rede stehenden Bewertungsobjekts.[3] Ein im allgemeinen prominenter Eigner vermag es sogar unter Umständen, Gegenstände des alltäglichen Gebrauchs aufgrund seiner Popularität zu Sammlungsobjekten zu erheben. Indes ist dann nicht von Kunstwerken, sondern vielmehr von Memorabilien zu sprechen, die freilich nicht Gegenstand der vorliegenden Untersuchung sind. Im Sinne eines Qualitätsindikators umfaßt der Begriff der Provenienz auch die Teilnahmen eines Kunstwerks an Ausstellungen in Museen oder renommierten Galerien.[4] Die preisbeeinflussende Wirkung der Provenienz machen sich Galerien indirekt zunutze, wenn sie sich darum bemühen, die durch sie vertretenen Künstler in renommierten öffentlichen und privaten Sammlungen unterzubringen. Die Galeristen erhoffen sich durch einen prominenten Kreis von Kunstsammlern eine preissteigernde Wirkung für die anderen Kunstwerke ihres Künstlers oder ihrer Künstler.

Die Beurteilung der *Authentizität* eines Kunstwerks richtet sich nach der Art des Bewertungsobjekts. Grundsätzlich ist zwischen Unikatkunst und multiplizierbaren Kunstwerken zu differenzieren. Für die Kategorie der Unikatkunst stellt die Authentizität eine diskrete Variable dar, denn ein Kunstwerk ist entweder ein Original oder nicht. Ist es kein Original, so handelt es sich entweder um eine Fälschung oder um das Objekt eines anderen Künstlers.[5] Für multiplizierbare Kunstwerke ist die Frage

---

[1] Der lateinische Begriff „provenire“ bedeutet übersetzt „hervorkommen“. Vgl. zur Erlöswirkung der Provenienz beispielsweise HEUER, Bewertung von Kunstgegenständen (2008), S. 694, BOLL, Kunst ist käuflich (2009), S. 125 ff.

[2] Eine vergleichbare Differenzierung der Provenienz nimmt auch BAILLOU, Passion oder Investition?, S. 16 f., vor.

[3] Ähnlich argumentiert auch LANDES, Art Lottery (2000), S. 124.

[4] Vgl. dazu WAGENFÜHR, Kunst als Kapitalanlage (1965), S. 58 f., THOMPSON, Economics of Contemporary Art (2008), S. 133 und 148.

[5] Die Zuschreibung eines Kunstwerks zu einem Künstler ist indes nicht immer endgültig. Häufigen Zuschreibungsschwankungen unterliegen beispielsweise die zeichnerischen Œuvres MICHELANGELOS oder REMBRANDTS, deren Umfang im Laufe der Jahre immer wieder verändert wurde. Vgl. dazu ZÖLLNER, Karussell der Zu- und Abschreiber (2009). Ein Beispiel hierfür ist das Bild „Der Mann mit dem Goldhelm“. Dieses Ölgemälde wurde ursprünglich dem Künstler REMBRANDT zugeschrieben. Im Jahr 1986 stellte sich dann heraus, daß das Kunstwerk nicht vom Meister selbst, sondern von einem seiner Schüler stammt, also eine Werkstattarbeit ist. Auch ist nicht, wie zuvor vermutet, der Bruder REMBRANDTS, ADRIAEN, dargestellt. Nach einer chemi-

der Authentizität schwieriger zu beantworten, da die durch die Produktionsprozesse eingeräumten Möglichkeiten der Vervielfältigung und Arbeitsteilung bei der Fertigung dazu führt, daß in Schrifttum und Praxis unterschiedliche Meinungen darüber bestehen, was als Original gelten darf.

Eine *Druckgrafik* ist der Abzug einer bildlichen Darstellung von einer Druckplatte und entsteht folglich durch einen Druckvorgang.[1] Die Verwendung dieser Technik ist das Alleinstellungsmerkmal der Druckgrafik und unterscheidet sie von den anderen Formen der Bildenden Kunst.[2] Zentral für die Beurteilung der Authentizität einer Druckgrafik ist die Frage, ob ein Bewertungsobjekt eine *Originalgrafik* darstellt oder nicht. Reproduktionen – sprich Blätter, die nur der Vervielfältigung bereits existierender Kunstwerke dienen beziehungsweise keinen intendierten eigenen „Charakter" besitzen – kommen von vornherein nicht als Originalgrafik in Betracht.[3] Darüber hinaus orientiert sich die Beurteilung grundsätzlich am Produktionsprozeß. Entscheidend ist, wie der Künstler in diesen eingebunden sein muß, damit das Kunstwerk als Original gelten kann. Triebfeder für eine anhaltende Diskussion über diesen Sachverhalt ist das breite Spektrum und die Fortentwicklung der Drucktechniken sowie das Ausführungsgebaren der Künstler. Streitig ist etwa, ob es grundsätzlich erforderlich ist, daß der Künstler die Druckplatte selbst bearbeitet, oder ob es ausreicht, wenn die Bearbeitung nach seinen Anweisungen erfolgt.

Indes ist es für den Kunstsammler weniger bedeutend, ob es eine einheitliche Definition der Originalgrafik gibt. Von größerer Tragweite ist für ihn die Beurteilung im Einzelfall. Hierfür muß er freilich Kenntnis von der fachlichen Diskussion haben, um die Umstände des Produktionsprozesses hinterfragen und beurteilen zu können und auch, damit er einschätzen kann, wie die Nachfrage sich aufgrund dieser Tatbestände entwickelt. Ein anschauliches Beispiel sind die Radierungen und Aquatinten von GOYA, welche er um die Wende vom 18. zum 19. Jahrhundert geschaffen hat.[4] Da sich seine Druckgrafik durch zu ihrer Zeit kritische Inhalte auszeichnet, wurden damals nur einige Probeabzüge genommen. Vollständig erschienen seine Werke erst 1835, also 35 Jahre nach dem Tod GOYAS. Freilich konnte er dann die Abzüge nicht

---

schen Analyse gelangte man zu diesen Ergebnissen, welche den Preis des Gemäldes negativ beeinflußten.

[1] Vgl. MAYER, Gedruckte Kunst (1984), S. 14, KÜHN, Erhaltung und Pflege von Kunstwerken (2001), S. 133.

[2] Vgl. KÜHN, Erhaltung und Pflege von Kunstwerken (2001), S. 133.

[3] Vgl. zu dieser Thematik VOGEL, Zeitgenössische Druckgrafik (1982), S. 28 ff., BRUNNER, Handbuch der Druckgraphik (1984), S. 9 f. und 274-296, KÜHN, Erhaltung und Pflege von Kunstwerken (2001), S. 134. Einen ausführlichen Überblick über unterschiedliche, auch juristische Definitionen geben BLEICHER/STIEBNER, Moderne Druckgraphik (1986), S. 145-176.

[4] Vgl., auch im folgenden, VOGEL, Zeitgenössische Druckgrafik (1982), S. 24, BRUNNER, Handbuch der Druckgraphik (1984), S. 145.

mehr autorisieren, geschweige denn den Druck selbst ausführen oder überwachen. Ebenso konnte er Format und Qualität des Papiers nicht bestimmen und hatte auch keinen Einfluß auf die Auflagenhöhe. Der Mehrheit der Definitionen des Schrifttums zufolge dürfte im Fall GOYA nicht von Originalgrafik gesprochen werden. Für die anhaltend hohen Veräußerungserlöse scheint diese Gegebenheit nicht von Bedeutung zu sein; und allein dieser Tatbestand ist relevant für die Beurteilung des Veräußerungserlöses.

In ähnlicher Weise gestaltet sich der Sachverhalt in bezug auf die Authentizität einer *Fotografie*. Für diesen Bereich des Kunstmarkts hat sich eine Kategorisierung herausgebildet, die Abzüge nach ihrer zeitlichen Entfernung zum Entstehungszeitpunkt des Negativs differenziert.[1] Eine grobe Einordnung kann etwa danach erfolgen, ob es sich um Abzüge handelt, die zu Lebzeiten des Künstlers oder posthum entstanden sind. Ein *Originalabzug* eines Negativs stellt das Äquivalent zu einer Originalgrafik dar. Er ist die originale Kunstform der Fotografie und umfaßt Abzüge, die in unmittelbarer zeitlicher Nähe zum Negativ angefertigt wurden. Dabei kommt es auch darauf an, wie viele Abzüge der Künstler gemacht hat, ob er diese selbst abgezogen und signiert hat, und ob sie durch eine Numerierung gekennzeichnet sind.

3.2.1.3 Erhaltungszustand[2]

Die physischen Komponenten eines Kunstwerks stellen Informationsträger dar. Die Verbindung zwischen ihnen und der künstlerischen Aussage, verstanden als immaterielle Komponente eines Kunstwerks, ist beispielsweise nicht vergleichbar mit der Verbindung zwischen einem Tonträger und dem darauf gespeicherten Musikstück, denn letzteres ist nicht an einen speziellen Tonträger gebunden und es kann beliebig oft auf CD reproduziert oder auch nur als Datenformat transferiert werden. Demgegenüber geht die künstlerische Aussage eines Kunstwerks mit der Abnutzung des Informationsträgers unter oder verändert sich zumindest.

Die Evaluierung des Erhaltungszustands ist in erster Linie dann erforderlich, wenn es sich bei dem Bewertungsobjekt um ein altes Kunstwerk handelt. Auch für jüngere Kunstwerke kann der Erhaltungszustand einen kritischen Faktor darstellen, wenn diese aus empfindlichen oder verderblichen Materialien bestehen. Neben den konventionellen Materialien wie zum Beispiel Öl, Acryl oder Tempera verarbeiten zeitgenössi-

---

1 Vgl., auch im folgenden, GONZÁLEZ, Fotokunst (2000), S. 125, BOLL, Kunst ist käuflich (2009), S. 151.

2 Vgl. zum im folgenden gegebenen Überblick über die Erhaltung, Pflege und Einschätzung des Erhaltungszustands von Gemälden und Arbeiten auf Papier JAQUET, Werte und Preise (1962), S. 86 f., HOLTMANN, Keine Angst vor Kunst (1997), S. 265-284, KÜHN, Erhaltung und Pflege von Kunstwerken (2001), S. 11-69 und 119-181, sowie NICOLAUS, Handbuch der Gemäldekunde (2003), S. 58-65, 100-103, 145, 285-297 und 310-315. Ferner auch MALLALIEU, How to Buy Pictures (1984).

sche Künstler auch Lebensmittel wie Fett, Schokolade, Eierschalen, Wurst, Wachs oder Tierkadaver für ihre Kunstwerke, die infolgedessen einer zügigen Verwesung ausgesetzt sein können.

Der Kunstsammler verfügt in bezug auf den Erhaltungszustand eines Kunstwerks über drei Handlungsmöglichkeiten, die sich durch die Intensität des Eingriffs in die künstlerische Aussage differenzieren. Grundsätzlich kann der Kunstsammler auf sämtliche Eingriffe verzichten und das Kunstwerk in seinem ursprünglichen Zustand belassen. Des weiteren kann er den Zustand des Kunstwerks konservieren, oder er kann es restaurieren.[1] Alle drei Handlungsmöglichkeiten beeinflussen den Veräußerungserlös und sind folglich bei einer Bewertung zu erwägen. Sowohl die Konservierung als auch die Restaurierung sind mit Auszahlungen verbunden, die bei der Ermittlung des Entscheidungswerts den durch die Korrektur bedingten Veränderungen des Veräußerungserlöses gegenüberzustellen sind. Der Kunstsammler muß einzelfallabhängig darüber entscheiden, welche Maßnahme ihm adäquat erscheint, da Konservierungs- und Restaurierungsmaßnahmen in allen Fällen den Charakter des Objekts verändern. Die Entscheidung über die zu ergreifende Maßnahme richtet sich nach einer Vielzahl von Faktoren, unter denen die Intention des Künstlers und die Interessen potentieller Käufer von besonderer Bedeutung sind. Insbesondere ältere Ölgemälde sind oft durch den sogenannten Firnis geschützt. Der Firnis ist ein transparenter und gleichzeitig luftdurchlässiger Schutzfilm, der die Farben in erster Linie vor Staub schützt, sie aber auch dunkler und satter erscheinen läßt und bei Ölgemälden häufig aus gelösten Weichharzen besteht. Firnisse vergilben mit der Zeit, wodurch die Malschicht wärmer wirkt und der sogenannte „Galerieton" entsteht. Dieser Effekt wurde von Künstlern des 19. Jahrhunderts teilweise forciert, indem sie den Firnis einfärbten. Wird nun ein Ölgemälde eines solchen Künstlers in der Weise restauriert, daß es mit einem neuen, jedoch transparenten Firnis überzogen wird, kann das einen preismindernden Effekt nach sich ziehen.

Die Entscheidung über die adäquate Handlungsmöglichkeit der Beeinflussung des Erhaltungszustands eines Kunstwerks ist auch vom Ort des Verkaufs abhängig.[2] Soll etwa eine Druckgrafik veräußert werden, deren Papier aufgrund des Alters vergilbt ist, hängt die Entscheidung darüber, ob eine Waschung oder eine Bleichung vorgenommen werden soll, mit davon ab, in welchem Land sich die Zielgruppe befindet. Die Bleichung einer Papierarbeit stellt aufgrund der Verwendung chemischer Substanzen eine drastischere Maßnahme dar als die unter Verwendung von destilliertem

---

1 Während man bei einem Verzicht auf sämtliche Eingriffe eine Substanzverschlechterung des Artefakts zuläßt, zielt die Konservierung auf eine Substanzerhaltung ab. Eine Konservierungsmaßnahme zeichnet sich folglich dadurch aus, daß sie den Zustand des Objekts stabilisiert und den Eintritt künftiger Schäden verzögert. Bei einer Restaurierung handelt es sich um einen Eingriff, der das Ziel der Substanzwiederherstellung verfolgt, sie soll das Erscheinungsbild des Kunstwerks verbessern.

2 Vgl. weitergehend Abschnitt III.3.2.2.2.

Wasser erfolgende Waschung, was wiederum dazu führt, daß die Druckgrafik nach einer Bleichung neuer aussieht als nach einer Waschung. Es kann nun beispielsweise der Fall sein, daß die Entscheidung darüber, welche Maßnahme ergriffen wird, davon abhängt, ob die Veräußerung auf dem deutschen oder dem italienischen Kunstmarkt erfolgen soll, da sich der italienische Kunstmarkt durch eine Präferenz für in ihrem Zustand belassene oder konservierte Kunstwerke auszeichnet, der deutsche Kunstmarkt hingegen Objekte bevorzugt, die weitestgehend restauriert sind und möglichst unbeschadet aussehen.

Die Faktoren, welche für den Erhaltungszustand eines Kunstwerks in erster Linie verantwortlich zeichnen, sind Lichteinwirkung, Luftfeuchtigkeit, Luftverschmutzung, Temperatur und sämtliche Formen mechanischer Einwirkung, die unter anderem durch die Art und Weise des Transports verursacht werden. Die für Kunstwerke verwendeten Materialien, die von der verwendeten künstlerischen Technik abhängen, reagieren mit unterschiedlicher Empfindlichkeit auf diese Faktoren: *Papierarbeiten, wozu Grafiken, Druckgrafiken, Fotografien sowie Aquarelle und Gouachen zählen, erweisen sich als im besonderen Maße lichtempfindlich.* Licht verursacht *Vergilbungen* und *Ausbleichungen* des Trägermaterials sowie der verwendeten Farben. Besonders anfällig sind farbige Pastellkreiden sowie Aquarell- und Gouachefarben, wenn sie lichtempfindliche Farbstoffe enthalten, genauso wie Kugelschreiber und Filzstifte. Am wenigsten lichtempfindlich sind hingegen Stoffe, die Ruß (Kohlenstoff) als färbenden Bestandteil enthalten, so beispielsweise Druckerschwärze, schwarze Tusche, aber auch schwarze Pastellkreiden und Aquarellfarben. Ihre Lichtempfindlichkeit erhöht sich, sofern ihnen organische oder synthetische Farbstoffe zugesetzt wurden. Als lichtempfindlich im besonderen Maße gelten auch Fotografien, wobei Buntfotografien grundsätzlich lichtempfindlicher als Schwarzweißfotografien sind. Letztendlich lassen sich konkrete Aussagen über die Lichtbeständigkeit von Farben aber nur machen, wenn deren Zusammensetzung bekannt ist. Kolorierte Drucke können zudem von *Farbfraß* befallen werden, wenn grüne Pigmente auf der Basis von Kupferacetat (Grünspan) oder basischen Kupferchloriden und -sulfaten verarbeitet wurden. Das Trägermaterial wird von diesen Pigmenten zerstört und die entsprechenden Stellen können herausbrechen.

Luftfeuchtigkeit von über 65 % fördert die Ansiedlung von Pilzen und Bakterien auf Papier. Die Folge sind sogenannte *Stockflecken*, die eine gelbe bis rotbraune Färbung annehmen. Wird Pergament verwendet, kann wechselnde Luftfeuchtigkeit Quellen und Schwinden verursachen, was bis zu einer *Ablösung der Farbschicht* ausarten kann.

Die Bedingungen des Transports beeinflussen den Erhaltungszustand von Papierarbeiten ebenfalls. Erschütterungen können für Pastelle (aus feinsten Puderkörnchen bestehende Kreiden) wie auch für andere vergleichbare Materialien, die nicht so fest gebunden sind wie Ölfarben, folgenschwer sein. Bei alten Zeichnungen spielt der ursprüngliche Zweck für den Erhaltungszustand eine Rolle. Zu differenzieren sind autonome, als eigenständige Kunstwerke geltende Zeichnungen von solchen, die als Vorstufe für andere Techniken (Entwurfszeichnungen) oder im Sinne einer Übung oder Reproduktion fungierten. Zeichnungen, die nichtautonomer Natur sind, wurden oft nachlässig behandelt, das gilt auch für Druckgrafiken. Die Konsequenz dieser „Geringschätzung" sind *Risse*, *Löcher*, *Knitterfalten*, *Bruchfalten*, *Wasserränder*, *abgerissene Ecken* und *Verschmutzungen*. Typisch für Kreide- und Kohlezeichnungen sind *Abreibungen* oder *Verwischungen*.

Gemälde bestehen aus vier Komponenten: dem Bildträger, der Grundierung, der Malschicht und dem Firnis. Der Bildträger besteht aus Holz oder Leinwand, seltener auch Metall oder Stein. Abbildung 14 zeigt den schematischen Querschnitt eines Gemäldes.

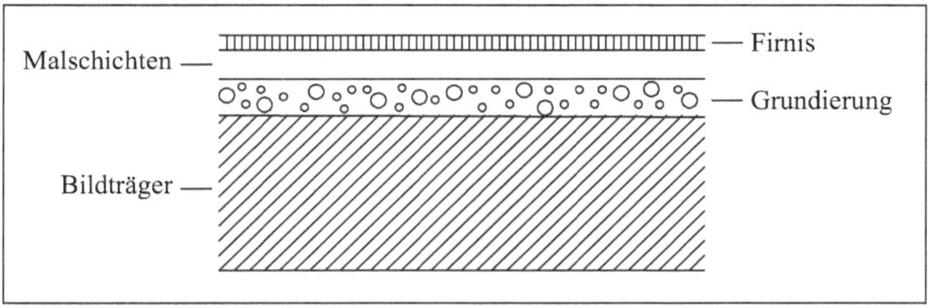

Abbildung 14: Schematischer Querschnitt eines Gemäldes[1]

Hölzerne Bildträger reagieren auf eine Veränderung der Luftfeuchtigkeit mit Quellen oder Schwinden. Ist die Luftfeuchtigkeit zu gering, schwindet die Holztafel. Eine derartige Verkleinerung der Tafeloberfläche kann verursachen, daß sich die Grundierung und die Malschicht von ihr lösen und Blasen bilden. Die *Blasenbildung* ist der häufigste Schadensfall bei Holztafelbildern. Schlimmstenfalls können durch sie Teile der Grundierung und Malschicht abfallen. Weiterhin können sich Holztafeln bei zu geringer Luftfeuchtigkeit konvex, d.h. mit der bemalten Seite nach vorne, krümmen. Der Versuch, Krümmungen zu beseitigen, kann *Risse* herbeiführen, die sich auch auf die Grundierung und die Malschicht auswirken. Der Befall mit Schädlingen führt zu einem Netz von *Fraßgängen* im hölzernen Bildträger.

Textile Bildträger unterliegen einem natürlichen Alterungsprozeß, der durch den Kontakt mit Luftsauerstoff hervorgerufen wird. Durch eine derartige Oxidation ver-

[1] In enger Anlehnung an KÜHN, Erhaltung und Pflege von Kunstwerken (2001), S. 11.

liert die Leinwand ihre Elastizität, wird brüchig und vergilbt. Wechselnde Luftfeuchtigkeit hingegen wirkt dehnend und schrumpfend, wobei ein derartiges Arbeiten des Gewebes die Grundierung und die Malschicht lockern kann. Da Leinwände – verursacht durch das Gewicht der Grundier- und Malschicht, seltener durch ihr Eigengewicht – mit der Zeit im Ganzen erschlaffen können, kommt es vor, daß temporäre Dehnungen des Gewebes als dauerhafte Erscheinungen mißinterpretiert werden. Erfolgt dann ein Nachspannen der Leinwand, die sich bei wiederkehrender normaler Luftfeuchtigkeit selbst spannen würde, sind *Spannungsrisse* in der Grundierung und der Malschicht die Folge. Mechanische Einwirkungen in Form von Druck- und Zugkräften verursachen ferner *Beulen* und sogar *Risse* in der Leinwand. Letztere können vom Restaurator verklebt oder vernäht, erstere mit Feuchtigkeit, Druck und Wärme behandelt werden. Je nachdem, wie weit die Zerstörung einer Leinwand (oder der Holztafel) fortgeschritten ist, werden die Verfahren des Rentoilierens, Doublierens oder Anstückens angewendet. *Rentoilieren* beschreibt die Prozedur des Austauschs der kompletten Leinwand, während *Doublieren* bedeutet, daß die alte Leinwand auf eine neue aufgeklebt wird.[1] Die am wenigsten drastische Maßnahme ist die *Anstükkung*. Hier werden nur an den Rändern brüchige oder beschädigte Leinwandpartien mit Leinenstreifen hinterklebt. Das Gegenteil zur Anstückung ist die *Beschneidung*. Beide Maßnahmen, Anstückung und Beschneidung, wurden im Laufe der Jahrhunderte nicht nur aus restauratorischen, sondern auch aus ästhetischen Gründen praktiziert.

Der Großteil alter Bilder ist mit einem Netzwerk von feinen Sprüngen überzogen, welches man als *Craquelé* bezeichnet. Das sogenannte Alterscraquelé ist die Folge der Versprödung der Grundier- und Malschicht. Die Versprödung selbst resultiert aus den Bewegungen des Bildträgers. Durch Craquelé entstandene Farbschollen können sich schüsselförmig nach oben wölben, wenn die Grundierung durch Einwirkung von Feuchtigkeit zu quellen beginnt; man spricht dann von *Schüsselbildung*. Neben den das Alterscraquelé bedingenden Alterssprüngen kommt es zu *Frühschwundrissen* infolge der Trocknung der Malfarben. Frühschwundrisse beschränken sich auf die Malschicht, erzeugen aber ebenfalls Craquelé.

Die Malschicht ist von den Alterserscheinungen eines Gemäldes besonders betroffen. Typischerweise treten Runzeln, Altersgilbungen, Deckkraftverluste, Nachdunkelungen, Ausbleichungen, Verbräunungen, die Ultramarinkrankheit, aber auch das Rutschen und Laufen der Ölfarben oder die Farbschichtkrepierung auf. *Runzeln* sind die Folge eines zu hohen Ölgehalts. An der Oberfläche abscheidendes, überschüssiges Öl bildet zunächst eine Haut, die sich in Falten legt, sobald die darunter liegende Farbe bei der Trocknung geschwunden ist. *Deckkraftverluste* treten nach etwa zwei Jahren auf, wenn die Ölfarbe getrocknet ist. Vorhandene Unterzeichnungslinien oder Pentimenti (Korrekturen des Künstlers beim Herstellungsvorgang) können dann sichtbar

[1] Wird ein textiler Bildträger auf einen starren Träger aufgezogen, spricht man von *Marouflage*.

werden. Aufgrund des gleichen Prinzips kann es wegen des Deckkraftverlusts zum Nachdunkeln einzelner Flächen kommen. Dies ist dann der Fall, wenn unter einer hellen eine farbige Farbschicht oder Grundierung liegt, die gepaart mit der Transparenzerhöhung der hellen Schicht eine Farbverschiebung verursacht. Vor allem natürliche Farbstoffe sind von *Ausbleichungen* betroffen, während *Verbräunungen* nur dort auftreten, wo Kupferresinat, eine grün-blaue Lasurfarbe, eingesetzt wurde. Die *Ultramarinkrankheit* befällt ultramarinhaltige Malschichten und sorgt dafür, daß diese sich weißlich-grau verfärben. Malschichten können auch *rutschen* oder *laufen*, wenn „scheintrockenes" Ölbindemittel durch Temperatureinwirkung wieder weich wird. Dieses Phänomen beschränkt sich allerdings auf einige Gemälde des 19. Jahrhunderts. Mit *Farbschichtkrepierung* beschreibt man feine Mikrorisse, die die Gemäldeoberfläche grauen können. Ursächlich für die Krepierung sind hohe Luftfeuchtigkeit oder der direkte Kontakt mit Kondensat oder Säure.

Für die Beurteilung des Erhaltungszustands eines Gemäldes sind Art und Anzahl sowie Lokalität der *Fehlstellen* (bildwichtige oder -unwichtige Stellen) und *verputzte Partien*[1] entscheidend. Ebenso ist der Anteil originaler, unrestaurierter Malschicht im Verhältnis zur Gesamtfläche der Malschicht für die Beurteilung des Erhaltungszustands von Bedeutung. Fehlstellen müssen zunächst gekittet und dann retuschiert werden. Die Art und Weise der Retuschierung kann unterschiedlich ausfallen und hängt von ästhetischen Erwägungen ab. Möglich sind großflächige, auch Teile des Originals erfassende Übermalungen genauso wie Retuschen, die sich auf die Fehlstellen beschränken und dabei farblich exakt der umliegenden Malschicht entsprechen, bis hin zu solchen Retuschen, die zwar auf die Fehlstellen beschränkt sind, aber bewußt in vom umliegenden Bereich abweichenden Farben gearbeitet werden. Retuschen dienten nicht immer nur ausschließlich der Restaurierung von Gemälden. In den zurückliegenden Jahrhunderten hat man Gemälde im Rahmen von Retuschen dem Zeitgeschmack angepaßt und etwa „unziemliche" Partien eines Akts übermalt.

Die letzte Schicht eines Gemäldes ist der Firnis. Dieser vergilbt wie oben bereits erwähnt mit der Zeit aufgrund der Oxidation und wird trübe und grau. Auch die Firnisschicht versprödet im Zeitablauf und erzeugt Craquelé. Die entstehenden *Firnissprünge* verursachen eine Wandlung der Lichtbrechung in der Weise, daß sich die Farbwirkung eines Gemäldes in Richtung einer Eintrübung verändert. Die *Firniskrepierung* bewirkt einen gegrauten bis blinden Zustand des Firnisses. Ihre Ursache ist die gleiche, wie die der Farbschichtkrepierung. Der zuvor erwähnte Galerieton wird nicht immer durch einen vergilbten Firnis verursacht, er kann auch das Resultat von

[1] Der partielle Verlust (Fehlstellen) oder die Reduktion von Grundier- und Malschicht kann auch durch unsachgemäße restauratorische Maßnahmen erwirkt worden sein. Sollen Oberflächenschmutz und vergilbte Firnisse von der Malschicht abgenommen werden, kommen Lösungsmittel zum Einsatz. Die Lösungsmittel können einen Quellprozeß in der Malschicht auslösen, der dazu führt, daß beim Abreiben des Firnisses auch Teile der Malschicht abgetragen werden. Gemälde, die Schäden dieser Art besitzen, bezeichnet man als „verputzt".

Oberflächenschmutz sein. Es kommt beispielsweise vor, daß eine durch Tabakrauch entstandene Teerschicht den warmen, monochromen Galerieton erzeugt. Oberflächenschmutz, der sich aus der das Gemälde umgebenden Luft, welche feste, flüssige und gasförmige Stoffe enthält, speist, materialisiert sich nicht nur als gelbliche oder graue Schicht, sondern auch in Form einzelner Flecken.

3.2.2 Die Erlösdeterminanten auf der Ebene des Markts

3.2.2.1 Knappheit und Marktfrische

Knapp ist ein Gut, wenn das Angebot im Verhältnis zur Nachfrage begrenzt ist.[1] Auch das Œuvre eines Künstlers, der sehr produktiv ist, kann knapp sein, wenn die Nachfrage nur groß genug ist. Gute Beispiele sind die Produktionen von ANDY WARHOL und PABLO PICASSO. Im Umkehrschluß sind die Kunstwerke eines Künstlers, der nur sehr wenig und/oder in limitierter Auflage arbeitet, zwar grundsätzlich selten, allerdings nicht zwingend knapp.[2] Unikatkunst ist einmalig und somit selten, trotzdem können – wie bereits in Abschnitt II.1.1.2 konstatiert – unvollkommene Substitute zu einem Bewertungsobjekt existieren, die dessen Knappheit beeinträchtigen. SCHÜTTE spricht in diesem Zusammenhang von *Surrogatkonkurrenz*.[3] Das Ausmaß der Surrogatkonkurrenz hängt von mehreren Faktoren ab, vor allem aber von der Produktivität eines Künstlers und von der Geschäftspolitik des ihn vertretenden Galeristen. Darüber hinaus kann sich die Surrogatkonkurrenz auf dem Sekundärmarkt insbesondere dann erhöhen, wenn vergleichbare Kunstwerke aus anderen Sammlungen auf den Markt gelangen, weshalb es für die Abschätzung der zukünftigen Angebotsentwicklung von Bedeutung ist, ob sich die Objekte eines Künstlers oder zu diesem vergleichbare Kunstwerke in geschlossenen Sammlungen oder Museen befinden, von denen eine Veräußerung auf absehbare Zeit nicht zu erwarten ist. Auch hinsichtlich der Nachfrage ist es für das Bewertungssubjekt von Interesse, wie viele Kunstsammler es gibt, die aufgrund ihres Sammlungskonzepts ein Interesse am Erwerb des Bewertungsobjekts haben könnten und wie dieser Interessentenkreis sich personell zusammensetzt. Im Grundsatz gelten die beschriebenen Zusammenhänge auch für multiplizierbare Kunstwerke, jedoch kommen die Abzüge eines Drucks oder eines Negativs vollkommenen Substituten sehr nahe. Die Auflagenhöhe fungiert als zentrale Kennzahl für die Knappheit multiplizierbarer Kunstwerke.[4]

---

1 Vgl. WOLL, Wirtschaftslexikon (2008), S. 431 f.

2 Vgl. WOLL, Wirtschaftslexikon (2008), S. 686.

3 Vgl. SCHÜTTE, Kunst- und Antiquitätenhandel, Sp. 1167.

4 Zur Einschätzung des Verhältnisses von Auflagenhöhe und Nachfrage vgl. VOGEL, Zeitgenössische Druckgrafik (1982), S. 23 f.

Die Geschwindigkeit, mit der ein Kunstwerk auf dem Kunstmarkt zirkuliert, beeinflußt den Veräußerungserlös. In der Regel korrelieren diese beiden Variablen negativ, d.h. eine hohe Zirkulationsgeschwindigkeit wirkt sich meist erlösmindernd aus, während eine geringe Zirkulationsgeschwindigkeit tendenziell zu einer Erlössteigerung führt. Wurde ein Kunstwerk lange Zeit nicht zum Verkauf angeboten, spricht man von Marktfrische. Marktfrische Objekte sind attraktiv, weil sie die Gelegenheit offerieren, etwas erstehen zu können, das lange nicht zugänglich war und in diesem Sinne rar ist.[1] Je länger ein Kunstwerk in einer Sammlung verblieben ist, desto leichter ist es zu verkaufen, da es die „Jagdinstinkte" potentieller Erwerber weckt.[2] Wurde es hingegen kurze Zeit hintereinander mehrmals zum Verkauf angeboten, gilt es als „verbrannt". Es ist dann entweder unverkäuflich oder eine Veräußerung ist nur unter Preiszugeständnissen möglich. Der Effekt der Verbrennung ist reversibel, wobei der für die Rehabilitation erforderliche Zeitraum sich nach dem Einzelfall richtet und durch den Kunstsammler gegebenenfalls bei der Abgrenzung des dem Kunstwerk zugrunde gelegten Planungshorizonts zu berücksichtigen ist. Die Rehabilitation kann aber durchaus mehrere Jahre in Anspruch nehmen. Die Scheu der Marktteilnehmer vor verbrannten Werken ist ein Ausdruck der Informationsasymmetrie auf dem Kunstmarkt, denn häufig feilgebotene Kunstwerke erwecken den Verdacht, es könnte sich bei ihnen um eine Fälschung oder um gestohlene Kunstwerke handeln.

3.2.2.2 Veräußerungskanal und Ort der Veräußerung

Ein Kunstwerk kann entweder auf einer Auktion, über einen Kunsthändler oder an Privat veräußert werden. Welche Veräußerungsform den höheren Veräußerungserlös verspricht, hängt von einer Vielzahl von Faktoren ab. Kommt für ein Altmeistergemälde weltweit nur ein kleiner Kreis von Museen und Kunstsammlern als potentielle Käufer in Frage, so erscheint die direkte Verhandlung mit diesem Käuferkreis erfolgversprechender als eine öffentliche Versteigerung.[3] Das Gegenteil könnte beispielsweise für ein Gemälde des zeitgenössischen Künstlers GERHARD RICHTER der Fall sein, denn für dessen Œuvre existiert eine breite Basis von privaten Kunstsammlern, weshalb es in seinem Fall von Vorteil sein kann, sich die Bietdynamik einer öffentlichen Versteigerung zunutze zu machen.

Der Ort der Veräußerung ist für den Veräußerungserlös hinsichtlich des Konzentrationsgrads potentieller Käufer von Bedeutung. Kunstwerke, deren künstlerische Qualität weltweit anerkannt ist, lassen sich in internationalen Kunsthandelszentren wie London, Paris, Zürich oder Neuyork gewinnmaximal veräußern, während Veräußerungen von Kunstwerken eher regional bekannter Künstler in ihren jeweiligen Hei-

---

1 Ähnlich auch HEUER, Bewertung von Kunstgegenständen (2008), S. 694 f.

2 Vgl. BAILLOU, Passion oder Investition?, S. 14.

3 Vgl. THOMPSON, Economics of Contemporary Art (2008), S. 176.

matländern den maximalen Veräußerungserlös erwarten lassen.[1] Auch unter der Berücksichtigung der künstlerischen Technik, in welcher ein Kunstwerk ausgeführt ist, kann es zweckmäßig sein, den Ort der Veräußerung zu differenzieren. Entscheidet man sich etwa für eine Veräußerung über ein Auktionshaus, dann kann der Veräußerungserlös mithin davon abhängen, in welchem Auktionshaus die Veräußerung stattfinden soll. Beispielsweise existieren Auktionshäuser, die einen hohen Konzentrationsgrad von Käufern vorweisen, die am Erwerb von Druckgrafik interessiert sind.

3.2.2.3 Makroökonomische Faktoren

Der *Wechselkurs* ist immer dann für den Zahlungsstrom eines Kunstwerks von Bedeutung, wenn wenigstens ein Teil der Zahlungsüberschüsse in der Währung eines Landes erzielt wird, das den Euro nicht als Währung eingeführt hat. Das kann etwa dann der Fall sein, wenn der Kunstsammler ein Kunstwerk an ein englisches Museum für eine Sonderausstellung vermietet, oder auch dann, wenn die Veräußerung eines Kunstwerks in Zürich erfolgt, und Miete beziehungsweise Kaufpreis in Landeswährung entrichtet werden.

Ebenso wie die Kapitalmärkte unterliegt auch der Kunstmarkt Schwankungen, die sich auf den Veräußerungserlös des Bewertungsobjekts auswirken können. Im Einzelfall muß das Bewertungssubjekt deshalb einschätzen, wie sensibel das Bewertungsobjekt auf die Zyklen des Kunstmarkts reagiert und daraus Schlüsse für die Höhe des Veräußerungserlöses ziehen.[2] Auch ein Zusammenhang zwischen Kapital- und Kunstmarkt ist gegebenenfalls zu beachten. Denkbar ist beispielsweise, daß die Nachfrage auf dem Kunstmarkt steigt, wenn die Renditen alternativer Kapitalanlagen relativ unattraktiv erscheinen et vice versa.

3.2.3 Das Vorgehen bei der Quantifizierung des Veräußerungserlöses

Bei der Ermittlung des Veräußerungserlöses tritt insbesondere der im vorangehenden Abschnitt III.1.2 aufgezeigte Bewertungsdefekt deutlich zutage. So mag das Bewertungssubjekt zwar in der Lage sein, die relevanten Erlösdeterminanten für das der Bewertung zugrunde liegende Kunstwerk weitestgehend herauszuarbeiten,[3] demgegenüber wird es ihm nicht gelingen, diese hinreichend genau zu quantifizieren. Ein mögliches Vorgehen, das auch in der Praxis angewendet wird,[4] besteht darin, auf his-

---

1 Freilich können beide Gegebenheiten in einem Ort zusammenfallen.

2 Vgl. HILDESLEY, Buying and Selling at Auction (1997), S. 137.

3 Vollends wird es dem Bewertungssubjekt aufgrund des Wirkungsdefekts freilich niemals gelingen, alle relevanten Erlösdeterminanten zu ermitteln. Vgl. dazu eingehend Abschnitt III.1.2.

4 Vgl. beispielsweise SCHWARZL, Sicht eines Kunstversicherers (2002).

torisch erzielte Preise vergleichbarer Kunstwerke zurückzugreifen. Ein derartiges Verfahren wird von HEUER zur Ermittlung des gemeinen Werts von Kunstwerken vorgeschlagen, der dann, nach dessen Auffassung, als steuerliche Bemessungsgrundlage im Erbschaftsteuerrecht dienen kann und ebenso als Wertansatz für die Bemessung von Ausgleichszahlungen im Pflichtteilsrecht und im Zugewinnausgleich.[1] Für eine Bewertung zum Zwecke der Eigentumsübertragung an einem Kunstwerk erweist sich HEUERS Verfahren allerdings von vornherein als ungeeignet, in erster Linie deshalb, weil es nicht einen Wert, sondern einen fingierten Nettoveräußerungserlös zu einem bestimmten Stichtag ermitteln möchte. Auch für die Ermittlung einer steuerlichen Bemessungsgrundlage oder für die Bemessung von Ausgleichszahlungen im Zivilrecht ist HEUERS Verfahren, wie die Überlegungen in Abschnitt III.4 zeigen werden, ungeeignet. Das sechs Stufen umfassende Verfahren soll aus diesem Grund nicht auf seine Fähigkeit zur Ermittlung von Grenzpreisen hin überprüft werden, sondern hinsichtlich seiner Eignung für die Prognose eines Nettoveräußerungserlöses. HEUER empfiehlt, wie folgt vorzugehen:[2]

1. *Ermittlung zeitnaher Verkäufe vergleichbarer Kunstwerke*: Es sind die Auktionsergebnisse solcher Kunstwerke zu recherchieren, die aufgrund ihrer Eigenschaften mit dem Bewertungsobjekt vergleichbar sind nach Künstler, Schaffensperiode, Technik, Qualität, Sujét, Format, Provenienz, Erhaltungszustand und weiterer Kriterien, die für das konkrete Bewertungsobjekt von Bedeutung sind. Dabei ist darauf zu achten, daß die ermittelten Preise Stichtagsnähe aufweisen. Da Kunsthändler Verkaufsdaten in der Regel nicht veröffentlichen, verbleibt nur die Möglichkeit des Rückgriffs auf Auktionsergebnisse. Zu diesem Zweck verweist HEUER auf Kunstpreisjahrbücher, Veröffentlichungen von Auktionshäusern und elektronische Datenbanken.

2. *Herstellung der Vergleichbarkeit der Daten*: Die im ersten Schritt ermittelten Auktionsergebnisse sind daraufhin zu überprüfen, ob Bereinigungen erforderlich sind, weil die veröffentlichten Preise Gesamtzuschlags- (Zuschlagspreis zzgl. Aufgeld) oder Zuschlagspreisen entsprechen und nicht den für die Schätzung benötigten Nettoveräußerungserlösen.

3. *Herstellung einer einheitlichen Währung*: Die Nettoveräußerungserlöse sind in eine einheitliche Währung zu überführen, wenn der Datensatz Auktionsergebnisse unterschiedlicher Währungsräume beinhaltet. Die Wahrscheinlichkeit hierfür ist insbesondere bei Bewertungsobjekten von Künstlern mit internationalem Re-

---

1 Vgl. HEUER, Der gemeine Wert von Kunstgegenständen (2002), S. 846 f. in Verbindung mit dem BFH-Urteil vom 06.06.2001, DStRE 2002, S. 460, HEUER, Bewertung von Kunstgegenständen (2008), S. 696 f. Vgl. zum gemeinen Wert ausführlich Abschnitt III.4.1.

2 Die Ausführungen folgen HEUER, Bewertung von Kunstgegenständen (2008), S. 696 f.

nommee hoch. Zu verwenden ist der Tageskurs des jeweiligen Auktionsergebnisses.

4. *Bewertung im engeren Sinne*: In diesem Schritt erfolgt – so HEUER – die Auswertung der Auktionsergebnisse im Sinne eines Vergleichs mit dem Bewertungsobjekt, und es findet die eigentliche Bewertung statt. Dabei muß der Gutachter herausarbeiten, warum er das Bewertungsobjekt höher oder niedriger einschätzt als die zum Vergleich herangezogenen Kunstwerke.

5. *Die Gewichtung der Auktionsergebnisse der vergleichbaren Kunstwerke*: Eine Gewichtung der Auktionsergebnisse erfolgt in der Weise, daß zum Stichtag zeitnahe und zeitferne Verkäufe ins Verhältnis gesetzt werden, auch um Entwicklungen festzustellen, die, grafisch aufgearbeitet, steigende oder fallende Tendenzen aufzeigen können. „Preisausschläge" – sowohl nach oben als auch nach unten – sind zu eliminieren.

6. *Berücksichtigung außerordentlicher Faktoren*: Abschließend ist der in den fünf vorangehenden Schritten entwickelte Nettoveräußerungserlös um Paketabschläge oder -zuschläge zu korrigieren. Paketabschläge sollen bei der Veräußerung ganzer Sammlungen berücksichtigt werden, zu deren Aufnahme der Kunstmarkt nur unter Preisnachlässen fähig ist. Demgegenüber sind Paketzuschläge zu veranschlagen, wenn die Veräußerung eines Konvoluts, beispielsweise von Autografen, als Ganzes einen höheren Nettoveräußerungserlös verspricht als ein in seine Einzelteile zerschlagenes Konvolut. Schlußendlich sollen HEUER zufolge noch Exportverbote berücksichtigt werden, die etwa dann bestehen können, wenn das Bewertungsobjekt in das Verzeichnis national wertvollen Kulturgutes eingetragen ist. Exportverbote versperren den Zugang zum internationalen Markt, wodurch zahlungskräftige ausländische Museen und Kunstsammler als potentielle Käufer ausscheiden.

Das Verfahren von HEUER erweist sich aus den folgenden Gründen insgesamt als nur eingeschränkt brauchbar für die Schätzung von Veräußerungserlösen: Es ist grundsätzlich ungewiß, wann Vergleichbarkeit gegeben ist und ob vergleichbare Kunstwerke gefunden werden können. Als unwahrscheinlich erscheint das Gelingen dieses Vorhabens, wenn sich das Bewertungsobjekt durch wesentliche Alleinstellungsmerkmale auszeichnet,[1] was aber insbesondere im obersten Kunstmarktsegment regelmäßig der Fall sein dürfte. Eine ausreichende Anzahl vergleichbarer Kunstwerke wird sich wahrscheinlich in seltenen Fällen nur dann finden lassen, wenn das Bewertungsobjekt zu der Werkphase eines Künstlers gehört, deren Objekte sich sehr ähnlich sind und umfangreich gehandelt werden (beispielsweise WARHOLS „flower paintings"). Grundsätzlich problembehaftet ist der Rückgriff auf historische Preise, denn

[1] Das erkennt auch HEUER an. Vgl. HEUER, Bewertung von Kunstgegenständen (2008), S. 696.

allein der zukünftige Veräußerungserlös ist für den Kunstsammler von Nutzen. Es ist völlig offen, inwieweit es im Einzelfall möglich ist, einen Zusammenhang zwischen beiden Größen herzustellen.

Sieht man von diesen Aspekten einmal ab und geht davon aus, daß sich vergleichbare Kunstwerke ausfindig machen lassen sowie daß aus ihren historischen Preisen plausible Schlüsse für die Zukunft gezogen werden können, dann ist das Verfahren trotzdem nur unter den Voraussetzungen brauchbar, daß eine Veräußerung im Wege der Auktion erfolgen soll. Darüber hinaus ist die Prognose noch um subjektive Faktoren zu erweitern. Die Berücksichtigung subjektiver Faktoren ist unumgänglich, denn der Nettoveräußerungserlös, den ein Kunstsammler auf einer Auktion zu erzielen vermag, hängt maßgeblich davon ab, über welche Verhandlungsmacht er bei der Verhandlung der Versteigerungskonditionen verfügt und wie erfolgreich er den Wert des Bewertungsobjekts im Vorfeld der Auktion durch eine geschickte Verwaltung seines Portefeuilles sowie durch seine Reputation als Person und Kunstsammler steigern kann (Abschnitt II.1.3.5).

Der erhebliche Bewertungsdefekt, mit dem die Prognose des Nettoveräußerungserlöses behaftet ist, kann auch durch die Anwendung eines Vergleichsverfahrens nicht reduziert werden. Historische Preise, insbesondere die des Bewertungsobjektes selbst, erlauben allenfalls eine grobe Einordnung der Dimension des Nettoveräußerungserlöses. Sie können auch in bezug auf Preisverhandlungen, also in der Funktion von Argumentationswerten, insofern von Nutzen sein, als andere Marktteilnehmer sich regelmäßig daran orientieren.[1] Letztendlich verbleibt somit nur die Alternative, den Nettoveräußerungserlös unter Erwägung aller Informationen über die der Beurteilung zugrunde liegenden Erlösdeterminanten sowie unter Berücksichtigung der Faktoren des subjektiven Entscheidungsfelds bestmöglich zu schätzen.

Der Kunstsammler kann zur Eingrenzung der relevanten Erlösdeterminanten und deren Ausprägungen verschiedene Maßnahmen ergreifen. Beispielsweise bestehen die Möglichkeiten, die Anfertigung einer Expertise, eines naturwissenschaftlichen Testats oder eines Gutachtens in Auftrag zu geben. Eine *Expertise* oder ein *naturwissenschaftliches Testat* können darüber aufklären, ob ein Kunstwerk ein Original, eine Fälschung oder dem falschen Urheber zugeschrieben ist. Für die Œuvres bedeutender Künstler existieren häufig anerkannte Experten, die Stilanalysen oder Institute, die auf Basis von naturwissenschaftlichen Methoden Untersuchungen durchführen. Während Experten sowohl Zu- als auch Abschreibungen vornehmen können, ermöglichen naturwissenschaftliche Methoden nur die Widerlegung von Zuschreibungen oder die Entlarvung von Fälschungen durch die Ermittlung der Herkunft und des Alters eines Kunstwerks.

---

[1] Vgl. hierzu auch DRINKUTH, Der moderne Auktionshandel (2003), S. 87.

Für die Einschätzung des aktuellen Marktpreises, aber auch zur Beurteilung aufgetretener Schäden an einem Kunstwerk können die Dienste eines Kunstsachverständigen in Anspruch genommen werden. Der Kunstsachverständige fertigt ein *Gutachten* über seine Arbeit an, worin er im wesentlichen Stellung dazu nimmt, wie er zu seiner Beurteilung gekommen ist. Etwaige Schäden übersetzt er in eine prozentuale Preisminderung.[1] Die Information des Gutachtens kann der Kunstsammler zur Einschätzung der Ausprägung zukünftiger Erlösdeterminanten verwenden.

3.3 Die Verdichtung des Zahlungsstroms

Im Rahmen des zweiten Kapitels dieser Arbeit wurden die beiden investitionstheoretischen Bewertungsmethoden Zukunftserfolgswertverfahren und ZGPM sowie deren Anwendung vorgestellt. Das Zukunftserfolgswertverfahren besticht im Gegensatz zum ZGPM durch seine einfache Technik. Möchte der Kunstsammler seine Grenzpreisermittlung unter Zuhilfenahme des Zukunftserfolgswertverfahrens durchführen, setzt das erstens die Kenntnis der Grenzobjekte des Basisprogramms und zweitens deren Stabilität beim Übergang zum Bewertungsprogramm voraus. Drei verschiedene Situationen sind denkbar:[2]

1. Der Kunstsammler investiert unter den Bedingungen eines vollkommenen Kapitalmarkts.[3] In dieser Situation sind die Kalkulationszinsfüße ex ante und exogen definiert und bestehen im Marktzins i. Dieser Tatbestand ist insbesondere Resultat zweier Gegebenheiten: Erstens ist die Art der Finanzierung unbedeutend, denn unerheblich, ob der Kunstsammler seine Objekte aus eigenen oder fremden Mitteln finanziert, geschieht dies zu gleichen Konditionen, da der Soll- dem Habenzins entspricht. Zweitens stehen dem Kunstsammler unbegrenzte Kapitalaufnahme- und Kapitalanlagemöglichkeiten zur Verfügung, die zum Marktzins i getätigt werden können. Die in einer Periode zuletzt angelegte oder aufgenommene Geldeinheit verzinst sich folglich immer zum Marktzins i. Weil die Ein- oder Ausgliederung des Bewertungsobjekts in das oder aus dem Portefeuille des Kunstsammlers stets im Rahmen der Grenzobjekte des Basisprogramms erfolgt, ist die Anwendung des Partialmodells jederzeit gewährleistet.

---

1 Vgl. KARSCH, Kunstsachverständige und Experten (1987), S. 125, KIRCHMAIER, Kunstsachverständige und Experten (2007), S. 242 ff.

2 Vgl. OLBRICH, Unternehmungsnachfolge (2005), S. 175 f. Für den Umkehrschluß vgl. OLBRICH/BRÖSEL/HAßLINGER, Valuation of Airport Slots (2009), S. 903.

3 Vgl., auch im folgenden, HERING, Investition (2000), S. 445, HERING, Investitionstheorie (2008), S. 33 f.

2. Der Kunstsammler agiert unter den Bedingungen eines unvollkommenen Kapitalmarkts[1] und verwendet zunächst das ZGPM, um seinen Grenzpreis zu ermitteln und die Grenzzinsfüße in Erfahrung zu bringen. Entsprechen sich die Grenzzinsfüße des Basis- und Bewertungsprogramms, steht einer Grenzpreisermittlung durch das Zukunftserfolgswertverfahren zwar nichts im Wege, sie ist aber nicht mehr erforderlich, zumal die Totalbetrachtung den gesuchten Grenzpreis bereits ermittelt hat. Dieser Umstand ist bekannt als Dilemma der Lenkpreistheorie.[2]

3. Der Kunstsammler agiert unter den Bedingungen eines unvollkommenen Kapitalmarkts und sein Investitions- und Finanzierungsprogramm gestaltet sich derart übersichtlich, daß ihm seine Grenzzinsfüße bekannt sind. Beschränkt sich der Umstrukturierungsumfang dann noch auf die Grenzobjekte des Basisprogramms, kann der Kunstsammler das Zukunftserfolgswertverfahren verwenden, ohne zuvor auf das ZGPM zurückgreifen zu müssen.[3] Eine derartige Fallkonstellation kann durchaus der tatsächlichen Situation eines Kunstsammlers entsprechen, denn unter realen Bedingungen operiert er stets im unvollkommenen Kapitalmarkt.[4] Darüber hinaus ergab die Analyse des Entscheidungsfeldes, daß das Sammeln originaler

---

1 Vgl. HERING, Investition (2000), S. 478. Die Annahmen des vollkommenen Kapitalmarkts führen dazu, daß die Grenzpreisermittlung insbesondere in bezug auf den Kalkulationszinsfuß ein allgemeines Problem darstellt. Allgemeiner Natur ist es insoweit, als der Kalkulationszinsfuß für alle Marktteilnehmer gleich ist und aufgrund der Tatsache, daß die Kapitalanlage- und Finanzierungsmöglichkeit allen Marktteilnehmern gleichermaßen zur Verfügung steht. Unter den Bedingungen des unvollkommenen Kapitalmarkts zeichnet sich das Problem der Grenzpreisermittlung demgegenüber durch seinen individuellen Charakter aus, da die Grenzzinsen aufgrund der individuellen Zielsetzung sowie der individuellen Kapitalaufnahme- und Finanzierungsmöglichkeiten unterschiedlicher Bewertungssubjekte voneinander abweichen können. Nur unter Verwendung eines „modellendogenen" Lenkpreises ist gewährleistet, daß eine Abstimmung von Investitions- und Finanzierungsmöglichkeiten zielsetzungsgerecht unter Berücksichtigung individueller Interdependenzen im subjektiven Entscheidungsfeld erfolgt. Die den unvollkommenen Kapitalmarkt ausmachenden individuellen Begrenzungen und Konditionen des Bewertungssubjekts hinsichtlich seiner Investitions- und Finanzierungsmöglichkeiten bedingen derartige Interdependenzen, da die Vorteilhaftigkeit einer Investitionsmöglichkeit mit den jeweiligen alternativen Anlage- und Finanzierungsmöglichkeiten variiert. Vgl. SIEBEN, Entscheidungswert in der Funktionenlehre (1976), S. 497 f., GUTENBERG, Die Finanzen (1980), S. 352. Dies hat zur Folge, daß die Grenzobjekte von Bewertungssituation zu Bewertungssituation und von Bewertungsobjekt zu Bewertungsobjekt unterschiedlich sein können.

2 Vgl. zum Dilemma der Lenkpreistheorie HIRSHLEIFER, Optimal Investment Decision (1958), S. 340, HAX, Lineare Programmierung (1964), S. 441, HAX, Bewertungsprobleme (1967), S. 755 f., SIEBEN/SCHILDBACH, Bewertung ganzer Unternehmungen (1979), S. 461, HAX, Investitionstheorie (1993), S. 100, MATSCHKE, Lenkungspreise (1993), Sp. 2588 f., ADAM, Investitionscontrolling (2000), S. 276, ROLLBERG, Unternehmensplanung (2001), S. 136-143, KRUSCHWITZ, Investitionsrechnung (2009), S. 259.

3 Werden allerdings kapitalintensive Spitzenkunstwerke erworben oder veräußert, erhöht sich die Wahrscheinlichkeit, daß der Umstrukturierungsbedarf über die Grenzobjekte hinausgeht.

4 Der vollkommene Kapitalmarkt existiert in der Realität nicht. Vgl. HERING, Investitionstheorie (2008), S. 34.

Artefakte im Regelfall einem Personenkreis vorbehalten ist, der wirtschaftlich bessergestellt ist und infolgedessen über ein ausreichendes Maß an liquiden Mitteln verfügt (Abschnitt II.1.3.5). Die Grenzzinsfüße werden also häufig dem im konkreten Fall offenstehenden Anlagezins entsprechen. Andererseits ist es oftmals so, daß Kunstwerke im Rahmen der Vermögensrestrukturierung dann verkauft werden, wenn das jeweilige Entscheidungssubjekt einer noch ausstehenden Forderung gegen sich nachkommen muß. Ist eine solche Sachlage gegeben, entsprechen die Grenzzinsfüße der internen Verzinsung dieser Forderung (Abschnitt II.1.3.5).

4. Der Schiedswert als typisierter Grenzpreis im Steuer- und Zivilrecht

4.1 Der Schiedswert im Erbschaft- und Schenkungsteuerrecht

Der gemeine Wert[1] des Erbschaft- und Schenkungsteuerrechts, der auch als Verkehrswert bezeichnet wird,[2] stellt gemäß § 12 Abs. 1 ErbStG in Verbindung mit § 9 Bewertungsgesetz (BewG) die maßgebliche Größe für die Ermittlung des Werts der auf den Erben/Beschenkten übergegangenen/übertragenen Vermögenspositionen dar, die – einschließlich etwaiger mit dem Vermögen zusammenhängender Belastungen – den steuerpflichtigen Erwerb darstellen. Der gemeine Wert wird in § 9 Abs. 2 BewG definiert: „[Er] wird durch den Preis bestimmt, der im gewöhnlichen Geschäftsverkehr nach der Beschaffenheit des Wirtschaftsgutes bei einer Veräußerung zu erzielen wäre. Dabei sind alle Umstände, die den Preis beeinflussen, zu berücksichtigen. Ungewöhnliche oder persönliche Verhältnisse sind nicht zu berücksichtigen." Es handelt sich folglich um einen fingierten Einzelverkaufspreis abzüglich aller Transaktionskosten zu einem bestimmten Stichtag.[3]

Auch für Kunstwerke ist der gemeine Wert indirekt per Gesetz als Wertmaßstab vorgegeben, denn gemäß § 9 Abs. 1 BewG sind alle Vermögenspositionen, für die kein besonderer Wertansatz vorgeschrieben ist, mit dem gemeinen Wert zu bewerten; dazu gehörten insbesondere Schmuck, Hausrat, Kunstgegenstände und andere bewegliche körperliche Gegenstände.[4] Die Rechtsprechung und das juristische Schrifttum kommen des weiteren zu dem Ergebnis, daß der gemeine Wert eines Kunstwerks gemäß § 162 Abs. 1 AO in Form eines *Händlereinkaufspreises*[5] geschätzt werden müsse.[6]

---

1 Preußisches Allgemeines Landrecht von 1794: „Der Nutzen, welchen die Sache einem jeden Besitzer gewähren kann."

2 Vgl. MEINCKE, Nachlaßbewertung im BGB (1973), S. 187 f., LANGE/KUCHINKE, Erbrecht (2001), S. 899. In den folgenden Ausführungen wird einheitlich der Begriff des gemeinen Werts verwendet.

3 Vgl. VISKORF, Kunstgegenstände und Sammlungen (2002), S. 882, SCHERER/LEHMANN, Bewertung von Kunstgegenständen (2003), S. 69, EBLING, Steuerrecht (2007), S. 425, MEINCKE, Erbschaftsteuergesetz (2009), S. 388, KUßMAUL, Betriebswirtschaftliche Steuerlehre (2010), S. 68.

4 Vgl. Richtlinie 94 Satz 1 ErbStR sowie HEUER, Kunstgegenstände (1995), HEUER, Gemeiner Wert von Kunstgegenständen (1999), HEUER, Der gemeine Wert von Kunstgegenständen (2002), VISKORF, Kunstgegenstände und Sammlungen (2002), S. 882, EBLING, Steuerrecht (2007), S. 425 f., JÜLICHER, § 12 Bewertung (2010), Rz. 56 f., HEUER, Bewertung von Kunstgegenständen (2008), S. 690, RAMB, § 12 Bewertung (2009), S. 592 und 620, MEINCKE, Erbschaftsteuergesetz (2009), S. 388 und 434, MOENCH/ALBRECHT, Erbschaftsteuer (2009), Rz. 971.

5 Vgl. zum Begriff des Händlereinkaufspreises auch RFH-Urteil vom 24.06.1929, RStBl. 1929, S. 497, RFH-Urteil vom 18.09.1930, RStBl. 1931, S. 585

6 Vgl. RFH-Urteil vom 18.09.1930, RStBl. 1931, S. 585, HEUER, Der gemeine Wert von Kunstgegenständen (2002), S. 846. Des weiteren VISKORF, Kunstgegenstände und Sammlungen (2002),

Gemeint sind damit ein per Versteigerung erzielter Veräußerungserlös – mithin also ein Nettoveräußerungserlös, wie er im vorangehenden Abschnitt II.1.1.3.3.1 und insbesondere in Abbildung 2 bereits dargestellt wurde – oder ein durch die Veräußerung an einen Kunsthändler erzielter Betrag.[1] Darüber hinaus wird festgestellt, daß der gemeine Wert für Kunstwerke wegen der schwierigen Verwertungsmöglichkeiten generell vorsichtig zu ermitteln sei.[2] In Verbindung mit dem Stichtagsprinzip führe das unter Umständen zu erheblichen Paketabschlägen, wenn die Veräußerung einer ganzen Sammlung zu fingieren sei. Denn bei einer derartigen Liquidation zu einem bestimmten Stichtag müsse damit gerechnet werden, daß der Markt die Gesamtheit der angebotenen Kunstwerke nur zu einem deutlich reduzierten Stückpreis aufnehmen könne.[3]

In bezug auf die Wertermittlung wird konstatiert, daß sie aufgrund des Einzelstückcharakters eines Kunstwerks unter Heranziehung aussagekräftiger, weil vergleichbarer Verkaufsfälle zu erfolgen habe, die möglichst zeitnah zum Stichtag (Todestag des Erblassers gemäß § 9 Abs. 1 Nr. 1 ErbStG, Ausführung der Schenkung gemäß § 9 Abs. 1 Nr. 2 ErbStG) stattfanden.[4] Ein Kunstsachverständiger sei für eine solche Schätzung heranzuziehen, wenn die entsprechenden Kenntnisse hierfür fehlten.[5] Ausfluß dieser methodischen Überlegungen ist das bereits im vorangehenden Abschnitt III.3.2.3 beschriebene Vergleichswertverfahren von HEUER.

S. 882 f., SCHERER/LEHMANN, Bewertung von Kunstgegenständen (2003), S. 69, EBLING, Steuerrecht (2007), S. 426, HEUER, Bewertung von Kunstgegenständen (2008), S. 690, RAMB, § 12 Bewertung (2009), S. 592 und 620, MEINCKE, Erbschaftsteuergesetz (2009), S. 390, ROSE/WATRIN, Erbschaftsteuer (2009), S. 100.

[1] Vgl. etwa VISKORF, Kunstgegenstände und Sammlungen (2002), S. 882, SCHERER/LEHMANN, Bewertung von Kunstgegenständen (2003), S. 69, HEUER, Bewertung von Kunstgegenständen (2008), S. 696.

[2] So sind insbesondere die Finanzämter zu einer vorsichtigen Vorgehensweise angehalten. Vgl. Richtlinie 94 Satz 2 ErbStR. Ferner SCHERER/LEHMANN, Bewertung von Kunstgegenständen (2003), S. 69.

[3] Vgl. HEUER, Der gemeine Wert von Kunstgegenständen (2002), S. 847, SCHERER/LEHMANN, Bewertung von Kunstgegenständen (2003), S. 70, HEUER, Bewertung von Kunstgegenständen (2008), S. 697.

[4] Vgl. BFH-Urteil vom 06.06.2001, DStRE 2002, S. 460, HEUER, Der gemeine Wert von Kunstgegenständen (2002), S. 846 f., SCHERER/LEHMANN, Bewertung von Kunstgegenständen (2003), S. 69, HEUER, Bewertung von Kunstgegenständen (2008), S. 690 und 696 f.

[5] Vgl. für die Zuhilfenahme eines Gutachters BFH-Urteil vom 06.06.2001, DStRE 2002, S. 460, HEUER, Der gemeine Wert von Kunstgegenständen (2002), S. 846, WACHTER, Schätzung des gemeinen Werts (2002), S. 333, VISKORF, Kunstgegenstände und Sammlungen (2002), S. 882 f., STEINER, Kunst und Erbschaftsteuer (2004), S. 18, SÖFFING/THOMA, Kunstgegenstände in der Nachfolgeplanung (2006), S. 253, HEUER, Bewertung von Kunstgegenständen (2008), S. 690.

Aus mehreren Gründen ist der voranstehend erläuterte gemeine Wert, trotz der gesetzlichen Verankerung, für die Bewertung eines Kunstwerks zum Zwecke der Steuerbemessung inadäquat:

1. Der gemeine Wert verlangt grundsätzlich nach einem fingierten Veräußerungserlös und stellt somit auf die Veräußerungsposition des Erben/Beschenkten ab, obwohl dies nicht dem Wortlaut des Gesetzes entspricht, das in § 10 Abs. 1 ErbStG vom „steuerpflichtigen Erwerb" beziehungsweise von der „Bereicherung des Erwerbers" spricht, die aus den verschiedenen, auf den Erben/Beschenkten übergegangenen/übertragenen Vermögensposten hervorgeht. Wenngleich es sich bei einer Erbschaft oder Schenkung, von der Steuerzahlung einmal abgesehen, um unentgeltliche Erwerbe handelt, so erkennt die Vorschrift zu Recht an, daß dem Portefeuille des Kunstsammlers in der Position des Erben/Beschenkten Vermögensgegenstände – und damit der Anspruch auf zukünftige Zahlungsüberschüsse – zugehen, jedoch nicht entnommen werden. Diese Hinzufügung ist nun aus der Sicht des Kunstsammlers zu bewerten. Der angewandte Wertansatz sollte folglich nicht auf einen fingierten Veräußerungserlös abstellen, sondern auf jenen Betrag, den der Erbe/Beschenkte bereit wäre aufzuwenden, müßte er das Kunstwerk seinem Portefeuille entgeltlich hinzufügen. Dieser Betrag stellt die Bereicherung des Erben dar.

2. Die pauschale Forderung einer Verwertung des Kunstwerks in Form einer umgehenden Veräußerung verfehlt unter Umständen das Besteuerungsziel, die echte Bereicherung des Erben/Beschenkten im Sinne der hinzugewonnenen wirtschaftlichen Leistungsfähigkeit abzubilden, wenn die umgehende Veräußerung in bezug auf das im Einzelfall vorliegende Kunstwerk betriebswirtschaftlich nicht zweckmäßig ist.[1] Vielmehr würde das Prinzip einer Besteuerung nach Maßgabe der individuellen wirtschaftlichen Leistungsfähigkeit (Leistungsfähigkeitsprinzip), an dem sich auch die Erbschaft- und Schenkungsteuer orientieren muß, in einem solchen Fall konterkariert.[2] Für ein Kunstwerk, wie für andere Vermögensgegenstände auch, existieren grundsätzlich zwei Alternativen der betriebswirtschaftlichen Verwendung: die Fortführung und die Liquidation, wobei die Fortführung in der Regel darin besteht, das Kunstwerk weiterhin im Portefeuille zu belassen und dessen Veräußerung zu einem späteren Zeitpunkt vorzunehmen. Unter Anwendung des gemeinen Werts kommt es also stets dann zu Fehlbewertungen, wenn die Veräußerung am Stichtag zu einem finanziellen Nachteil gegenüber einer späteren Veräußerung führen würde.

---

1 Vgl. dazu auch den Beschluß des BVerfG vom 07.11.2006, NJW 2007, S. 573.

2 Vgl. Beschluß des BVerfG vom 07.11.2006, NJW 2007, S. 573, BIRK, Leistungsfähigkeitsprinzip (1983), RAUPACH, Erbschaft- und Schenkungsteuer (2007), S. 2039, SEER, Besteuerung nach wirtschaftlicher Leitungsfähigkeit (2009), S. 226, OLBRICH/HARES/PAULY, Erbschaftsteuerreform und Unternehmensbewertung (2010), S. 1250.

3. Die Abstraktion von den persönlichen Verhältnissen des Erben/Beschenkten, wie sie die voranstehende Definition des gemeinen Werts verlangt, konterkariert das Leistungsfähigkeitsprinzip abermals. So kann zum Beispiel ein Erbe, der auf dem Kunstmarkt als Kunstsammler hohes Ansehen genießt, in der Regel mit einem breiteren Zahlungsstrom rechnen, wenn er das ererbte Objekt veräußert, als ein Erbe, der über eine derartige Reputation nicht verfügt (Abschnitt III.3.2.1.2). Es ist demnach von besonderer Bedeutung, die persönlichen Verhältnisse explizit zu berücksichtigen, wenn diese den zukünftigen Zahlungsstrom des Kunstwerks tangieren. In bezug auf das vorstehende Beispiel erwirbt der Kunstsammler, welcher hohes Ansehen genießt, nämlich einen Zahlungsstrom, der seine wirtschaftliche Leistungsfähigkeit stärker steigert als jener Zahlungsstrom, der in das Portefeuille des Erben ohne Reputation gelangt.

Im Gegensatz zum gemeinen Wert zeichnet sich ein investitionstheoretisch ermittelter Entscheidungswert in Form eines maximal zahlbaren Grenzpreises gerade nicht durch die oben beschriebenen Defizite aus. Vielmehr kann ein derartiger Wertansatz den im Einzelfall erfolgten Zuwachs an finanzieller Leistungsfähigkeit des steuerpflichtigen Erwerbers adäquat abbilden, denn der Entscheidungswert zeigt an, welchen monetären Betrag der Erbe/Beschenkte für die seinem Portefeuille zugehende Vermögensposition gerade noch entrichten könnte, ohne daß sich der Gesamterfolg seines Portefeuilles verringert. Freilich muß der Steuerpflichtige aufgrund des unentgeltlichen Erwerbs nicht tatsächlich Zahlung leisten, weshalb der errechnete Betrag die Veränderung seiner wirtschaftlichen Leistungsfähigkeit ausdrückt. Des weiteren gewährleistet nur die streng subjektive Bewertung, aufgrund ihrer Beachtung des individuellen Zielsystems und des individuellen Entscheidungsfeldes, die notwendige Berücksichtigung der persönlichen Verhältnisse, deren eine Besteuerung bedarf, die auf das Leistungsfähigkeitsprinzip abstellen muß.[1] Dem gemeinen Wert überlegen ist das Konzept des Entscheidungswerts nicht zuletzt auch deshalb, weil es Raum für die Auswahl der betriebswirtschaftlich zweckmäßigsten Verwendung des Bewertungsobjekts läßt und nicht zwingend die sofortige Veräußerung vorgibt. Schlußendlich ist noch zu erwähnen, daß eine investitionstheoretische Wertermittlung von Kunstwerken aus der Erwerbsperspektive zu der durch das am 24.12.2008 erlassene Gesetz zur Reform des Erbschaftsteuer- und Bewertungsrechts (ErbStRG) intendierten Homogenität im Bewertungsmodus beiträgt, denn auch § 11 Abs. 2 Satz 2 BewG verlangt bei der Bewertung eines vererbten oder verschenkten Unternehmens „die Methode anzuwenden, die ein Erwerber der Bemessung des Kaufpreises zugrunde legen würde“. Das vermag freilich nur eine Bewertung im Sinne der Entscheidungsfunktion zu leisten.[2]

---

1 Vgl. OLBRICH/HARES/PAULY, Erbschaftsteuerreform und Unternehmensbewertung (2010), S. 1250 f.

2 So auch OLBRICH/HARES/PAULY, Erbschaftsteuerreform und Unternehmensbewertung (2010), S. 1250.

Es hat sich gezeigt, daß der Entscheidungswert den theoretisch richtigen Wertansatz für die Bewertung von Kunstwerken im Kontext des Erbschaft- und Schenkungsteuerrechts darstellt. In der praktischen Umsetzung wird der Kunstsammler als Erbe/Beschenkter im Zuge der Verständigung mit dem Finanzamt seinen wahren Entscheidungswert aus verhandlungstaktischen Gründen freilich nicht preisgeben. Vielmehr wird er versuchen, Argumentationswerte in Form von vermeintlichen Entscheidungswerten oder Parametern, die in das Bewertungsverfahren zur Ermittlung des Entscheidungswerts eingehen, ins Feld zu führen, wenn das seine ökonomische Stellung verbessern kann. Der Steuerpflichtige intendiert auf diese Weise die Einigung auf einen Schiedswert, der möglichst niedrig sowie unterhalb seines Entscheidungswerts angesiedelt ist und infolgedessen die Bemessungsgrundlage möglichst gering hält.[1] So wird der Steuerpflichtige beispielsweise bei einer Verhandlung, die auf der Ebene der Bewertungsparameter zwecks Anwendung des Zukunftserfolgswertverfahrens geführt wird, stets versuchen, die Zahlungsüberschüsse möglichst gering und den endogenen Grenzzins möglichst hoch anzusetzen. Der Fiskus – respektive der von ihm eingesetzte Gutachter – steht damit vor einem Praktikabilitätsproblem, denn er gelangt nicht an die für die Entscheidungswertermittlung notwendigen Informationen, die ihm die Berechnung des tatsächlichen Entscheidungswerts des Erben/Beschenkten per investitionstheoretischem Total- oder Partialmodell ermöglichten.

Da zum Zwecke der Gewährleistung einer auf dem Leistungsfähigkeitsprinzip basierenden steuerlichen Belastung der Grenzpreis des Erben/Beschenkten bestimmt werden muß, aufgrund der erläuterten Praktikabilitätsproblematik aber die Notwendigkeit beseht, den Argumentationsspielraum des Erben/Beschenkten einzuschränken, wird die Ermittlung eines *typisierten Grenzpreises* erforderlich. Es gilt das Folgende zu beachten:

1. *Prämisse der finanziellen Zielsetzung*: Unerheblich ist, welche Zielsetzung der Erbe/Beschenkte durch den Besitz des Kunstwerks tatsächlich verfolgt. Da es Zweck der Erbschaft- und Schenkungsteuer ist, die Änderung der wirtschaftlichen Leistungsfähigkeit des Erben/Beschenkten zu belasten, sind alle denkbaren nichtfinanziellen Zielsetzungen, die ein Kunstsammler verfolgen könnte, außer acht zu lassen (Abschnitt II.1.3.2). Die Quantifizierung eines nichtfinanziellen Nutzens stellt zudem ein intersubjektiv nicht nachprüfbares Unterfangen dar. Überprüfbarkeit ist aber die Grundanforderung an ein gutachterliches Urteil.[2]

2. *Verwendung des Zukunftserfolgswertverfahrens*: Da dem Gutachter nicht sämtliche (korrekten) Informationen über das Entscheidungsfeld des Erben/Beschenkten

[1] Vgl. für den Fall der Unternehmungsbewertung OLBRICH/HARES/PAULY, Erbschaftsteuerreform und Unternehmensbewertung (2010), S. 1252.

[2] Vgl. BGH-Urteil vom 12.01.1976, BB 1976, S. 480.

zur Verfügung stehen, ist die Anwendung eines investitionstheoretischen Totalmodells nicht praktikabel. Der Rückgriff auf ein Totalmodell ist aber auch schon wegen des hohen Rechenaufwands für ein steuerliches Massenverfahren ungeeignet. Der Gutachter sollte sich deshalb auf das Partialmodell Zukunftserfolgswertverfahren konzentrieren.

3. *Prämisse der gewinnmaximalen Verwertungsstrategie*: Der Gutachter muß seiner Bewertung die gewinnmaximale Verwertungsstrategie zugrunde legen. Täte er dies nicht, würde das Leistungsfähigkeitsprinzip verletzt.[1] Plant der Erbe/Beschenkte, das Kunstwerk im konkreten Fall zügig zu veräußern, dann bedeutet das folglich keineswegs, daß auch der Gutachter von dieser Verwertungsstrategie ausgehen muß. Vielmehr kann es nach Ansicht des Gutachters sinnvoll sein, das Kunstwerk unter der Annahme zu bewerten, daß es erst nach Ablauf einer bestimmten Frist, beispielsweise nach einem Jahr, veräußert wird, wenn sich der Kunstmarkt aktuell für eine betriebswirtschaftlich sinnvolle Veräußerung nicht eignet und zu erwarten ist, daß eine Erholung eintreten wird, die einen höheren Veräußerungserlös verspricht. Der Gutachter muß seinen Schlußfolgerungen dabei freilich plausible Annahmen zugrunde legen, die intersubjektiv nachvollziehbar sind.

4. *Typisierung des endogenen Grenzzinses*: Da der Erbe/Beschenkte dem Gutachter seinen wahren endogenen Grenzzins nur dann nennen wird, wenn er dadurch eine Verringerung der Bemessungsgrundlage erreichen kann – was dann der Fall ist, wenn der endogene Grenzzins des Erben/Beschenkten tendenziell hoch ausfällt –, ist für den Diskontsatz eine Typisierung erforderlich. Eine Möglichkeit besteht darin, einen „landesüblichen Zinssatz" für die Bewertung heranzuziehen.

5. *Offenlegung der Unsicherheit*: In bezug auf die Berücksichtigung der mit der Schätzung zukünftiger Erfolgsströme stets verbundenen Unsicherheit ist es die Aufgabe des Gutachters, alternative Szenarien des zukünftig erzielbaren Veräußerungserlöses mit subjektiven Wahrscheinlichkeiten zu belegen, um zu unterschiedlichen Grenzpreisen zu gelangen, über deren Plausibilität gegebenenfalls vor Gericht befunden werden kann.[2]

Abschließend ist festzustellen, daß die hier vorgeschlagene typisierte investitionstheoretische Bewertung die Argumentationsspielräume für den Erben/Beschenkten nicht vollends unterbinden und die Durchbrechung des Leistungsfähigkeitsprinzips nicht ausschließen kann. Zu einer Durchbrechung kommt es immer dann, wenn der landesübliche Zinssatz nicht dem endogenen Grenzzins des Erben/Beschenkten entspricht,

---

[1] Vgl. OLBRICH/HARES/PAULY, Erbschaftsteuerreform und Unternehmensbewertung (2010), S. 1252.

[2] Vgl. HERING/OLBRICH, Unsicherheitsproblem bei der Entschädigung (2003), S. 1581.

aber auch dann, wenn dem Gutachter nicht alle für die Bemessung des Zahlungsstroms erforderlichen Informationen vorliegen. Bei der Ermittlung des Zahlungsstroms gilt es nämlich zu beachten, daß der Erbe/Beschenkte dem Gutachter relevante Information verschweigen wird, wenn das zu geringeren in die Bewertung eingehenden Zahlungsüberschüssen führt. Beispielsweise ist es denkbar, daß der Erbe/Beschenkte dem Gutachter nicht mitteilt, daß er als Stammkunde eines Auktionshauses bei einer etwaigen Veräußerung des in Rede stehenden Kunstwerks ein nur sehr geringes Abgeld entrichten müßte, das seinen Veräußerungserlös wiederum steigern würde.

Die voranstehend aufgezeigten Defizite werden abgemildert, wenn man die typisierte Grenzpreisermittlung als „Kann"-Vorschrift kodifiziert.[1] Eine derartige Regelung führt dazu, daß der Erbe/Beschenkte stets dann für eine nichttypisierte investitionstheoretische Wertermittlung plädiert und seinen tatsächlichen Entscheidungswert beziehungsweise die tatsächlichen Bewertungsparameter offenlegt, wenn der typisierte Grenzpreis seinen intern berechneten Grenzpreis überschreitet. Fällt der typisierte Grenzpreis demgegenüber niedriger aus als der des Erben/Beschenkten, wird dieser freilich nicht eingreifen und sich mit der typisierten Wertermittlung zufrieden geben. Letztlich kommt es durch eine optionale Regelung also nur zu solchen Durchbrechungen des Leistungsfähigkeitsprinzips, die sich zu Lasten des Fiskus auswirken. Nach Auffassung der Rechtsprechung und des Schrifttums ist die einseitige Durchbrechung des Leistungsfähigkeitsprinzips zu Gunsten des Steuerpflichtigen jedoch akzeptabel, denn grundsätzlich notwendige Typisierungen dürfen nicht zu einer zu hohen Steuerbemessungsgrundlage führen.[2]

4.2 Der Schiedswert im Pflichtteilsrecht

Der Geldanspruch des Pflichtteilsberechtigten (Pflichtteil) entspricht dem mathematischen Produkt aus der Pflichtteilsquote und dem Nachlaßwert (§ 2303 Abs.1 Satz 2 BGB), der für den Zeitpunkt des Erbfalls (§ 2311 Abs. 1 Satz 1 BGB) zu ermitteln ist. Nach § 2311 Abs. 2 Satz 1 BGB ist der Wert, wenn erforderlich, zu schätzen. Welcher Wert gemeint ist und an welches Verfahren der Wertermittlung der Gesetzgeber denkt, wird nicht konkretisiert. Tatsache ist aber, daß die sich im Nachlaß be-

---

1 Vgl. für eine derartige Argumentation bereits OLBRICH/HARES/PAULY, Erbschaftsteuerreform und Unternehmensbewertung (2010), S. 1253.

2 Vgl. Beschluß des BVerfG vom 07.11.2006, NJW 2007, S. 573, RAUPACH, Erbschaft- und Schenkungsteuer (2007), S. 2041, SEER, Besteuerung nach wirtschaftlicher Leistungsfähigkeit (2009), S. 227 f., OLBRICH/HARES/PAULY, Erbschaftsteuerreform und Unternehmensbewertung (2010), S. 1253.

findlichen Vermögensbestandteile vor diesem Hintergrund individuell bewertet werden müssen, so auch Kunstwerke.

Ebenso wie bei der Erbschaft- und Schenkungsteuerermittlung befürworten die Rechtsprechung und das juristische Schrifttum grundsätzlich den Ansatz des gemeinen Werts für Nachlaßgegenstände,[1] denn es gelte allgemein den Wert zu ermitteln, den der Nachlaßgegenstand in der Hand eines jeden Erben hätte,[2] und es müsse der Pflichtteilsberechtigte wirtschaftlich so gestellt werden, als sei der Nachlaß beim Tod des Erblassers in Geld umgesetzt worden.[3] Sofern ein tatsächlicher Veräußerungserlös durch einen Verkauf des in Rede stehenden Nachlaßgegenstandes unter „regulären" Bedingungen erzielt wurde („späterer Verkaufswert"), determiniere dieser grundsätzlich den Ausgangspunkt der Bewertung.[4]

Darüber hinaus wird für das Pflichtteilsrecht von der Rechtsprechung, unter der Zugrundelegung des Beispiels eines Grundstücks, gefordert, daß – sofern außergewöhnliche Verhältnisse vorlägen, deren Beendigung zum Zeitpunkt der Bewertung ersichtlich seien – der aktuell erzielbare Veräußerungspreis zu Gunsten, aber nicht zu Lasten des Pflichtteilsberechtigten im Sinne eines „wahren, inneren Werts" zu korrigieren sei; das wäre insbesondere dann der Fall, wenn kein funktionstüchtiger Markt, zum Beispiel aufgrund einer Preisbindung, existierte.[5]

Speziell in bezug auf die Bewertung von Kunstwerken wird durch das juristische Schrifttum konstatiert, daß der gemeine Wert im Pflichtteilsrecht ebenso wie im Erbschaft- und Schenkungsteuerrecht als Händlereinkaufspreis zu schätzen sei.[6] Hinsichtlich der Bewertungsmethode wird auch im Pflichtteilsrecht für ein Vergleichswertverfahren plädiert.[7]

---

1 Vgl. für die Rechtsprechung BGH-Urteil vom 30.09.1954, NJW 1954, S. 1764, Urteil des OLG Stuttgart vom 18.01.1967, NJW 1967, S. 2410, BGH-Urteil vom 13.03.1991, NJW-RR 1991, S. 900. Vgl. für das Schrifttum MEINCKE, Nachlaßbewertung im BGB (1973), S. 187, LANGE/KUCHINKE, Erbrecht (2001), S. 899, HAAS, § 2311 (2006), S. 547.

2 Vgl. BGH-Urteil vom 25.03.1954, NJW 1954, S. 1037, Urteil des OLG Düsseldorf vom 11.03.1988, BB 1988, S. 1001.

3 Vgl. BGH-Urteil vom 30.09.1954, NJW 1954, S. 1764.

4 Vgl. BGH-Urteil vom 14.10.1992, NJW-RR 1993, S. 131, BGH-Urteil vom 17.03.1982, NJW 1982, S. 2497, HAAS, § 2311 (2006), S. 555 ff.

5 Vgl. BGH-Urteil vom 25.03.1954, NJW 1954, S. 1037, BGH-Urteil vom 31.05.1965, NJW 1965, S. 1589, BGH-Urteil vom 13.03.1991, NJW-RR 1991, S. 900, HAAS, § 2311 (2006), S. 546. Ferner MEINCKE, Nachlaßbewertung im BGB (1973), S. 161. Kritisch zum Begriff des funktionstüchtigen Markts äußert sich HEUER, Bewertung von Kunstgegenständen (2008), S. 692.

6 Vgl. SCHERER/LEHMANN, Bewertung von Kunstgegenständen (2003), S. 69, HEUER, Bewertung von Kunstgegenständen (2008), S. 692 und 696 f.

7 Vgl. SCHERER/LEHMANN, Bewertung von Kunstgegenständen (2003), S. 69, HEUER, Bewertung von Kunstgegenständen (2008), S. 692 und 696 f. Dem Urteil des OLG Köln vom 5.10.2005,

Im Ergebnis differenzieren sich die geforderten Wertansätze des Erbschaft- und Schenkungsteuerrechts und des Pflichtteilsrechts im wesentlichen also nur dadurch, daß dem Steuerpflichtigen die Maßgabe der vorsichtigen Bewertung zugute kommt und dem Pflichtteilsberechtigten das Konzept des „wahren, inneren Werts".

Auch im Pflichtteilsrecht kann der gemeine Wert, mit Blick auf das Wesen des Sachverhalts, nicht als Wertansatz überzeugen. Dies ist aus den folgenden Gründen der Fall:

1. Der gemeine Wert stellt einen fingierten Veräußerungserlös dar, den ein typisierter Erbe durch den Verkauf an eine fremde dritte Partei wahrscheinlich erzielen würde. In bezug auf die Position des Pflichtteilsberechtigten erscheint in diesem Zusammenhang die Frage gerechtfertigt, in welcher Beziehung dieser zu dem Veräußerungserlös steht, könnte er ihn doch niemals selbst realisieren, zumal der einzige, mit dem er in Verhandlung über eine Geldzahlung treten kann, der bedachte Erbe ist.

2. Die Rechtsprechung betont die Prämisse eines typisierten Erben. Diesbezüglich ist zu konstatieren, daß sich das Kunstwerk nicht in der Hand eines „jeden", sondern in der des „konkreten" Erben im Einzelfall befindet. Es lassen sich infolgedessen berechtigte Zweifel anmelden, ob ein vom persönlichen Entscheidungsfeld des Erben abstrahierender Veräußerungserlös die rechte Ermittlungsbasis für eine Pflichtteilszahlung darstellt. Sachgerechter erscheint eine subjektive Wertermittlung, die sowohl die individuelle Zielsetzung als auch das individuelle Entscheidungsfeld des Erben berücksichtigt.

3. Geradezu diskriminierend wirkt die Befürwortung einer Korrektur des aktuell erzielbaren Veräußerungserlöses zu einem „wahren, inneren Wert" zu Gunsten, aber nicht zu Lasten einer der konfligierenden Parteien, hier des Pflichtteilsberechtigten. Darüber hinaus ist unklar, was unter einem funktionstüchtigen Markt zu verstehen ist und ab wann dieser nicht mehr vorliegt.

4. Die dem gemeinen Wert innewohnende Idee der Liquidation des Nachlaßgegenstands – hier des Kunstwerks – zu einem bestimmten Stichtag schließt die betriebswirtschaftliche Verwertungsmöglichkeit der Fortführung und späteren Veräußerung, wie sie im vorangehenden Abschnitt III.4.1 erläutert wurde, aus, obwohl sie im Einzelfall zu breiteren Zahlungsüberschüssen führen kann. Liegt tatsächlich eine Situation vor, in der der Fortführungswert eines Kunstwerks höher als der Liquidationswert ist, dann konterkariert ein unter der Vorgabe der Liquida-

NJW 2006, S. 625, zufolge genügt für die Schätzung des gemeinen Wertes eines Kunstwerks ein die Art und Weise der Ermittlung des Schätzwerts nicht detailliert erläuterndes Gutachten eines renommierten Auktionshauses dem Bewertungsanspruch des Pflichtteilsberechtigten gemäß § 2314 BGB.

tion berechneter Pflichtteil das ökonomische Rationalprinzip und damit einen gerechten vermögensbezogenen Ausgleich.

Die dargestellten Defizite des gemeinen Werts können durch die Verwendung des investitionstheoretischen Entscheidungswerts vermieden werden, denn dessen Ermittlung setzt an der sich im Pflichtteilsrecht tatsächlich stellenden Konfliktsituation zwischen dem Erben und dem Pflichtteilsberechtigten an und konzentriert sich auf die aus dem Kunstwerk resultierenden zukünftigen Zahlungsüberschüsse, die dem Pflichtteilsberechtigten entgehen und dem Erben zugute kommen. Die verschiedenen Ausgestaltungen denkbarer Konfliktsituationen im Pflichtteilsrecht wurden bereits in Abschnitt III.2.3.4.2 charakterisiert. Legt man hier vereinfachend den Fall zugrunde, daß nur ein Erbe in Verhandlung mit nur einem Pflichtteilsberechtigten in bezug auf nur ein Kunstwerk steht, so handelt es sich, nachdem der Erbe die Erbschaft angenommen hat, um eine dominierte, eindimensionale, disjungierte, limitierte Konfliktsituation vom Typ Kauf/Verkauf. Hierbei nimmt der Erbe die Position des Erwerbers ein, der dem Pflichtteilsberechtigten als Verkäufer dessen per Gesetz eingeräumten Mindestanteil an dem sich im Nachlaß befindenden Kunstwerk ausgleichen muß und damit dessen Anrecht auf einen Teil der aus dem Kunstwerk resultierenden zukünftigen Zahlungsüberschüsse.

Unter den gegebenen Voraussetzungen ist es die Aufgabe eines gerichtlichen Gutachters, einen zwischen den Parteien vermittelnden Schiedswert auszumachen, der einen gerechten Ausgleich der gegenseitigen Interessen der Verhandlungsparteien gewährleistet.[1] Die Bewertung im Pflichtteilsrecht dient somit der Vermittlungsfunktion. Hierfür muß der Gutachter zunächst die Konzessionsgrenzen der konfligierenden Parteien festlegen, indem er unter Beachtung der einem Bewertungssubjekt zufließenden Zahlungsüberschüsse und des diesem darüber hinaus zugrunde liegenden subjektiven Entscheidungsfelds einen Grenzpreis herausarbeitet. Für den Pflichtteilsberechtigten besteht keine Notwendigkeit, einen Grenzpreis zu ermitteln, denn er hat das Kunstwerk niemals besessen und wird auch zukünftig keine Einflußmöglichkeiten auf die mit diesem in Verbindung stehenden Zahlungsüberschüsse haben.[2] Wird das Kunstwerk aber niemals Teil des Portefeuilles des Pflichtteilsberechtigten und bleibt folglich ein daraus resultierender finanzieller Nutzen aus, so ist auch kein Entscheidungswert zu ermitteln, der diesen Nutzen bemißt. Dieser Sachverhalt zeitigt ein wichtiges Ergebnis für die Schiedswertfindung: Existiert für den Pflichtteilsberechtigten kein Grenzpreis, dann muß der Schiedswert dem Grenzpreis des Erben entsprechen.

---

1 Vgl. bereits SCHLAX, Zugewinnausgleich und Pflichtteil (1986), S. 148.

2 Vgl., auch im folgenden, SCHLAX, Zugewinnausgleich und Pflichtteil (1986), S. 149 und 167.

Wie der Fiskus bei der Ermittlung der Bemessungsgrundlage für die Erbschaft- und Schenkungsteuer sieht sich auch der vor dem Hintergrund des Pflichtteilsrechts bewertende Gutachter mit Praktikabilitätsproblemen bei der Ermittlung des Grenzpreises des Erben konfrontiert. Diese sind ebenfalls auf den gefilterten beziehungsweise manipulierten Informationsfluß – insbesondere hinsichtlich des wahren Entscheidungswerts selbst und der in die Bewertung eingehenden Größen – bei der Verständigung mit dem Erben zurückzuführen. Der Gutachter muß nämlich davon ausgehen, daß der Erbe ihm Argumentationswerte präsentiert, um eine möglichst geringe Ausgleichszahlung leisten zu müssen.

Im Ergebnis ist auch im Pflichtteilsrecht die Eruierung eines *typisierten Grenzpreises* erforderlich. Denn der Gutachter muß den genannten Praktikabilitätsproblemen durch eine Einschränkung des Argumentationsspielraums des Erben Herr werden und durch den von ihm festgelegten Wert für einen gerechten vermögensbezogenen Ausgleich sorgen. Er sollte folgendes beachten:

1. *Prämisse der finanziellen Zielsetzung*: Der Gutachter muß bei seiner Bewertung von einer finanziellen Zielsetzung ausgehen. Das gilt auch, wenn für den Erben der Preis, den er für das Kunstwerk entrichten würde, ausschließlich von nichtfinanziellen Nutzenbestandteilen abhängig wäre.[1] Die Begründung hierfür besteht darin, daß es Zweck des Pflichtteilsrechts ist, einen vermögensbezogenen Ausgleich zu schaffen. Das ist aber nur dann zu gewährleisten, wenn man die Bewertung auf finanzielle Nutzenbestandteile beschränkt.

2. *Verwendung des Zukunftserfolgswertverfahrens*: Da der Gutachter davon ausgehen muß, daß der Erbe ihm nicht die erforderlichen und richtigen Informationen über sein Entscheidungsfeld zur Verfügung stellt, die für die Verwendung eines investitionstheoretischen Totalmodells vonnöten sind, sollte er sich – auch aus Gründen der Komplexitätsreduktion – auf das Partialmodell Zukunftserfolgswertverfahren konzentrieren.

3. *Prämisse der gewinnmaximalen Verwertungsstrategie*: Der Gutachter muß seiner Bewertung die gewinnmaximale Verwertungsstrategie zugrunde legen, denn es ist dem Pflichtteilsberechtigten gegenüber zu gewährleisten, daß der Erbe sich rational verhält. Nur auf diese Weise kann ein gerechter vermögensbezogener Ausgleich erfolgen. Irrationales Verhalten in bezug auf die finanzielle Zielsetzung verstößt gegen das ökonomische Rationalprinzip und ist persönlicher Luxus, unter dem der Pflichtteilsberechtigte nicht leiden darf.[2]

---

1 Vgl. SCHLAX, Zugewinnausgleich und Pflichtteil (1986), S. 113, BRAUNHOFER, Bemessung von Ausgleichsansprüchen (1995), S. 155 f., OLBRICH, Unternehmungsbewertung bei Scheidung (2005), S. 420, letzterer für den Fall des Zugewinnausgleichs.

2 Vgl. hierzu vor dem Hintergrund des Zugewinnausgleichs OLBRICH, Unternehmensbewertung beim Zugewinnausgleich (1982), S. 248, PILTZ/WISSMANN, Unternehmensbewertung beim Zu-

4. *Typisierung des endogenen Grenzzinses*: Der Diskontsatz erfordert aus Gründen fehlender und/oder manipulierter Informationen eine Typisierung. Vereinfachend könnte der Gutachter einen „landesüblichen Zinssatz“ für die Bewertung heranziehen.

5. *Offenlegung der Unsicherheit*: Hierzu gelten die Ausführungen des vorangehenden Abschnitts III.4.1.

Indes ist zu konstatieren, daß die typisierte investitionstheoretische Wertermittlung regelmäßig Restargumentationsspielräume hinterläßt und die Möglichkeit zur Verletzung des Ziels der Gewährleistung eines gerechten vermögensbezogenen Ausgleichs einräumt, sobald dem Gutachter nicht sämtliche den Zahlungsstrom tangierenden Informationen zur Verfügung stehen (vgl. in diesem Zusammenhang das in Abschnitt III.4.1 genannte Beispiel) und/oder der verwendete landesübliche Zinssatz vom endogenen Grenzzins des Erben abweicht. Sofern im Einzelfall jedoch davon auszugehen ist, daß der ermittelte Wert eine angemessene Annäherung an den tatsächlichen Entscheidungswert darstellt, überwiegen die Vorteile einer typisierten Wertermittlung die Kosten einer durch sie hervorgerufenen Verletzung.

4.3 Der Schiedswert im Zugewinnausgleich

Analog zur Gesetzeslage der Pflichtteilsbewertung fehlt es auch für die Bewertung im Zugewinnausgleich – mit der Ausnahme der Vorgaben für land- und forstwirtschaftliche Betriebe durch § 1376 Abs. 4 BGB – an einer gesetzlichen Spezifizierung notwendiger Wertansätze. Hieraus resultiert eine Schrifttumsdiskussion über den adäquaten Wertansatz, gemäß der die herrschende Meinung der Auffassung ist, daß die Adjektive „voll“, „wahr“, „wirklich“ und „objektiv“ Attribute beschreiben, welche übergreifend maßgeblich beziehungsweise grob richtungweisend für den konkret zu ermittelnden Wert seien.[1] So charakterisiert etwa LANGE das soeben formulierte abstrakte Wertverständnis als eines, das „nicht positiv einen festen, abstrakten Maßstab“ vorgäbe, sondern vielmehr als eines, daß das Wertverständnis anderer Rechtsbereiche ausschlösse. Er bezieht sich hier insbesondere auf steuerliche Einheitswerte oder Buchwerte, die „Unterbewertungen“ darstellen könnten (stille Reserven) und deshalb ungeeignet seien. Der Wert (vorgeschlagen werden Veräußerungspreise, Wiederbeschaffungspreise und Ertragswerte) richte sich, so beispielsweise

gewinnausgleich (1985), S. 2679, OLBRICH, Unternehmungsbewertung bei Scheidung (2005), S. 420.

1 Vgl., auch im folgenden, RITTNER, Zugewinnausgleich (1961), S. 514, GERNHUBER, § 1376 (1989), S. 421 f., LANGE, § 1376 (1988), S. 251, BAUMEISTER, § 1376 (1992), S. 90 f., JAEGER, § 1376 (1998), S. 196 f. und SCHWAB, Zugewinnausgleich (2004), S. 1593 ff.

BAUMEISTER, nach der „Eigenart des zu bewertenden Gegenstandes“ oder, so wiederum LANGE, „nach dem wirtschaftlichen Zweck des Vermögensgutes“. SCHWAB betont, daß „auf die konkrete Situation abzustellen [sei], in der sich der [ausgleichspflichtige] Ehegatte befinde“.[1] In vielen Fällen zu ermitteln sei, so der häufige Vorschlag, der Verkehrswert (gemeine Wert), wenngleich er, die vorstehenden Aussagen berücksichtigend, vielfach auch nicht zum Zuge komme. Ein Konsens herrscht in bezug darauf, daß das Konzept des „wahren, inneren Wertes“ aus dem Pflichtteilsrecht anzuwenden sei. Zusammenfassend läßt sich somit sagen, daß im Schrifttum zumindest das grundsätzlich zu begrüßende Bestreben zu erkennen ist, einen Wertansatz zu finden, der eine Bewertung sowohl an der Eigenart des Bewertungsobjekts als auch an der des besitzenden Ehegatten orientiert.

Derweil ist die Ausfüllung dieses abstrakten Wertbegriffs strittig, was die Bewertung von Kunstwerken angeht, und teilt das Schrifttum in zwei Lager. Dabei spricht sich die eine Seite für den Ansatz eines Wiederbeschaffungspreises (zzgl. eines Abnutzungsabschlags) aus,[2] während die andere Seite für den gemeinen Wert plädiert.[3] Die durch das juristische Schrifttum empfohlenen Wertansätze für Kunstwerke können jedoch nicht überzeugen: Ein Wiederbeschaffungspreis ist für die Wertermittlung eines Kunstwerks nicht zu gebrauchen, denn das Entgelt bei Neubeschaffung entspricht regelmäßig nicht – und wenn, dann nur zufällig – dem Wert beziehungsweise Nutzen eines Kunstwerks, der sich aus den zukünftigen Zahlungsüberschüssen generiert. Hinsichtlich des gemeinen Werts findet grundsätzlich die Kritik des vorangehenden Abschnitts Anwendung, die dort dem im Pflichtteilsrecht vorgeschlagenen Wertansatz galt.

Analog zur Pflichtteilsproblematik empfiehlt es sich auch beim Zugewinnausgleich, entgegen der Lösungsvorschläge des Schrifttums, den Wert eines Kunstwerks auf investitionstheoretischem Wege festzustellen, denn der Bewertung im Zugewinnaus-

---

1 Mit der Situation des ausgleichspflichtigen Ehegatten sind vor allem Finanzierungsprobleme gemeint. Müsse der Ausgleichspflichtige, so die einhellige Meinung, Gegenstände „versilbern“, um der Ausgleichsforderung nachzukommen, sei immer der Veräußerungswert anzusetzen. Vgl. beispielsweise RITTNER, Zugewinnausgleich (1961), S. 514, GERNHUBER, § 1376 (1989), S. 421 f., LANGE, § 1376 (1989), S. 251. Dieser Ansicht kann hier nicht gefolgt werden, denn hierdurch werden das Bewertungs- und das Finanzierungsproblem simultan abgehandelt, obwohl eine sequentielle Betrachtung erforderlich ist. Dies ist deshalb so, weil vor dem Abschluß der Bewertung noch nicht klar ist, wer der Ausgleichspflichtige sein wird. Der simultane Ansatz kann darüber hinaus zu grob falschen Ergebnissen führen. Vgl. ausführlich OLBRICH, Unternehmungsbewertung bei Scheidung (2005), S. 421 f.

2 Vgl. beispielsweise, HERRMANN, Vermögensbewertung beim Zugewinnausgleich (1976), S. 115 f., LANGE, § 1376 (1989), S. 253.

3 Vgl. GERNHUBER, § 1376 (1989), S. 425, BAUMEISTER, § 1376 (1992), S. 94, BOOCHS/ GANTEFÜHRER, Kunstbesitz im Zivil- und Steuerrecht (1992), S. 111, JAEGER, § 1376 (1998), S. 198, SCHWAB, Zugewinnausgleich (2004), S. 1599, HEUER, Bewertung von Kunstgegenständen (2008), S. 692.

gleich muß die Auseinandersetzung zwischen Kunstsammlergatten und Nichtkunstsammlergatten über die mit dem Kunstwerk in Verbindung stehenden zukünftigen Zahlungsüberschüsse des Kunstwerks zugrunde liegen. Von den beiden in Abschnitt III.2.3.4.3 vorgestellten Konfliktsituationen des Zugewinnausgleichs sei hier vereinfachend jene betrachtet, bei der der Kunstsammlergatte mit dem Nichtkunstsammlergatten in bezug auf nur ein Kunstwerk verhandelt. Es liegt somit eine nichtdominierte (wenn der Kunstsammlergatte die Scheidung einreicht) oder dominierte (wenn der Nichtkunstsammlergatte die Scheidung einreicht), eindimensionale, disjungierte, limitierte Konfliktsituation vom Typ Kauf/Verkauf vor. Hierbei nimmt der Kunstsammlergatte die Position des Erwerbers ein, der dem Nichtkunstsammlergatten die rechtlich eingeräumte Beteiligung an den zukünftigen Zahlungsüberschüssen des sich in seinem Vermögen befindenden Kunstwerks ausgleichen muß.

Es ist dann – ebenfalls analog zum Pflichtteilsrecht – die Aufgabe eines gerichtlichen Gutachters, zwischen den Parteien zu vermitteln, um zu einem Schiedswert zu gelangen, der einen gegenseitigen Interessenausgleich gewährleistet.[1] Folglich ist auch im Zugewinn der Schiedswert das Bewertungsziel, das voraussetzt, daß der Gutachter zuvor die Grenzpreise beider Parteien ermittelt. Da es der Nichtkunstsammlergatte im Gegensatz zum Kunstsammlergatten nicht vermag, über das Schicksal des Kunstwerks zu bestimmen, sieht man einmal von den Verfügungsbeschränkungen gemäß den §§ 1365 und 1369 BGB ab,[2] und ihm darüber hinaus auch keine Zahlungsüberschüsse aus dem Kunstwerk zufließen, ist es nicht möglich, seinen Grenzpreis zu bestimmen. Folglich muß sich die Bewertung am Grenzpreis des Kunstsammlergatten orientieren.

Anders als im Erbschaft- und Schenkungsteuerrecht oder im Pflichtteilsrecht ist die Informationsasymmetrie zwischen dem Kunstsammlergatten und dem Gutachter im Zugewinnausgleich weniger stark ausgeprägt. Ursache hierfür ist die Offenlegung der Vermögensverhältnisse beider Ehegatten zum Zwecke der Berechnung des Zugewinns, denn sie verengt den Argumentationsspielraum des Kunstsammlergatten und reduziert damit die Praktikabilitätsproblematik. Demnach ist es erforderlich, einen *typisierten Grenzpreis* zu berechnen. Bei der Berechnung muß der Gutachter das Folgende beachten:

---

1 Vgl. SCHLAX, Zugewinnausgleich und Pflichtteil (1986), S. 134, PILTZ/WISSMANN, Unternehmensbewertung beim Zugewinnausgleich (1985), S. 2675, MEYER, Unternehmensbewertung im Zugewinnausgleich (1996), S. 77.

2 Vgl., auch im folgenden, SCHLAX, Zugewinnausgleich und Pflichtteil (1986), S. 134 f., OLBRICH, Unternehmungsbewertung bei Scheidung (2005), S. 419.

1. *Prämisse der finanziellen Zielsetzung*: Nichtfinanzielle Nutzenbestandteile finden keinen Eingang in die Bewertung.[1] Die Begründung hierfür besteht darin, daß es das Ziel des Zugewinnausgleichs ist, die während der Ehe gemeinsam geschaffenen Vermögenszuwächse aufzuteilen. Hierfür muß sich die Bewertung ausschließlich auf finanzielle Nutzenbestandteile beziehen.

2. *Schätzung des endogenen Grenzzinses*: Die Offenlegung der Vermögensverhältnisse versetzt den Gutachter in die Lage, eine Schätzung des endogenen Grenzzinses des Kunstsammlergatten vorzunehmen. Möglich ist es somit in Erfahrung zu bringen, ob der endogene Grenzzins des Kunstsammlers dem Soll- oder Habenzins entspricht.

3. *Verwendung des Zukunftserfolgswertverfahrens*: Für den Gutachter besteht zwar unter Umständen die Möglichkeit der Verwendung eines Totalmodells, da er über sämtliche Vermögensverhältnisse des Kunstsammlergatten informiert ist, es empfiehlt sich aber aus Gründen der Komplexitätsreduktion auf das „einfachere" Zukunftserfolgswertverfahren zurückzugreifen, zumal der endogene Grenzzins häufig, wie in Punkt 2 geschildert, bekannt sein wird.

4. *Prämisse der gewinnmaximalen Verwertungsstrategie*: Es ist der Grenzpreisermittlung jene Verwertungsstrategie zugrunde zu legen, die betriebswirtschaftlich rational im Sinne einer Gewinnmaximierung ist, denn der Nichtkunstsammlergatte darf nicht darunter leiden, daß sich der Kunstsammlergatte tatsächlich nicht rational verhält. Das Zugrundelegen eines derartigen irrationalen Verhaltens konterkariert das Ziel des Zugewinnausgleichs, die während der Ehe gemeinsam geschaffenen Vermögenszuwächse gerecht aufzuteilen, indem es gegen das ökonomische Rationalprinzip verstößt.[2]

5. *Offenlegung der Unsicherheit*: Hier gelten entsprechend die Ausführungen des Abschnitts III.4.1.

Trotz der Offenlegung der Vermögensverhältnisse im Zugewinnausgleich verbleiben dem Kunstsammlergatten noch Argumentationsspielräume, die sich, wie bereits in den Abschnitten über die Wertermittlungen im Erbschaft- und Schenkungsteuerrecht und im Pflichtteilsrecht dargelegt, auf den Zahlungsstrom konzentrieren, denn der Kunstsammlergatte wird versuchen, die Höhe der Ausgleichszahlung zu verringern, indem er gewisse Informationen aus seinem Entscheidungsfeld zurückhält (vgl. in

---

[1] Vgl. SCHLAX, Zugewinnausgleich und Pflichtteil (1986), S. 113, BRAUNHOFER, Bemessung von Ausgleichsansprüchen (1995), S. 155 f., OLBRICH, Unternehmungsbewertung bei Scheidung (2005), S. 420.

[2] Vgl. OLBRICH, Unternehmensbewertung beim Zugewinnausgleich (1982), S. 248, PILTZ/ WISSMANN, Unternehmensbewertung beim Zugewinnausgleich (1985), S. 2679, OLBRICH, Unternehmungsbewertung bei Scheidung (2005), S. 420.

diesem Zusammenhang das Beispiel in Abschnitt III.4.1). Sofern im Einzelfall davon ausgegangen werden kann, daß der typisierte Wert trotzdem eine zufriedenstellende Annäherung an den tatsächlichen Grenzpreis darstellt, können derartige Argumentationsspielräume vernachlässigt werden.

Ein Kunstwerk, über das im Rahmen einer Ehescheidung befunden wird, muß nicht zwangsläufig Gegenstand des Zugewinnausgleichs werden. Möglich ist auch, daß es Gegenstand des *Verfahrens auf Überlassung von Haushaltgegenständen nach § 1568b BGB* wird, wenn es einen Haushaltgegenstand darstellt. Es bleibt dann zu klären, in welchen Fällen ein Kunstwerk, das gleichzeitig als Kapitalanlage fungiert, ein Haushaltgegenstand sein kann:[1] Die Rechtsprechung hat dort die Hausratsfunktion ausgeschlossen, wo ein Kunstwerk ausschließlich der Vermögensanlage wegen angeschafft wurde, also mit der Absicht der Befriedigung einer finanziellen Zielsetzung. Demgegenüber erschließt sich seine Zuordnung zum Hausrat aus unterschiedlichen Kriterien, zu denen die grundsätzliche Eignung zum Haushaltgegenstand, die tatsächliche Verwendung in dieser Funktion sowie die Plausibilität einer solchen Verwendung vor dem Hintergrund des Lebenszuschnitts der Ehegatten zählt. Sind diese Kriterien erfüllt, können auch solche Kunstwerke als Haushaltsgegenstände fungieren, die grundsätzlich Kapitalanlagen darstellen.

Kommt es im konkreten Fall tatsächlich dazu, daß ein Kunstwerk dem Hausrat zuzuordnen ist, sind zwei Szenarien denkbar: Einerseits kann es im Miteigentum beider Ehegatten stehen, andererseits kann es dem Hausrat angehören, gleichzeitig aber einem Ehegatten alleine gehören. Im ersten Fall unterliegt das Kunstwerk einer Verteilung des oben genannten Verfahrens gemäß § 1568b BGB, es unterliegt jedoch nicht dem Zugewinnausgleich.[2] Ergibt sich das zweite Szenario, ist das Kunstwerk im Zugewinnausgleich zu berücksichtigen.[3] Abbildung 15 faßt die Behandlung des Kunstwerks bei der Ehescheidung graphisch zusammen.

---

[1] Vgl., auch im folgenden, BGH-Urteil vom 14.03.1984, NJW 1984, S. 1758, Urteil des OLG Bamberg vom 01.07.1996, NJW-RR, S. 1413.

[2] Entscheidend ist, daß das Kunstwerk gemeinsames Eigentum der Ehegatten geworden war. Offensichtlich ist der gemeinsame Kauf, § 1008 BGB. Daneben existiert, insbesondere auf die Beschaffung von gemeinsamem Hausrat abzielend, der Erwerb durch die jedem Gatten kraft § 1357 BGB verliehene Schlüsselgewalt. Danach kann ein jeder Ehegatte Geschäfte besorgen, die auch den anderen berechtigen oder verpflichten (§ 1357 Abs. 1 Satz 2 BGB). Diese Regelung erstreckt sich auf solche Geschäfte, die der angemessenen Deckung des Lebensbedarfs dienen (§ 1357 Abs. 1 Satz 1 BGB). In Abhängigkeit vom Lebenszuschnitt der Ehegatten kann hiermit auch der Ankauf von Kunstwerken gemeint sein. Vgl. BOOCHS/GANTEFÜHRER, Kunstbesitz im Zivil- und Steuerrecht (1992), S. 108 f. und 113 f., PICKER, Kunstgegenstände & Antiquitäten (2000), S. 354 f.

[3] Vgl. SCHLÜTER, BGB-Familienrecht (2009), S. 68 f., BRUDERMÜLLER, § 1372 (2010), S. 1724, BRUDERMÜLLER, § 1375 (2010), S. 1729.

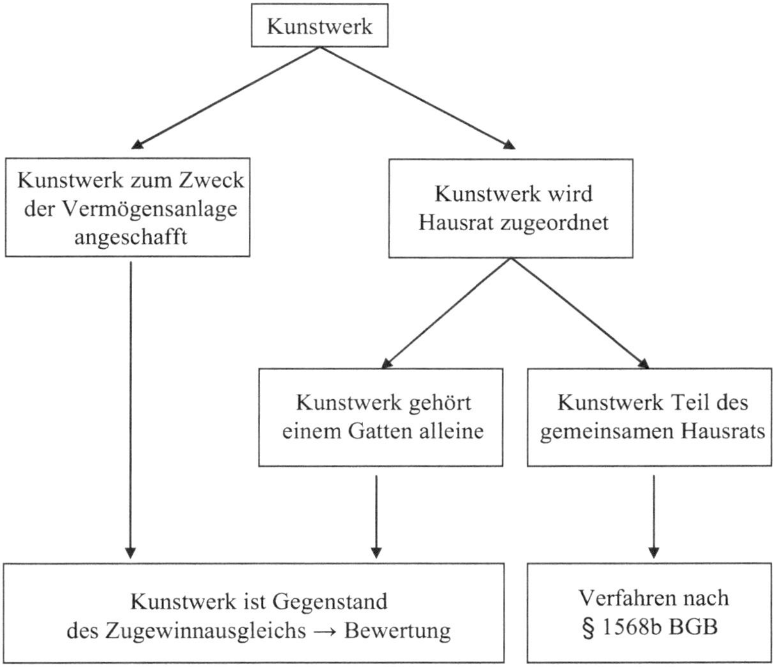

Abbildung 15: Die Behandlung des Kunstwerks bei der Ehescheidung

IV. Investitionstheoretische Modellierung in ausgesuchten Spezialfällen

1. Entscheidungswertermittlung höherer Komplexität

1.1 Der Erwerb eines Kunstwerks unter Berücksichtigung einer Rückkaufvereinbarung

Befindet sich der Kunstsammler in einer mehrdimensionalen Konfliktsituation, dann besteht die Notwendigkeit der Ermittlung eines *bedingten Grenzpreises* als Komponente eines *mehrdimensionalen Entscheidungswerts*.[1] Der Grenzpreis, verstanden als Extension des konfliktlösungsrelevanten Sachverhalts „Höhe des Preises", ergibt sich in einer derartigen Konfliktsituation nur in Abhängigkeit von den Extensionen der verbleibenden Einigungsdimension(en). Erfordert die erfolgreiche Verhandlung über die Eigentumsübertragung an einem Kunstwerk etwa eine Einigung auf Ausprägungen für n konfliktlösungsrelevante Sachverhalte, dann läßt sich die „Konzessionsgrenze in bezug auf den n-ten Sachverhalt dadurch bestimmen [...], daß man hinsichtlich der (n-1) anderen Sachverhalte eine bestimmte Konstellation vorgibt"[2].

Im Zuge des Erwerbs eines Kunstwerks von einem Galeristen oder Kunsthändler (im folgenden wird nur noch von Kunsthändler gesprochen) kann der Fall eintreten, daß neben der Höhe des Preises auch eine mögliche Rückkaufvereinbarung Gegenstand der Verhandlung ist, die die zweite Einigungsdimension darstellt. Die denkbaren Ausgestaltungen einer Rückkaufvereinbarung zwischen dem Kunstsammler und seinem Verhandlungspartner stellen die Extensionen dieser Einigungsbedingung dar. Es ist folglich ein zweidimensionaler Entscheidungswert zu ermitteln.

Rückkaufvereinbarungen[3] können verkaufsfördernd wirken, wenn sie dem Kunstsammler die zukünftige Veräußerung eines Kunstwerks zu bestimmten Bedingungen ermöglichen. Darüber hinaus dienen sie dem Kunsthändler als Kontrollinstrument über die Vermarktung der Produktion des von ihm vertretenen Künstlers. Insbesonde-

---

[1] Zur Ermittlung mehrdimensionaler Entscheidungswerte vgl. MATSCHKE, Entscheidungswert (1975), S. 356-386, MATSCHKE, Ermittlung mehrdimensionaler Entscheidungswerte (1993), OLBRICH, Unternehmungswert (1999), S. 177-182, BRÖSEL, Medienrechtsbewertung (2002), S. 143-147, OLBRICH, Bewertung von Akquisitionsobjekten (2002), S. 167-169, HERING, Unternehmensbewertung (2006), S. 132 ff., MATSCHKE/BRÖSEL, Unternehmensbewertung (2007), S. 153-160.

[2] MATSCHKE, Ermittlung mehrdimensionaler Entscheidungswerte (1993), S. 17.

[3] Vgl. zur Rückkaufvereinbarung eingehend LINDEMANN, Collecting Contemporary (2006), S. 13 f., 37, 57, 69 und 110 f.

re bei jungen Künstlern, deren Markt sich noch in der Entwicklung befindet, hat er ein Interesse daran, die Preise für die Produktion der Künstler soweit wie möglich zu kontrollieren. Durch eine Rückkaufvereinbarung kann der Kunsthändler – zumindest bis zu einem gewissen Grad – vermeiden, daß Exponate seiner Künstler auf dem Sekundärmarkt versteigert werden, bevor sich ein ausreichend breiter Kreis von Kunstsammlern etabliert und ein stabiles Preisgefüge entwickelt hat.[1] Zudem besteht für ihn die Möglichkeit, weitestgehend sicherzustellen, daß alle Weiterverkäufe durch seine Unternehmung abgewickelt werden und er infolgedessen wirtschaftlich profitiert, vor allem aber kontrollieren kann, in welche Sammlungen die Kunstwerke gelangen. Die Rückkaufvereinbarung fungiert folglich als Instrument der Absatzwirtschaft in doppelter Hinsicht. Je nachdem, ob der Kunsthändler eine verkaufsfördernde Maßnahme bezwecken oder ein Kontrollinstrument durchsetzen möchte, kann die Rückkaufvereinbarung in unterschiedlicher Weise ausgestaltet sein. Grundsätzlich sind drei Varianten denkbar:

1. Eher den Charakter des Vorkaufsrechts haben Rückkaufvereinbarungen, bei denen zwar nicht ein Preis in bestimmter Höhe garantiert wird, der Kunsthändler aber sicherstellen möchte, über zukünftige Veräußerungsabsichten des Kunstsammlers in Kenntnis gesetzt zu werden, um als erster ein Angebot unterbreiten zu können. Eine so ausgestaltete Rückkaufvereinbarung birgt ausschließlich den Charakter eines Kontrollinstruments.

2. Im Gegensatz dazu kann die Rückkaufvereinbarung zusätzlich auch eine konkrete Aussage hinsichtlich des Preises beinhalten, bei der der Kunsthändler dem Kunstsammler fest zusagt, daß er das in Rede stehende Kunstwerk zu gegebener Zeit für einen bereits heute vertraglich fixierten Preis zurückkaufen wird. In einem solchen Fall wird der Kunsthändler allerdings sicherstellen wollen, die Vereinbarung nur dann umsetzen zu müssen, wenn der Kunstsammler den Erhaltungszustand des Kunstwerks nicht maßgeblich abwertend verändert hat, weshalb es erforderlich werden kann, daß eine Zustandsdokumentation angefertigt wird, wie sie auch aus Versicherungsgründen regelmäßig erstellt werden muß. Die Zusicherung eines Preises verleiht der Rückkaufvereinbarung den Charakter einer Garantie, wodurch sie sich als Mischform zwischen Kontrollinstrument und verkaufsfördernder Maßnahme darstellt. Aus der Praxis sind Fälle bekannt, in denen eine derartige *Preisgarantie* dem (Netto-)Kaufpreis entspricht. Darüber hinaus sind manche Kunsthändler nach einiger Zeit dazu bereit, von der ursprünglichen Preisgarantie Abstand zu nehmen, um über einen neuen Ankaufspreis zu verhandeln, der gegenüber der ursprünglichen Preisgarantie noch einen Aufschlag beinhaltet.

---

[1] Werden die Werke junger Künstler zu früh auf Auktionen versteigert, besteht die Möglichkeit, daß sie dort überhaupt nicht oder nur zu niedrigen Preisen zugeschlagen werden, was der Reputation abträglich wirkt. Demgegenüber können auch sehr hohe Preise den Künstler unter Druck setzen, wenn er diese in Zukunft nicht mehr erreichen kann.

3. Letztlich kann die Rückkaufvereinbarung ausschließlich als Instrument der Verkaufsförderung konzipiert sein, sofern der Händler nicht verlangt, daß ihm die Möglichkeit des ersten Erwerbs eingeräumt wird und er trotzdem einen Preis garantiert, freilich auch in diesem Fall nur unter Vorbehalt hinsichtlich des Erhaltungszustands.

Für den betriebswirtschaftlichen Kalkül des Kunstsammlers erweist sich die erste der beschriebenen Rückkaufvereinbarungsvarianten grundsätzlich als irrelevant.[1] Ob der Kunsthändler die Übereignung des Kunstwerks von der Möglichkeit des ersten Wiedererwerbs abhängig macht oder nicht, spielt für den Grenzpreis des Kunstsammlers nur dann eine Rolle, wenn der Kunsthändler von ihm fordern könnte, das Kunstwerk exklusiv nur an ihn zu verkaufen. Auswirkungen auf das Entscheidungsfeld und den Grenzpreis des Kunstsammlers sind demgegenüber im Grundsatz erst dann zu konstatieren, wenn die zwischen den Konfliktparteien vereinbarte Rückkaufvereinbarung eine Preisgarantie vorsieht, was aber nur für die beiden letztgenannten, oben dargestellten Varianten zutrifft. Vereinbaren die Konfliktparteien eine Preisgarantie, dann ergibt sich die Konzessionsgrenze des Kunstsammlers als bedingter Grenzpreis. Der zweite konfliktlösungsrelevante Sachverhalt der hier betrachteten zweidimensionalen Konfliktsituation ist daher die „Höhe der Preisgarantie“. Der Entscheidungswert setzt sich folglich aus der Kombination von Extensionen der beiden betrachteten konfliktlösungsrelevanten Sachverhalte „Höhe des Preises“ und „Höhe der Preisgarantie“ zusammen.

In Abhängigkeit davon, auf welche Preisgarantie sich die Konfliktparteien einigen, kann sich der Grenzpreis des Kunstsammlers verändern. Bei der Ermittlung eines bedingten Grenzpreises in einer nichtdominierten, disjungierten, mehrdimensionalen Konfliktsituation vom Typ Kauf/Verkauf mit den konfliktlösungsrelevanten Sachverhalten „Höhe des Preises“ und „Höhe der Preisgarantie“, wobei für die Preisgarantie eine bestimmte Höhe (Extension) unterstellt wird, ist im theoretischen Sicherheitsfall wie folgt vorzugehen: Ist die Preisgarantie niedriger als der unter Sicherheit zu erzielende Veräußerungserlös, dann ist der bedingte Grenzpreis unter Annahme des Veräußerungserlöses zu ermitteln. Ist die Preisgarantie höher als der unter Sicherheit erzielbare Veräußerungserlös, dann ist die Preisgarantie an dessen Stelle im Zahlungsstrom zu berücksichtigen und zu diskontieren.

---

[1] Kommt es zukünftig tatsächlich zur Veräußerung des Kunstwerks durch den Kunstsammler und lehnt dieser dann das Preisangebot des Kunsthändlers aus betriebswirtschaftlichen Gründen ab, kann das die geschäftliche Beziehung der beiden Parteien belasten und sich auf nachfolgende Geschäfte auswirken.

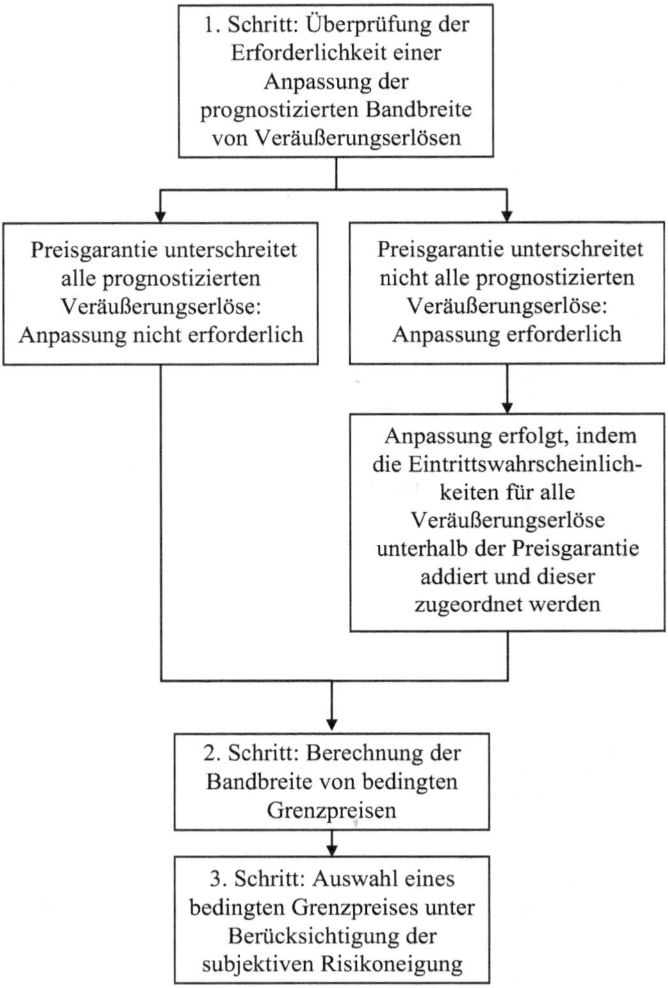

Abbildung 16: Die Auswahl des bedingten Grenzpreises unter Berücksichtigung einer Preisgarantie

Im der Realität entsprechenden Unsicherheitsfall sind demgegenüber drei Schritte erforderlich, wobei im ersten Schritt zu überprüfen ist, ob eine Anpassung der prognostizierten Bandbreite von Veräußerungserlösen erforderlich ist. Eine Anpassung ist – analog zum Sicherheitsfall – nicht erforderlich, wenn die betrachtete Preisgarantie alle prognostizierten Veräußerungserlöse unterschreitet. In allen anderen Fällen wird eine Anpassung erforderlich. Vollzieht der Kunstsammler die Offenlegung der Unsicherheit unter Verwendung der Sensitivitätsanalyse der zweiten Art, dann resultiert eine Modifikation all jener Szenarien, die einen Veräußerungserlös beinhalten, der niedriger als die Preisgarantie ist. Verwendet der Kunstsammler zur Unsicherheitsdarstellung dagegen die simulative Risikoanalyse, betrifft die Anpassung die von ihm unterstellte Wahrscheinlichkeitsverteilung des Veräußerungserlöses. Die Anpassung erfolgt, indem die Eintrittswahrscheinlichkeiten für alle Veräußerungserlöse, die unterhalb der Preisgarantie angesiedelt sind, addiert und der Preisgarantie zugeordnet werden. Im Ausartungsfall, nämlich dann, wenn die Preisgarantie größer als der maximale Veräußerungserlös ist, verdichtet sich die Verteilung der Veräußerungserlöse auf einen Punktwert.

Unter Berücksichtigung der angepaßten beziehungsweise nichtangepaßten Bandbreiten von Veräußerungserlösen ist dann im zweiten Schritt eine Bandbreite von bedingten Grenzpreisen zu berechnen. Im dritten Schritt wählt der Kunstsammler, im Sinne einer freien unternehmerischen Entscheidung und unter Berücksichtigung seiner subjektiven Risikoneigung, einen bedingten Grenzpreis aus der Bandbreite aus. Abbildung 16 faßt die Schritte der Ermittlung des bedingten Grenzpreises unter Berücksichtigung einer Rückkaufvereinbarung mit Preisgarantie unter Unsicherheit zusammen. Es konnte hierbei gezeigt werden, daß die Ermittlung des bedingten Grenzpreises im dritten Schritt letztendlich eine unternehmerische Entscheidung darstellt, die durch kein formallogisches Konzept erfaßt werden kann. Die für den Sicherheits- und den Unsicherheitsfall dargestellten Prozesse sind für weitere Extensionen des konfliktlösungsrelevanten Sachverhalts „Höhe der Preisgarantie" zu wiederholen.

1.2 Der Erwerb eines Kunstwerks im Wege des unwiderruflichen Gebots

Das unwiderrufliche Gebot ist eine jüngere Entwicklung des Kunstmarkts, es wird seit den 1990er Jahren praktiziert und steht gewöhnlich mit einer durch ein Auktionshaus gewährleisteten *Garantie(-summe)* für ein eingeliefertes Kunstwerk in Verbindung. Der Garantiegeber (das Auktionshaus) sichert hierbei dem Einlieferer einen vereinbarten Mindestveräußerungserlös – die Garantie – zu und übernimmt infolgedessen das Risiko einer Nichtveräußerung[1] oder einer Veräußerung unterhalb der vereinbarten Garantie. Aus der Sicht des Auktionshauses stellt die Garantie ein Instrument der Absatzwirtschaft dar, mit dem lukrative Einlieferungen akquiriert werden sollen. Gleichzeitig bietet sie dem Auktionshaus aber auch die Möglichkeit, eine Risikoprämie in Form einer Gewinnbeteiligung an der Differenz zwischen dem letztendlich erzielten Zuschlagspreis und dem Mindestveräußerungserlös zu vereinnahmen. Ist das Auktionshaus nicht bereit, das Risiko einer Garantie zu tragen, möchte diese aber als Instrument der Absatzwirtschaft nutzen, dann besteht die Möglichkeit der (teilweisen) „Auslagerung“ des Risikos durch ein Sicherungsgeschäft in Form eines unwiderruflichen Gebots[2] (UG) von einer dritten Partei, beispielsweise einem Kunstsammler. Die dritte Partei, der Bieter, verpflichtet sich hierbei zur Ausbezahlung des unwiderruflichen Gebots UG, sofern dies aufgrund des Auktionsverlaufs erforderlich wird, also dann, wenn das Kunstwerk zu keinem höheren Preis als dem unwiderruflichen Gebot UG zugeschlagen wird.[3] Demgegenüber vereinnahmt er eine Gewinnbeteiligung GB, wenn der Zuschlagspreis das unwiderrufliche Gebot übersteigt. Die Gewinnbeteiligung kann so ausgestaltet sein, daß der Bieter einen Teil der Differenz zwischen dem Zuschlagspreis und dem unwiderruflichem Gebot erhält und/oder einen Teil des Abgelds AB, welches der Einlieferer zu entrichten hat. Tritt demgegenüber der Fall ein, daß das Kunstwerk das unwiderrufliche Gebot in der Versteigerung nicht erzielt, dann wird es dem Bieter in Höhe des unwiderruflichen Gebots zzgl. des Aufgelds AU zugeteilt, wobei ihm bei Eintritt dieses Falls zusätzlich noch ein Abschlag AS von seiten des Auktionshauses offeriert werden kann. Darüber hinaus können Bieter und Auktionshaus festlegen, ob ersterer trotz der Garantievereinbarung in den Auktionsverlauf eingreifen darf. Abbildung 17 faßt die möglichen Szenarien aus der Perspektive des Bieters, der ein unwiderrufliches Gebot UG in Höhe von 2 GE abgibt, zusammen.

---

1 Eine Nichtveräußerung tritt ein, wenn der Reservationspreis für ein Kunstwerk nicht erreicht wird. Der Reservationspreis wird zwischen dem Einlieferer und dem Auktionshaus im Vorfeld einer Auktion vereinbart. Vgl. Abschnitt IV.1.3.1.

2 Vgl. zum unwiderruflichen Gebot THOMPSON, Economics of Contemporary Art (2008), S. 152 f., SOTHEBY'S, Annual Report 2009, S. 2, MERCKER/MUES, Was bedeutet denn unwiderruflich? (2010).

3 Grundsätzlich müssen sich das unwiderrufliche Gebot und die Garantie in ihrem Umfang nicht entsprechen, jedoch ist das in der Praxis häufig der Fall. Vgl. THOMPSON, Economics of Contemporary Art (2008), S. 152 f., SOTHEBY'S, Annual Report 2009, S. 2, MERCKER/MUES, Was bedeutet denn unwiderruflich? (2010).

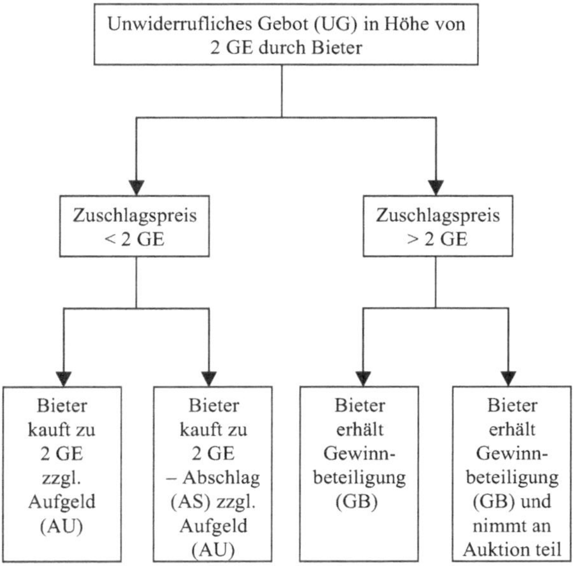

Abbildung 17: Das unwiderrufliche Gebot aus Sicht des Kunstsammlers

Es soll nun die Fallkonstellation betrachtet werden, bei der der Bieter sich zu einem unwiderruflichen Gebot UG unter der Voraussetzung verpflichtet, daß er trotzdem an der Auktion teilnehmen darf. Es müssen in einem solchen Fall zwei Konfliktsituationen differenziert werden, die miteinander in Verbindung stehen. Im Rahmen der ersten Konfliktsituation verhandeln die Konfliktparteien (Auktionshaus und Bieter) die Höhe des unwiderruflichen Gebots UG und die Ausgestaltung der Gewinnbeteiligung GB. Das unwiderrufliche Gebot stellt als Preis, zu dem eine Eigentumsübertragung an dem in Rede stehenden Bewertungsobjekt stattfinden soll, wenn es in der Auktion zu keinem höheren Gebot kommt, den konfliktlösungsrelevanten Sachverhalt dar. Die Gewinnbeteiligung GB stellt keinen konfliktlösungsrelevanten Sachverhalt dar, sondern eine Extrazahlung, die der Bieter erhält, wenn es nicht mehr zu einer Eigentumsübertragung zum unwiderruflichen Gebot kommen kann. Freilich wird er versuchen, diese zu maximieren, indem er einen entsprechenden Gewinnbeteiligungsschlüssel als Verhandlungsergebnis anstrebt. Er tut dies, weil es zum einen seinen Wohlstand insgesamt erhöht und zum anderen, weil er – wie nachfolgend dargestellt – auf diese Weise seine Konzessionsgrenze, mit Blick auf eine mögliche Teilnahme an der Auktion, erweitern kann. Bei der vorliegenden Konfliktsituation handelt es sich somit um eine eindimensionale, nichtdominierte, limitierte und per Annahme nichtjungierte Konfliktsituation des Typs Kauf/Verkauf. Dasjenige unwiderrufliche

Gebot UG, welches dazu führt, daß der Kunstsammler keine Nutzeneinbußen durch die Aufnahme des Bewertungsobjekts in sein Portefeuille erleidet, stellt den Entscheidungswert UG* dar. Offeriert das Auktionshaus darüber hinaus einen Abschlag AS, kann die Konzessionsgrenze noch um diesen Betrag erweitert werden. Der Entscheidungswert des Bieters ergibt sich folglich aus seinem individuellen, unter Berücksichtigung des mit dem Bewertungsobjekt erzielbaren Zahlungsstroms realisierbaren Barwert BW, korrigiert um den Abschlag AS und abzgl. des zu entrichtenden Aufgelds AU[1]:

$$(1)\ UG^* = (BW + AS) \times (1 - AU)$$

Gestaltet sich der Verlauf der Auktion so, daß das unwiderrufliche Gebot nicht das gewinnende Gebot ist und es also zu höheren Geboten kommt, besteht für den Bieter die Möglichkeit, ein zweites Mal in den Auktionsprozeß einzugreifen. In welchem Maße er einzugreifen vermag, hängt von seinem Entscheidungswert ab, den er unter nun veränderten Bedingungen erneut berechnen muß. Der Bieter befindet sich folglich in einer neuen Konfliktsituation, in der er ein weiteres Mal den Erwerb des Kunstwerks mit dem Auktionshaus als Kommissionär verhandelt und maximal ein Gebot nicht höher als sein Entscheidungswert abgeben darf. Auch bei dieser Konfliktsituation handelt es sich um eine eindimensionale, nichtdominierte, limitierte und per Annahme nichtjungierte Konfliktsituation des Typs Kauf/Verkauf.

Bei der Ermittlung seiner Konzessionsgrenze muß der Bieter zunächst eruieren, wie sich die ihm maximal möglichen Gebote MG in Abhängigkeit von den aktuell durch den Auktionator ausgerufenen Geboten G entwickeln. Dabei sind die Verhandlungsergebnisse der ersten Konfliktsituation zu berücksichtigen, da das dort ausgehandelte unwiderrufliche Gebot UG und die vereinbarte Gewinnbeteiligung GB die Höhe des jeweils möglichen maximalen Gebots MG beeinflussen. Der unveränderte Barwert BW gibt auch weiterhin die Obergrenze der Zahlungsbereitschaft des Kunstsammlers aufgrund des aus dem Kunstwerk resultierenden Zahlungsstroms an. Ob es nach Erreichen des unwiderruflichen Gebots UG betriebswirtschaftlich sinnvoll ist, weiterhin am Bietgefecht teilzunehmen, und, wenn ja, bis zu welcher Grenze, hängt davon ab, wie erfolgreich der Bieter in der ersten Konfliktsituation verhandelt hat. Weiterhin mitzubieten ist für ihn grundsätzlich rational, wenn gilt, daß

$$(2)\ UG < BW \times (1 - AU).$$

---

[1] AU sei als prozentualer Anteil des in der Versteigerung erzielten Zuschlagspreises definiert.

Die jeweils maximalen Gebote MG ergeben sich in Abhängigkeit von der Gewinnbeteiligung GB. Es gilt:

$$(3)\ MG = (BW + GB) \times (1 - AU).$$

Gewöhnlich gestalten das Auktionshaus und der Bieter die Gewinnbeteiligung GB, wie zuvor erwähnt, in der Weise, daß sie die Differenz zwischen dem Zuschlagspreis – als spezielle Ausprägung eines aktuellen Gebots G – und dem unwiderruflichen Gebot UG sowie gegebenenfalls das Abgeld AB[1], welches der Einlieferer des Kunstwerks entrichten muß, nach einem zu verhandelnden Schlüssel unter sich aufteilen. Es ergibt sich aus der Sicht des Bieters somit entweder eine Gewinnbeteiligung der Form GB_A:

$$(4)\ GB_A = \alpha\,(G - UG) \quad \text{mit } G > UG$$

oder eine Gewinnbeteiligung der Form GB_B:

$$(5)\ GB_B = \alpha\,(G - UG) + \gamma \times AB \times G \quad \text{mit } G > UG.$$

Hierbei stellen α und γ die prozentualen Anteile des Kunstsammlers an der Differenz zwischen dem aktuellen Gebot G und dem unwiderruflichen Gebot UG respektive am Abgeld AB dar. Aus (3) und (4) folgt:

$$(6)\ MG_A = [BW + \alpha\,(G - UG)] \times (1 - AU) \quad \text{mit } G > UG$$

und aus (3) und (5) folgt:

$$(7)\ MG_B = [BW + \alpha\,(G - UG) + \gamma \times AB \times G] \times (1 - AU) \quad \text{mit } G > UG.$$

(6) und (7) verdeutlichen, daß MG eine Funktion des aktuellen Gebots G ist und sich mit ihm verändert. MG ist folglich kein fixer, sondern ein dynamischer Wert, der sich

1 AB sei als prozentualer Anteil des in der Versteigerung erzielten Zuschlagspreises definiert.

im Verlauf der Versteigerung erhöht, da die absolute Höhe der Gewinnbeteiligung GB vom jeweils aktuellen Gebot G abhängt und mit ihm zunimmt. Der Bieter muß nun jenes maximale Gebot MG finden, das gleichzeitig auch die Konzessionsgrenze und insofern das *Ausstiegsgebot* G* darstellt. Vereinbaren der Bieter und das Auktionshaus die Gewinnbeteiligung GB_A, dann ergibt sich das Ausstiegsgebot G* im Schnittpunkt von der in (6) beschriebenen Funktion und der Ursprungsgeraden mit einer Steigung von eins (Winkelhalbierende des ersten Quadranten), die das jeweils aktuelle Gebot G in der Versteigerung repräsentiert. Es ist die folgende Gleichung nach G aufzulösen, um zu G* zu gelangen:

$$(8)\ [BW + \alpha\,(G - UG)] \times (1 - AU) = G$$

$$\Leftrightarrow\ [BW + G \times \alpha - \alpha \times UG] \times (1 - AU) = G$$

$$\Leftrightarrow\ BW + G \times \alpha - \alpha \times UG - BW \times AU - G \times \alpha \times AU + \alpha \times UG \times AU = G$$

$$\Leftrightarrow\ BW - \alpha \times UG - BW \times AU + \alpha \times UG \times AU = -G \times \alpha + G \times \alpha \times AU + G$$

$$\Leftrightarrow\ BW - \alpha \times UG - BW \times AU + \alpha \times UG \times AU = G\,(-\alpha + \alpha \times AU + 1)$$

$$\Leftrightarrow\ G^* = \frac{BW - \alpha \times UG - BW \times AU + \alpha \times UG \times AU}{-\alpha + \alpha \times AU + 1}$$

Vereinbaren der Kunstsammler und das Auktionshaus die Gewinnbeteiligung GB_B, ist unter Verwendung von (7) analog vorzugehen:

$$(9)\ [BW + \alpha\,(G - UG) + \gamma \times AB \times G] \times (1 - AU) = G$$

$$\Leftrightarrow\ [BW + G \times \alpha - \alpha \times UG + G \times \gamma \times AB] \times (1 - AU) = G$$

$$\Leftrightarrow\ BW + G \times \alpha - \alpha \times UG + G \times \gamma \times AB - BW \times AU - G \times \alpha \times AU + \alpha \times UG \times AU - G \times \gamma \times AB \times AU = G$$

$$\Leftrightarrow\ BW - \alpha \times UG - BW \times AU + \alpha \times UG \times AU = -G \times \alpha - G \times \gamma \times AB + G \times \alpha \times AU + G \times \gamma \times AB \times AU + G$$

$$\Leftrightarrow\ BW - \alpha \times UG - BW \times AU + \alpha \times UG \times AU = G\,(-\alpha - \gamma \times AB + \alpha \times AU + \gamma \times AB \times AU + 1)$$

$$\Leftrightarrow\ G^* = \frac{BW - \alpha \times UG - BW \times AU + \alpha \times UG \times AU}{-\alpha - \gamma \times AB + \alpha \times AU + \gamma \times AB \times AU + 1}$$

Zur Verdeutlichung der ausgearbeiteten Zusammenhänge soll nun die Ermittlung eines Ausstiegsgebots G* für beide Arten der Gewinnbeteiligung GB_A und GB_B erfolgen. Zu diesem Zweck sei angenommen, daß der Bieter ein unwiderrufliches Gebot UG in Höhe von 2 GE ausgehandelt hat, welches unter dem Barwert BW in Höhe von 8,75 GE liegt. Das Aufgeld AU soll 20 % betragen und das vom Einlieferer des Kunstwerks zu entrichtende Abgeld AB 12,5 %. Im Vorfeld der Auktion vereinbaren das Auktionshaus und der Bieter einen Gewinnbeteiligungsschlüssel GB_A, der einer hälftigen Aufteilung der Differenz zwischen dem aktuellen Gebot G und dem unwiderruflichen Gebot UG entspricht. Im Verlauf der Auktion wird das unwiderrufliche Gebot UG überboten und der Bieter greift in den Versteigerungsprozeß ein. Er muß dabei seine Konzessionsgrenze, das Ausstiegsgebot G*, beachten. Unter Verwendung von (8) folgt:

$$G_A^* = \frac{8{,}75 - 0{,}5 \times 2 - 8{,}75 \times 0{,}2 + 0{,}5 \times 2 \times 0{,}2}{-0{,}5 + 0{,}5 \times 0{,}2 + 1} = 10{,}3333$$

Wenn das unwiderrufliche Gebot UG in Höhe von 2 GE im Verlauf des Bietgefechts erreicht wird, beträgt das maximale Gebot MG_A des Kunstsammlers 7 GE (8,75 GE × 0,8). Von jeder weiteren GE, um die das unwiderrufliche Gebot UG überboten wird beziehungsweise das aktuelle Gebot G ansteigt, erhält der Kunstsammler eine Gewinnbeteiligung in Höhe von 0,4 GE. Um diesen Betrag erweitert sich jeweils auch sein maximales Gebot MG_A. Bei Geboten höher als 10,3333 GE muß der Kunstsammler aus dem Bietgefecht aussteigen, da er durch den Erwerb des Kunstwerks dann einen negativen Kapitalwert realisieren würde. Erhält der Bieter zusätzlich noch einen Anteil des Abgelds AB, dann folgt unter Verwendung von (9):

$$G_B^* = \frac{8{,}75 - 0{,}5 \times 2 - 8{,}75 \times 0{,}2 + 0{,}5 \times 2 \times 0{,}2}{-0{,}5 - 0{,}5 \times 0{,}125 + 0{,}5 \times 0{,}2 + 0{,}5 \times 0{,}125 \times 0{,}2 + 1} = 11{,}2727$$

Da der Kunstsammler noch einen Teil des Abgelds erhält, erweitert sich seine Konzessionsgrenze von 10,3333 GE auf 11,2727 GE, denn von jeder GE, um die das aktuelle Gebot G über das unwiderrufliche Gebot hinaus ansteigt, erhält er eine Gewinnbeteiligung in Höhe von nunmehr 0,45 GE. Da die Steigung der Winkelhalbierenden demgegenüber eins beträgt, ist der Vorsprung bei beiden Formen der Gewinnbeteiligung irgendwann aufgebraucht. Die geschilderten Zusammenhänge illustriert Abbildung 18.

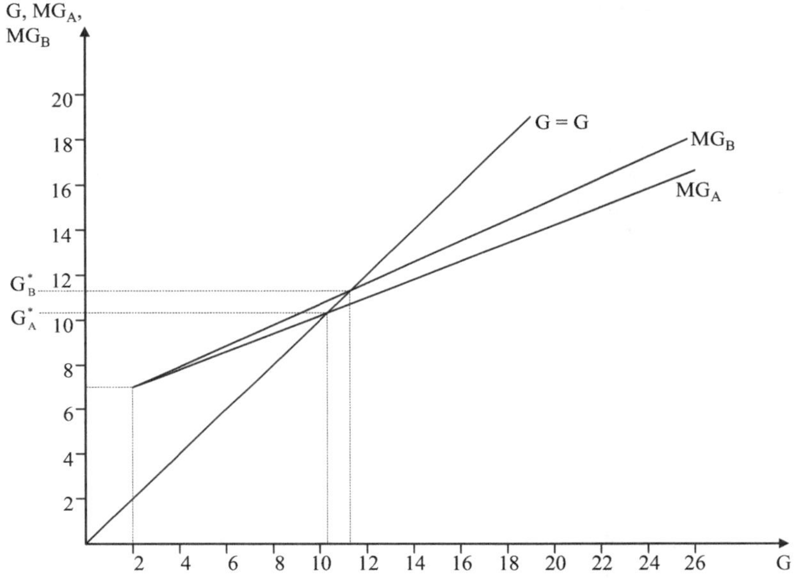

Abbildung 18: Die Konzessionsgrenze des Kunstsammlers beim unwiderruflichen Gebot

1.3 Die Ermittlung von Entscheidungswerten in jungierten Konfliktsituationen

1.3.1 Der Verkauf einer Tranche im Zuge der Sammlungsveräußerung

Die Veräußerung umfangreicher Sammlungen erfolgt meist in mehreren Tranchen, die zeitversetzt und unter Inanspruchnahme mehrerer Veräußerungskanäle liquidiert werden. Die investitionstheoretische Modellierung der Veräußerung einer solchen Tranche soll im folgenden dargestellt werden, wobei der Fall zugrunde gelegt ist, daß der Kunstsammler die Objekte, welche er zu veräußern gedenkt, in ein Auktionshaus einliefert. Dort muß er einen *Reservationspreis*[1], also den Preis, unter dem nicht veräußert werden darf, für jedes der eingelieferten Kunstwerke angeben. Der Reservati-

[1] Synonyme für den Reservationspreis sind unter anderem „Mindestreserve“, „Mindestpreis“ oder „Limitpreis“.

onspreis ist interne Information und wird den Auktionsteilnehmern folglich nicht kommuniziert. Bevor der Kunstsammler seine Reservationspreise festlegen kann, muß er sich über seine Entscheidungswerte im klaren sein. Bei der Bewertung einer Tranche findet die Bewertung eines zeitgleichen Verkaufs mehrerer Bewertungsobjekte statt, es liegt somit eine jungierte Konfliktsituation vor. In einer derartigen Konfliktsituation können die Entscheidungswerte der Kunstwerke nicht isoliert voneinander entwickelt werden.[1] „In diesem Falle hängt nämlich die Konzessionsbereitschaft hinsichtlich eines bestimmten Bewertungsobjekts mit davon ab, welche Verhandlungsergebnisse in bezug auf die anderen Bewertungsobjekte erzielt werden. Die vorzunehmenden Bewertungen sind interdependent, weil der Grenzpreis jedes einzelnen Objekts vom maximalen Zielfunktionswert des zugehörigen Basisprogramms abhängt und dieser wiederum von den Verhandlungsergebnissen (Preisen) der übrigen Bewertungsobjekte. Um aber die Preise der Objekte ökonomisch vernünftig aushandeln zu können, muß man sich über ihren Wert im klaren sein, der doch durch das ganze Verfahren erst zu bestimmen ist."[2] Die Bewertungen der Kunstwerke sind folglich miteinander verbunden, da der Grenzpreis des einen Objekts vom Grenzpreis des anderen Objekts abhängt.[3] Insofern handelt es sich hier um eine Problemstellung, bei der ein bedingter Grenzpreis zu ermitteln ist.[4] Allgemein ergibt sich für Tranchen mit x Kunstwerken K_1, K_2, ..., K_q, ..., K_x die Notwendigkeit, neben beispielsweise dem Entscheidungswert für das Kunstwerk K_1 auch die Entscheidungswerte für die (x – 1) Kunstwerke zu bestimmen.[5] Die gegenseitige Abhängigkeit der Grenzpreise und die Tatsache, daß Probleme mit mehreren Parametern in der Koeffizientenmatrix lösungsdefekt sind,[6] zwingen den Kunstsammler zu einem heuristischen Vorgehen, indem er bei der Ermittlung des Grenzpreises von Kunstwerk K_1 Annahmen über die Preise der (x – 1) anderen Kunstwerke trifft und diese dann schrittweise verändert, um zu einer Bandbreite von Grenzpreisen für Kunstwerk K_1 zu gelangen.[7]

---

[1] Frühzeitig erkennt MATSCHKE diesen Zusammenhang und entwickelt das Vorgehen der Bewertung in jungierten Konfliktsituationen. Siehe MATSCHKE, Entscheidungswert (1975), S. 336-356, für die jungierten Situationen vom Typ „Kauf-Kauf" (S. 336-343) und vom Typ „Verkauf-Verkauf" (S. 344-356).

[2] HERING, Unternehmensbewertung (2006), S. 127.

[3] Vgl. MATSCHKE, Entscheidungswert (1975), S. 35.

[4] Vgl. HERING, Unternehmensbewertung (2006), S. 127, MATSCHKE/BRÖSEL, Unternehmensbewertung (2007), S. 98.

[5] Vgl. MATSCHKE/BRÖSEL, Unternehmensbewertung (2007), S. 429.

[6] Vgl. HERING, Unternehmensbewertung (2006), S. 127. Ferner DINKELBACH, Parametrische Optimierung (1969), S. 134-138, GAL, Sensitivitätsanalyse (1973), S. 241. Ein Parameter beschreibt in diesem Zusammenhang eine Variable der Gesamtanalyse, die für eine konkrete Teilanalyse fixiert wird.

[7] Vgl., auch im folgenden, HERING, Unternehmensbewertung (2006), S. 127-132, der das Vorgehen von MATSCHKE auf Basis des ZGPM weiterentwickelt und für die Konfliktsituation vom Typ „Verkauf-Kauf" anwendet. BRÖSEL, Medienrechtsbewertung (2002), S. 98-106, setzt sich unter Anwendung des ZGPM mit dem Typ „Kauf-Kauf" auseinander. Zum Vorgehen unter Anwen-

Die Bewertung einer jungierten Konfliktsituation soll für die oben beschriebene Tranche mit zwei Kunstwerken exemplarisch durchgeführt werden. Die Einigung im Wege der Versteigerung ist lediglich preismotiviert, weshalb es nicht erforderlich ist, weitere Einigungsdimensionen durch den Bewertungskalkül zu verarbeiten. Der hiesigen Betrachtung liegt folglich eine nichtdominierte, limitierte, eindimensionale, jungierte Konfliktsituation vom Typ „Verkauf-Verkauf" zugrunde. Die Daten des Veräußerungsbeispiels in Abschnitt II.3.1.2.1.2 werden für das hiesige Beispiel abgewandelt. Nunmehr sei angenommen, daß Kunstwerk H sich bereits im Portefeuille des Kunstsammlers befindet und einen Bestandteil des vordisponierten Zahlungssaldos c_t darstellt. Des weiteren soll das maximale Investitionsvolumen für die Geldanlagen G_{A0}, G_{A1}, G_{A2} und G_{A3} 600 GE betragen. Die neue Entscheidungssituation faßt Tabelle 17 zusammen.

Der Kunstsammler erwägt den Verkauf der Kunstwerke H und F als letzte Tranche seiner Sammlung im Wege der Versteigerung. Im Zuge dessen möchte er seine Entscheidungswerte W_H für Kunstwerk H und W_F für Kunstwerk F berechnen, um schließlich seine Reservationspreise RP_H^* und RP_F^* festzulegen. Der zuvor beschriebenen heuristischen Vorgehensweise entsprechend, berechnet der Kunstsammler im *ersten Schritt* W_H unter der Annahme variierender Veräußerungspreise p_F für Kunstwerk F. Tabelle 18 zeigt den Entscheidungswert W_H des Kunstwerks H, den Zielfunktionswert EW des Basisprogramms und die endogenen Grenzzinsen von Basis- und Bewertungsprogramm in Abhängigkeit von p_F.

Jahr t	G_{A0}	G_{A1}	G_{A2}	G_{A3}	G_{B0}	G_{B1}	G_{B2}	G_{B3}	vordisponierte Zahlungen		
									M	H	F
0	–1				–1				200	p?	p?
1	1,08	–1			1,05	–1					
2		1,08	–1			1,05	–1		50		
3			1,08	–1			1,05	–1			
4				1,08				1,05		110	160
Grenze	600	600	600	600	∞	∞	∞	∞			

Tabelle 17: Die dem Verkauf der Tranche zugrunde liegende Entscheidungssituation

Veräußerungen von Kunstwerk F zu Preisen $p_F \leq 117{,}6047$ GE unterbleiben sowohl im Basis- als auch im Bewertungsprogramm, da zu diesen Konditionen die Möglich-

dung des ZGPM zwecks Analyse der Konfliktsituation vom Typ „Verkauf-Verkauf" siehe MATSCHKE/BRÖSEL, Unternehmensbewertung (2007), S. 440-449.

keit einer Reinvestition des Veräußerungserlöses in die Geldanlagen zu 8 %, so daß der Verlust der mit Kunstwerk F einhergehenden Zahlungsreihe dadurch wieder ausgeglichen werden könnte, versperrt bleibt. Das ist erst ab einem Preis $p_F > 117{,}6047$ GE möglich, wobei dann stets sowohl im Basis- als auch Bewertungsprogramm veräußert wird. Durch die fortlaufende Erhöhung des Preises steigt dann auch der Basisprogrammerfolg EW kontinuierlich an.

W_H bleibt auf dem Intervall $0 \leq p_F \leq 152{,}5791$ GE konstant bei 80,8533 GE, da sich die Umstrukturierungen vom Basis- zum Bewertungsprogramm in allen Fällen auf die Ausdehnung der Grenzobjekte G_{A0}, G_{A1}, G_{A2} und G_{A3} beschränken und die endogenen Grenzzinsen somit einheitlich 8 % betragen. W_H ergibt sich folglich auch durch:

$$W_H = \frac{110}{1{,}08^4} = 80{,}8533.$$

Für Preise $p_F \geq 152{,}5792$ GE ergeben sich jeweils unterschiedliche endogene Grenzzinsfüße in den Basis- und Bewertungsprogrammen, die einen Anstieg von W_H verursachen. Beispielsweise betragen die endogenen Grenzzinsen für $p_F = 160$ GE im Basisprogramm noch durchgehend 8 %, während sie im Bewertungsprogramm nur in den ersten drei Perioden 8 % betragen, da in $t = 4$ die letzte GE zu 5 % angelegt wird. Die Vereinnahmung von W_H soll für eine Wiederanlage im Bewertungsprogramm in der Höhe ausreichen, die dazu führt, daß der Basisprogrammerfolg wieder erreicht wird. Im Zuge der dafür erforderlichen Umstrukturierungen erschöpft sich G_{A3} und G_{B3} wird beansprucht. G_{B3} ermöglicht aber nur noch eine Anlage zu 5 %, weshalb ein größerer Betrag erforderlich ist, um die verlorenen Erfolge zu kompensieren.

Im *zweiten Schritt* errechnet der Kunstsammler W_F unter der Annahme variierender Veräußerungspreise p_H für Kunstwerk H. Tabelle 19 zeigt den Entscheidungswert W_F des Kunstwerks F als bedingten Grenzpreis, den Zielfunktionswert EW des Basisprogramms und die endogenen Grenzzinsen in Abhängigkeit von p_H. Die in der Tabelle 19 dargestellte Entwicklung ist im Grunde strukturgleich mit jener in Tabelle 18: Veräußerungen von Kunstwerk H zu Preisen $p_H \leq 80{,}8532$ GE unterbleiben sowohl im Basis- als auch im Bewertungsprogramm. Zu Preisen $p_H \geq 80{,}8533$ GE wird eine Veräußerung von Kunstwerk H stets durchgeführt. Der Basisprogrammerfolg EW steigt dann fortlaufend.

p_F (in GE)	i_t^{Ba} (in %)	EW (in GE)	W_H (in GE)	i_t^{Be} (in %)
0	8; 8; 8; 8	600,4178	80,8533	8; 8; 8; 8
10	8; 8; 8; 8	600,4178	80,8533	8; 8; 8; 8
20	8; 8; 8; 8	600,4178	80,8533	8; 8; 8; 8
30	8; 8; 8; 8	600,4178	80,8533	8; 8; 8; 8
40	8; 8; 8; 8	600,4178	80,8533	8; 8; 8; 8
50	8; 8; 8; 8	600,4178	80,8533	8; 8; 8; 8
60	8; 8; 8; 8	600,4178	80,8533	8; 8; 8; 8
70	8; 8; 8; 8	600,4178	80,8533	8; 8; 8; 8
80	8; 8; 8; 8	600,4178	80,8533	8; 8; 8; 8
90	8; 8; 8; 8	600,4178	80,8533	8; 8; 8; 8
100	8; 8; 8; 8	600,4178	80,8533	8; 8; 8; 8
110	8; 8; 8; 8	600,4178	80,8533	8; 8; 8; 8
117,6047	8; 8; 8; 8	600,4178	80,8533	8; 8; 8; 8
117,6048	8; 8; 8; 8	600,4178	80,8533	8; 8; 8; 8
120	8; 8; 8; 8	603,6765	80,8533	8; 8; 8; 8
130	8; 8; 8; 8	617,2813	80,8533	8; 8; 8; 8
140	8; 8; 8; 8	630,8862	80,8533	8; 8; 8; 8
150	8; 8; 8; 8	644,4911	80,8533	8; 8; 8; 8
152,5791	8; 8; 8; 8	648,0000	80,8533	8; 8; 8; 8
152,5792	8; 8; 8; 8	648,0001	80,8533	8; 8; 8; 5
160	8; 8; 8; 8	658,0960	81,0653	8; 8; 8; 5
170	8; 8; 8; 8	671,7009	81,3510	8; 8; 8; 5
180	8; 8; 8; 8	685,3058	81,6367	8; 8; 8; 5
190	8; 8; 8; 8	698,9107	81,9335	8; 8; 5; 5
200	8; 8; 8; 8	712,5156	82,5131	8; 8; 5; 5
210	8; 8; 8; 8	726,1205	83,0927	8; 8; 5; 5
220	8; 8; 8; 8	739,7254	83,6723	8; 8; 5; 5
230	8; 8; 8; 8	753,3303	84,2519	8; 8; 5; 5
240	8; 8; 8; 5	766,6869	84,6384	8; 8; 5; 5
250	8; 8; 8; 5	779,9139	84,9241	8; 8; 5; 5
260	8; 8; 8; 5	793,1409	85,2099	8; 8; 5; 5
270	8; 8; 8; 5	806,3679	85,4956	8; 8; 5; 5
280	8; 8; 5; 5	819,2839	85,8247	8; 5; 5; 5
290	8; 8; 5; 5	832,1434	86,1104	8; 5; 5; 5
300	8; 8; 5; 5	845,0030	86,3962	8; 5; 5; 5

Tabelle 18: Der bedingte Grenzpreis des Kunstwerks H beim Verkauf einer Tranche

p_H (in GE)	i_t^{Ba} (in %)	EW (in GE)	W_F (in GE)	i_t^{Be} (in %)
0	8; 8; 8; 8	600,4178	117,6048	8; 8; 8; 8
10	8; 8; 8; 8	600,4178	117,6048	8; 8; 8; 8
20	8; 8; 8; 8	600,4178	117,6048	8; 8; 8; 8
30	8; 8; 8; 8	600,4178	117,6048	8; 8; 8; 8
40	8; 8; 8; 8	600,4178	117,6048	8; 8; 8; 8
50	8; 8; 8; 8	600,4178	117,6048	8; 8; 8; 8
60	8; 8; 8; 8	600,4178	117,6048	8; 8; 8; 8
70	8; 8; 8; 8	600,4178	117,6048	8; 8; 8; 8
80	8; 8; 8; 8	600,4178	117,6048	8; 8; 8; 8
80,8532	8; 8; 8; 8	600,4178	117,6048	8; 8; 8; 8
80,8533	8; 8; 8; 8	600,4178	117,6048	8; 8; 8; 8
90	8; 8; 8; 8	612,8618	117,6048	8; 8; 8; 8
100	8; 8; 8; 8	626,4667	117,6048	8; 8; 8; 8
110	8; 8; 8; 8	640,0716	117,6048	8; 8; 8; 8
115,8276	8; 8; 8; 8	648,0000	117,6048	8; 8; 8; 8
115,8277	8; 8; 8; 8	648,0001	117,6048	8; 8; 8; 5
120	8; 8; 8; 8	653,6765	117,7240	8; 8; 8; 5
130	8; 8; 8; 8	667,2814	118,0097	8; 8; 8; 5
140	8; 8; 8; 8	680,8862	118,2954	8; 8; 8; 5
150	8; 8; 8; 8	694,4911	118,5811	8; 8; 8; 5
160	8; 8; 8; 8	708,0960	119,0763	8; 8; 5; 5
170	8; 8; 8; 8	721,7009	119,6559	8; 8; 5; 5
180	8; 8; 8; 8	735,3058	120,2355	8; 8; 5; 5
190	8; 8; 8; 8	748,9107	120,8151	8; 8; 5; 5
200	8; 8; 8; 8	762,5156	121,3947	8; 8; 5; 5
210	8; 8; 8; 8	776,1205	121,9742	8; 8; 5; 5
220	8; 8; 8; 8	789,7254	122,5538	8; 8; 5; 5
230	8; 8; 8; 8	803,3303	123,1334	8; 8; 5; 5
240	8; 8; 8; 5	816,6869	123,7476	8; 5; 5; 5
250	8; 8; 8; 5	829,9139	124,3272	8; 5; 5; 5
260	8; 8; 8; 5	843,1409	124,9068	8; 5; 5; 5
270	8; 8; 8; 5	856,3679	125,4843	8; 5; 5; 5
280	8; 8; 5; 5	869,2839	125,9834	5; 5; 5; 5
290	8; 8; 5; 5	882,1434	126,5630	5; 5; 5; 5
300	8; 8; 5; 5	895,0030	127,1426	5; 5; 5; 5

Tabelle 19: Der bedingte Grenzpreis des Kunstwerks F beim Verkauf einer Tranche

Da W_F auf dem Intervall $0 \leq p_H \leq 115{,}8276$ GE konstant bei 117,6048 GE bleibt, ergibt er sich auch als „einfacher" Zukunftserfolgswert. Aufgrund von Strukturverschiebungen zwischen Basis- und Bewertungsprogramm, die zu einer Änderung der Grenzobjekte führen, gelten für Preise $p_H \geq 115{,}8277$ GE unterschiedliche endogene Grenzzinsfüße in den Basis- und Bewertungsprogrammen, die – wie oben bereits für W_H erläutert – einen steigenden W_F verursachen.

Im *dritten Schritt* wählt der Kunstsammler seine Reservationspreise RP_H und RP_F, indem er die Ergebnisse beider Tabellen verknüpft und auf Basis der sich darstellenden Informationen eine Entscheidung trifft. Abbildung 19 zeigt W_H als Funktion von p_F und W_F als Funktion von p_H. Das Koordinatensystem wird dabei in vier Bereiche A, B, C und D aufgeteilt. Als Reservationspreise kommen nur solche Preispaare (p_F; p_H) in Frage, die in Bereich B fallen, da sie den Verkauf der Kunstwerke unter ihren bedingten Grenzpreisen ausschließen.

Aufgrund der Tatsache, daß der Kunstsammler an der Auktion nicht teilnimmt und seine Konzessionsgrenze folglich nicht an den Verhandlungsverlauf anpassen kann, stellt die Auswahl der Reservationspreise letztlich eine Entscheidung unter Unsicherheit dar, die sich ex post als nachteilig erweisen kann. Wählt der Kunstsammler zum Beispiel den Schnittpunkt der beiden Funktionen, (117,6048; 80,8533), kann das zu Erfolgseinbußen führen, wenn das Auktionsergebnis (118; 150) lautet. Wenngleich beide Werte über den Reservationspreisen liegen, fällt das Preispaar nicht in den Bereich B, sondern in den Bereich A, in dem nur der Verkauf von Kunstwerk H vorteilhaft ist. Der Reservationspreis bietet bei der parallelen Veräußerung mehrerer Objekte folglich nicht die Sicherheit, die er bei einer Einzelveräußerung gewährleisten kann, wo sich Reservationspreis und Entscheidungswert entsprechen.

Abschließend ist zu konstatieren, daß die Auswahl der Reservationspreise eine verhandlungstaktische Maßnahme darstellt, bei der der Kunstsammler seine bedingten Grenzpreise den vermuteten Grenzpreisen der Auktionsteilnehmer gegenüberstellt und gleichzeitig die Bietdynamik einschätzen muß. Die Bewertung einer Tranche, die mehr als zwei Kunstwerke beinhaltet, wird rechentechnisch sehr schnell unbeherrschbar, weshalb es im Sinne einer heuristischen Komplexitätsreduktion zweckmäßig ist, sich auf bestimmte Bewertungsobjekte und deren Interdependenzen zu beschränken.[1] Es befinden sich innerhalb einer Tranche beispielsweise oftmals Kunstwerke, die aufgrund ihrer herausragenden kunsthistorischen Bedeutung und/oder ihrer Provenienz besonders hohe Veräußerungserlöse erwarten lassen.

---

1 Vgl., auch im folgenden, HERING, Unternehmensbewertung (2006), S. 132.

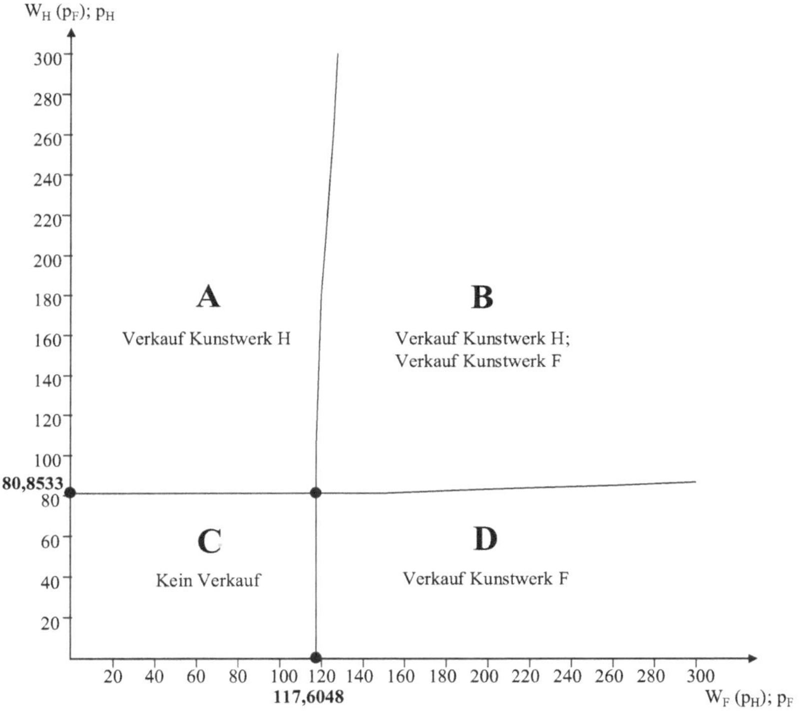

Abbildung 19: Jungierter Entscheidungswert beim Verkauf einer Tranche

1.3.2 Das Tauschgeschäft im Zuge der Sammlungsumschichtung

In den vorangehenden Abschnitten III.2.2.1 und III.2.3.1 wurde festgestellt, daß sich ein Kunstsammler in der Phase der Sammlungsumschichtung mit Tauschgeschäften konfrontiert sieht, sie wurden dort als jungierte Konfliktsituationen klassifiziert. Nun soll für diese Problemstellung eine investitionstheoretische Modellierung vorgenommen werden. Kauf und Verkauf erfolgen beim Tauschgeschäft „Zug um Zug", wobei jede Konfliktpartei auf die Zahlungsreihe eines Bewertungsobjekts verzichtet, um die eines anderen zu vereinnahmen. Je nach Verhandlungsergebnis liegt in seltenen Fällen ein glatter Tausch vor; in der Regel kommt es aber – neben dem Austausch der Bewertungsobjekte – noch zu einer Seitenzahlung.

Für die Bewertung ist das Tauschgeschäft gedanklich in einen Erwerbs- und einen Veräußerungsfall zu zerlegen, denn die konfligierenden Parteien werden sich zunächst über die Einzelpreise der Tauschobjekte verständigen, um dann per Saldo gegebenenfalls eine Seitenzahlung zu vereinbaren. Somit handelt es sich letztlich um eine jungierte Konfliktsituation vom Typ „Kauf-Verkauf",[1] und die Vorgehensweise bei der Bewertung entspricht grundsätzlich der des vorangehenden Abschnitts IV.1.3.1 bei der Bewertung des Verkaufs einer Tranche. Die Bewertung eines Tauschgeschäfts soll nun unter Berücksichtigung von zwei Kunstwerken sowie unter der Annahme, daß die Einigung lediglich preismotiviert und die Berücksichtigung weiterer Einigungsdimensionen folglich nicht erforderlich ist, exemplarisch durchgeführt werden. Der hiesigen Betrachtung liegt damit eine nichtdominierte, limitierte, eindimensionale, jungierte Konfliktsituation vom Typ „Kauf-Verkauf" zugrunde.

Die Daten des Erwerbsfalls in Abschnitt II.3.1.2.1.2 werden für das Beispiel abgewandelt. Nunmehr sei angenommen, daß Kunstwerk H sich bereits im Portefeuille des Kunstsammlers befindet und einen Bestandteil des vordisponierten Zahlungssaldos c_t darstellt. Des weiteren soll das maximale Investitionsvolumen für die Geldanlagen G_{A0}, G_{A1}, G_{A2} und G_{A3} 600 GE betragen. Die neue Entscheidungssituation faßt Tabelle 20 zusammen.

Jahr t	G_{A0}	G_{A1}	G_{A2}	G_{A3}	G_{B0}	G_{B1}	G_{B2}	G_{B3}	vordisponierte Zahlungen		
									M	H	F
0	–1				–1				200	p?	p?
1	1,08	–1			1,05	–1					
2		1,08	–1			1,05	–1		50		
3			1,08	–1			1,05	–1			
4				1,08				1,05		110	160
Grenze	600	600	600	600	∞	∞	∞	∞			

Tabelle 20: Die dem Tauschgeschäft zugrunde liegende Entscheidungssituation

Damit der Kunstsammler sich in der Verhandlung zu seinem Vorteil – wenigstens aber nicht zu seinem Nachteil – verhalten kann, muß er sich seiner Konzessionsgrenzen W_F und W_H in bezug auf die Kunstwerke F und H bewußt sein. Da es sich hier um den Sonderfall einer jungierten Konfliktsituation vom Typ „Kauf-Verkauf" handelt, muß W_F unter der Annahme variierender Veräußerungspreise p_H für Kunstwerk

[1] Vorstellbar sind auch solche Tauschgeschäfte, bei denen mehr als nur zwei Objekte getauscht werden.

H ermittelt werden, während W_H unter der Annahme variierender Kaufpreise p_F für Kunstwerk F berechnet wird. Die Entscheidungswerte sind aufgrund ihrer gegenseitigen Abhängigkeit bedingt, denn die Konzessionsbereitschaft hinsichtlich des einen Bewertungsobjekts hängt von dem Verhandlungsergebnis in bezug auf das andere Bewertungsobjekt ab. Im ersten *Schritt* errechnet der Kunstsammler deshalb W_F unter der Annahme variierender Veräußerungspreise p_H für Kunstwerk H.

p_H (in GE)	i_t^{Ba} (in %)	EW (in GE)	W_F (in GE)	i_t^{Be} (in %)
0	8; 8; 8; 8	440,7178	117,6048	8; 8; 8; 8
10	8; 8; 8; 8	440,7178	117,6048	8; 8; 8; 8
20	8; 8; 8; 8	440,7178	117,6048	8; 8; 8; 8
30	8; 8; 8; 8	440,7178	117,6048	8; 8; 8; 8
40	8; 8; 8; 8	440,7178	117,6048	8; 8; 8; 8
50	8; 8; 8; 8	440,7178	117,6048	8; 8; 8; 8
60	8; 8; 8; 8	440,7178	117,6048	8; 8; 8; 8
70	8; 8; 8; 8	440,7178	117,6048	8; 8; 8; 8
80	8; 8; 8; 8	440,7178	117,6048	8; 8; 8; 8
80,8532	8; 8; 8; 8	440,4178	117,6048	8; 8; 8; 8
80,8533	8; 8; 8; 8	440,4178	117,6048	8; 8; 8; 8
90	8; 8; 8; 8	452,8618	117,6048	8; 8; 8; 8
100	8; 8; 8; 8	466,4667	117,6048	8; 8; 8; 8
110	8; 8; 8; 8	480,0716	117,6048	8; 8; 8; 8
120	8; 8; 8; 8	493,6765	117,6048	8; 8; 8; 8
130	8; 8; 8; 8	507,2814	117,6048	8; 8; 8; 8
140	8; 8; 8; 8	520,8862	117,6048	8; 8; 8; 8
150	8; 8; 8; 8	534,4911	117,6048	8; 8; 8; 8
160	8; 8; 8; 8	548,0960	117,6048	8; 8; 8; 8
170	8; 8; 8; 8	561,7009	117,6048	8; 8; 8; 8
180	8; 8; 8; 8	575,3058	117,6048	8; 8; 8; 8
190	8; 8; 8; 8	588,9107	117,6048	8; 8; 8; 8
200	8; 8; 8; 8	602,5156	117,6048	8; 8; 8; 8

Tabelle 21: Der bedingte Grenzpreis des Kunstwerks F beim Tauschgeschäft

Tabelle 21 stellt die Entwicklung von W_F dar, wenn der Veräußerungspreis von Kunstwerk H schrittweise erhöht wird. Des weiteren zeigt sie auch den Zielfunktionswert EW des Basisprogramms und die endogenen Grenzzinsen in Abhängigkeit von p_H. Es ergibt sich, daß die Veräußerung von Kunstwerk H erst zu Preisen von $p_H > 80,532$ GE betriebswirtschaftlich attraktiv wird, das gilt dann sowohl für das Basis- als auch das Bewertungsprogramm. Denn nur wenn der Kunstsammler mehr als 80,532 GE für Kunstwerk H erhält, verfügt er über eine Summe, welche ihm, zu 8 % angelegt, Zahlungsüberschüsse verspricht, die den Abgang von Kunstwerk H aus seinem Portefeuille kompensieren. Durch die fortlaufende Erhöhung des Preises steigt der Basisprogrammerfolg EW kontinuierlich an.

W_F bleibt auf dem gesamten Intervall $0 \leq p_H \leq 200$ GE konstant bei 117,6048 GE, da sich die Umstrukturierungen vom Basis- zum Bewertungsprogramm in allen Fällen auf die Reduktion der Grenzobjekte G_{A0}, G_{A1}, G_{A2} und G_{A3} beschränken und die endogenen Grenzzinsen somit einheitlich 8 % betragen. W_F ergibt sich folglich auch durch:

$$W_F = \frac{160}{1{,}08^4} = 117{,}6048.$$

Im *zweiten Schritt* errechnet der Kunstsammler W_H unter der Annahme variierender Kaufpreise p_F für Kunstwerk F. Tabelle 22 zeigt W_H als bedingten Grenzpreis, den Zielfunktionswert EW des Basisprogramms und die endogenen Grenzzinsen in Abhängigkeit von p_F. Bis zu einem Preis von $p_F \leq 117{,}6047$ ist der Erwerb des Kunstwerks F im Basis- und Bewertungsprogramm stets lukrativ, denn die mit diesen Kaufpreisen einhergehende Rendite ist bei einem Veräußerungserlös in Höhe von 160 GE immer größer als die Rendite der Geldanlage G_A, in welche die Summe des Kaufpreises alternativ investiert würde. Letztmalig ist das der Fall bei einem Kaufpreis in Höhe von 117,6047 GE. Der interne Zins der Investition in Kunstwerk F beträgt in diesem Fall noch 8,0000176 %. Steigt der Kaufpreis von 117,6047 GE auf 117,6048 GE, dann bedeutet das für den internen Zins, daß er unter 8 %, nämlich auf 7,9999946 %, fällt. Die alternative Investition in G_A, die eine Rendite von 8 % verspricht, ist dann lukrativer, und dieser Sachverhalt ändert sich für das gesamte Intervall $117{,}6048 \leq p_F \leq 200$ dann auch nicht mehr. Entsprechend entwickelt sich der Zielfunktionswert EW. Durch die fortlaufende Reduktion der internen Verzinsung von Kunstwerk F bei zunehmenden p_F nimmt dieser kontinuierlich ab, bis die Akquisition von Kunstwerk F unrentierlich wird und aus den Basis- und Bewertungsprogrammen verschwindet. Er bleibt dann konstant bei 440,4178 GE.

Wie schon W_F bleibt auch W_H auf dem gesamten betrachten Intervall $0 \leq p_H \leq 200$ GE konstant. Er ergibt sich aufgrund der Konstanz der endogenen Grenzzinsen als „einfacher" Zukunftserfolgswert:

$$W_F = \frac{110}{1{,}08^4} = 85{,}8533.$$

p_F (in GE)	i_t^{Ba} (in %)	EW (in GE)	W_H (in GE)	i_t^{Be} (in %)
0	8; 8; 8; 8	600,4178	80,8533	8; 8; 8; 8
10	8; 8; 8; 8	586,8129	80,8533	8; 8; 8; 8
20	8; 8; 8; 8	573,2080	80,8533	8; 8; 8; 8
30	8; 8; 8; 8	559,6031	80,8533	8; 8; 8; 8
40	8; 8; 8; 8	545,9982	80,8533	8; 8; 8; 8
50	8; 8; 8; 8	532,3933	80,8533	8; 8; 8; 8
60	8; 8; 8; 8	518,7885	80,8533	8; 8; 8; 8
70	8; 8; 8; 8	505,1836	80,8533	8; 8; 8; 8
80	8; 8; 8; 8	491,5787	80,8533	8; 8; 8; 8
90	8; 8; 8; 8	477,9738	80,8533	8; 8; 8; 8
100	8; 8; 8; 8	464,3689	80,8533	8; 8; 8; 8
110	8; 8; 8; 8	450,7640	80,8533	8; 8; 8; 8
117,6047	8; 8; 8; 8	440,4180	80,8533	8; 8; 8; 8
117,6048	8; 8; 8; 8	440,4178	80,8533	8; 8; 8; 8
120	8; 8; 8; 8	440,4178	80,8533	8; 8; 8; 8
130	8; 8; 8; 8	440,4178	80,8533	8; 8; 8; 8
140	8; 8; 8; 8	440,4178	80,8533	8; 8; 8; 8
150	8; 8; 8; 8	440,4178	80,8533	8; 8; 8; 8
160	8; 8; 8; 8	440,4178	80,8533	8; 8; 8; 8
170	8; 8; 8; 8	440,4178	80,8533	8; 8; 8; 8
180	8; 8; 8; 8	440,4178	80,8533	8; 8; 8; 8
190	8; 8; 8; 8	440,4178	80,8533	8; 8; 8; 8
200	8; 8; 8; 8	440,4178	80,8533	8; 8; 8; 8

Tabelle 22: Der bedingte Grenzpreis des Kunstwerks H beim Tauschgeschäft

Kann der Kunstsammler im Vorfeld der Bewertung des Tauschgeschäfts abschätzen, daß sich die Umstrukturierungen für sämtliche betrachteten Preiskonstellationen auf die Geldanlage G_A beschränken, dann kann er auch seine „bedingten" Entscheidungswerte vereinfacht mit dem Zukunftserfolgswertverfahren ermitteln.

Mit dem *dritten Schritt* erfolgt dann schließlich die Ermittlung potentieller Seitenzahlungen in Abhängigkeit vom Verhandlungsergebnis. Hierzu werden die Ergebnisse beider Tabellen verknüpft, um auf Basis der sich darstellenden Informationen eine Entscheidung treffen zu können. Abbildung 20 zeigt W_H als Funktion von p_F und W_F als Funktion von p_H. Das Koordinatensystem wird dabei in vier Bereiche A, B, C und D aufgeteilt. Soll ein Tauschgeschäft aus der Perspektive des Kunstsammlers zustande kommen, dann muß sich das Verhandlungsergebnis als eine Preiskonstellation aus dem Bereich A herausstellen, denn nur in diesem Bereich liegen Einigungsmöglichkeiten, die gewährleisten, daß eine Hereinnahme von Kunstwerk F bei gleichzeitiger

Herausnahme von Kunstwerk H nicht mit einer Verschlechterung der Erfolgssituation des Kunstsammlers einhergeht. Des weiteren sind die Verhandlungsergebnisse des Bereichs A danach zu differenzieren, ob sie dazu führen, daß der Kunstsammler eine Seitenzahlung erbringen muß oder vereinnahmen kann oder ob gar ein glatter Tausch vorliegt. Verständigen sich die konfliegierenden Parteien auf ein Ergebnis, das in die schraffierte Teilfläche des Bereichs A fällt, dann muß der Kunstsammler eine Zahlung leisten, da der Kaufpreis p_F für Kunstwerk F über dem Veräußerungspreis p_H für Kunstwerk H liegt. Demgegenüber vereinnahmt der Kunstsammler stets eine Seitenzahlung, wenn es zu einem Verhandlungsresultat kommt, das in die weiße Teilfläche des Bereichs A fällt. Ein glatter Tausch liegt bei der Einigung auf eine Preiskonstellation vor, die auf der gestrichelten Linie liegt, denn hier gilt $p_F = p_H$.

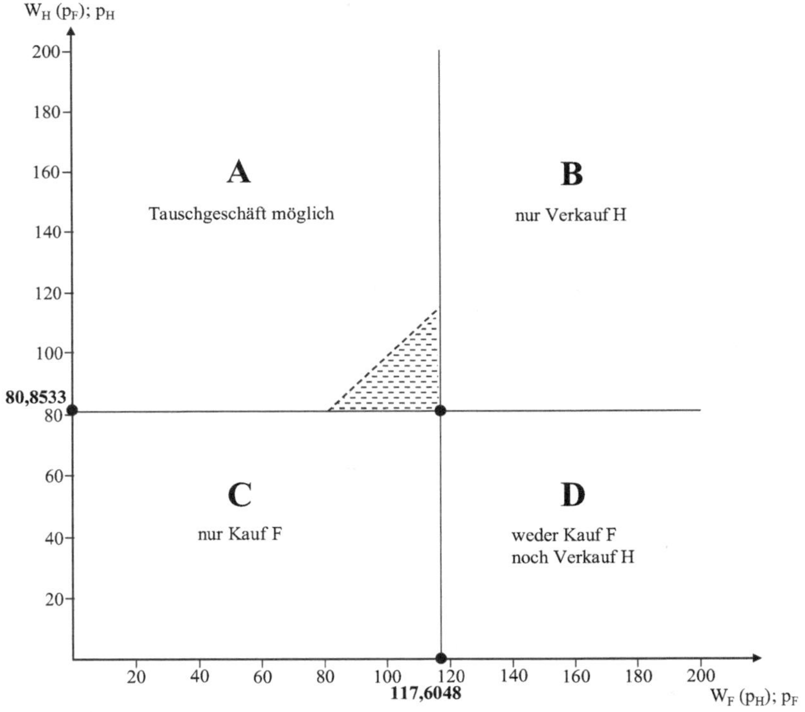

Abbildung 20: Jungierter Entscheidungswert des Tauschgeschäfts

Wenngleich sich die methodischen Vorgehen bei der Bewertung des Verkaufs einer Tranche und des Tauschgeschäfts entsprechen, zielen sie doch auf andere Sachverhalte ab. Während die Ermittlung eines Reservationspreises eine Entscheidung unter Unsicherheit darstellt, da der Kunstsammler die in Form der Versteigerung erfolgenden Preisverhandlungen nicht selbst beeinflussen kann, gestaltet er das Verhandlungsergebnis des Tauschgeschäfts selbst mit und ist in der Lage, eine Eigentumsübertragung zu unterlassen, wenn sie unvorteilhaft für ihn ist.

2. Ausblick: Derivative Kunstinvestition

2.1 Das künstlerische Konzept

Die Arbeiten des britischen Künstlers TOM SAUNDERS setzen sich mit der institutionellen Kritik an und der Weiterentwicklung von Wegen der Produktion, Distribution und Kommunikation von Kulturgütern auseinander. Als Konzeptkünstler ist die materielle Ausführung eines Kunstwerks für SAUNDERS von untergeordneter Bedeutung, im Vordergrund steht die geistige Konzeption, an deren Fortentwicklung und Umsetzung weitere Personen beteiligt sein dürfen.[1]

Auf einer Gruppenausstellung in London zeigte SAUNDERS im Mai 2010 seinen „emerging artist derivative contract“ (EADC), der eine neuartige Möglichkeit der Finanzierung „aufstrebender Künstler“ darstellen soll. Der EADC ist ein Vertragskonstrukt, das SAUNDERS in Kooperation mit der in London ansässigen Kanzlei FERGUSON SOLICITORS, unter Mitarbeit des Rechtsanwalts RUPERT BEECROFT, entwickelt hat.

Gemäß EADC erhält SAUNDERS als Vertragspartei bei Vertragsabschluß eine Summe in Höhe von 2.000 Britischen Pfund, die ihn dazu verpflichtet, seinem Vertragspartner im Jahr 2020 eines seiner Kunstwerke zu einem symbolischen Preis in Höhe von einem Britischen Pfund zu verkaufen. Während SAUNDERS sich verpflichtet zu leisten, hat der Vertragspartner das Recht, aber nicht die Pflicht, das Kunstwerk zu erwerben.

Der EADC, den SAUNDERS nicht nur als Vertragskonstrukt, sondern auch als Kunstwerk versteht, existiert in einer Auflage von drei Exemplaren und einem Künstlerexemplar. Als Kunstwerk ist der EADC zum einen als kritische Stellungnahme zu dem Begriff „aufstrebender Künstler“ angelegt, der SAUNDERS zufolge gleichbedeutend ist mit der Produktion unterdurchschnittlicher Kunst. Zum anderen möchte der Künstler darauf aufmerksam machen, daß der Handel mit Kunstwerken zwar die Triebfeder des Kunstmarktes darstellt, dessen Weiterentwicklung aber – trotz seiner Bedeutung – im Gegensatz zur Weiterentwicklung der künstlerischer Inhalte allzu selten kreativ vorangetrieben wird und folglich ohne die erforderlichen Innovationen bleibt.

SAUNDERS schreibt im Rahmen seiner Ausstellung über die Kunstwelt: „Das Fundament dieser Welt bilden Transaktionen, die den Austausch von Objekten beinhalten. Diese finanzielle Aktivität ist der Motor der Kunstwelt, aber der einfallsreiche Denkprozeß, der den Inhalten ihrer Arbeiten zukommt, kommt allzu selten [auch] den

[1] Konzeptkunst ist eine Kunstrichtung, die sich ab Mitte der 1960er Jahre aus dem Minimalismus entwickelte. Vgl. DER BROCKHAUS, Der Brockhaus Kunst (2006), S. 165.

Formen der Geldzirkulation in ihr zu. Wir haben alle eine große Zahl von Ausstellungen aufstrebender Kunst gesehen, und obwohl der Wunsch, Kreativität zu fördern, lohnend ist, üben die alten Finanzmodelle der Kunst Druck auf junge Künstler aus, sich diesen antiquierten Methoden zu fügen."[1]

Mit dem EADC möchte der Künstler einen Beitrag zur Weiterentwicklung des Kunstmarkts leisten und stellt ein neuartiges Finanzierungsinstrument vor, das strukturell mit einer Option übereinstimmt. Nachdem im folgenden Abschnitt das dem EADC zugrunde liegende Vertragskonstrukt dargelegt wurde, widmet sich das weitere einer betriebswirtschaftlichen Analyse des EADC. Dieses Vorhaben dürfte auch im Sinne SAUNDERS' sein.

2.2 Das Vertragskonstrukt

Der EADC benennt zunächst die beiden Vertragsparteien des EADC als „Künstler" und „Sammler", letzteren auch als „Halter der Option", und erläutert dann deren Beweggründe, den Vertrag einzugehen. Ersterer wird als ein Künstler beschrieben, der sich in einer frühen Phase seiner Karriere befindet und eine Finanzierung benötigt, die es ihm erlaubt, mit verschiedenen künstlerischen Medien zu experimentieren. Die Finanzierung soll letztlich dazu beitragen, daß er sich zu einem kommerziell erfolgreichen Künstler entwickeln kann. Die Vertragspartei des Sammlers wird hingegen verstanden als jemand, der zum Zeitpunkt des Vertragsschlusses bereit ist, eine finanzielle Investition in einen aufstrebenden Künstler zu tätigen, um im Gegenzug die Option zu erhalten, zehn Jahre nach Vertragsschluß eine „voll ausgereifte Arbeit" des besagten Künstlers für einen symbolischen Preis, den sogenannten Ausübungspreis, kaufen zu können. Der potentielle Erlös des Kunstwerks soll zu diesem zukünftigen Zeitpunkt erheblich höher sein als die ursprünglich in die Option investierte Summe. Neben Künstler und Sammler existieren vier weitere Vertragsparteien, die für den Prozeß der Vertragsdurchführung eine noch zu definierende Funktion innehaben.

In der ersten der 16 Klauseln des EADC verpflichtet sich der Künstler unter Berücksichtigung der weiteren Bestimmungen des zugrunde liegenden Vertrags, dem Sammler die Option zum Erwerb eines seiner Kunstwerke einzuräumen, wenn dieser im Gegenzug die vereinbarte Prämie entrichtet. Die Option gibt dem Sammler das Recht, aber nicht die Pflicht, ein Kunstwerk des Künstlers zum Verfallstermin, zehn Jahre nach dem Zeitpunkt des Vertragsschlusses, zum Ausübungspreis zu erwerben.

---

[1] Dieses Zitat ist dem Aushang zum Kunstwerk entnommen, welcher anläßlich der Ausstellung „Shop+Office", die vom 7. bis zum 28. Mai 2010 in London stattfand, vom Künstler verfaßt wurde.

In der zweiten Klausel werden wesentliche Begriffe des Vertrags definiert. Hierzu gehören unter anderem die sogenannten drei „Experten", die im Laufe des Vertragsverhältnisses mehrere Funktionen zu erfüllen haben. Insbesondere müssen sie eine Entscheidung darüber treffen, welche Auswahl von Kunstwerken schlußendlich für die Ausübung der Option herangezogen werden darf. Die Experten werden durch den Künstler vorgeschlagen und müssen durch den Sammler bestätigt werden. Laut Vertrag qualifizieren sich Kunstkritiker, Kuratoren, Kunstsachverständige, Kunstberater oder, ganz allgemein, jeder „Experte auf dem Gebiet der Kunst". Des weiteren wird der Begriff des „Kunstwerks" eingeführt. Hierunter soll ein Objekt verstanden werden, für dessen Produktion alleine der Künstler verantwortlich ist und das repräsentativ ist für das Œuvre des Künstlers zum entsprechenden Zeitpunkt in der Zukunft.

Klausel 3 regelt die Auswahl der Experten, die spätestens neun Monate vor dem Verfallstermin stattfinden soll. Sollten sich Künstler und Sammler hinsichtlich eines oder mehrerer Experten nicht einigen können, vollzieht sich die Auswahl der Experten, wie in Klausel 3.2. dargestellt, in der Weise, daß drei der vier zuvor erwähnten weiteren Vertragsparteien entweder selbst als Experten fungieren oder diese bestimmen.

Die Klauseln 4, 5 und 6 regeln den Ablauf der Optionsausübung im weiteren Sinne. Im ersten Schritt ist vorgesehen (Klausel 4), daß der Künstler den Experten sechs Monate vor dem Verfallstermin sein Œuvre präsentiert. Die Experten prüfen dann die Objekte daraufhin, ob es sich dabei um echte Kunstwerke handelt. Die Entscheidung darüber, was sich als echtes Kunstwerk qualifiziert, wird per Mehrheitsentscheid gefällt, d.h. zwei der drei Experten müssen bereit sein, das betreffende Kunstwerk als solches anzuerkennen. Eine Liste mit den durch die Experten qualifizierten Kunstwerken wird dann dem Sammler durch den Künstler zugestellt (Klausel 6.2.). Dabei wird ausdrücklich darauf hingewiesen, daß dem Sammler nicht garantiert wird, daß ihm sämtliche Kunstwerke der Liste für die Optionsausübung zur Verfügung stehen (Klausel 6.2.). Die Optionsausübung im engeren Sinne findet zum Verfallstermin, zehn Jahre nach Vertragsschluß, statt (Klausel 5). An diesem Tag präsentiert der Künstler dem Sammler alle Werke, die für die Optionsausübung zur Verfügung stehen. Der Sammler wählt aus den Kunstwerken eines aus und der Künstler ist verpflichtet, ihm dieses zum Ausübungspreis zu veräußern.

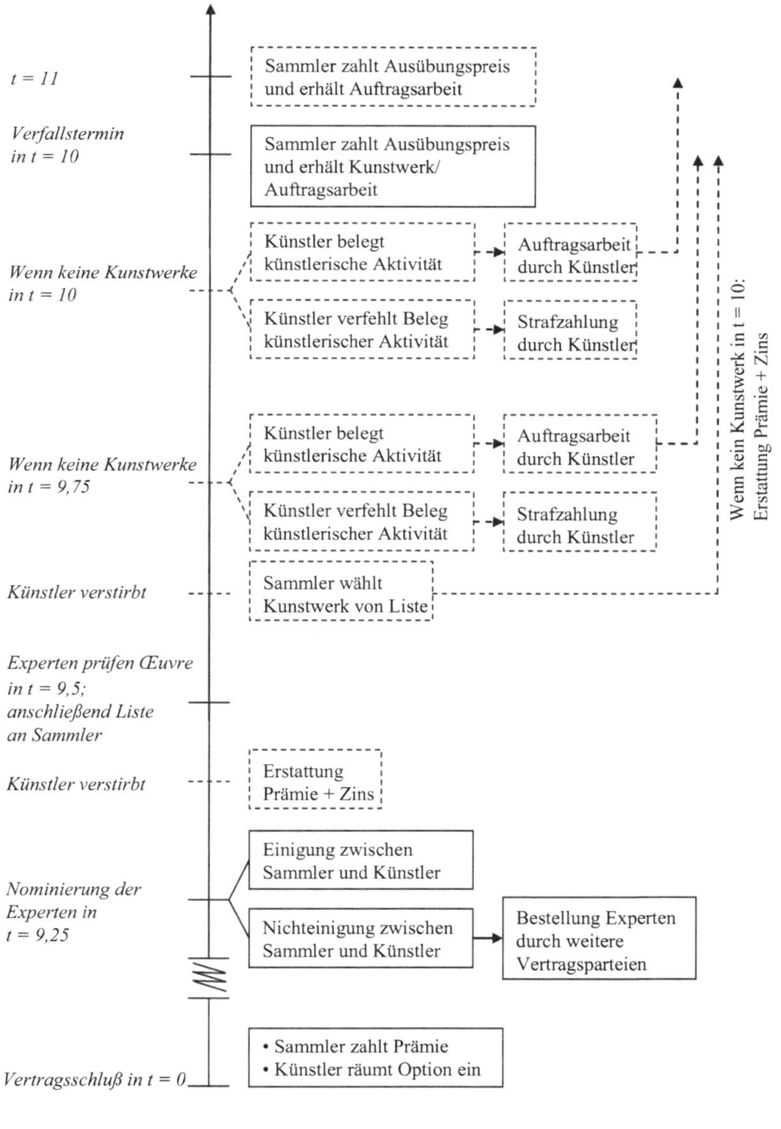

Abbildung 21: Der EADC im zeitlichen Verlauf

Sollten drei Monate vor dem Verfallstermin oder aber zum Verfallstermin selbst keine Kunstwerke vorhanden sein, kommt Klausel 6.7. zur Anwendung. Sie besagt, daß der Künstler dem Sammler in diesem Fall belegen muß, daß im Zeitraum von drei Jahren vor einem solchen Termin Kunstwerke des Künstlers öffentlich ausgestellt wurden und/oder von Dritten in Auftrag gegeben wurden, unerheblich ob diese bereits fertiggestellt oder noch in Arbeit sind (Klausel 6.7. (a)). Kann der Beleg des Künstlers den Sammler nicht befriedigen, müssen die Experten per Mehrheitsentscheid darüber befinden (Klausel 6.7. (b)). Halten die Experten den Beleg für befriedigend, gilt er als erbracht. In einem solchen Fall soll der Künstler dem Sammler anbieten, ein Kunstwerk in Auftrag zu geben, welches letzterer zum Ausübungspreis erwerben kann (Auftragsarbeit). Die Ausübung der Option im engeren Sinne findet dann entweder zum Verfallstermin statt, oder, wenn zum Verfallstermin erst bekannt wird, daß keine Kunstwerke zur Verfügung stehen, bis spätestens zwölf Monate nach dem Verfallstermin. Bewerten auch die Experten den Beleg als nicht befriedigend, ist der Künstler verpflichtet, eine Summe von 1.000 Britischen Pfund zzgl. Zins und Zinseszins für den Zeitraum von der Vertragsschließung bis zu jenem Zeitpunkt drei Monate vor dem Verfallstermin oder bis zum Verfallstermin und einschließlich des Verfallstermins zu zahlen, je nachdem, wann der Sammler in Kenntnis gesetzt wurde (Klausel 6.7. (c)).

Klausel 7 regelt die Vorgehensweise für den Todesfall des Künstlers. Verstirbt der Künstler vor der Zertifizierung der Kunstwerke durch die Experten, wird dem Sammler die ausbezahlte Prämie zzgl. Zins und Zinseszins erstattet für den Zeitraum vom Vertragsschluß bis zum Zeitpunkt und einschließlich des Zeitpunkts, zu dem der Sammler die Rückerstattung erhält (Klausel 7.1.). Verstirbt der Künstler erst nach der Zertifizierung der Kunstwerke, kommt Klausel 7.2. zum Zuge. Der Sammler ist dann dazu berechtigt, ein Kunstwerk aus der Liste zertifizierter Kunstwerke auszuwählen, welches er zum Verfallstermin zum Ausübungspreis zu erwerben wünscht. Sollte das Kunstwerk zum Verfallstermin nicht mehr zur Verfügung stehen, kann er ein anderes Kunstwerk von der Liste wählen. Sollte keines der Kunstwerke mehr zur Verfügung stehen, hat der Sammler Anspruch auf eine Rückerstattung in der Höhe, wie sie ihm nach Klausel 7.1. gewährt würde.

Abbildung 21 faßt die durch den Vertrag vorgesehenen Abläufe zusammen.

2.3 Der EADC als Option

2.3.1 Der Vergleich des EADC mit einer Option

Eine Option ist ein *bedingtes Termingeschäft*, dessen Zahlungsüberschüsse und Wert sich aus dem ihm zugrunde liegenden Objekt, dem sogenannten *Basiswert,* ergeben. Das Termingeschäft ist bedingt, weil dem *Optionsinhaber* das Recht – nicht jedoch die Pflicht – des Kaufs oder Verkaufs des Basiswerts zu einem ex ante vereinbarten Preis eingeräumt wird (der lateinische Begriff „optio“ bedeutet übersetzt „freier Wille“).[1] Die Option stattet den Optionsinhaber mit *Handlungsflexibilität* aus und unterscheidet sich somit von einem unbedingten Termingeschäft wie beispielsweise einem „future“. Optionen dienen aus Sicht des Optionsinhabers grundsätzlich dem Betreiben von *Spekulation, Marktpreisabsicherungsgeschäften* sowie der *Arbitrage.*

Den im Vorfeld vereinbarten Preis bezeichnet man auch als *Ausübungs-* oder *Basispreis.* Ist der Optionsinhaber zum Kauf des Basiswerts berechtigt, handelt es sich um eine *Kaufoption*, ist er demgegenüber zum Verkauf des Basiswerts berechtigt, handelt es sich um eine *Verkaufsoption.* Der Kauf/Verkauf des Basiswerts muß innerhalb oder nach einer bestimmten Frist erfolgen, deren Ende durch den *Verfallstermin* determiniert wird. Kann der Kauf/Verkauf innerhalb der Frist erfolgen, dann liegt eine *amerikanische Option* vor, muß er demgegenüber mit dem Verfallstermin zusammenfallen, so handelt es sich um eine *europäische Option.* Denjenigen, der dem Optionsinhaber das Recht des Kaufs/Verkaufs einräumt, bezeichnet man als *Stillhalter.* Im Gegensatz zum Optionsinhaber hat der Stillhalter kein Wahlrecht, vielmehr ist er verpflichtet, den Basiswert zum Basispreis zur Verfügung zu stellen (Kaufoption) oder abzunehmen (Verkaufsoption). Die Verpflichtung läßt sich der Stillhalter mit der *Optionsprämie* vergüten, die der Optionsinhaber beim Vertragschluß entrichten muß. Der einer Option zugrunde liegende Basiswert kann ein finanzwirtschaftliches Produkt, beispielsweise Wertpapiere, Aktienindizes, Zinsen, Derivate, Devisen, oder ein güterwirtschaftliches Produkt homogener Natur sein, insbesondere Welthandelswaren, vor allem landwirtschaftliche Produkte, Rohstoffe, Edelmetalle.

Das Optionsgeschäft wird schließlich in zwei Stufen abgewickelt:

1. Abschluß des Optionsgeschäfts; Optionsinhaber entrichtet die Optionsprämie an den Stillhalter;

---

[1] Vgl., auch im folgenden, MATSCHKE/OLBRICH, Internationale und Außenhandelsfinanzierung (2000), S. 150-153, und die dort angeführte Literatur, BÜSCHGEN, Börsen-Lexikon (2001), S. 1098, SPREMANN, Portfolio-Management (2008), S. 525 ff., HULL, Options (2009), S. 6 ff., PERRIDON/STEINER/RATHGEBER, Finanzwirtschaft (2009), S. 326 ff., KRUSCHWITZ, Finanzierung und Investition (2010), S. 305 ff.

2. Optionsinhaber läßt sein Recht verfallen oder übt es aus; übt er aus, erfolgt der Kauf/Verkauf des Basiswerts durch die entsprechende Vertragspartei unter Ausbezahlung des vereinbarten Ausübungspreises.

Optionen werden auf zweierlei Art und Weisen gehandelt, wobei der *„over-the-counter"-Handel* (OTC-Handel) und der *Börsenhandel* zu differenzieren sind. Letzterer verlangt eine Standardisierung der Optionskontrakte, die dazu führt, daß sich eine Vielzahl von Marktteilnehmern auf eine relativ konzentrierte Produktpalette beschränkt, was schlußendlich die Liquidität erhöht und Such- sowie Informationskosten verringert.[1] Individuell zugeschnittene Kontrakte sind demgegenüber Gegenstand des OTC-Handels. Dem Vorteil des individuellen Zuschnitts von Vertragsmerkmalen steht der Nachteil der eingeschränkten Handelbarkeit auf dem Sekundärmarkt gegenüber.

Die Wahlmöglichkeit des Optionsinhabers über eine Ausübung oder Nichtausübung der Option bedingt ein aus dessen Sicht attraktives Verhältnis von Gewinn- und Verlustmöglichkeiten. Da der Optionsinhaber eine Option nur dann ausübt, wenn dies zu einem finanziellen Vorteil für ihn führt und die Option in allen anderen Fällen verfallen läßt, beschränken sich die Verlustmöglichkeiten auf das für die Optionsprämie eingesetzte Kapital. Ist er im Besitz einer Kaufoption, dann ist die Ausübung rational, wenn der aktuelle Preis des Basiswerts über dem Ausübungspreis liegt. Analog lohnt sich die Ausübung einer Verkaufsoption, wenn der aktuelle Preis des Basiswerts unter dem Ausübungspreis liegt. Zum Verfallstermin beträgt die durch eine Option zu vereinnahmende Zahlung:

Wert Kaufoption = max {0; aktueller Preis des Basiswerts – Ausübungspreis} oder

Wert Verkaufsoption = max {0; Ausübungspreis – aktueller Preis des Basiswerts}.

Im Hinblick auf die mit der Optionsausübung verbundenen Zahlungskonsequenzen gilt es zu unterscheiden, ob die Option *im Geld*, *am Geld* oder *aus dem Geld* ist. Eine Kaufoption ist im Geld/aus dem Geld, wenn der aktuelle Preis des Basiswerts größer/kleiner ist als der Ausübungspreis. Sie ist am Geld, wenn sich beide Preise entsprechen.

Es zeigt sich im weiteren, daß der EADC im Grundsatz funktionsgleich mit einer Option ist: Der Künstler als Stillhalter räumt dem Kunstsammler als Optionsinhaber

---

[1] Vgl., auch im folgenden, MATSCHKE/OLBRICH, Internationale und Außenhandelsfinanzierung (2000), S. 143 f. und die dort angeführte Literatur, PERRIDON/STEINER/RATHGEBER, Finanzwirtschaft (2009), S. 169-172.

verpflichtend die Möglichkeit ein, eines seiner Kunstwerke in der Zukunft zu erwerben. Der EADC stellt folglich eine Kaufoption dar, deren Abwicklung wie oben beschrieben in zwei Stufen erfolgt (Abschluß des Optionsgeschäfts, Ausübung oder Nichtausübung der Option). In bezug auf die Zeit, in der das Optionsrecht vom Kunstsammler ausgeübt werden kann, ist zu konstatieren, daß es sich beim EADC um eine europäische Kaufoption handelt, da der Kunstsammler den Basiswert erst am Ende der Zehn-Jahres-Frist erwerben darf. Der Basiswert selbst ist ein Kunstwerk aus dem zum Verfallstermin existierenden Œuvre des Künstlers. Es handelt sich somit um einen *Basiswert güterwirtschaftlicher Natur*, der aber im Gegensatz zu den güterwirtschaftlichen Basiswerten konventioneller Optionen nicht homogen ist, sondern sich durch seinen Einzelstückcharakter auszeichnet.

Wegen des Einzelstückcharakters des Basiswerts ist ein börsenähnlicher Handel für EADC genauso ausgeschlossen wie für Kunstwerke selbst. Zweckmäßig kann ein Handel des EADC somit nur in der Organisationsform OTC erfolgen, also im Wege von individuellen bilateralen Absprachen. Typisch für OTC-Geschäfte ist auch das Bonitätsrisiko, das mit den Klauseln 6.7. und 7 einhergeht. Zwar versuchen die dortigen Regelungen eine Abmilderung beziehungsweise Vermeidung von Risken, die zu einem Totalverlust des eingesetzten Kapitals führen würden (Schaffenskrise, Tod), zu erreichen, indem der Künstler oder dessen Angehörige eine Strafzahlung oder eine Rückerstattung leisten müssen, doch ist nicht garantiert, daß diese in einem solchen Fall wirklich leisten können.

Die Handlungsflexibilität, welche der EADC einräumt, geht über das für bedingte Termingeschäfte charakteristische Maß an Handlungsflexibilität hinaus, da der Kunstsammler nicht nur über den Erwerb oder Nichterwerb des Basiswerts zu bestimmen vermag, sondern auch über den Basiswert selbst (vgl. die Klauseln 6.2. und 6.4. des EADC). Entsprechend ist es gerechtfertigt, von *einer doppelten Handlungsflexibilität* zu sprechen. Dieser zusätzlichen Handlungsflexibilität steht allerdings die Tatsache gegenüber, daß der Basiswert erst am Tag des Verfalls der Option endgültig gewählt wird. Im Vergleich zu einer konventionellen Option existiert folglich vor der Ausübung des EADC kein Basiswert. Dem Kunstsammler ist bis zu diesem Zeitpunkt also nicht umfassend bekannt, welches Kunstwerk er letztlich kaufen kann, was ihn mit einer weiteren Unsicherheitsdimension konfrontiert, der im Rahmen der Bewertung Rechnung zu tragen ist, und die in diesem Sinne zu einer höheren Komplexität durch einen verstärkten Wirkungsdefekt führt.

Abschließend ist noch zu eruieren, welche Zwecksetzung die Vertragsparteien mit dem EADC verfolgen. Aus der Perspektive des Kunstsammlers besitzt der EADC den Charakter eines *Spekulationsinstruments*, denn in bezug auf seine finanzielle Zielsetzung ist er daran interessiert, zum Verfallstermin ein Kunstwerk zu erwerben, das ihm einen möglichst hohen Veräußerungserlös beschert.[1] Aus der Perspektive des Künstlers besitzt der EADC den Charakter eines *Finanzierungsinstruments*. Er ist daran interessiert, einen möglichst hohen Geldbetrag in Form der Optionsprämie einzusammeln. Hierfür spielt der Zusammenhang zwischen der Optionsprämie und der Höhe des Ausübungspreises eine Rolle, denn wenn eine Kaufoption mit einem geringen Ausübungspreis ausgestattet ist, steigt die Wahrscheinlichkeit, daß sie sich zum Verfallstermin im Geld befindet. Dies wiederum wird die Zahlungsbereitschaft des zukünftigen Optionsinhabers erhöhen. Der EADC macht sich diesen Zusammenhang durch den niedrigen Ausübungspreis in Höhe von einem Britischen Pfund zunutze.

2.3.2 Die investitionstheoretische Bewertung des EADC als Option

Für den Optionsinhaber stellt sich neben der Frage, welchen Wert die Option für ihn zum Verfallstermin hat, insbesondere auch die Frage, was die Option ihm bei Abschluß des Optionsgeschäfts wert ist. Gesucht ist ein Entscheidungswert, der mit der Optionsprämie zu vergleichen ist. Aus Theorie und Praxis sind mehrere Bewertungsmethoden bekannt, die in die folgenden drei Verfahrensgruppen unterteilt werden können:[2]

Die *Verfahren der statistischen und ökonometrischen Bewertung*[3] möchten einen funktionalen Zusammenhang zwischen empirisch beobachtbaren Optionspreisen und Wertausprägungen verschiedenster Einflußgrößen ermitteln. Die erkannten Zusammenhänge werden dann als für die Zukunft gültig postuliert. Diese Verfahren zeichnen sich folglich durch einen „intuitiven, induktiven und vergangenheitsorientierten Ansatz der Modellbildung“[4] aus und sind darüber hinaus „weniger Optionsbewertungsmodelle im eigentlichen Sinne des Wortes als vielmehr Optionspreisbeschreibungsmodelle.“[5] Sie erweisen sich damit für die Bestimmung eines (subjektiven) Entscheidungswerts als ungeeignet. Grundsätzlich ist diese Schlußfolgerung schon dadurch zu begründen, daß gegenwärtig noch gar nicht die Möglichkeit besteht, auf historische Daten für Kunstderivate zurückzugreifen. Darüber hinaus sind derartige

---

1 Freilich muß der Kunstsammler nicht zwingend die tatsächliche Absicht verfolgen, das Kunstwerk zum Verfallstermin zu veräußern.

2 Vgl. TERSTEGE, Optionsbewertung (1995), S. 30 ff. und 41 ff., PERRIDON/STEINER/RATHGEBER, Finanzwirtschaft (2009), S. 333 ff.

3 Vgl. beispielsweise GIGUÈRE, Mathematical Method of Evaluation (1958), SHELTON, Price of a Warrant I (1967), SHELTON, Price of a Warrant II (1967), KASSOUF, Model for Option Price (1969).

4 TERSTEGE, Optionsbewertung (1995), S. 33.

5 TERSTEGE, Optionsbewertung (1995), S. 33.

Verfahren aber insbesondere deshalb untauglich für die Entscheidungswertermittlung, weil sie:

1. Preise und nicht Werte ermitteln,
2. historisch beobachtbare Zusammenhänge fortschreiben und damit gegen den Grundsatz der Zukunftsbezogenheit verstoßen,
3. den Grundsatz der Subjektivität konterkarieren, da sie davon ausgehen, daß Beziehungen, die in einer bestimmten historischen Situation einmal galten, für ein mit einem individuellen Zielsystem und einem individuellen Entscheidungsfeld ausgestattetes Bewertungssubjekt regelmäßig zutreffen.

Die *Verfahren der gleichgewichtsorientierten Bewertung* differenzieren sich in präferenzabhängige[1] und präferenzunabhängige[2] Modelle, wobei die präferenzabhängigen Modelle in Theorie und Praxis weitgehend bedeutungslos geworden sind. Insbesondere die präferenzunabhängigen Modelle stützen ihre Bewertungsargumentation auf die Prinzipien der arbitragefreien Bewertung, die wiederum von den restriktiven und stark idealisierten Bedingungen des vollkommenen und vollständigen Markts sowie des vollständigen Wettbewerbs ausgehen. Werden solchermaßen restriktive Annahmen zugelassen, kommt es etwa unter Verwendung der prominentesten Verfahren der gleichgewichtsorientierten Bewertung, dem Binomial- und dem BLACK-SCHOLES-Modell, zu einer Übereinstimmung von Wert und Preis einer Option.[3] An- oder Verkaufsentscheidungen richten sich dann nicht mehr am Vorzeichen des Kapitalwerts aus, sondern danach, ob der sich im theoretischen Marktgleichgewicht ergebende Wert durch den Preis, der in der Marktrealität existiert, unter- oder überschritten wird. Aus zwei wesentlichen Gründen eignen sich die Verfahren der gleichgewichtsorientierten Bewertung nicht für die Bewertung des EADC: Erstens wurde bereits im vorangehenden Abschnitt II.2.2 festgestellt, daß die Voraussetzungen für eine arbitragefreie Bewertung auf dem Kunstmarkt nicht gegeben sind. Zweitens kann eine Bewertung des EADC mit gleichgewichtsorientierten Verfahren selbst unter Vernachlässigung des nichterfüllten Prämissenkranzes schon auch deshalb scheitern, weil es an einem Basiswert fehlt, für den eine stochastische Verteilungsannahme gemacht werden kann, denn der Basiswert wird erst am Tage des Verfalls der Kaufoption durch die gegenseitige Vereinbarung der kontrahierenden Vertragsparteien gewählt.

---

[1] Vgl. etwa SPRENKLE, Warrant Prices as Indicators (1964), BONESS, Theory of Stock-Option Value (1965), SAMUELSON, Theory of Warrant Pricing (1965). Einen Überblick über die genannten und weitere Beiträge gibt SMITH, Option Pricing (1976), S. 15-20.

[2] Vgl., auch im folgenden, insbesondere BLACK/SCHOLES, Pricing of Options (1973), COX/ROSS/RUBINSTEIN, Option Pricing (1979).

[3] Vgl. HERING, Unternehmensbewertung (2006), S. 200.

Die *Verfahren der investitionstheoretischen Bewertung* wurden zuvor ausführlich dargestellt und konnten bereits im einführenden Kapitel als adäquate Methoden zur betriebswirtschaftlichen Bewertung von Kunstwerken erkannt werden. Auch für die Bewertung des EADC stellen das ZGPM und das Zukunftserfolgswertverfahren zweckmäßige Instrumente dar, denn bei Optionen handelt es sich lediglich um eine Sonderform zustandsabhängiger Zahlungsströme.[1] Es ist folglich zweckadäquat, sich des allgemeinen (nichtdeterministischen) ZGPM zu bedienen oder aber die deterministische Variante des ZGPM beziehungsweise das Zukunftserfolgswertverfahren im Sinne einer heuristischen Komplexitätsreduktion mit den vorgestellten unsicherheitsaufdeckenden Verfahren zu koppeln.[2]

2.3.3 Die abschließende Beurteilung des EADC

Es handelt sich beim EADC um ein künstlerisches Konzept und nicht um ein bereits am Markt erprobtes Kunstderivat. Was die Seite der Künstler angeht, ist Bedarf für alternative Finanzierungsmöglichkeiten vorhanden, da sich der Übergang von der Theorie in die Praxis für einen Großteil der Absolventen von Universitäten, Kunsthochschulen und Kunstakademien als finanzielle Hürde erweist und die Künstlereinkommen insgesamt außerordentlich gering sind.[3] Zudem kann, aus der gesamtwirtschaftlichen Perspektive heraus betrachtet, ein professioneller Selektionsmechanismus zur Förderung guter Kunst nur wünschenswert sein.[4]

Für die Seite der Investoren lassen sich nur Vermutungen anstellen. Investitionsmöglichkeiten sind im Grundsatz immer dann interessant, wenn sie als Spekulationsinstrumente für den im Einzelfall entscheidenden Investor attraktive Risiko-Rendite-Charakteristika aufweisen. Ob das für den EADC zutrifft, kann der potentielle Investor, unter Berücksichtigung seiner Zielsetzung und seines subjektiven Entscheidungsfeldes, nur selbst entscheiden. Es läßt sich aber feststellen, daß der EADC insbesondere für Kunstsammler eine gleichzeitige Förderungs- und Investitionsmöglichkeit darstellt.

---

1 Vgl. HERING, Unternehmensbewertung (2006), S. 200.

2 Vgl. OLBRICH, Elektronisches Geschäft (2002), S. 694, HERING, Unternehmensbewertung (2006), S. 201 und 236 f., MATSCHKE/BRÖSEL, Unternehmensbewertung (2007), S. 703. Ferner auch HERING/OLBRICH, Börsengang junger Unternehmen (2002), S. 156 f.

3 Vgl. ZIMMERMANN, Künstler auf dem Kunstmarkt (2002), S. 297.

4 Klassische Selektionsmechanismen sind Stipendien (Arbeits-, Meisterschüler-, Reisestipendien) und Wettbewerbe. Vgl. ZAPP, Corporate Collecting (2002), S. 193 f., ZIMMERMANN, Künstler auf dem Kunstmarkt (2002), S. 299.

Freilich ist der EADC nicht massenmarktfähig, da eine Standardisierung mißlingt und hohe Transaktionskosten zu erwarten sind. Diese ergeben sich zum Beispiel beim Aufsetzen des Vertrags in Form von Anwaltshonoraren oder bei der sich anschließenden Durchführung der Vertragsvereinbarungen in Form von Abwicklungskosten, insbesondere dann, wenn Abstimmungen zwischen den Verhandlungsparteien erforderlich sind.[1] Darüber hinaus erscheint es als unwahrscheinlich, daß es für einen Massenmarkt ausreichend viele gute Künstler mit einer entsprechend umfangreichen Produktion gibt, die attraktive Renditechancen bietet. Es ist aber durchaus vorstellbar, daß eine gewisse Gruppe von Kunstsammlern am EADC oder einem ähnlichen Kunstderivat Interesse hat.

Schlußendlich ist zu konstatieren, daß der EADC insgesamt noch verbesserungswürdig ist, insbesondere, was die Auswahl des Basiswerts angeht. Aus der Perspektive des Kunstsammlers regelt der EADC diesen Vorgang nicht zufriedenstellend, denn es obliegt, den Vertragsbestimmungen folgend, im Grundsatz der Willkür des Künstlers, welche Kunstwerke er dem Kunstsammler zum Verfallstermin zum Zwecke der Optionsausübung zur Verfügung stellt. Hier sind Verbesserungen dahingehend wünschenswert, daß gewährleistet werden sollte, daß mindestens zwei Kunstwerke zur Auswahl stehen, die bestimmte Eigenschaften in Relation zum Gesamtwerk des Künstlers haben, so daß sichergestellt ist, daß dem Kunstsammler ausreichend Flexibilität eingeräumt und für den betreffenden Künstler repräsentative Kunstwerke angeboten werden.

---

[1] Das ist beim EADC regelmäßig dann der Fall, wenn die Experten nominiert werden müssen, die dann – gegebenenfalls entgeltlich – das Œuvre des Künstlers prüfen, oder wenn die Optionsausübung im engeren Sinne erfolgt.

V. Die Zusammenfassung der Ergebnisse

Die Entwicklungen auf dem Kunstmarkt seit dem Ende des Zweiten Weltkriegs wirkten sich begünstigend auf die Kapitalanlagefunktion von Kunstwerken aus. Infolgedessen wendet sich die wirtschaftswissenschaftliche Forschung seit den 1960er Jahren der Untersuchung von Preisentwicklungen zu. Sie tut dies fast ausschließlich empirisch, was zu einer Fülle von Ex-post-Betrachtungen geführt hat, die sich mit meist aggregierten Marktbereichen oder dem Markt für Kunst als Ganzes beschäftigen. Eine umfassende betriebswirtschaftliche Durchdringung des Sujets, die sich der einzelwirtschaftlichen Perspektive annimmt und auf eine Ex-ante-Beurteilung von Kunstwerken abzielt, existiert bislang nicht. Die vorliegende Schrift sucht diese Forschungslücke zu schließen, indem sie den Kunstsammler, der als eine wesentliche Triebfeder der Warenzirkulation auf dem Kunstmarkt fungiert, als Bewertungssubjekt in den Mittelpunkt der Analyse stellt und eine Systematisierung und investitionstheoretische Durchdringung jener Bewertungsanlässe vornimmt, mit denen er sich regelmäßig konfrontiert sieht. Dabei beschränkt sich die vorliegende Untersuchung nicht nur auf Bewertungsanlässe, die auf die Ursprungsbereiche der Sammlungstätigkeit und der Vermögensrestrukturierung zurückgehen, sondern sie setzt sich auch mit den für Eigentumsänderungen an Kunstwerken so typischen steuer- und zivilrechtlichen Sachverhalten auseinander. Eruiert wird darüber hinaus nicht nur die Vorgehensweise bei der Bewertung eines Erwerbs, sondern auch die bei einem Verkauf.

Die betriebswirtschaftliche Auseinandersetzung mit dem Kunstwerk in seiner Funktion als Kapitalanlage aus der einzelwirtschaftlichen Perspektive verlangt zunächst nach einer Charakterisierung des Bewertungsobjekts und des Bewertungssubjekts. Kunstwerke sind grundsätzlich Einzelstücke, was sich schlechterdings auf deren Liquidität und das mit ihnen verbundene Risiko auswirkt. Der Einzelstückcharakter zeitigt einen hohen Informationsbedarf im Vorfeld einer Eigentumsübertragung, dem entsprechend hohe Informationsbeschaffungskosten gegenüberstehen, denn die geringe Transparenz des Kunstmarkts katalysiert gleichzeitig die Informationsasymmetrie zwischen den einzelnen Marktteilnehmern. Insgesamt führen diese Gegebenheiten zu hohen Transaktionskosten, die der Kunstsammler im Zahlungsstrom eines Kunstwerks mitberücksichtigen muß. Der Zahlungsstrom steht freilich im Mittelpunkt der Betrachtung, wenn man ein Kunstwerk als Investition ansieht. Seine bestimmenden Elemente sind der Kaufpreis und der Veräußerungserlös. Laufende Einzahlungen sind regelmäßig nicht zu erwarten, sieht man einmal von Mieterlösen ab, die aber – zumindest in Deutschland – von geringer empirischer Bedeutung sind. Laufende Auszahlungen sind auf Instandhaltungsmaßnahmen, Versicherungsprämien und Steuerzahlungen zurückzuführen, die insbesondere dann auftreten, wenn Kunstwerke von der einen auf die nächste Generation unentgeltlich übertragen werden. Die Vererbung oder Schenkung von Kunstwerken stellt ein regelmäßiges Phänomen auf dem Kunstmarkt dar; der Fiskus würdigt in diesem Zusammenhang den kulturellen Stellenwert der Kunst, indem er umfangreiche Steuerbefreiungsregelungen für derartige Übertragungssituationen vorsieht, deren Auswirkungen bei der Prognose des Zahlungsstroms ebenfalls zu beachten sind.

Untrennbar verwoben mit der Wertspeicherungsfähigkeit von Kunstwerken ist die historische Entwicklung des Kunstmarkts. Diese Entwicklungen münden in der Differenzierung zweier Marktsektoren, die sich nach dem Grad der Wertspeicherungsfähigkeit ihrer Handelsobjekte unterscheiden. Eine Investition auf dem Primärmarkt, der sich auf verhältnismäßig unbekannte Künstler und deren Produktionen konzentriert, stellt dabei nachvollziehbar andere Anforderungen an die Beurteilung eines Kunstwerks als ein Engagement im Sekundärmarkt, auf dem weitgehend gefestigte „Werte" gehandelt werden. Des weiteren ist festzustellen, daß der Kunstmarkt über die Jahrhunderte zunehmend die Züge eines Markts für Finanzanlagen angenommen hat, die eine Investition in Kunstwerke attraktiver gestalten. In erster Linie zu nennen sind in diesem Zusammenhang die signifikante Zunahme des Kunstmarktumsatzes, die deutlich positiven Preisentwicklungen in bestimmten Marktsegmenten, die fortschreitende Globalisierung des Kunstgeschmacks und die Entwicklung neuer Instrumente der Absatzwirtschaft und Risikoabsicherung durch Auktionshäuser (Garantie, unwiderrufliches Gebot).

Der Kunstsammler beurteilt als Bewertungssubjekt ein Kunstwerk unter Beachtung seiner Zielsetzung und seines subjektiven Entscheidungsfelds. Da sich das Zielsystem des Kunstsammlers regelmäßig durch nichtfinanzielle und finanzielle Zielsetzungen konstituiert, ist das Verhältnis dieser verschiedenartigen Zielsetzungen zueinander für den Entscheidungsprozeß von Bedeutung, denn es stellt sich die Frage, ob sich unterschiedliche Zielsetzungen konterkarieren oder miteinander im Einklang stehen. Insbesondere gilt es, das Verhältnis einer kunstwissenschaftlichen und einer finanziellen Zielsetzung herauszuarbeiten. Wenngleich denkbar ist, daß ein Kunstsammler ein Objekt, das ihm grundsätzlich nicht gefällt beziehungsweise nicht in seine Sammlung paßt, erwerben möchte, erscheint die Annahme einer Zielebenenunterscheidung zweckmäßig, die im Sinne einer betriebswirtschaftlichen Argumentation zu einer Sach- und Formalzielebene führt. Übertragen auf den Kunstsammler, äußert sich das Sachziel im Sammlungskonzept, wobei dieses einen materiellen Endzustand definiert, der durch bestimmte Attribute charakterisiert ist. Für die Strukturierung des Entscheidungsprozesses des Kunstsammlers ist die Wahl des Sachziels entscheidend, denn es schränkt die Menge der Kunstwerke ein, die für einen Erwerb oder eine Veräußerung zur Verfügung stehen. Die durch den Sachzielfilter eingeschränkte Alternativenmenge wird dann unter Beachtung der finanziellen Zielsetzung geprüft. Sie stellt das Kriterium für die rationale Letztentscheidung dar. Auf der Formalzielebene findet somit die betriebswirtschaftliche Bewertung in Form einer Entscheidungswertbestimmung statt. Als finanzielle Zielsetzung kommt für den Kunstsammler die Gewinnmaximierung in Frage, da er – wie andere Wirtschaftssubjekte auch – an der

Maximierung seines Wohlstands in Form von Einkommen und Vermögen interessiert ist.

Das subjektive Entscheidungsfeld des Kunstsammlers ist in zweierlei Hinsicht von Bedeutung: Zum einen beinhaltet es die potentiellen Vergleichsobjekte, deren interne Renditen dem Zahlungsstrom des Bewertungsobjekts entgegenzustellen sind, zum anderen beschreibt es die Fähigkeiten des Kunstsammlers (weiche Faktoren), Kunstinvestitionen mit (betriebswirtschaftlichem) Erfolg durchzuführen. Hinsichtlich des ersten Gesichtspunkts ist zu konstatieren, daß Kunstwerke regelmäßig von Personen gekauft werden, die über ein überdurchschnittliches Einkommen verfügen und deren subjektive Entscheidungsfelder sich folglich durch umfangreiche Liquidität auszeichnen. Allerdings erfolgen Veräußerungen von Kunstwerken häufig auch deshalb, weil fällige finanzielle Verpflichtungen es erforderlich machen. Für den endogenen Grenzzins bedeutet das, daß er häufig sowohl dem im Einzelfall offenstehenden Anlagezins als auch dem Kreditzins entsprechen kann.

In bezug auf die weichen Faktoren läßt sich feststellen, daß der Grad des aus einer Kunstinvestitionen erzielbaren finanziellen Nutzens abhängig ist vom Ausmaß der Vernetzung des Bewertungssubjekts mit Künstlern, Galeristen, Kunsthändlern und Auktionshäusern, vom künstlerischen Sachverstand des Kunstsammlers („gutes Auge"), aber auch von dessen Möglichkeiten, die Rendite eines Kunstwerks aufgrund seiner Reputation sowie der Art und Weise seiner Vermögensverwaltung zu steigern.

Die Ergebnisse der empirischen Kunstmarktforschung liefern für den aus der einzelwirtschaftlichen Perspektive heraus agierenden Kunstsammler wenig entscheidungsrelevante Informationen. Ursächlich dafür sind – neben methodischen Defiziten – im wesentlichen die Tatsachen, daß die empirisch ermittelten Ergebnisse vergangenheitsorientiert und somit nur von begrenzter Relevanz für zukünftige Entwicklungen sind. Zudem bleiben aggregierte Daten über den Markt als Ganzes oder einzelne Marktsegmente für den sich im Rahmen seines regelmäßig eng abgesteckten Sammlungskonzepts bewegenden Kunstsammler von untergeordneter Bedeutung. Ebensowenig entscheidungsnützlich sind Renditeinformationen, die eine Abstraktion von objektindividuellen Faktoren anstreben, da gerade die spezifischen Charakteristika den Erfolg eines Kunstwerks ausmachen. Das gleiche gilt für personenbezogene Faktoren, die ebenfalls keinen Eingang in die empirischen Ansätze finden.

Sowohl die Individualität der Bewertungssubjekte als auch die spezifischen Eigenschaften des Kunstmarkts fordern flexible und tolerante Ansätze der Ex-ante-Evaluierung eines Investitionsvorhabens. Finanzierungstheoretische und damit gleichgewichtsorientierte Konzepte, wie zum Beispiel das der arbitragefreien Bewertung oder das CAPM, können derartiges nicht leisten. Zweckmäßig kann deshalb nur ein investitionstheoretischer Bewertungsansatz sein, denn er stellt für eine auf Zahlungsströmen beruhende Bewertung mit dem ZGPM und dem Zukunftserfolgswertverfahren Bewertungsmethoden zur Verfügung, die hinsichtlich ihrer Zielsetzungs- und Entscheidungsfeldbezogenheit sowie aufgrund ihres toleranten Prämissenkranzes geeignet sind, auf die Spezifika des Kunstmarkts und die Unvollkommenheit des Kapitalmarkts einzugehen. Je nachdem, ob der Kunstsammler seine Grenzobjekte kennt oder nicht, und in Abhängigkeit vom Ausmaß der Umstrukturierungsprozesse bei der Ein- und Ausgliederung des Bewertungsobjekts in oder aus dessen Portefeuille, greift der Kunstsammler auf das ZGPM oder das komplexitätsreduzierte Zukunftserfolgswertverfahren zurück. Zur Aufdeckung der Unsicherheit liefert die betriebswirtschaftliche Bewertungstheorie darüber hinaus mit den unsicherheitsaufdeckenden Verfahren der Sensitivitäts- und Risikoanalyse das passende Handwerkszeug, um eine Bandbreite von Entscheidungswerten zu generieren.

Gleichwohl können investitionstheoretische Verfahren nicht unter Garantie Informationen produzieren, aufgrund derer das Bewertungssubjekt stets die gewinnmaximale Entscheidung zu treffen vermag. Ursächlich hierfür ist, daß der Kunstsammler sich stets mit Bewertungssituationen konfrontiert sieht, die unter einer Schlechtstrukturierung leiden. Sie macht eine Transformation des aufgrund der Defekte nicht optimal lösbaren Ausgangsproblems in mehrere wohlstrukturierte Unterprobleme erforderlich, deren Teillösungen mit anschließender Synthese sodann zu einer zwar nicht optimalen, dafür aber zufriedenstellenden Lösung des Ausgangsproblems führen. Im Rahmen der vorliegenden Schrift erfolgt eine derartige Transformation des Ausgangsproblems, indem es in sechs Teilschritte zerlegt wird. Hierbei stellt der erste Teilschritt – der Sachzielfilter – sicher, daß nur solche Kunstwerke einer investitionstheoretischen Bewertung unterzogen werden, deren Erwerb oder Veräußerung mit einer adäquaten Entwicklung des Sammlungskonzepts einhergeht. Im zweiten Teilschritt erfolgt die Strukturierung des der Bewertung jeweils zugrunde liegenden Bewertungsanlasses, indem dieser in den bekannten Konfliktsituationen der funktionalen Bewertungstheorie systematisiert wird. Hierdurch kann der Bewertungsanlaß auf seine investitionstheoretisch relevanten Wesenzüge reduziert und für eine betriebswirtschaftliche Bewertung greifbar gemacht werden. Der dritte Teilschritt der heuristischen Entscheidungswertermittlung bereitet dann die Genese des Zahlungsstroms vor, indem der Planungshorizont nach plausiblen Kriterien abgegrenzt wird. Zu differenzieren sind der individuelle Planungshorizont des Bewertungsobjekts (sowie auch die der anderen Investitions- und Finanzierungsobjekte) und derjenige, der dem gesamten Portefeuille zugrunde liegt. Der Planungshorizont des Bewertungsobjekts richtet sich nach den sammlungstechnischen und betriebswirtschaftlichen Überlegungen des Kunstsammlers. Hinsichtlich des dem gesamten Portefeuille zugrunde gelegten Planungshorizonts erscheint es zweckmäßig, ihn so weit wie möglich anzusetzen, ohne gleichzeitig zu ungenaue Schätzungen zu riskieren. Mithin kann die Orientierung an der längsten Zahlungsreihe, die die Voraussetzung einer vertretbaren Schätzung erfüllt, zweckadäquat sein. Im vierten und fünften Teilschritt findet dann die Genese des Zahlungsstroms statt. Von besonderer Bedeutung ist dabei der Veräußerungserlös, der von unterschiedlichen Variablen (Erlösdeterminanten) abhängt, die für jedes Bewertungsobjekt zu identifizieren, einzuschätzen und zu quantifizieren sind. Hierfür kann das Bewertungssubjekt gegebenenfalls auf externe Expertise zurückgreifen. Das Resultat des vierten und fünften Teilschritts sind mehrwertige Zahlungsreihen, deren Eintreten in Abhängigkeit vom zugrunde gelegten Zukunftsszenario als wahrscheinlich gilt. Im abschließenden sechsten Teilschritt erfolgt die Synthese der erarbeiteten Teilschritte, indem die mehrwertigen Zahlungsreihen zu Bandbreiten von Entscheidungswerten verarbeitet werden. Je nach Daten- und Umweltsituation wählt der Kunstsammler entweder das ZGPM oder das Zukunftserfolgswertverfahren, um diese dann mit einer Sensitivitätsanalyse oder mit einer Risikoanalyse zu koppeln. Tabelle 23 faßt die voranstehend erläuterten heuristischen Teilschritte zusammen.

Zerlegungsschritte der Heuristik	**Inhalte der Zerlegungsschritte der Heuristik**
Sachzielfilter	Legitimation der Eigentumsänderung am Bewertungsobjekt vor dem Hintergrund des Sachziels
Systematisierung des Bewertungsanlasses in den Konfliktsituationen	Komplexitätsreduktion durch Extraktion der investitionstheoretisch relevanten Merkmale des Bewertungsanlasses zwecks Eruierung des Bewertungsvorgehens
Abgrenzung des Planungshorizonts	Plausible Abgrenzung des Planungshorizonts sowohl des Bewertungsobjekts als auch des gesamten Portefeuilles; zweckmäßig ist, Planungshorizont so lange wie möglich anzusetzen, ohne zu ungenaue Schätzungen zu riskieren
Identifikation der Variablen	In Abhängigkeit vom Bewertungsobjekt Bestimmung jener Faktoren und ihrer Ausprägungen, die Ausmaß der Zahlungsüberschüsse bestimmen
Konsequenzen der Variablenniveaus	Abschätzung des Zusammenhangs zwischen Niveau der Variablen und Ausmaß der an den Eigner fließenden Zahlungsüberschüsse
Ermittlung der Entscheidungswertbandbreite	Verdichtung der mehrwertigen Zahlungsreihen mittels investitionstheoretischer Verfahren

Tabelle 23: Die Synopsis der heuristischen Teilschritte und ihrer Inhalte

Wie Abbildung 22 verdeutlicht, resultieren die typischen Bewertungsanlässe eines Kunstsammlers aus den sechs Ursprungsbereichen Sammlungstätigkeit, Vermögensrestrukturierung, Erbauseinandersetzung, Erbschaft- und Schenkungsteuer, Pflichtteilsrecht und Zugewinnausgleich. Im Rahmen der ersten drei genannten Ursprungsbereiche sowie im Kontext des § 224a AO können jeweils individualisierte Grenzpreise entwickelt werden, mit denen sich der Kunstsammler dann, zwecks Einigung auf einen ebenfalls individualisierten Schiedswert, in die Verhandlung begeben kann. Bei den Bewertungsanlässen der verbleibenden Ursprungsbereiche erfolgt eine Bewertung entweder, um die Bemessungsgrundlage der Erbschaft- und Schenkungsteuer zu berechnen, die der Kunstsammler als Steuerpflichtiger zu entrichten hat, oder aber, um eine Ausgleichszahlung festzulegen, die er als Erbe/Kunstsammlergatte gegenüber dem Pflichtteilsberechtigten/Nichtkunstsammlergatten leisten muß. In diesen Fällen ist es regelmäßig die Aufgabe eines gerichtlich bestellten Gutachters, einen typisierten Grenzpreis zu ermitteln, der dann im Sinne eines typisierten Schiedswerts zwischen dem Steuerpflichtigen und dem Fiskus beziehungsweise zwischen dem Erben/Kunstsammlergatten und dem Pflichtteilsberechtigten/Nichtkunstsammlergatten betrachtet werden kann. Ein solchermaßen typisierter Grenzpreis erweist sich aus mehreren Gründen gegenüber dem durch das juristische Schrifttum und die Rechtsprechung propagierten Wertansatz des gemeinen Werts als überlegen, insbesondere aber deshalb, weil er im Falle der Steuerermittlung zu einer Belastung des Steuerpflichtigen im Sinne des Leistungsfähigkeitsprinzips führt und in der zivilrechtlichen Auseinandersetzung auf die sich tatsächlich ergebende Konfliktsituation zwischen der ausgleichspflichtigen und der ausgleichsberechtigten Partei abstellt.

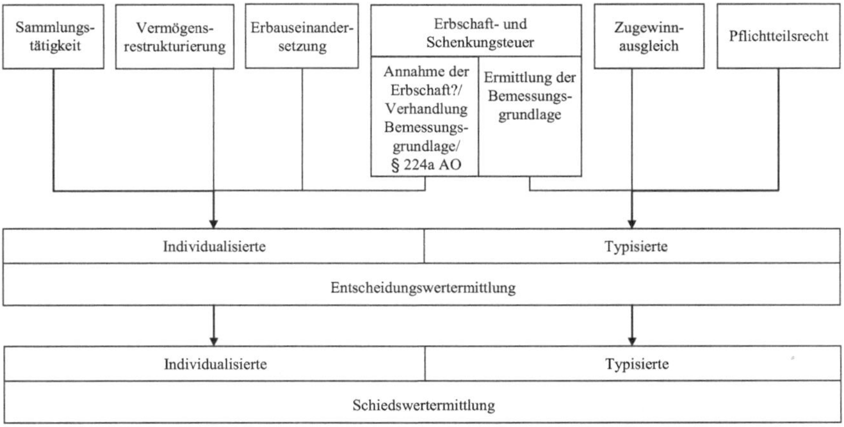

Abbildung 22: Systematisierung der Bewertungsanlässe nach Art der Entscheidungswert-/Schiedswertermittlung

Einen Entscheidungswert muß der Kunstsammler auch in solchen Konfliktsituationen bestimmen, die sich durch einen erhöhten Grad an Komplexität auszeichnen. Derartige Bewertungsanlässe verlangen nach einer spezifischen investitionstheoretischen Modellierung. Hierzu gehören insbesondere der Erwerb eines Kunstwerks unter Berücksichtigung einer Rückkaufvereinbarung, der Erwerb eines Kunstwerks auf dem Wege des unwiderruflichen Gebots, der Verkauf einer Tranche im Verlauf der Sammlungsveräußerung und das Tauschgeschäft im Zuge der Sammlungsumschichtung.

Mit Blick auf die finanziell prekäre Situation vieler Künstler und im Sinne einer Weiterentwicklung der Finanzierungsstrukturen und Investitionsmöglichkeiten auf dem Kunstmarkt erscheint es erforderlich, sich im Sinne eines Ausblicks mit innovativen Konzepten auseinanderzusetzen. Dies erfolgt im Rahmen der vorliegenden Untersuchung durch eine betriebswirtschaftliche Analyse des bereits künstlerisch und juristisch durch TOM SAUNDERS und RUPERT BEECROFT erarbeiteten EADC, der die erste Umsetzung der Idee eines Kunstderivats ist. Der EADC stellt eine europäische Kaufoption dar, die es dem Investor gegen Entrichtung der Optionsprämie erlaubt, ein heute noch unbestimmtes Kunstwerk des Künstlers TOM SAUNDERS aus einem vorgegebenen Werkespektrum in zehn Jahren zu einem symbolischen Preis in Höhe von einem Britischen Pfund zu erwerben. Der wesentliche Unterschied zu einer konventionellen Kaufoption besteht folglich darin, daß dem Bewertungssubjekt bis zum Zeitpunkt der Optionsausübung der Basiswert unbekannt ist. Dieser Umstand setzt ihn einem erhöhten Wirkungsdefekt aus. Allerdings besteht auch zusätzliche Handlungsflexibilität, die über das für bedingte Termingeschäfte charakteristische Maß hinausgeht, da das Bewertungssubjekt nicht nur über den Erwerb oder Nichterwerb des Basiswerts zu bestimmen vermag, sondern auch über den Basiswert selbst. Auch für die Bewertung des EADC stellen das ZGPM und das Zukunftserfolgswertverfahren zweckmäßige Instrumente dar, denn bei Optionen handelt es sich lediglich um eine Sonderform zustandsabhängiger Zahlungsströme.

Die vorliegende Schrift will ein Forschungsdefizit auf dem Gebiet der Kunstbewertung aus einzelwirtschaftlicher Perspektive abbauen. Sie leistet eine betriebswirtschaftliche Strukturierung des Zielsystems und des subjektiven Entscheidungsfeldes eines Kunstsammlers und bietet eine heuristische Vorgehensweise für die Ermittlung von Entscheidungswerten im Rahmen der typischen Bewertungsanlässe an. Des weiteren leistet sie eine Synthese rechtlicher und betriebswirtschaftlicher Elemente zum Zwecke der Schiedswertermittlung in den typischen steuer- und zivilrechtlichen Bewertungsanlässen sowie eine investitionstheoretische Modellierung komplexer Bewertungsanlässe, die zu einem Entscheidungswert führen. Mit Blick in die Zukunft stellt sie schließlich das innovative Konzept eines Kunstderivats vor, analysiert es betriebswirtschaftlich und bereitet damit das Feld für die weitere Forschung auf diesem Gebiet.

Literaturverzeichnis

ADAM, DIETRICH (Restwerte von Investitionsobjekten), Die Bedeutung der Restwerte von Investitionsobjekten für die Investitionsplanung in Teilperioden, in: Zeitschrift für Betriebswirtschaft 1968, S. 391-408.

ADAM, DIETRICH (Bewertungsdefekte Problemsituationen), Planungsüberlegungen in bewertungs- und zielsetzungsdefekten Problemsituationen (I), in: Das Wirtschaftsstudium 1980, S. 127-130.

ADAM, DIETRICH (Planungsüberlegungen), Planungsüberlegungen in bewertungs- und zielsetzungsdefekten Problemsituationen (II), in: Das Wirtschaftsstudium 1980, S. 178-180.

ADAM, DIETRICH (Wirkungsdefekte Problemsituationen), Planungsüberlegungen in wirkungsdefekten Problemsituationen, in: Das Wirtschaftsstudium 1980, S. 382-386.

ADAM, DIETRICH (Problematik der Planung), Zur Problematik der Planung in schlechtstrukturierten Entscheidungssituationen, in: JACOB, HERBERT (Hrsg.), Neue Aspekte der betrieblichen Planung, Schriften zur Unternehmensführung, Bd. 28, Wiesbaden 1980.

ADAM, DIETRICH (Planung in schlechtstrukturierten Entscheidungssituationen), Planung in schlechtstrukturierten Entscheidungssituationen mit Hilfe heuristischer Vorgehensweisen, in: Betriebswirtschaftliche Forschung und Praxis 1983, S. 484-494.

ADAM, DIETRICH (Heuristische Planung), Planung, heuristische, in: SZYPERSKI, NORBERT (Hrsg.), Handwörterbuch der Planung, Stuttgart 1989, Sp. 1414-1419.

ADAM, DIETRICH (Planung und Entscheidung), Planung und Entscheidung, Modelle – Ziele – Methoden, 4. A., Wiesbaden 1996.

ADAM, DIETRICH (Investitionscontrolling), Investitionscontrolling, 3. A., München/Wien 2000.

ADAM, DIETRICH/WITTE, THOMAS (Gut- und schlechtstrukturierte Planungssituationen), Merkmale der Planung in gut- und schlechtstrukturierten Planungssituationen, in: Das Wirtschaftsstudium 1979, S. 380-386.

AGNELLO, RICHARD J. (Investment Returns), Investment Returns and Risk for Art: Evidence from Auctions of American Paintings, Eastern Economic Journal 2002, S. 443-463.

AGNELLO, RICHARD J. (Returns for Art), Returns and Risk for Art: Findings for Auctions of American Paintings Differentiated by Artist, Genre and Quality, in: MOSSETTO, GIANFRANCO/VECCO, MARILENA (Hrsg.), Economics of Art Auctions, Mailand 2002, S. 39-70.

AGNELLO, RICHARD J. (Do Paintings Follow the CAPM?), Do U.S. Paintings Follow the CAPM? Findings Disaggregated by Subject, Artist, and the Value of the Work, Arbeitspapier 06-12 der volkswirtschaftlichen Abteilung der Universität von Delaware, Delaware 2006.

AGNELLO, RICHARD J./PIERCE, RENEÉ K. (Financial Returns), Financial Returns, Price Determinants, and Genre Effects in American Art Investment, in: Journal of Cultural Economics 1996, S. 359-383.

AHRENS, KLAUS/ROHR-BONGARD, LINDE (Schatzsuche), in: Kunstkompass 2009, Manager-Magazin Spezial, S. 42-47.

ALBER, CHRISTEL, (§ 224a), § 224a AO, Hingabe von Kunstwerken an Zahlung statt, in: HÜBSCHMANN, WALTER/HEPP, ERNST/SPITALER, ARMIN, Kommentar zur Abgabenordnung und Finanzgerichtsordnung, 208. Ergänzungslieferung, Köln 2010.

ALEXIS, MARCUS/WILSON, CHARLES Z. (Decision Making), Organizational Decision Making, Englewood Cliffs 1967.

ALTROGGE, GÜNTER (Investition), Investition, 4. A., München/Wien 1996.

ANDERSON, ROBERT C. (Paintings as an Investment), Paintings as an Investment, in: Economic Inquiry 1974, S. 13-26.

ANDRAE, CLEMENS-AUGUST/KEUSCHNIGG, CHRISTIAN (Kunst und Wirtschaft), Kunst und Wirtschaft, in: ANDRAE, CLEMENS-AUGUST (Hrsg.), Symposium Kunst und Wirtschaft, Köln 1983.

ARROW, KENNETH J. (Securities), The Role of Securities in the Optimal Allocation of Risk-bearing, in: Review of Economic Studies 1964, S. 91-96.

ARTNEWS (Top 200 Collectors), The World's Top 200 Collectors, in: ARTNEWS, Sommerausgabe 2009.

ASHENFELTER, ORLEY/GRADDY, KATHRYN (Auctions and the Price of Art), Auctions and the Price of Art, in: Journal of Economic Literature 2003, S. 763-787.

ATUKEREN, ERDAL/SEÇKIN, AYLIN (Art Market Investments), On the Valuation of Physic Returns to Art Market Investments, in: Economics Bulletin 2007, Heft 5, S. 1-12.

AUERBACH, EDITH (Commissaires-Priseurs), Die Commissaires-Priseurs und Experten des Hôtel Drouot, in: Weltkunst 1957, Heft 8, S. 14.

AULER, WILHELM (Unternehmung als Wirtschaftseinheit), Die Bewertung der Unternehmung als Wirtschaftseinheit, in: Welt des Kaufmanns 1926, S. 41-46.

BAETGE, JÖRG/KRAUSE, CLEMENS (Berücksichtigung des Risikos), Die Berücksichtigung des Risikos bei der Unternehmensbewertung – Eine empirisch gestützte Betrachtung des Kalkulationszinses, in: Betriebswirtschaftliche Forschung und Praxis 1994, S. 433-456.

BAILLOU, ANGELA (Passion oder Investition?), Kunst – Passion oder Investition, Ein Leitfaden für Sammler und Investoren, in: BankPrivat AG (Hrsg.), Kunst als Vermögensanlage, Wien 2005, S. 11-19.

BALLWIESER, WOLFGANG (Komplexitätsreduktion bei einer prognose-orientierten Unternehmensbewertung), Möglichkeiten der Komplexitätsreduktion bei einer prognose-orientierten Unternehmensbewertung, in: Schmalenbachs Zeitschrift für betriebswirtschaftliche Forschung 1980, S. 50-73.

BALLWIESER, WOLFGANG (Wahl des Kalkulationszinsfußes bei der Unternehmensbewertung), Die Wahl des Kalkulationszinsfußes bei der Unternehmensbewertung unter Berücksichtigung von Risiko und Geldentwertung, in: Betriebswirtschaftliche Forschung und Praxis 1981, S. 97-114.

BALLWIESER, WOLFGANG (Management Buy-out), Unternehmensbewertung beim Management Buy-out, in: BAETGE, JÖRG (Hrsg.), Akquisitionen und Unternehmensbewertung, Düsseldorf 1991.

BAMBERG, GÜNTER/COENENBERG, ADOLF G./KRAPP, MICHAEL (Entscheidungslehre) Betriebswirtschaftliche Entscheidungslehre, München 2008.

BAMBERG, GÜNTER/DORFLEITNER, GREGOR/KRAPP, MICHAEL (Unternehmensbewertung), Unternehmensbewertung unter Unsicherheit, Zur entscheidungstheoretischen Fundierung der Risikoanalyse, in: Zeitschrift für Betriebswirtschaft 2006, S. 287-307.

BAUMEISTER, WILHELM (§ 1376), § 1376, in: BAUMEISTER, WILHELM/FEHMEL, HANS-WERNER/GRIESCHE, GERHARD/HOCHGRÄBER, GERHARD/KAYSER, AUGUST/WICK, HARTMUT (Hrsg.), Familiengerichtsbarkeit, Kommentar, Berlin/Neuyork 1992, S. 76-109.

BAUMOL, WILLIAM J. (Unnatural Value), Unnatural Value: Or Art Investment as Floating Crap Game, in: The American Economic Review 1986, Heft 2, S. 10-14.

BEECK, VOLKER (Grundlagen der Steuerlehre), Grundlagen der Steuerlehre, 4. A., Wiesbaden 2007.

BEHRMANN, SAMUEL N. (Duveen und die Millionäre), Duveen und die Millionäre, Zur Soziologie des Kunsthandels in Amerika, Reinbek 1960.

BENHAMOU, FRANÇOISE/MOUREAU, NATHALIE/SAGOT-DUVAUROUX, DOMINIQUE (Black Box), Opening the Black Box of the White Cube: A Survey of French Contemporary Art Galleries at the Turn of the Millennium, in: Poetics 2002, S. 263-280.

BERNHARD, ERIC M. (Kunst als Kapitalanlage), Kunst als Kapitalanlage, Kunstmarktfonds als Verbindung zwischen Kunst- und Kapitalmärkten, Wiesbaden 2005.

BERNWARD, FRANK/MALETZKE, GERHARD/MÜLLER-SACHSE, KARL H. (Kultur und Medien), Kultur und Medien, Angebote – Interessen – Verhalten, Baden-Baden 1991.

BIRK, DIETER (Das Leistungsfähigkeitsprinzip), Das Leistungsfähigkeitsprinzip als Maßstab der Steuernormen, Köln 1983.

BITZ, MICHAEL (Ökonomische Entscheidungsmodelle), Die Strukturierung ökonomischer Entscheidungsmodelle, Wiesbaden 1977.

BITZ, MICHAEL (Entscheidungstheorie), Entscheidungstheorie, München 1981.

BITZ, MICHAEL (Investition), Investition, in: BITZ, MICHAEL/DOMSCH, MICHEL/EWERT, RALF/WAGNER, FRANZ W. (Hrsg.), Vahlens Kompendium der Betriebswirtschaftslehre, Bd. 1, 5. A., München 2005, S. 105-171.

BITZ, MICHAEL/EWERT, JÜRGEN/TERSTEGE, UDO (Investition), Investition, Wiesbaden 2002.

BLACK, FISCHER/SCHOLES, MYRON (Pricing of Options), The Pricing of Options and Corporate Liabilities, in: Journal of Political Economy 1973, S. 637-654.

BLEICHER, WILHELM/STIEBNER, JÖRG D. (Moderne Druckgraphik), Handbuch der modernen Druckgraphik, 2. A., München 1986.

BÖCKING, HANS-JOACHMIN/NOWAK, KARSTEN (Typisierungsproblematik), Der Beitrag der Discounted Cash Flow-Verfahren zur Lösung der Typisierungsproblematik bei Unternehmensbewertungen – Eine Warnung vor einer „naiven" Übertragung modelltheoretischer Erkenntnisse aus die Bewertungspraxis, in: Der Betrieb 1998, S. 685-690.

BOLL, DIRK (Kunst ist käuflich), Kunst ist käuflich, Freie Sicht auf den Kunstmarkt, Zürich 2009.

BONESS, JAMES A. (Theory of Stock-Option Value), Elements of a Theory of Stock-Option Value, in: The Journal of Political Economy 1964, S. 163-175.

BONGARD, WILLI (Kunst & Kommerz), Kunst & Kommerz, Zwischen Passion und Spekulation, Hamburg/Oldenburg 1967.

BONGARD, WILLI (Corporate Collecting), Corporate Collecting, in: ANDRAE, CLEMENS-AUGUST (Hrsg.), Symposium Kunst und Wirtschaft, Köln 1983, S. 114-119.

BONUS, HOLGER/RONTE, DIETER (Transaktionen, Konventionen, Kunst), Transaktionen, Konventionen, Kunst, in: TIETZEL, MANFRED (Hrsg.), Kunst und Ökonomie, München 1992, S. 195-227.

BONUS, HOLGER/RONTE, DIETER (Credibility and Economic Value), Credibility and Economic Value in the Visual Arts, in: Journal of Cultural Economics 1997, S. 103-118.

BONUS, HOLGER/RONTE, DIETER (Wa(h)re Kunst I), Die Wa(h)re Kunst: Markt, Kultur und Illusion, 2. A., Stuttgart 1997.

BONUS, HOLGER/RONTE, DIETER (Wa(h)re Kunst II), Die Wa(h)re Kunst, in: PUES, LOTHAR/QUADT, EDGAR/RISSA (Hrsg.), ArtInvestor, Handbuch für Kunst und Investment, München 2002, S. 19-21.

BOOCHS, WOLFGANG/GANTEFÜHRER, FELIX (Kunstbesitz im Zivil- und Steuerrecht), Kunstbesitz, Kunsthandel, Kunstförderung im Zivil- und Steuerrecht, Neuwied 1992.

BRAUNHOFER, HEIKE (Bemessung von Ausgleichsansprüchen), Unternehmens- und Anteilsbewertung zur Bemessung von familien- und erbrechtlichen Ausgleichsansprüchen, Köln 1995.

BRETZKE, WOLF-RÜDIGER (Prognoseproblem), Das Prognoseproblem bei der Unternehmungsbewertung, Düsseldorf 1975.

BRETZKE, WOLF-RÜDIGER (Berücksichtigung des Risikos), Zur Berücksichtigung des Risikos bei der Unternehmungsbewertung, in: Schmalenbachs Zeitschrift für betriebswirtschaftliche Forschung 1976, S. 153-165.

BRETZKE, WOLF-RÜDIGER (Unternehmungsbewertung), Risiken in der Unternehmungsbewertung, in: Schmalenbachs Zeitschrift für betriebswirtschaftliche Forschung 1988, S. 813-823.

BREUER, WOLFGANG (Marktwertmaximierung), Die Marktwertmaximierung als finanzwirtschaftliche Entscheidungsregel, in: Wirtschaftswissenschaftliches Studium 1997, S. 222-226.

BRÖSEL, GERRIT (Medienrechtsbewertung), Medienrechtsbewertung, Der Wert audiovisueller Medienrechte im dualen Rundfunksystem, Wiesbaden 2002.

BRÖSEL, GERRIT (Bewertung von Filmrechten), Zur Bewertung von Film- und Übertragungsrechten aus der Sicht öffentlich-rechtlicher Fernsehveranstalter, in: Zeitschrift für öffentliche und gemeinwirtschaftliche Unternehmen 2003, S. 1-18.

BRÖSEL, GERRIT (Argumentationsfunktion), Die Argumentationsfunktion in der Unternehmensbewertung – „Rotes Tuch“ oder „Blaues Band“ für Wirtschaftsprüfer?, in: BRÖSEL, GERRIT/KASPERZAK, RAINER (Hrsg.), Internationale Rechnungslegung, Prüfung und Analyse, München/Wien 2004, S. 515-523.

BRÖSEL, GERRIT/MATSCHKE, MANFRED J. (Ermittlung des Entscheidungswertes), Zur Ermittlung des Entscheidungswertes kleiner und mittlerer Unternehmen, in: Zeitschrift für Klein- und Mittelunternehmen 2004, S. 49-67.

BROX, HANS/WALKER, HANS-DIETRICH (Erbrecht), Erbrecht, 23. A., Köln 2009.

BRUDERMÜLLER, GERD (§ 1372), § 1372, in: PALANDT, OTTO (Hrsg.), Bürgerliches Gesetzbuch, Kommentar, 69. A., München 2010.

BRUDERMÜLLER, GERD (§ 1375), § 1375, in: PALANDT, OTTO (Hrsg.), Bürgerliches Gesetzbuch, Kommentar, 69. A., München 2010.

BRUNNER, FELIX (Handbuch der Druckgraphik), Handbuch der Druckgraphik, 6. A., Stuttgart et al. 1984.

BRYAN, MICHAEL F. (Beauty and the Bulls), Beauty and the Bulls: The Investment Characteristics of Paintings, in: Federal Reserve Bank of Cleveland (Hrsg.), Economic Review 1985, Heft 1, S. 2-10.

BUELENS, NATHALIE/GINSBURGH, VICTOR (Revisiting Baumol), Revisiting Baumol's 'art as a floating crap game', in: European Economic Review 1993, S. 1351-1371.

BULLINGER, WINFRIED (§ 26 Folgerecht), § 26 Folgerecht, in: WANDTKE, ARTUR-AXEL/BULLINGER, WINFRIED (Hrsg.), Praxiskommentar zum Urheberrecht, 3. A., München 2009.

BURGTORF, ANDREA (Kunstwerke als Kapitalanlage), Kunstwerke als Kapitalanlage in einem diversifizierten Portfolio, Diss., Wissenschaftliche Hochschule für Unternehmensführung Vallendar 1996.

BURTON, BENJAMIN J./JACOBSEN, JOYCE (Investments in Collectibles), Measuring Returns on Investments in Collectibles, in: The Journal of Economic Perspectives 1999, Heft 4, S. 193-212.

BÜSCHGEN, HANS E. (Börsen-Lexikon), Das kleine Börsen-Lexikon, 22. A., Düsseldorf 2001.

BUSSE VON COLBE, WALTHER (Zukunftserfolg), Der Zukunftserfolg, Wiesbaden 1957.

BUSSE VON COLBE, WALTHER/LAßMANN, GERT (Investitionstheorie), Betriebswirtschaftstheorie, Bd. 3, Investitionstheorie, 3. A., Berlin/Heidelberg 1990.

CANDELA, GUIDO/SCORCU, ANTONELLO E. (Index for Art Market Auctions), A Price Index for Art Market Auctions, An Application to the Italian Market for Modern and Contemporary Oil Paintings, in: Journal of Cultural Economics 1997, S. 175-196.

CANDELA, GUIDO/SCORCU, ANTONELLO E. (Secondary Market), In Search of Stylized Facts on Art Market Prices: Evidence from the Secondary Market for Prints and Drawings in Italy, in: Journal of Cultural Economics 2001, S. 219-231.

CANDELA, GUIDO/SCORCU, ANTONELLO E. (Price Indices for Artists), Price Indices for Artists – A Proposal, in: Journal of Cultural Economics 2004, S. 285-304.

CHANEL, OLIVIER (Market Behaviour), Is Art Market Behaviour Predictable?, in: European Economic Review 1995, S. 519-527.

CHANEL, OLIVIER/GERARD-VARET, LOUIS-ANDRÉ/GINSBURGH, VICTOR (Prices and Returns on Paintings), Prices and Returns on Paintings: An Exercise on How to Price the Priceless, in: Geneva Papers on Risk and Insurance Theory 1994, S. 7-21.

CHANEL, OLIVIER/GERARD-VARET, LOUIS-ANDRÉ/GINSBURGH, VICTOR (Hedonic Price Indices), The Relevance of Hedonic Price Indices, The Case of Paintings, in: Journal of Cultural Economics 1996, S. 1-24.

COENENBERG, ADOLF G. (Monte-Carlo-Simulation), Unternehmungsbewertung mit Hilfe der Monte-Carlo-Simulation, in: Zeitschrift für Betriebswirtschaft 1970, S. 793-804.

COFFMAN, RICHARD B. (Asymmetrical Information), Art Investment and Asymmetrical Information, in: Journal of Cultural Economics 1991, Heft 2, S. 83-94.

COURT, ANDREW T. (Hedonic Price Indexes), Hedonic Price Indexes with Automotive Examples, in: The General Motors Corporation (Hrsg.), The Dynamics of Automobile Demand, Neuyork 1939, S. 99-117.

COX, JOHN C./ROSS, STEPHEN A./RUBINSTEIN, MARK (Option Pricing), Option Pricing: A Simplified Approach, in: Journal of Financial Economics (1979), S. 229-263.

CZUJACK, CORINNA (Picasso Paintings), Picasso Paintings at Auction, 1963-1994, in: Journal of Cultural Economics 1997, S. 229-247.

DANTZIG, GEORGE B. (Lineare Programmierung), Lineare Programmierung und Erweiterungen, Berlin et al. 1966.

DAWSON, EILEEN (The Art of Investment), The Art of Investment, in: Far Eastern Economic Review 1987, Heft 2, S. 105-106.

DEBREU, GERARD (Theory of Value), Theory of Value, New Haven/London 1959.

DE LA BARRE, MADELEINE/DOCCLO, SOPHIE/GINSBURGH, VICTOR (Returns of European Paintings), Returns of Impressionist, Modern and Contemporary European Paintings 1962-1991, in: Annales d'Économie et de Statistique 1994, Heft 35, S. 143-181.

VAN DELDEN, FRIEDERIKE (Kunst in der Finanzkrise), Kunst in der Finanzkrise, Rückkehr zum Käufermarkt, in: Unternehmermagazin 2009, Heft 3, S. 58-59.

DER BROCKHAUS (Bd. 14), Brockhaus Enzyklopädie, Bd. 14, 21. A., Leipzig/-Mannheim 2006.

DER BROCKHAUS (Bd. 21), Brockhaus Enzyklopädie, Bd. 21, 21. A., Leipzig/-Mannheim 2006.

DER BROCKHAUS (Der Brockhaus Kunst), Der Brockhaus Kunst, Kunst, Künstler, Epochen, Sachbegriffe, 3. A., Leipzig/Mannheim 2006.

DESCARTES, RENE (Discours de la Méthode), Discours de la méthode pour bien conduire sa raison et chercher la vérité dans les sciences, Nachdruck, 2. A., Hamburg 1997.

DINKELBACH, WERNER (Parametrische Programmierung), Sensitivitätsanalysen und parametrische Programmierung, Berlin et al. 1969.

DINKELBACH, WERNER (Sensitivitätsanalysen), Sensitivitätsanalysen, in: BECKMANN, MARTIN J./MENGES, GÜNTER/SELTEN, REINHARD (Hrsg.), Handwörterbuch der Mathematischen Wirtschaftswissenschaften, Bd. 3, Wiesbaden 1979, S. 243-247.

DINKELBACH, WERNER (Operations Research), Operations Research, Berlin/Heidelberg 1992.

DIRUF, GÜNTHER (Risikoanalyse), Die quantitative Risikoanalyse, in: Zeitschrift für Betriebswirtschaft 1972, S. 821-832.

DONATH, ADOLPH, Psychologie des Kunstsammelns, 2. A., Berlin 1917.

DONSON, THEODORE B. (Prints and the Print Market), Prints and the Print Market, A Handbook for Buyers, Collectors, and Connoisseurs, Neuyork 1977.

DREY, PAUL (Grundlagen der Malkunst), Die wirtschaftlichen Grundlagen der Malkunst, Versuch einer Kunstökonomie, Stuttgart/Berlin 1910.

DRINKUTH, FRIEDERIKE S. (Der moderne Auktionshandel), Der moderne Auktionshandel, Die Kunstwissenschaft und das Geschäft mit der Kunst, Köln 2003.

EBERL-BORGES, CHRISTINA (Erbauseinandersetzung), Die Erbauseinandersetzung, Tübingen 2000.

EBLING, KLAUS (Steuerrecht), Steuerrecht, in: EBLING, KLAUS/SCHULZE, MARCEL (Hrsg.), Kunstrecht, München 2007, S. 247-500.

EDENHOFER, Wolfgang (Erbrecht), Erbrecht, 5. Buch, in: PALANDT, OTTO (Hrsg.), Bürgerliches Gesetzbuch, Kommentar, München 2010, S. 2144-2496.

EICHHORN, PETER (Betriebswirtschaftslehre), Das Prinzip der Wirtschaftlichkeit, Basiswissen der Betriebswirtschaftslehre, 3. A., Wiesbaden 2005.

EISELE, DIRK/SEẞINGHAUS, CARSTEN/WALKENHORST, RALF, (Steuerkompendium), Steuerkompendium, Abgabenordnung/Finanzgerichtsordnung, Umsatzsteuer, Erbschaftsteuer, Bd. 2, 11. A., Herne 2009.

ENGELS, WOLFRAM (Betriebswirtschaftliche Bewertungslehre), Betriebswirtschaftliche Bewertungslehre im Licht der Entscheidungstheorie, Köln/Opladen 1962.

ERHARD, ANNEGRET (Euphorie), Nach der Euphorie, in: Kunstkompass 2009, Manager-Magazin Spezial, S. 34-40.

FELTEN, JEAN-BAPTISTE (Wert und Bewertung), Wert und Bewertung ganzer Unternehmungen unter besonderer Berücksichtigung der Energiewirtschaft, Köln/Opladen 1958.

FESEL, BERND (Galerien), Galerien: Marktmacher der Kunst, in: GONZÁLEZ, THOMAS/WEIS, ROBERT (Hrsg.), Kunst-Investment, Die Kunst, mit Kunst Geld zu verdienen, Wiesbaden 2000, S. 55-64.

FESEL, BERND (Kommerzielle Kunstvermarktung), Kommerzielle Kunstvermarktung in der Informationsgesellschaft: Entmystifizierung der Zahlen, in: PUES, LOTHAR/QUADT, EDGAR/RISSA (Hrsg.), ArtInvestor, Handbuch für Kunst und Investment, München 2002, S. 311-324.

FISCHER, PAUL (Kunsthandel in der Schweiz), Kunsthandel in der Schweiz, in: Weltkunst 1973, S. 1348.

FLÔRES, RENATO G. /GINSBURGH, VICTOR/JEANFILS PHILIPPE (Choices of Paintings), Long- and Short-Term Portfolio Choices of Paintings, in: Journal of Cultural Economics 1999, S. 193-210.

FRANGEN, UTE (Deutscher Markt für Malerei), Ökonomische Analyse des Marktes für Malerei in der Bundesrepublik Deutschland, Frankfurt am Main 1983.

FRANK, RAINER (Erbrecht), Erbrecht, 4. A., München 2007.

FRANZ, ERICH (Die Qualität eines Kunstwerks), Wie erkennt man die Qualität eines Kunstwerks?, in: PUES, LOTHAR/QUADT, EDGAR/RISSA (Hrsg.), ArtInvestor, Handbuch für Kunst und Investment, München 2002, S. 22-28.

FREY, BRUNO S. (Museum Behaviour), Cultural Economics and Museum Behaviour, in: Scottish Journal of Political Economy 1994, S. 325-335.

FREY, BRUNO S. (Art Markets and Economics), Art Markets and Economics: Introduction, in: Journal of Cultural Economics 1997, Heft 3, S. 165-173.

FREY, BRUNO S./EICHENBERGER, REINER (Survey and Evaluation), On the Rate of Return in the Art Market: Survey and Evaluation, in: European Economic Review 1995, S. 528-537.

FREY, BRUNO S./EICHENBERGER, REINER (Art Investment Analysis), On the Return of Art Investment Return Analysis, in: Journal of Cultural Economics 1995, S. 207-220.

FREY, BRUNO S./POMMEREHNE WERNER (Is Art such a Good Investment?), Is Art such a Good Investment?, in: The Public Interest 1988, Frühjahrsheft, S. 79-86.

FREY, BRUNO S./POMMEREHNE WERNER (An Empirical Inquiry), Art Investment: An Empirical Inquiry, in: Southern Economic Journal 1989, S. 396-409.

FREYBERG, MAX (Wertbestimmungen), Die Wertbestimmungen von Bergwerken, in: Braunkohle 1907, S. 73-81.

FRITSCH, RAINER (§ 224a), § 224a, in: PAHLKE, ARMIN/KOENIG,ULRICH (Hrsg.), Abgabenordnung, Kommentar, 2. A., München 2009.

GAL, TOMAS (Sensitivitätsanalyse), Betriebliche Entscheidungsprobleme, Sensitivitätsanalyse und Parametrische Programmierung, Berlin/Neuyork 1973.

GANTEFÜHRER, FELIX/WACKER, JÖRG (Recht und Steuern), Kunst: Recht & Steuern – Schwerpunktthemen für den Kunstsammler, in: AXA Art Versicherung AG (Hrsg.), AXA Art Kunstreihe, Broschüre Juli, Köln 2006.

GÉRARD-VARET, LOUIS-ANDRÉ (On Pricing the Priceless), On Pricing the Priceless: Comments on the Economics of the Visual Art Market, in: European Economic Review 1995, S. 509-518.

GERKE, WOLFGANG (Börsenlexikon), Börsenlexikon, Wiesbaden 2002.

GERNHUBER, JOACHIM (§ 1369), § 1369, in: REBMANN, KURT/SÄCKER, FRANZ JÜRGEN (Hrsg.), Münchener Kommentar zum Bürgerlichen Gesetzbuch, Bd. 5, Familienrecht, 1. Halbbd., 2. A., München 1989, S. 361-370.

GERNHUBER, JOACHIM (§ 1376), § 1376, in: REBMANN, KURT/SÄCKER, FRANZ JÜRGEN (Hrsg.), Münchener Kommentar zum Bürgerlichen Gesetzbuch, Bd. 5, Familienrecht, 1. Halbbd., 2. A., München 1989, S. 419-433.

GIGUÈRE, GUYNEMER (Mathematical Method of Evaluation), A Mathematical Method of Evaluation, in: The Analysts Journal 1958, Heft 5, S. 17-25.

GILLES, CHRISTIAN/LEROY, STEPHEN F. (Arbitrage Pricing Theory), On the Arbitrage Pricing Theory, in: Economic Theory 1991, S. 213-229.

GINSBURGH, VICTOR A./JEANFILS, PHILIPPE (International Markets for Paintings), Long-term Comovements in International Markets for Paintings: European Economic Review 1995, S. 538-548.

GINSBURGH, VICTOR A./MEI, JIANPING/MOSES, MICHAEL (Computation of Price Indices), The Computation of Price Indices, in: GINSBURGH, VICTOR A./THROSBY, DAVID (Hrsg.), Handbook of the Economics of Art and Culture, Bd. 1, Amsterdam 2006, S. 947-979.

GLENK, HEINRICH (§ 23 Private Veräußerungsgeschäfte), § 23 Private Veräußerungsgeschäfte, in: HEUERMANN, BERND (Hrsg.), BLÜMICH, EStG, KStG, GewStG, Kommentar, Loseblattsammlung, 105. A., München 2010.

GOETZMANN, WILLIAM N. (Accounting for Taste), Accounting for Taste: Art and the Financial Markets Over Three Centuries, in: American Economic Review 1993, S. 1370-1376.

GOETZMANN, WILLIAM N. (Fall from Fashion), How costly is the Fall from Fashion, Survivorship Bias in the Painting Market, in: GINSBURGH, VICTOR A./MENGER, PIERRE-MICHEL (Hrsg.), Economics of the Arts, Amsterdam 1996, S. 71-84.

GOETZMANN, WILLIAM N./SPIEGEL, MATTHEW (Art Index), Private Value Components, and the Winner's Curse in an Art Index, in: European Economic Review 1995, S. 549-555.

GOMBRICH, ERNST H. (Geschichte der Kunst), Die Geschichte der Kunst, 16. A., Frankfurt am Main 1996.

GONZÁLEZ, THOMAS (Marktpolitische Faktoren), Marktpolitische und preisbildende Faktoren, in: GONZÁLEZ, THOMAS/WEIS, ROBERT (Hrsg.), Kunst-Investment, Die Kunst, mit Kunst Geld zu verdienen, Wiesbaden 2000, S. 94-110.

GONZÁLEZ, THOMAS (Fotokunst), Fotokunst, in: GONZÁLEZ, THOMAS/WEIS, ROBERT (Hrsg.), Kunst-Investment, Die Kunst, mit Kunst Geld zu verdienen, Wiesbaden 2000, S. 122-128.

GONZÁLEZ, THOMAS (Kunstinvestment), Kunstinvestment: Geschichte – Marktstruktur – Preisbildung, in: PUES, LOTHAR/QUADT, EDGAR/RISSA (Hrsg.), Art-Investor, Handbuch für Kunst und Investment, München 2002, S. 79-103.

GOODWIN, JAMES (Introduction), Introduction, in: GOODWIN, JAMES (Hrsg.), The International Art Markets, The Essential Guide for Collectors and Investors, London/Philadelphia 2008, S. 1-32.

GOSSEN, HERMANN H. (Gesetze des Verkehrs), Entwickelung der Gesetze desmenschlichen Verkehrs, und der daraus fließenden Regeln für menschliches Handeln, Braunschweig 1854.

GÖTZE, UWE/BLOECH, JÜRGEN (Investitionsrechnung), Investitionsrechnung, 3. A., Berlin et al. 2002.

GRAMPP, WILLIAM D. (Pricing the Priceless), Pricing the Priceless: Art, Artists, and Economics, Neuyork 1989.

GUERZONI, GUIDO (Reitlinger's Data Revisited), Reflections on Historical Series of Art Prices: Reitlinger's Data Revisited, in: Journal of Cultural Economics 1995, S. 251-260.

GUGGENHEIM, PEGGY (Ich habe alles gelebt), Ich habe alles gelebt, Autobiographie, 10. A., Bergisch Gladbach 2008.

GUTBROD, JOCHEN (Kunstmuseen in Deutschland), Management von Kunstmuseen in Deutschland, Von der objektbezogenen Verwaltung zum besucherorientierten Museum, Diss., Bamberg 1994.

GUTENBERG, ERICH (Die Finanzen), Grundlagen der Betriebswirtschaftslehre, Bd. III: Die Finanzen, 8. A., Berlin et al. 1980.

HAAS, ULRICH (Einleitung zu §§ 2303 ff.), Einleitung zu §§ 2303 ff., in: VON STAUDINGER, JULIUS (Hrsg.), Kommentar zum Bürgerlichen Gesetzbuch, Buch 5: Erbrecht, Neubearbeitung, Berlin 2006, S. 345-388.

HAAS, ULRICH (§ 2311), § 2311, in: VON STAUDINGER, JULIUS (Hrsg.), Kommentar zum Bürgerlichen Gesetzbuch, Buch 5: Erbrecht, Neubearbeitung, Berlin 2006, S. 523-580.

HAHN, VOLKER/KORTSCHAK, HANS-PETER (Umsatzsteuer), Lehrbuch Umsatzsteuer, 12. A., Hamm 2010.

HARENBERG, HIERONYMUS (Sammeln mit Gewinn), Sammeln mit Gewinn, München 1976.

HARTMANN, BERNHARD (Unternehmenswert-Ermittlung), Zur Praxis der Unternehmenswert-Ermittlung, in: ABROMEIT, HANS-GÜNTHER/JONAS, HEINRICH/ LABES, JOHN-RICHARD (Hrsg.), Aktuelle Betriebswirtschaft, Festschrift für Konrad Mellerowicz, Berlin 1952.

HAUSER, ARNOLD (Sozialgeschichte der Kunst), Sozialgeschichte der Kunst und Literatur, ungekürzte Sonderausgabe in einem Bd., München 1990.

HAX, HERBERT (Lineare Programmierung), Investitions- und Finanzplanung mit Hilfe der linearen Programmierung, in: Schmalenbachs Zeitschrift für betriebswirtschaftliche Forschung 1964, S. 430-446.

HAX, HERBERT (Bewertungsprobleme), Bewertungsprobleme bei der Formulierung von Zielfunktionen für Entscheidungsmodelle, in: Schmalenbachs Zeitschrift für betriebswirtschaftliche Forschung 1967, S. 749-761.

HAX, HERBERT (Investitionstheorie), Investitionstheorie, korrigierter Nachdruck der 5. A., Heidelberg 1993.

HAX, HERBERT/NEUS, WERNER (Kapitalmarktmodelle), Kapitalmarktmodelle, in: GERKE, WOLFGANG/STEINER, MANFRED (Hrsg.), Handbuch des Bank- und Finanzwesens, 2. A., Stuttgart 1995, Sp. 1165-1178.

HEINEN, EDMUND (Betriebswirtschaftslehre), Einführung in die Betriebswirtschaftslehre, 10. A., Wiesbaden 1985.

HEINEN, EDMUND (Industriebetriebslehre), Industriebetriebslehre als entscheidungsorientierte Unternehmensführung, in: HEINEN, EDMUND (Hrsg.), Industriebetriebslehre, 9. A., Wiesbaden 1991, S. 1-68.

HERBST, HANS (Wertanlage), Das Kunstwerk als Wertanlage, in: ZIMMERER, CARL (Hrsg.), Handbuch der Vermögensanlage, 5. A., München 1970, S. 199-213.

HERCHENRÖDER, CHRISTIAN (Der Kunstmarkt im 20. Jahrhundert), Der Kunstmarkt im 20. Jahrhundert, Der lange Marsch in die Globalisierung, in: Weltkunst 2000, S. 1684-1687.

HERING, THOMAS (Allgemeines Zustands-Grenzpreismodell), Das allgemeine Zustands-Grenzpreismodell zur Bewertung von Unternehmen und anderen unsicheren Zahlungsströmen, in: Die Betriebswirtschaft 2000, S. 362-378.

HERING, THOMAS (Investition), Investition, in: ARENS-FISCHER, WOLFGANG/ STEINKAMP, THOMAS (Hrsg.), Betriebswirtschaftslehre, München/Wien 2000, S. 439-491.

HERING, THOMAS (Konzeptionen der Unternehmensbewertung), Konzeptionen der Unternehmensbewertung und ihre Eignung für mittelständische Unternehmen, in: Betriebswirtschaftliche Forschung und Praxis 2000, S. 433-453.

HERING, THOMAS (Investition und Unternehmensbewertung), Investition und Unternehmensbewertung, in: KRAG, JOACHIM (Hrsg.), Wirtschaftsprüfer-Kompendium, Bd. 2: Betriebswirtschaft, Bielefeld 2002, Kennziffern 2500 und 2950.

HERING, THOMAS (Produktionsfaktoren), Bewertung von Produktionsfaktoren, in: KEUPER, FRANK (Hrsg.), Produktion und Controlling, Festschrift für Manfred Layer, Wiesbaden 2002, S. 57-81.

HERING, THOMAS (Quo vadis), *Quo vadis* Bewertungstheorie?, in: BURKHARDT, THOMAS/KÖRNERT, JAN/WALTHER, URSULA (Hrsg.), Banken, Finanzierung und Unternehmensführung, Festschrift für Karl Lohmann, Berlin 2004, S. 105-122.

HERING, THOMAS (Unternehmensbewertung), Unternehmensbewertung, 2. A., München/Wien 2006.

HERING, THOMAS (Investitionstheorie), Investitionstheorie, 3. A., München 2008.

HERING, THOMAS/BRÖSEL, GERRIT (Blinder Passagier), Der Argumentationswert als „blinder Passagier" im IDW S 1, in: Die Wirtschaftsprüfung 2004, S. 936-942.

HERING, THOMAS/OLBRICH, MICHAEL (Mehrstimmrechte), Zur Bewertung von Mehrstimmrechten, in: Schmalenbachs Zeitschrift für betriebswirtschaftliche Forschung 2001, S. 20-38.

HERING, THOMAS/OLBRICH, MICHAEL (Bemessung der Abfindung), Zur Bemessung der Abfindung nach § 5 EGAktG, in: Die Wirtschaftsprüfung 2001, S. 809-815.

HERING, THOMAS/OLBRICH, MICHAEL (Börsengang junger Unternehmen), Einige grundsätzliche Bemerkungen zum Bewertungsproblem beim Börsengang junger Unternehmen, in: Zeitschrift für Betriebswirtschaft 2002, Erg.-Heft Nr. 5, S. 147-161.

HERING, THOMAS/OLBRICH, MICHAEL (Unsicherheitsproblem bei der Entschädigung), Bewertung von Mehrstimmrechten: Zum Unsicherheitsproblem bei der Entschädigung nach § 5 EGAktG, in: Deutsches Steuerrecht 2003, S. 1579-1582.

HERING, THOMAS/OLBRICH, MICHAEL (Unternehmensnachfolge), Unternehmensnachfolge, München/Wien 2003.

HERING, THOMAS/OLBRICH, MICHAEL (Bilanzierung von Beteiligungen), Der Ansatz des „fair value" bei der Bilanzierung von Beteiligungen nach IAS 39 und seine Konsequenzen für das Beteiligungscontrolling, in: LITTKEMANN, JÖRN/ZÜNDORF, HORST (Hrsg.), Beteiligungscontrolling, Herne/Berlin 2004, S. 707-720.

HERING, THOMAS/OLBRICH, MICHAEL/STEINRÜCKE, MARTIN (Valuation of Internet Companies), Valuation of Start-up Internet Companies, in: International Journal of Technology Management 2006, S. 406-419.

HERRMANN, KLAUS, (Vermögensbewertung beim Zugewinnausgleich), Die Vermögensbewertung beim ehelichen Zugewinnausgleich, Diss., Tübingen 1976.

HERTZ, DAVID B. (Risk Analysis), Risk Analysis in Capital Investment, in: Harvard Business Review 1964, S. 95-106.

HEUER, CARL-HEINZ (Kunst im Steuerrecht), Die Kunst im Steuerrecht, Das Steuerrecht als Mittler, Garant oder Störer der Kunstfreiheit, in: DEUTSCHE SEKTION DER INTERNATIONALEN JURISTEN-KOMMISSION (Hrsg.), Kunst und Recht im In- und Ausland, Heidelberg 1994, S. 89-119.

HEUER, CARL-HEINZ (Kunstgegenstände), Die Bewertung von Kunstgegenständen, in: Deutsches Steuerrecht 1995, S. 438-443.

HEUER, CARL-HEINZ (Gemeiner Wert von Kunstgegenständen), Die Bewertung von Kunstgegenständen, in: Deutsches Steuerrecht 1999, S. 1389-1391.

HEUER, CARL-HEINZ (Der gemeine Wert von Kunstgegenständen), Der gemeine Wert von Kunstgegenständen – Anmerkungen zum Urteil des BFH vom 06.06.2001, II R 7-98, in: Deutsches Steuerrecht 2002, S. 845-848.

HEUER, CARL-HEINZ (Bewertung von Kunstgegenständen), Die Bewertung von Kunstgegenständen, in: Neue Juristische Wochenschrift 2008, S. 689-784.

HEYN, HANNS-CHRISTIAN (Urheberrecht und Sammeln von Kunst), Urheberrecht und Sammeln von Kunst, in: PUES, LOTHAR/QUADT, EDGAR/RISSA (Hrsg.), ArtInvestor, Handbuch für Kunst und Investment, München 2002, S. 414-437.

HIGGS, HELEN/WORTHINGTON, ANDREW C. (Financial Returns), Financial Returns and Price Determinants in the Australian Art Market, 1973-2003, Arbeitspapier Nr. 184 der Fakultät für Ökonomie und Finanzierung der Technischen Universität von Queensland, Queensland 2004.

HIGGS, HELEN/WORTHINGTON, ANDREW C. (Australian Art Market), Financial Returns and Price Determinants in the Australian Art Market, 1973-2003, in: The Economic Record 2005, S. 113-123.

HILDESLEY, C. HUGH (Buying and Selling at Auction), The Complete Guide to Buying and Selling at Auction, Neuyork 1997.

HINTNER, OTTO (Bewertungsgesetz), Unternehmungsbewertung und Bewertungsgesetz, in: HINTNER, OTTO/LINHARDT, HANNS/SCHUBERT, WERNER (Hrsg.), Zur Besteuerung der Unternehmung, Festschrift für Peter Scherpf, Berlin 1968, S. 205-222.

HIRSHLEIFER, JACK (Optimal Investment Decision), On the Theory of Optimal Investment Decision, in: Journal of Political Economy 1958, S. 329-352.

HODGSON, DOUGLAS J./VORKINK, KEITH P. (Valuation of Canadian Paintings), Asset Pricing Theory and the Valuation of Canadian Paintings, in: The Canadian Journal of Economics 2004, S. 629-655.

HOFBAUER, EDITH (Kapitalkosten bei der Unternehmensbewertung), Kapitalkosten bei der Unternehmensbewertung in den Emerging Markets Europas, Wiesbaden 2011.

HOLLEIN, MAX (Schauplatz Kunstmarkt), Boom, Crash: Schauplatz Kunstmarkt, in: PUES, LOTHAR/QUADT, EDGAR/RISSA (Hrsg.), ArtInvestor, Handbuch für Kunst und Investment, München 2002, S. 125-133.

HOLTMANN, HEINZ (Keine Angst vor Kunst), Keine Angst vor Kunst, Moderne Kunst erkennen, sammeln und bewahren, Düsseldorf/München 1997.

HOLUB, HANS W./TAPPEINER, GOTTFRIED (Bildende Kunst aus empirischer Sicht), Möglichkeiten und Probleme einer Ökonomik der bildenden Kunst aus empirischer Sicht, in: ANDRAE, CLEMENS-AUGUST/SMEKAL, CHRISTIAN (Hrsg.), Kulturförderung in den Alpenländern: Theorie und Praxis, Festschrift für Fritz Prior, Innsbruck 1992, S. 83-92.

HOLUB, HANS W./HUTTER, MICHAEL/TAPPEINER, GOTTFRIED (Light and Shadow), Light and Shadow in Art Price Computation, in: Journal of Economics 1993, S. 49-69.

HOLZ, HANS H. (Vom Kunstwerk zur Ware), Vom Kunstwerk zur Ware, Studien zur Funktion des ästhetischen Gegenstands im Spätkapitalismus, Neuwied/Berlin 1972.

HULL, JOHN C. (Options), Options, Futures and other Derivatives, Upper Saddle River 2009.

INWINKEL, PETRA/SCHNEIDER, GEORG (Zustands-Grenzpreismodelle bei Agency-Problemen), Unternehmensbewertung und Zustands-Grenzpreismodelle bei Agency-Problemen, Betriebswirtschaftliche Forschung und Praxis 2008, S. 276-292.

JAEGER, WOLFGANG (§ 1376), § 1376, in: JOHANNSEN, KURT H./HENRICH, DIETER, Eherecht, Kommentar, 3. A., München 1998, S. 193-213.

JAENSCH, GÜNTER (Wert und Preis), Wert und Preis der ganzen Unternehmung, Köln/Opladen 1966.

JAENSCH, GÜNTER (Modell der Unternehmungsbewertung), Ein einfaches Modell der Unternehmungsbewertung ohne Kalkulationszinsfuß, in: Schmalenbachs Zeitschrift für betriebswirtschaftliche Forschung 1966, S. 660-679.

JAHN, JOHANNES/HAUBENREIßER, WOLFGANG (Wörterbuch der Kunst), Wörterbuch der Kunst, 10. A., Stuttgart 1983.

JAKOB, WOLFGANG (Einkommensteuer), Einkommensteuer, 4. A., München 2008.

JAQUET, CHRISTIAN (Werte und Preise), Werte und Preise auf dem Weltmarkt neuzeitlicher Kunst, Diss., Winterthur 1962.

JÜLICHER, MARC (§ 12 Bewertung), § 12 Bewertung, in: TROLL, MAX/GEBEL, DIETER/JÜLICHER, MARC (Hrsg.), Erbschaftsteuer- und Schenkungsteuergesetz, Kommentar, Loseblattsammlung, 39. A., München 2010.

JÜLICHER, Marc (§ 13 Steuerbefreiungen), § 13 Steuerbefreiungen, in: TROLL, MAX/GEBEL, DIETER/JÜLICHER, MARC (Hrsg.), Erbschaftsteuer- und Schenkungsteuergesetz, Kommentar, Loseblattsammlung, 39. A., München 2010.

KÄFER, KARL (Bewertung der Unternehmung), Zur Bewertung der Unternehmung, Nachdruck von Aufsätzen Karl Käfers aus den Jahren 1946 bis 1973 zum 98. Geburtstag des Autors, hrsgg. von HELBLING, CARL, Zürich 1996.

KAHNWEILER, DANIEL-HENRY (Meine Maler – meine Galerien), Meine Maler – meine Galerien, Köln 1961.

KANE, ALEX (Coins), Coins: Anatomy of a Fad Asset, in: Journal of Portfolio Management 1984, Winterheft, S. 44-51.

KARSCH, FLORIAN (Kunstsachverständige und Experten), Kunstsachverständige und Experten, in: Weltkunst 1987, S. 125.

KASSOUF, SHEEN T. (Model for Option Price), An Econometric Model for Option Price with Implications for Investors' Expectations and Audacity, in: Econometrica 1969, S. 685-694.

KATZENBERGER, PAUL (Richtlinie über das Folgerecht), Die europäische Richtlinie über das Folgerecht, in: Gewerblicher Rechtschutz und Urheberrecht, Internationaler Teil 2004, S. 20-27.

KATZENBERGER, PAUL (§ 26 Folgerecht), § 26 Folgerecht, in: SCHRICKER, GERHARD, Urherberrecht, Kommentar, München 2006.

KEPPE, HANS-JÜRGEN/WEBER, MARTIN (Partielle Wahrscheinlichkeitsinformation), Risikoanalyse bei partieller Wahrscheinlichkeitsinformation, in: Die Betriebswirtschaft 1993, S. 49-56.

KIRCHMAIER, ROBERT (Kunstsachverständige und Experten), Kunstsachverständige und Experten, in: EBLING, KLAUS/SCHULZE, MARCEL (Hrsg.), Kunstrecht, München 2007, S. 242-245.

KIRCHMAIER, ROBERT (Leihverkehr), Leihverkehr, in: EBLING, KLAUS/SCHULZE, MARCEL (Hrsg.), Kunstrecht, München 2007, S. 152-245.

KLEIN, ULRIKE (Der Kunstmarkt), Der Kunstmarkt – Zur Interaktion von Ästhetik und Ökonomie, Frankfurt am Main 1993.

KNEBEL, CHRISTIAN (Preisindexerstellung), Preisindexerstellung für Bildende Kunst, Ein Überblick über den Stand der Forschung, Diplomarbeit, Witten 2004.

KOSIOL, ERICH (Wirtschaftliches Aktionszentrum), Die Unternehmung als wirtschaftliches Aktionszentrum, Reinbek 1971.

KREUTZ, W. (Wertschätzung von Bergwerken), Wertschätzung von Bergwerken. Unter besonderer Berücksichtigung der im Geltungsbereiche des preussischen Berggesetzes vorliegenden Verhältnisse, Köln-Rhein 1909.

KRUSCHWITZ, LUTZ (Risikoanalyse aus theoretischer Sicht), Bemerkungen zur Risikoanalyse aus theoretischer Sicht, in: Zeitschrift für Betriebswirtschaft 1980, S. 800-808.

KRUSCHWITZ, LUTZ (Investitionsrechnung), Investitionsrechnung, 12. A., München 2009.

KRUSCHWITZ, LUTZ (Finanzierung und Investition), Finanzierung und Investition, 6. A., München 2010.

KRUSE, WILHELM, (§ 224a), § 224a, Hingabe von Kunstwerken an Zahlung statt, in: TIPKE, KLAUS/KRUSE, WILHELM (Hrsg.), Abgabenordnung, Finanzgerichtsordnung, Kommentar, Loseblattsammlung, 123. A., Köln 2010.

KÜHN, HERMANN (Erhaltung und Pflege von Kunstwerken), Erhaltung und Pflege von Kunstwerken, Material und Technik, Konservierung und Restaurierung, 3. A., München 2001.

KUßMAUL, HEINZ (Betriebswirtschaftliche Steuerlehre), Betriebswirtschaftliche Steuerlehre, 6. A., München 2010.

KUßMAUL, HEINZ/RICHTER, LUTZ (Baldwin-Methode), Die Baldwin-Methode – Kritische Bestandsaufnahme und Weiterentwicklung eines dynamischen Renditemaßes –, in: Finanz Betrieb 2000, S. 683-692.

LANCASTER, KELVIN J. (Consumer Theory), A new Approach to Consumer Theory, in: Journal of Political Economy 1966, S. 135-157.

LANDES, WILLIAM M. (Art Lottery), Winning The Art Lottery: The Economic Returns to The Ganz Collection, in: Recherches Économiques de Louvain – Louvain Economic Review 2000, S. 111-130.

LANGE, HERMANN (§ 1369), § 1369, in: SOERGEL, HANS THEODOR (Hrsg.), Kommentar zum Bürgerlichen Gesetzbuch, Bd. 7, Familienrecht I, 12. A., Stuttgart et al. 1988, S. 204-210.

LANGE, HERMANN (§ 1376), § 1376, in: SOERGEL, HANS THEODOR (Hrsg.), Kommentar zum Bürgerlichen Gesetzbuch, Bd. 7, Familienrecht I, 12. A., Stuttgart et al. 1988, S. 249-259.

LANGE, HEINRICH/KUCHINKE, KURT (Erbrecht), Erbrecht, 5. A., München 2001.

LAUX, HELMUT/FRANKE, GÜNTER (Bewertung von Unternehmungen), Zum Problem der Bewertung von Unternehmungen und anderen Investitionsgütern, in: Unternehmensforschung 1969, S. 205-223.

LAUX, HELMUT (Entscheidungstheorie), Entscheidungstheorie, 7. A., Berlin/Heidelberg 2007.

LAUX, HELMUT/LIERMANN, FELIX (Grundlagen der Organisation), Grundlagen der Organisation, Die Steuerung von Entscheidungen als Grundproblem der Betriebswirtschaftslehre, 6. A., Berlin/Heidelberg 2005.

LEHMANN, BENNO (Zeitgenössische Kunstwerke), Zeitgenössische Kunstwerke als Kapitalanlage, in: PUES, LOTHAR/QUADT, EDGAR/RISSA (Hrsg.), ArtInvestor, Handbuch für Kunst und Investment, München 2002, S. 104-111.

LEIPOLD, DIETER (Erbrecht), Erbrecht, 18. A., Tübingen 2010.

LEONARD, AXEL (§ 3c Ort der Lieferung in besonderen Fällen), § 3c Ort der Lieferung in besonderen Fällen, in: BUNJES, JOHANN/GEIST, REINHOLD (Hrsg.), Umsatzsteuergesetz, Kommentar, 9. A., München 2009.

LESLEY, PARKER/HODGINS, ERIC (Der internationale Kunsthandel I), Der Internationale Kunsthandel, Gemälde, Sammler, Preise (I), in: Der Monat 1956, Nr. 92, S. 30-44.

LESSING, JULIUS (Kunstwerk), Was ist ein altes Kunstwerk werth?, Vortrag gehalten in der volkswirtschaftlichen Gesellschaft zu Berlin am 14. März 1885.

LEYER-PRITZKOW, MARTIN/SEBASTIAN, KLAUS (Das Kunstkaufbuch), Das Kunstkaufbuch, München 2005.

LIEBERMANN, BENEDYKT (Ertragswert), Der Ertragswert der Unternehmung, Diss., Universität Frankfurt 1923.

LINDEMANN, ADAM (Collecting Contemporary), Collecting Contemporary, Köln 2006.

LINDENBAUER, THORSTEN (Kunstmarketing), Kunstmarketing: theoretische Grundlagen und Hauptaufgabenfelder eines Marketing für Bildkunstwerke unter besonderer Berücksichtigung der Beziehung zwischen Kunsthandel und Nachfragern, Diss., Velten 1996.

LÖSCHL, JULIA (Betrachtungsweisen von Kunst), Betrachtungsweisen von Kunst, in: BankPrivat AG (Hrsg.), Kunst als Vermögensanlage, Wien 2005, S. 35-73.

LOUARGAND, MARC A./MCDANIEL, J. R. (Price Efficiency), Price Efficiency in the Art Auction Market, in: Journal of Cultural Economics 1991, Heft 2, S. 53-65.

LÜDERITZ, ALEXANDER/DETHLOFF, NINA (Familienrecht), Familienrecht, 28. A., München 2007.

MALLALIEU, HUON (How to Buy Pictures), How to Buy Pictures, Practical Advice on All Aspects of the Art Market, Englewood Cliffs 1984.

VON MALTZAN, BERND-ALBRECHT/SCHROETER-HERREL, CHRISTINA (Kunstberatung), Kunstberatung als Bestandteil des individuellen Vermögensmanagements im Private Banking, in: PUES, LOTHAR/QUADT, EDGAR/RISSA (Hrsg.), ArtInvestor, Handbuch für Kunst und Investment, München 2002, S. 202-209.

MANDL, GERWALD/RABL, KLAUS (Unternehmensbewertung), Unternehmensbewertung, Eine praxisorientierte Einführung, Wien/Frankfurt 1997.

MANNE, ALLAN SUSSMANN (Parametric Linear Programming), Notes on Parametric Linear Programming, Arbeitspapier 468 der Rand Corporation, Santa Monica 1953.

MATSCHKE, MANFRED J. (Schiedsspruchwert der Unternehmung), Der Arbitrium- oder Schiedsspruchwert der Unternehmung – Zur Vermittlerfunktion eines unparteiischen Gutachters bei der Unternehmungsbewertung –, in: Betriebswirtschaftliche Forschung und Praxis 1971, S. 508-520.

MATSCHKE, MANFRED J. (Gesamtwert der Unternehmung), Der Gesamtwert der Unternehmung als Entscheidungswert, in: Betriebswirtschaftliche Forschung und Praxis 1972, S. 146-161.

MATSCHKE, MANFRED J. (Entscheidungswert), Der Entscheidungswert der Unternehmung, Wiesbaden 1975.

MATSCHKE, MANFRED J. (Argumentationswert), Der Argumentationswert der Unternehmung – Unternehmungsbewertung als Instrument der Beeinflussung in der Verhandlung, in: Betriebswirtschaftliche Forschung und Praxis 1976, S. 517-524.

MATSCHKE, MANFRED J. (Arbitriumwert), Funktionale Unternehmungsbewertung, Bd. II: Der Arbitriumwert der Unternehmung, Wiesbaden 1979.

MATSCHKE, MANFRED J. (Unternehmungsbewertung in dominierten Konfliktsituationen), Unternehmungsbewertung in dominierten Konfliktsituationen am Beispiel der Bestimmung der angemessenen Barabfindung für den ausgeschlossenen oder ausscheidungsberechtigten Minderheits-Kapitalgesellschafter, in: Betriebswirtschaftliche Forschung und Praxis 1981, S. 115-129.

MATSCHKE, MANFRED J. (Ermittlung mehrdimensionaler Entscheidungswerte), Einige grundsätzliche Bemerkungen zur Ermittlung mehrdimensionaler Entscheidungswerte der Unternehmung, in: Betriebswirtschaftliche Forschung und Praxis 1993, S. 1-24.

MATSCHKE, MANFRED J. (Lenkungspreise), Lenkungspreise, in: WITTMANN, WALDEMAR/KERN, WERNER/KÖHLER, RICHARD/KÜPPER, HANS-ULRICH/-VON WYSOCKI, KLAUS (Hrsg.), Handwörterbuch der Betriebswirtschaft, Bd. 2, 5. A., Stuttgart 1993, Sp. 2581-2594.

MATSCHKE, MANFRED J. (Wertarten nach der Art ihrer Ermittlung), Unternehmungsbewertung: Wertarten nach der Art ihrer Ermittlung, in: CORSTEN, HANS/GÖSSINGER, RALF (Hrsg.), Lexikon der Betriebswirtschaftslehre, München 2008, S. 855-861.

MATSCHKE, MANFRED J. (Wertarten nach ihrer Aufgabenstellung), Unternehmungsbewertung: Wertarten nach ihrer Aufgabenstellung, in: CORSTEN, HANS/GÖSSINGER, RALF (Hrsg.), Lexikon der Betriebswirtschaftslehre, München 2008, S. 861 f.

MATSCHKE, MANFRED J./BRÖSEL, GERRIT (Bewertung mit dem Zustands-Grenzpreismodell), Die Bewertung kleiner und mittlerer Unternehmungen mit dem Zustands-Grenzpreismodell unter besonderer Berücksichtigung möglicher Folgen von „Basel II“, in: MEYER, JÖRN-AXEL (Hrsg.), Unternehmensbewertung und Basel II in kleinen und mittleren Unternehmen, Lohmar/Köln 2003, S. 157-181.

MATSCHKE, MANFRED J./BRÖSEL, GERRIT (Unternehmensbewertung), Unternehmensbewertung, Funktionen – Methoden – Grundsätze, 3. A., Wiesbaden 2007.

MATSCHKE, MANFRED J./OLBRICH, MICHAEL (Internationale und Außenhandelsfinanzierung), Internationale und Außenhandelsfinanzierung, München/Wien 2000.

MAYER, RUDOLF (Gedruckte Kunst), Gedruckte Kunst, Stuttgart 1984.

MCANDREW, CLARE/THOMPSON, REX (Collateral Value of Fine Art), The Collateral Value of Fine Art, in: Journal of Banking & Finance 2007, S. 589-607.

MEI, JIANPING/MOSES, MICHAEL (Art as an Investment), Art as an Investment and the Underperformance of Masterpieces, in: The American Economic Review 2002, Heft 5, S. 1656-1668.

MEI, JIANPING/MOSES, MICHAEL (Biased Price Estimates), Vested Interest and Biased Price Estimates: Evidence from an Auction Market, in: Journal of Finance 2005, S. 2409-2435.

MEINCKE, JENS PETER (Nachlaßbewertung im BGB), Das Recht der Nachlaßbewertung im BGB, Frankfurt am Main 1973.

MEINCKE, JENS PETER (Erbschaftsteuergesetz), Erbschaft- und Schenkungsteuergesetz, Kommentar, 15. A., München 2009.

MELLEROWICZ, KONRAD (Wert der Unternehmung), Der Wert der Unternehmung als Ganzes, Essen 1952.

MENGER, CARL (Volkswirtschaftslehre), Grundsätze der Volkswirthschaftslehre, Wien 1871.

MERCKER, FLORIAN/MUES, GABOR (Was bedeutet denn unwiderruflich?), Was bedeutet denn unwiderruflich?, in: Frankfurter Allgemeine Zeitung vom 24.05.2010, S. 35.

MEYER, CHRISTIAN (Markt für Bildende Kunst), Grundlagen einer ökonomischen Theorie des Marktes für Bildende Kunst, Diss., Wien 1976.

MEYER, FRIEDRICH-WILHELM (Unternehmensbewertung im Zugewinnausgleich), Unternehmensbewertung im Zugewinnausgleich bei freiberuflicher Praxis, Berlin 1996.

MINISTERIUM DER FINANZEN RHEINLAND-PFALZ (Umsatzsteuer im Binnenmarkt), Die Umsatzsteuer im EU-Binnenmarkt, 5. A., Mainz 2007.

MIRRE, LUDWIG (Ertragswert), Gemeiner Wert und Ertragswert, in: Zeitschrift des Deutschen Notarvereins 1913, S. 155-176.

MOENCH, DIETMAR/ALBRECHT, GERD (Erbschaftsteuer), Erbschaftsteuer einschließlich Schenkungsteuer und Bewertung, 2. A., München 2009.

MOSES, MICHAEL/MEI, JIANPING (Rembrandt and Recession), Can a Rembrandt get you through a Recession?, in: MOSSETTO, GIANFRANCO/VECCO, MARILENA (Hrsg.), Economics of Art Auctions, Mailand 2002, S. 84-95.

MOULIN, RAYMONDE (French Art Market), The French Art Market, A Sociological View, Neubraunschweig/London 1987.

MOXTER, ADOLF (Betriebswirtschaftliche Kapitaltheorie), Lineares Programmieren und betriebswirtschaftliche Kapitaltheorie, Zeitschrift für handelswissenschaftliche Forschung 1963, S. 285-309.

MOXTER, ADOLF (Grundsätze), Grundsätze ordnungsmäßiger Unternehmensbewertung, 2. A., Wiesbaden 1983.

MÜHSAM, KURT (Die Kunstauktion), Die Kunstauktion, Licht- und Schattenseiten des Versteigerungswesens im Kunst- und Antiquitätenhandel für Käufer und Verkäufer, Berlin 1923.

MÜLLERSCHÖN, BERND (Gemälde als erfolgreiche Kapitalanlage), Gemälde als erfolgreiche Kapitalanlage, Der Markt für Bilder des 19. Jahrhunderts: Fakten, Hintergründe, Trends, Stuttgart 1991.

MÜLLER-KATZENBURG, ASTRID/HOFMANN, ANETTE (Abschreibungsmöglichkeiten bei Kunstgegenständen), Abschreibungsmöglichkeiten bei Kunstgegenständen, in: Betriebs-Berater 2000, S. 2563-2568.

MÜLLER-KATZENBURG, ASTRID (§ 26 UhrhG Folgerecht), § 26 UhrhG Folgerecht, in: MESTMÄCKER, ERNST-JOACHIM/SCHULZE, ERICH, Kommentar zum deutschen Urheberrecht, Loseblattsammlung, 52. A., Köln 2010.

MÜLLER-MEHLIS, REINHARD (Kunst und Antiquitäten), Kunst und Antiquitäten als Geldanlage, München 1974.

MÜLLER-RAß, EVA (Kunst im Unternehmen), Investition in die Zukunft – Kunst im Unternehmen, in: GONZÁLEZ, THOMAS/WEIS, ROBERT (Hrsg.), Kunst-Investment, Die Kunst, mit Kunst Geld zu verdienen, Wiesbaden 2000, S. 43-54.

MÜNSTERMANN, HANS (Wert und Bewertung), Wert und Bewertung der Unternehmung, 3. A., Wiesbaden 1970.

MYERS, STEWART C. (Financial Strategy), Finance Theory and Financial Strategy, in: Interfaces 1984, S. 126-137.

NEUMANN, KLAUS/MORLOCK, MARTIN (Operations Research), Operations Research, 2. A., München/Wien 2002.

NICOLAUS, KNUT (Handbuch der Gemäldekunde), DuMonts Handbuch der Gemäldekunde, Gemälde bestimmen und erkennen, Köln 2003.

NIKLISCH, HEINRICH (Der gemeine Wert), Der gemeine Wert, in: Der Praktische Betriebswirt 1933, S. 819-822.

NIMMICH, GUNTER (Kunst als Ware), Kunst als Ware, Zu einigen Kulturgeschichtlichen Aspekten des Kunsthandels, Diss., Humboldt-Universität zu Berlin 1984.

NORDEMANN, WILHELM (Urheberrecht), Urheberrecht, in: EBLING, KLAUS/SCHULZE, MARCEL (Hrsg.), Kunstrecht, München 2007. S. 55-94.

NUTHMANN, GUSTAV (Kauf eines Unternehmens), Der Kauf eines Unternehmens, Diss., Universität Königsberg in Preußen 1922.

VON OEYNHAUSEN, CARL (Kapitalwert von märkischen Steinkohlenzechen), Ueber die Bestimmung des Kapitalwerthes von Steinkohlen-Zechen. Mit besonderer Berücksichtigung des Märkschen Kohlenbergbaues, in: Archiv für Bergbau und Hüttenwesen, Bd. 5 (1822), S. 306-319.

OLBRICH, CHRISTIAN (Unternehmensbewertung), Unternehmensbewertung, Herne/Berlin 1981.

OLBRICH, CHRISTIAN (Unternehmensbewertung beim Zugewinnausgleich), Zur Unternehmensbewertung beim Zugewinnausgleich, in: Die Wirtschaftsprüfung 1982, S. 247-250.

OLBRICH, MICHAEL (Unternehmungswert), Unternehmungskultur und Unternehmungswert, Wiesbaden 1999.

OLBRICH, MICHAEL (Bewertung von Unternehmungsanteilen), Zur Bedeutung des Börsenkurses für die Bewertung von Unternehmungen und Unternehmungsanteilen, in: Betriebswirtschaftliche Forschung und Praxis 2000, S. 454-465.

OLBRICH, MICHAEL (Ertragsteuerlicher Verlustvortrag), Zum Kauf der Mantelgesellschaft mit ertragsteuerlichem Verlustvortrag vor dem Hintergrund des Steuersenkungsgesetzes, in: Die Wirtschaftsprüfung 2001, S. 1326-1331.

OLBRICH, MICHAEL (Bewertung von Akquisitionsobjekten), Zur Berücksichtigung unternehmungskultureller Probleme bei der Bewertung von Akquisitionsobjekten, in: Zeitschrift für Planung 2002, S. 153-172.

OLBRICH, MICHAEL (Gründungsfinanzierung), Gründungsfinanzierung und Portfoliocontrolling, in: Zeitschrift für das gesamte Kreditwesen 2002, S. 1308-1312.

OLBRICH, MICHAEL (Elektronisches Geschäft), Zur Unternehmungsnachfolge im elektronischen Geschäft, in: KEUPER, FRANK (Hrsg.), Electronic Business und Mobile Business – Ansätze, Konzepte und Geschäftsmodelle, Wiesbaden 2002, S. 677-708.

OLBRICH, MICHAEL (Bilanzierung von Immobilien), Zur Bilanzierung von als Finanzinvestition gehaltenen Immobilien nach IAS 40, in: Betriebswirtschaftliche Forschung und Praxis 2003, S. 346-357.

OLBRICH, MICHAEL (Unternehmungsnachfolge), Unternehmungsnachfolge durch Unternehmungsverkauf, Wiesbaden 2005.

OLBRICH, MICHAEL (Unternehmungsbewertung bei Scheidung), Zur Unternehmungsbewertung bei Scheidung des Unternehmers, in: Die Betriebswirtschaft 2005, S. 411-426.

OLBRICH, MICHAEL/BRÖSEL, GERRIT/HAẞLINGER, MARIUS (Valuation of Airport Slots), The Valuation of Airport Slots, in: Journal of Air Law and Commerce 2009, S. 897-917.

OLBRICH, MICHAEL/HARES, CHRISTOPH/PAULY, ALEXANDER (Erbschaftsteuerreform und Unternehmensbewertung), Erbschaftsteuerreform und Unternehmensbewertung, in: Deutsches Steuerrecht 2010, S. 1250-1256.

OLBRICH, MICHAEL/HEINZ, CHRISTIAN (Entscheidungswert bei drohendem Pflichtangebot), Zur Ermittlung des Entscheidungswertes eines Aktienkäufers im Vorfeld eines drohenden Pflichtangebots nach §§ 35 ff. WpÜG, in: Die Wirtschaftsprüfung 2009, S. 545-553.

VON OLSHAUSEN, EBERHARD (Verteilung der Pflichtteilslast), Verteilung der Pflichtteilslast zwischen Erben und Vermächtnisnehmern, Monatsschrift für Deutsches Recht 1986, S. 89-96.

OLZEN, DIRK (Erbrecht), Erbrecht, 3. A., Berlin 2009.

PEARCE, SUSAN M. (Collecting in Contemporary Practice), Collecting in Contemporary Practice, London et al. 1998.

PERRIDON, LOUIS/STEINER, MANFRED/RATHGEBER, ANDREAS (Finanzwirtschaft), Finanzwirtschaft der Unternehmung, 15. A., München 2009.

PESANDO, JAMES E. (The Market for Modern Prints), Art as an Investment: The Market for Modern Prints, in: The American Economic Review 1993, S. 1075-1089.

PESANDO, JAMES E. /SHUM, PAULINE M. (Price Anomalies at Auction), Price Anomalies at Auction: Evidence from the Market for Auction Prints, in: GINSBURGH, VICTOR A./MENGER, PIERRE-MICHEL (Hrsg.), Economics of the Arts, Amsterdam 1996, S. 113-134.

PESANDO, JAMES E. /SHUM, PAULINE M. (Returns to Picasso's Prints), Returns to Picasso's Prints and to Traditional Financial Assets, 1977-1996, in: Journal of Cultural Economics 1999, S. 183-192.

PETZOLD, EBERHARD (Teilauseinandersetzung bei der Miterbengemeinschaft), Die Teilauseinandersetzung bei der Miterbengemeinschaft, Diss., Universität Hamburg 1973.

PFAFF, DIETER/PFEIFFER, THOMAS/GATHGE, DIETER (Zustands-Grenzpreismodelle), Unternehmensbewertung und Zustands-Grenzpreismodelle, in: Betriebswirtschaftliche Forschung und Praxis 2002, S. 198-210.

PFENNIG, GERHARD (Folgerecht in der europäischen Union), Das Folgerecht in der europäischen Union, in: BECKER, JÜRGEN/LERCHE, PETER/MESTMÄCKER, ERNST-JOACHIM (Hrsg.), Festschrift für Reinhold Kreile, Baden-Baden 1994, S. 491-512.

PFENNIG, GERHARD (Harmonisierung des Folgerechts), Die Harmonisierung des Folgerechts in der EU, in: Zeitschrift für Urheber- und Medienrecht 2002, S. 195-201.

PICKER, GÜNTHER (Kunstgegenstände & Antiquitäten), Kunstgegenstände & Antiquitäten, München 2000.

PILTZ, DETLEV J./WISSMANN, ELKE (Unternehmensbewertung beim Zugewinnausgleich), Unternehmensbewertung beim Zugewinnausgleich nach Scheidung, in: Neue Juristische Wochenschrift 1985, S. 2673-2684.

POMMEREHNE, WERNER W./FELD, LARS P. (Auction Prices), The Impact of Museum Purchase on the Auction Prices of Paintings, in: Journal of Cultural Economics 1997, S. 249-271.

POMMEREHNE, WERNER W./FREY, BRUNO S. (Musen und Märkte), Musen und Märkte, Ansätze zu einer Ökonomik der Kunst, München 1993.

PUES, LOTHAR (Kunst und Steuern), Kunst und Steuern, in: PUES, LOTHAR/QUADT, EDGAR/RISSA (Hrsg.), ArtInvestor, Handbuch für Kunst und Investment, München 2002, S. 482-488.

PÜTZ, OTTO (Begutachtung und Wertschätzung), Die Begutachtung und Wertschätzung von Bergwerksunternehmungen mit besonderer Berücksichtigung der oberschlesischen Steinkohlengruben, Freiberg in Sachsen 1911.

QUADT, EDGAR/KREPLER, UTE (Das ultimative Luxusgut), Kunst – Das ultimative Luxusgut, in: QUADT, EDGAR (Hrsg.), Artinvestor, Wie man erfolgreich in Kunst investiert, München 2008, S. 11-15.

RAMB, JÖRG (§ 12 Bewertung), § 13 Steuerbefreiungen, in: RÖDL, CHRISTIAN/PREIẞER, MICHAEL/CHLEPAS, CHRISTINA/KIEBELE, SABRINA/-NAUMANN ZU GRÜNBERG, DIR ULRICH/RAMB, JÖRG/RAẞFELD-WILSKE, PETRA/RICHTER, ANDREAS/SEIFRIED, CAROLA/SELTENREICH, STEPHAN/TETENS, MEIKE/TOLKSDORF, HERBERT (Hrsg.), Erbschaft- und Schenkungsteuer, Kompakt-Kommentar, Stuttgart 2009.

RAUPACH, ARNDT (Erbschaft- und Schenkungsteuer), Der Verkehrswert als alleiniger Maßstab für Zwecke der Erbschaft- und Schenkungsteuer – Der Ertragswert ist tot, es lebe der Ertragswert, in: Deutsches Steuerrecht 2007, S. 2037-2042.

REITLINGER, GERALD (Economics of Taste, Bd. 1), The Economics of Taste, The Rise and Fall of Picture Prices 1760-1960, Bd. 1, 2. A., Neuyork 1982.

REITLINGER, GERALD (Economics of Taste, Bd. 2), The Economics of Taste, The Rise and Fall of Picture Prices 1760-1960, Bd. 2, 2. A., Neuyork 1982.

REITLINGER, GERALD (Economics of Taste, Bd. 3), The Economics of Taste, The Rise and Fall of Picture Prices 1760-1960, Bd. 3, 2. A., Neuyork 1982.

RICHTER, ARTUR (Bewertung), Die Bewertung von Minderheitsanteilen an Kapitalgesellschaften, in: Der praktische Betriebswirt 1942, S. 105–110.

RISSA (Sammlerbefragung in Deutschland), Künstler- und Sammlerbefragung in Deutschland, in: PUES, LOTHAR/QUADT, EDGAR/RISSA (Hrsg.), ArtInvestor, Handbuch für Kunst und Investment, München 2002, S. 509-642.

RITTNER, FRITZ (Zugewinnausgleich), Handelsrecht und Zugewinngemeinschaft (III): Der Zugewinnausgleich, in: Zeitschrift für das gesamte Familienrecht 1961, S. 505-516.

ROBERTSON, IAIN (The Current and Future Value of Art), The Current and Future Value of Art, in: ROBERTSON, IAIN (Hrsg.), Understanding International Art Markets and Management, Neuyork 2005, S. 228-260.

ROLLBERG, ROLAND (Simultane Planung), Simultane Investitions-, Finanz- und Produktionsprogrammplanung, in: BURCHERT, HEIKO/HERING, THOMAS (Hrsg.), Betriebliche Finanzwirtschaft, München/Wien 1999, S. 96-110.

ROLLBERG, ROLAND (Unternehmensplanung), Integrierte Unternehmensplanung, Wiesbaden 2001.

ROSE, GERD/WATRIN, CHRISTOPH (Erbschaftsteuer), Erbschaftsteuer mit Schenkungsteuer und Bewertungsrecht, 12. A., Berlin 2009.

ROTHENBUCHER, ANDREAS (Kunst und Steuern), Kunst und Steuern, in: GONZÁLEZ, THOMAS/WEIS, ROBERT (Hrsg.), Kunst-Investment, Die Kunst, mit Kunst Geld zu verdienen, Wiesbaden 2000, S. 261-264.

RUDOLPH, BERND (Neuere Kapitalkostenkonzepte), Neuere Kapitalkostenkonzepte auf der Grundlage der Kapitalmarkttheorie, in: Schmalenbachs Zeitschrift für betriebswirtschaftliche Forschung 1986, S. 892-898.

RUSH, RICHARD H. (Art as an Investment), Art as an Investment, Englewood Cliffs 1961.

RÜSKEN, REINHART (Zollrecht), Zollrecht, in: EBLING, KLAUS/SCHULZE, MARCEL (Hrsg.), Kunstrecht, München 2007, S. 501-519.

RÜSKEN, REINHART (§ 224a), § 224a, in: KLEIN, FRANZ (Hrsg.), Abgabenordnung einschließlich Steuerstrafrecht, Kommentar, 10. A., München 2009.

SACHS, HANNELORE (Sammler und Mäzene), Sammler und Mäzene, Zur Entwicklung des Kunstsammelns von der Antike bis zur Gegenwart, Leipzig 1971.

SAGER, PETER (Die Besessenen), Die Besessenen: Begegnungen mit Kunstsammlern zwischen Aachen und Tokio, Köln 1992.

SAGOT-DUVAROUX, DOMINIQUE/PFLIEGER, SYLVIE/ROUGET, BERNARD (Factors Affecting Price), Factors Affecting Price on the Contemporary Art Market, in: TOWSE, RUTH/KHAKEE, ABDUL (Hrsg.), Cultural Economics, Berlin/Heidelberg 1992, S. 91-102.

SAMUELSON, PAUL A. (Theory of Warrant Pricing), Rational Theory of Warrant Pricing, in: Industrial Management Review 1965, S. 13-31.

SCHACK, HAIMO (Urhebervertragsrecht), Urheber- und Urhebervertragsrecht, 5. A., Tübingen 2010.

SCHACK, HAIMO (Kunst und Recht), Kunst und Recht, Bildende Kunst, Architektur, Design und Fotografie im deutschen und internationalen Recht, 2. A., Tübingen 2009.

SCHERER, STEPAHN/LEHMANN, DANIEL (Bewertung von Kunstgegenständen), Die Bewertung von Kunstgegenständen, in: Zeitschrift für die Steuer- und Erbrechtspraxis 2003, Heft 3, S. 69-77.

SCHIEFER, SILKE (Kunstintermediäre), Funktionen von Kunstintermediären, Diss., Köln 1998.

SCHIERENBECK, HENNER/WÖHLE, CLAUDIA B. (Grundzüge der BWL), Grundzüge der Betriebswirtschaftslehre, 17. A., München 2008.

SCHILDBACH, THOMAS (Verkäufer und Unternehmen), Der Verkäufer und das Unternehmen „wie es steht und liegt", in: Schmalenbachs Zeitschrift für betriebswirtschaftliche Forschung 1995, S. 620-632.

SCHIRMER, ALFRED (Das Bild des Kaufmanns), Das Bild des Kaufmanns in der deutschen Kunst, in: Zeitschrift deutscher Kaufleute 1925, S. 90-97.

SCHLAX, HELMUT (Zugewinnausgleich und Pflichtteil), Unternehmens- und Anteilsbewertung zur Bemessung des Zugewinnausgleichs und Pflichtteils, Diss., Saarbrücken 1986.

SCHLEBUSCH, GERNOT (Bewertung von Vermögensgegenständen), Probleme der Bewertung von Vermögensgegenständen bei der Berechnung des Zugewinnausgleichs, Diss., Münster 1966.

SCHLOSSER-ZEUNER, HELGA (§ 1 Steuerbare Umsätze), § 1 Steuerbare Umsätze, in: BUNJES, JOHANN/GEIST, REINHOLD (Hrsg.), Umsatzsteuergesetz, Kommentar, 9. A., München 2009.

SCHLÜTER, Wilfried (BGB-Familienrecht), BGB-Familienrecht, 13. A., München et al. 2009.

SCHMALENBACH, EUGEN (Über Verrechnungspreise), Über Verrechnungspreise, Rede am Geburtstag des deutschen Kaisers und Königs von Preußen am 27. Januar 1909 in der Aula der Handels-Hochschule zu Köln, in: Zeitschrift für handelswissenschaftliche Forschung 1908/09, S. 165-185.

SCHMALENBACH, EUGEN (Werte von Anlagen und Unternehmungen), Die Werte von Anlagen und Unternehmungen in der Schätzungstechnik, in: Zeitschrift für handelswissenschaftliche Forschung 1917/1918, S. 1-20.

SCHMALENBACH, EUGEN (Optimale Geltungszahl), Pretiale Wirtschaftslenkung, Bd. 1: Die optimale Geltungszahl, Bremen 1947.

SCHMALENBACH, EUGEN (Beteiligungsfinanzierung), Die Beteiligungsfinanzierung, Köln/Opladen 1966.

SCHMICKLER, CLAUS C. (Kunstmarketing), Kunstmarketing/Marketing Art, in: SCHWARZER, YVONNE (Hrsg.), Über die Kunst, Kunst zu verkaufen, 2. A, Witten 2005, S. 5-39.

SCHMID, KARLHEINZ (Sekundärmarkt), Frischfleisch und Sekundärmarkt, in: Kunstzeitung 2002, Nr. 74, S. 3.

SCHNEELOCH, DIETER (Besteuerung), Besteuerung und betriebliche Steuerpolitik, Bd. 1: Besteuerung, 5. A., München 2008.

SCHNEIDER, DIETER (Investition), Investition, Finanzierung und Besteuerung, 7. A., Wiesbaden 1992.

SCHROETER-HERREL, CHRISTINA (Erfolgreiches Kunstsammeln), Der Weg zum erfolgreichen Kunstsammeln, in: GONZÁLEZ, THOMAS/WEIS, ROBERT (Hrsg.), Kunst-Investment, Die Kunst, mit Kunst Geld zu verdienen, Wiesbaden 2000, S. 68-83.

SCHULZE, MARCEL (Internationale Grundlagen), Internationale Grundlagen, in: EBLING, KLAUS/SCHULZE, MARCEL (Hrsg.), Kunstrecht, München 2007.

SCHULZE, MARCEL (Kunstvermarktung), Kunstvermarktung, in: EBLING, KLAUS/SCHULZE, MARCEL (Hrsg.), Kunstrecht, München 2007.

SCHÜTTE, REINER (Kunst- und Antiquitätenhandel), Kunst- und Antiquitätenhandel, in: TIETZ, BRUNO (Hrsg.), Handwörterbuch der Absatzwirtschaft, Stuttgart 1974, Sp. 1165-1169.

SCHWAB, DIETER (Zugewinnausgleich), Zugewinnausgleich, in: SCHWAB, DIETER (Hrsg.), Handbuch des Scheidungsrechts, 5. A., München 2004, S. 1561-1725.

SCHWAB, DIETER (Familienrecht), Familienrecht, 16. A., München 2008.

SCHWARZ, MARTIN (Mäzene der Zukunft), Mäzene der Zukunft, Marktmechanismen der Kunst, in: ANDRAE, CLEMENS-AUGUST/SMEKAL, CHRISTIAN (Hrsg.), Kulturförderung in den Alpenländern: Theorie und Praxis, Festschrift für Fritz Prior, Innsbruck 1992, S. 147-151.

SCHWARZL, STEPHAN K. (Sicht eines Kunstversicherers), Was ist Kunst wert? Oder: die Bewertung von Kunst aus Sicht eines Kunstversicherers, in: PUES, LOTHAR/QUADT, EDGAR/RISSA (Hrsg.), ArtInvestor, Handbuch für Kunst und Investment, München 2002, S. 242-246.

SEEGERS, ULLI (Provenienzüberprüfung von Kunstwerken), Gutgläubig oder böswillig?, Über Möglichkeit und Notwendigkeit der Provenienz-Überprüfung von Kunstwerken, in: PUES, LOTHAR/QUADT, EDGAR/RISSA (Hrsg.), Art-Investor, Handbuch für Kunst und Investment, München 2002, S. 453-460.

SEER, ROMAN (Besteuerung nach wirtschaftlicher Leistungsfähigkeit), Die Erbschaft- und Schenkungsteuer im System der Besteuerung nach wirtschaftlicher Leistungsfähigkeit – Zugleich eine kritische Würdigung des Erbschaftsteuerreformgesetzes v. 24.12.2008, in: GmbH-Rundschau 2009, S. 225-237.

SELIGMAN, GERMAIN (Merchants of Art), Merchants of Art: 1880-1960, Eighty Years of Professional Collecting, Neuyork 1961.

SHELTON, JOHN P. (Price of a Warrant I), The Relation of the Price of a Warrant to the Price of Its Associated Stock: Part I, in: Financial Analysts Journal 1967, Heft 3, S. 143-151.

SHELTON, JOHN P. (Price of a Warrant II), The Relation of the Price of a Warrant to the Price of Its Associated Stock: Part I, in: Financial Analysts Journal 1967, Heft 4, S. 88-99.

SIEBEN, GÜNTER (Bewertungs- und Investitionsmodelle), Bewertungs- und Investitionsmodelle mit und ohne Kapitalisierungszinsfuß, in: Zeitschrift für Betriebswirtschaft 1967, S. 126-147.

SIEBEN, GÜNTER (Bewertung von Erfolgseinheiten), Bewertung von Erfolgseinheiten, unveröffentlichte Habilitationsschrift, Universität zu Köln 1968.

SIEBEN, GÜNTER (Entscheidungswert in der Funktionenlehre), Der Entscheidungswert in der Funktionenlehre der Unternehmungsbewertung, in: Betriebswirtschaftliche Forschung und Praxis 1976, S. 491-504.

SIEBEN, GÜNTER (Beratungsfunktion), Die Beratungsfunktion der Unternehmungsbewertung, in: GOETZKE, WOLFGANG/SIEBEN, GÜNTER (Hrsg.), Moderne Unternehmungsbewertung und Grundsätze ihrer ordnungsmäßigen Durchführung, Köln 1977, S. 57-71.

SIEBEN, GÜNTER (Funktionen der Bewertung), Funktionen der Bewertung ganzer Unternehmen und von Unternehmensanteilen, in: Das Wirtschaftsstudium 1983, S. 539-542.

SIEBEN, GÜNTER (Unternehmensbewertung), Unternehmensbewertung, in: WITTMANN, WALDEMAR/KERN, WERNER/KÖHLER, RICHARD/KÜPPER, HANS-ULRICH/VON WYSOCKI, KLAUS (Hrsg.), Handwörterbuch der Betriebswirtschaft, Bd. 3, 5. A., Stuttgart 1993, Sp. 4315-4331.

SIEBEN, GÜNTER (Kaufpreisbestimmung), Unternehmensstrategien und Kaufpreisbestimmung, in: Festschrift 40 Jahre Der Betrieb, Stuttgart 1988, S. 81-91.

SIEBEN, GÜNTER (Unternehmensbewertung), Unternehmensbewertung, in: WITTMANN, WALDEMAR/KERN, WERNER/KÖHLER, RICHARD/KÜPPER, HANS-ULRICH/VON WYSOCKI, KLAUS (Hrsg.), Handwörterbuch der Betriebswirtschaft, Bd. 3, 5. A., Stuttgart 1993, Sp. 4315-4331.

SIEBEN, GÜNTER/LÖCHERBACH, GERHARD/MATSCHKE, MANFRED J. (Bewertungstheorie), Bewertungstheorie, in: GROCHLA, ERWIN/WITTMAN, WALDEMAR (Hrsg.), Handwörterbuch der Betriebswirtschaft, Bd. 1, 4. A., Stuttgart 1974, Sp. 839-851.

SIEBEN, GÜNTER/SCHILDBACH, THOMAS (Bewertung ganzer Unternehmungen), Zum Stand der Entwicklung der Lehre von der Bewertung ganzer Unternehmungen, in: Deutsches Steuerrecht 1979, S. 455-461.

SIEBEN, GÜNTER/SCHILDBACH, THOMAS (Entscheidungstheorie), Betriebswirtschaftliche Entscheidungstheorie, 4. A., Düsseldorf 1994.

SIEGEL, THEODOR (Unsicherheitsberücksichtigung), Methoden der Unsicherheitsberücksichtigung in der Unternehmensbewertung, in: Wirtschaftswissenschaftliches Studium 1992, S. 21-26.

SIEGEL, THEODOR (Unsicherheit und Komplexitätsreduktion), Unternehmensbewertung, Unsicherheit und Komplexitätsreduktion, in: Betriebswirtschaftliche Forschung und Praxis 1994, S. 457-476.

SINGER, LESLIE P. (Microeconomics of the Art Market), Microeconomics of the Art Market, in: Journal of Cultural Economics 1978, Heft 2, S. 21-40.

SINGER, LESLIE P. (The Utility of Art), The Utility of Art versus Fair Bets in the Investment Market, in: Journal of Cultural Economics 1990, Heft 2, S. 1-13.

SINGER, LESLIE P./LYNCH, GARY A. (Are Multiple Art Markets Rational?), Are Multiple Art Markets Rational?, in: Journal of Cultural Economics 1997, S. 197-218.

SMITH, CLIFFORD W. (Option Pricing), Option Pricing: A Review, in: Journal of Financial Economics 1976, S. 3-51.

SÖFFING, ANDREAS/THOMA, KATRIN (Kunstgegenstände in der Nachfolgeplanung), Kunstgegenstände in der Nachfolgeplanung, in: Der Erbschaft-Steuer-Berater (2006), S. 253-256.

SONDERMANN, DIETER (Bewertung), Der Kapitalisierungs-Zinsfuß bei der Bewertung von Unternehmen, Diss., Universität zu Köln 1961.

SOTHEBY'S (Annual Report 2009), Annual Report 2009. Abrufdatum: 25. Mai 2010. http://files.shareholder.com/downloads/BID/901298293x0x360691/5250f41d-e324-42eb-9e95-68d29661ab61/BID_Annual_Report_2009.pdf.

SOTHEBY'S (Investor), Investor Briefing March 2010, Abrufdatum: 20. August 2010. http://files.shareholder.com/downloads/BID/964525997x0x371957/16a39c6d-6e13-4164-bfda-ce4c4f470058/FY09 IR slides.pdf.

von Sothen, Ulf (Steuerrecht), Steuerrecht, in: Sudhoff, Heinrich, Unternehmensnachfolge, 5. A., München 2005, S. 619-995.

Spremann, Klaus (Portfolio-Management), Portfolio-Management, 4. A., München 2008.

Spremann, Klaus/Ernst, Dietmar (Unternehmensbewertung), Unternehmensbewertung, Grundlagen und Praxis, München 2011.

Sprenkle, Case M. (Warrant Prices as Indicators), Warrant Prices as Indicators of Expectations and Preferences, in: Cootner, Paul H. (Hrsg.), The Random Character of Stock Market Prices, 3. A., Cambridge 1970, S. 412-474.

Stein, John P. (Monetary Appreciation of Paintings), The Monetary Appreciation of Paintings, The Journal of Political Economy 1977, S. 1021-1036.

Steiner, Anton (Kunst und Erbschaftsteuer), Kunst und Erbschaftsteuer, Bewertung, Befreiung und Gestaltungsempfehlungen, in: Der Erbschaft-Steuer-Berater 2004, S. 17-19.

Stoller, Michael A. (Economics of Collectible Goods), The Economics of Collectible Goods, in: Journal of Cultural Economics 1984, Heft 1, S. 91-104.

Strate, Karl (Erwerb eines Handelsunternehmens), Der Erwerb eines Handelsunternehmens unter Lebenden, Greifswald 1915.

Strauss, Gerhard/Olbrich, Harald/Dolgner, Dieter/Faensen, Hubert/Feist, Peter H./Flierl, Bruno/Junghanns, Kurt/Langer, Alfred/Meissner, Günther/Otto, Karl-Heinz/Schindler, Wolfgang (Lexikon der Kunst, Bd. I), Lexikon der Kunst, Bd. I, Leipzig 1987.

Strauss, Gerhard/Olbrich, Harald/Dolgner, Dieter/Faensen, Hubert/Feist, Peter H./Häusler, Alexander/Junghanns, Kurt/Langer, Alfred/Meissner, Günther/Otto, Karl-Heinz/Schindler, Wolfgang (Lexikon der Kunst, Bd. IV), Lexikon der Kunst, Bd. IV, Leipzig 1992.

Strauss, Gerhard/Olbrich, Harald/Dolgner, Dieter/Faensen, Hubert/Feist, Peter H./Häusler, Alexander/Junghanns, Kurt/Langer, Alfred/Meissner, Günther/Otto, Karl-Heinz/Schindler, Wolfgang (Lexikon der Kunst, Bd. V), Lexikon der Kunst, Bd. V, Leipzig 1993.

Take, Felix (Geschäfts- oder Firmenwert), Der Geschäfts- oder Firmenwert, Diss., Universität zu Köln 1939.

Talkenberg, Andrea (Ökonomie des Bildermarktes), Die Ökonomie des Bildermarktes, Eine informationsökonomische Analyse, Göttingen 1992.

Terstege, Udo (Optionsbewertung), Optionsbewertung, Möglichkeiten und Grenzen eines präferenz- und verteilungsfreien Ansatzes, Wiesbaden 1995.

Theisinger, Karl (Bewertung der Unternehmung), Die Bewertung der Unternehmung als Ganzes, in: Bankwissenschaft 1933, S. 161-176.

Thompson, Don (Economics of Contemporary Art), The $ 12 Million Stuffed Shark, The Curious Economics of Contemporary Art and Auction Houses, London 2008.

Throsby, David (Consumption of Arts), The Production and Consumption of the Arts: A View of Cultural Economics, in: Journal of Economic Literature 1994, S. 1-29.

Thurn, Hans P. (Der Kunsthändler), Der Kunsthändler, Wandlungen eines Berufes, München 1994.

URSPRUNG, HEINRICH W./WIERMANN, CHRISTIAN (Reputation, Price, and Death), Reputation, Price, and Death: An Empirical Analysis of Art Price Formation, CESifo Arbeitspapier 2237, München 2008.

VISKORF, HERMANN-ULRICH (Kunstgegenstände und Sammlungen), Kunstgegenstände und Sammlungen im Erbschaft- und Schenkungsteuerrecht, in: Deutsche Steuer-Zeitung 2002, S. 881-885.

VISKORF, HERMANN-ULRICH (§ 9 Gemeiner Wert), § 9 Bewertungsgrundsatz, Gemeiner Wert, in: VISKORF, HERMANN-ULRICH/GLIER, JOSEF/HÜBNER, HEINRICH/KNOBEL, WOLFGANG/SCHUCK, STEPHAN (Hrsg.), Erbschaftsteuer- und Schenkungsteuergesetz, Bewertungsgesetz (Auszug), Kommentar, 2. A., Herne/Berlin 2004, S. 1056-1070.

VOGEL, CARL (Zeitgenössische Druckgrafik), Zeitgenössische Druckgrafik, Künstler, Techniken, Einschätzungen, München 1982.

VOIGT, KAI-INGO (Strategische Planung und Unsicherheit), Strategische Planung und Unsicherheit, Wiesbaden 1992.

VÖLKERS, HEINRICH/WEINMANN, NORBERT/JORDAN, GÜNTHER (Erbschaft- und Schenkungsteuerrecht), Erbschaft- und Schenkungsteuerrecht, 3. A., München 2009.

WACHTER, THOMAS (Schätzung des gemeinen Werts), Schenkung von Kunstgegenständen – Schätzung des gemeinen Werts, in: Zeitschrift für Erbrecht und Vermögensnachfolge 2002, S. 331-333.

WAGENFÜHR, HORST (Kunst als Kapitalanlage), Kunst als Kapitalanlage, Stuttgart 1965.

WAGNER, WILFRIED (Privat gesammelt, privat veräußert), Privat gesammelt, privat veräußert, Das Umsatzsteuerparadies für den Privatsammler ist nahe, in: Deutsche Steuerzeitung 2002, S. 846-850.

WATSON, PETER (Sotheby's), Sotheby's, Christie's, Castelli & Co., Der Aufstieg des internationalen Kunstmarkts, Düsseldorf et al. 1993.

WECHSLER, ULRICH, Vermögensanlage in Immobilien-Investment-Anteilen, in: ZIMMERER, CARL (Hrsg.), Handbuch der Vermögensanlage, 5. A., München 1970, S. 109-120.

WEIHE, HUGO K. (Künstlerische Qualität), Künstlerische Qualität und Marktwert, Diss., Zürich 1992.

WEINGARTNER, H. MARTIN (Analysis of Capital Budgeting Problems), Mathematical Programming and the Analysis of Capital Budgeting Problems, Englewood Cliffs 1963.

WEIS, ROBERT (Kunst kaufen und verkaufen), Praxis – Kunst kaufen und verkaufen, in: GONZÁLEZ, THOMAS/WEIS, ROBERT (Hrsg.), Kunst-Investment, Die Kunst, mit Kunst Geld zu verdienen, Wiesbaden 2000, S. 181-241.

WELLER, MATTHIAS (Umsetzung der Folgerechtsrichtlinie), Die Umsetzung der Folgerechtsrichtlinie in den EG-Mitgliedstaaten: Nationale Regelungsmodelle und europäisches Kollisionsrecht, in: Zeitschrift für europäisches Privatrecht 2008, S. 252-288.

WILHELM, JOCHEN (Marktwertmaximierung), Marktwertmaximierung – Ein didaktisch einfacher Zugang zu einem Grundlagenproblem der Investitions- und Finanzierungstheorie, in: Zeitschrift für Betriebswirtschaft 1983, S. 516-534.

WITTE, THOMAS/DEPPE, JÖRG F./BORN, AXEL (Lineare Programmierung), Lineare Programmierung, Wiesbaden 1975.

WITTE, EBERHARD (Liquidität), Liquidität, in: GERKE, WOLFGANG/STEINER, MANFRED (Hrsg.), Handbuch des Bank- und Finanzwesens, 2. A., Stuttgart 1995, Sp. 1381-1388.

WOLFF-DIEPENBROCK, JOHANNES (Sammeln, Sammlung und Steuern), Sammeln, Sammlung und Steuern, in: Deutsches Steuerrecht 1987, Beilage zu Heft 12, S. 1-12.

WOLL, ARTUR (Wirtschaftslexikon), Wirtschaftslexikon, 10. A., München 2008.

WOOLEY, ROBERT (Going Once), Going Once – A Memoir of Art, Society, and Charity, Neuyork 1995.

ZAPP, HERBERT (Corporate Collecting), Corporate Collecting – Corporate Sponsoring, Historischer Rückblick, in: PUES, LOTHAR/QUADT, EDGAR/RISSA (Hrsg.), ArtInvestor, Handbuch für Kunst und Investment, München 2002, S. 191-201.

ZEITZ, LISA (Werke unterwegs), Werke, unterwegs von Krefeld nach New York, in: Frankfurter Allgemeine Zeitung 2008, Nr. 80 vom 05.04., S. 45.

ZELEWSKI, STEPHAN (Grundlagen), Grundlagen, in: CORSTEN, HANS/REIß, MICHAEL (Hrsg.), Betriebswirtschaftlehre, Bd. 1, 4. A., München 2008, S. 1-97.

ZIMMERMANN, OLAF (Künstler auf dem Kunstmarkt), Von der Kunst leben können – Künstler und ihre Probleme auf dem Kunstmarkt, in: PUES, LOTHAR/QUADT, EDGAR/RISSA (Hrsg.), ArtInvestor, Handbuch für Kunst und Investment, München 2002, S. 293-300.

ZÖLLNER, FRANK (Karussell der Zu- und Abschreiber), Das Karussell der Zu- und Abschreiber, in: Frankfurter Allgemeine Zeitung vom 07. März 2009, S. 31.

Rechtsprechungsverzeichnis

Entscheidungen des Reichsfinanzhofs

Datum	Aktenzeichen	Fundstelle
24.06.1929	V e A 858/28	RStBl. 1929, S. 497
18.09.1930	III A 290/29	RStBl. 1931, S. 585
08.11.1933	VI A 1488/31	RStBl. 1934, S. 295

Entscheidungen des Bundesfinanzhofs

Datum	Aktenzeichen	Fundstelle
18.09.1964	VI 300/63 U	BStBl. 1964 III, S. 647
23.04.1965	VI 327/64 U	BStBl. 1965 III, S. 382
02.12.1977	R 58/75	BStBl. 1978 II, S. 164
06.06.2001	II R 7/98 NV	DStR 2002, S. 460
20.04.2004	IV R 5/02	BStBl. 2004 II, S. 987

Entscheidungen der Finanzgerichte

Datum und Gericht	Aktenzeichen	Fundstelle
31.05.1979, Berlin	IV 354/78	EFG 1979, S. 480
17.05.1991, Berlin	III 117/88	Juris (Datenbank)

Entscheidungen des Bundesgerichtshofs

Datum	Aktenzeichen	Fundstelle
25.03.1954	IV ZR 146/53	NJW 1954, S. 1037
30.09.1954	IV ZR 43/54	NJW 1954, S. 1764
31.05.1965	III ZR 214/63	NJW 1965, S. 1589
12.01.1976	VIII ZR 273/274	BB 1976, S. 480
17.03.1982	IV a ZR 27/81	NJW 1982, S. 2497
29.02.1984	VIII ZR 350/82	NJW 1985, S. 51
14.03.1984	IV b ARZ 59/83	NJW 1984, S. 1758
13.03.1991	IV ZR 52/90	NJW-RR 1991, S. 900
04.03.1992	IV ZR 309/90	DNotZ 1993, S. 169

14.10.1992	IV ZR 211/91	NJW-RR 1993, S. 131

ENTSCHEIDUNGEN DER OBERLANDESGERICHTE

Datum und Gericht	Aktenzeichen	Fundstelle
18.01.1967, Stuttgart	13/6 U 194/63	NJW 1967, S. 2410
11.03.1988, Düsseldorf	7 U 4/86	BB 1988, S. 1001
01.07.1996, Bamberg	2 WF 48/96	NJW-RR, S. 1413
05.10.2005, Köln	2 U 153/04	NJW 2006, S. 625

ENTSCHEIDUNG DES BUNDESVERFASSUNGSGERICHTS

Datum	Aktenzeichen	Fundstelle
07.11.2006	1 BvL 10/02	NJW 2007, S. 573

Verzeichnis der Verwaltungsanweisungen

VERFÜGUNGEN DER OBERFINANZDIREKTIONEN

Datum, OFD	Aktenzeichen	Fundstelle
05.02.2001, Frankfurt	S 2256-A16-St II 27	FR 2001, S. 322
26.06.2001, München	S 2256-17 St 41	DB 2001, S. 1533

RICHTLINIEN

Erbschaftsteuerrichtlinien (ErbStR) vom 17. März 2003 (BStBl. I, Sondernummer 1, S. 2)

Gesetzesverzeichnis

ABGABENORDNUNG (AO) vom 01.10.2002 (BGBl. 2002 I, S. 3866), zuletzt geändert durch Artikel 2 des Gesetzes über die Internetversteigerung in der Zwangsvollstreckung und zur Änderung anderer Gesetze vom 30.07.2009 (BGBl. 2009 I, S. 2474).

BEWERTUNGSGESETZ (BewG) vom 01.02.1991 (BGBl. 1991 I, S. 231), zuletzt geändert durch Artikel 2 des Erbschaftsteuerreformgesetzes vom 24.12.2008 (BGBl. 2008 I, S. 3018).

BÜRGERLICHES GESETZBUCH (BGB) vom 02.01.2002 (BGBl. 2002 I, S. 42), zuletzt geändert durch Artikel 1 des Gesetzes zur Einführung einer Musterwiderrufsinformation für Verbraucherdarlehensverträge, zur Änderung der Vorschriften über das Widerrufsrecht bei Verbraucherdarlehensverträgen und zur Änderung des Darlehensvermittlungsrechts vom 24.07.2010 (BGBl. 2010 I, S. 977).

EINKOMMENSTEUERGESETZ (EStG) vom 08.10.2009 (BGBl. 2009 I, S. 3366), zuletzt geändert durch Artikel 1 des Gesetzes zur Umsetzung steuerlicher EU-Vorgaben sowie zur Änderung steuerlicher Vorschriften vom 08.04.2010 (BGBl. 2010 I, S. 386).

ERBSCHAFTSTEUER- UND SCHENKUNGSTEUERGESETZ (ErbStG) vom 27.02.1997 (BGBl. 1997 I, S. 379), zuletzt geändert durch Artikel 6 des Wachstumsbeschleunigungsgesetzes vom 22.12.2009 (BGBl. 2009 I, S. 3950).

GESETZ ZUM SCHUTZ DEUTSCHEN KULTURGUTES GEGEN ABWANDERUNG (KultgSchG) vom 8. Juli 1999 (BGBl. 1999 I, S. 1754), zuletzt geändert durch Artikel 2 des Ausführungsgesetzes zum Kulturgutübereinkommen vom 18.05.2007 (BGBl. 2007 I, S. 757).

GESETZ ZUR REFORM DES ERBSCHAFTSTEUER- UND BEWERTUNGSRECHTS (ErbStRG) vom 24.12.2008 (BGBl. 2008 I, S. 3018).

UMSATZSTEUERGESETZ (UStG) vom 21.02.2005 (BGBl. 2005 I, S. 386), zuletzt geändert durch Artikel 2 des Gesetzes zur Weiterentwicklung der Organisation der Grundsicherung für Arbeitsuchende vom 03.08.2010 (BGBl. 2010 I, S. 1112).

URHEBERRECHTSGESETZ (UrhG) vom 09.09.1965 (BGBl. 1965 I, S. 1273), zuletzt geändert durch Artikel 83 des FGG-Reformgesetzes vom 17.12.2008 (BGBl. 2008 I, S. 2586).

FSC
www.fsc.org
MIX
Papier | Fördert gute Waldnutzung
FSC® C083411

Kolibri 360 GmbH
Ferdinand-Jühlke-Straße 7
99095 Erfurt, Deutschland
produktsicherheit@kolibri360.de